MW01709074

imaginist

想象另一种可能

理想国
imaginist

陌生的经验

陈丹青艺术讲稿

广西师范大学出版社
·桂林·

图书在版编目(CIP)数据

陌生的经验：陈丹青艺术讲稿 / 陈丹青著.
—桂林 :广西师范大学出版社, 2015.11

ISBN 978-7-5495-7319-6

Ⅰ. ①陌… Ⅱ. ①陈… Ⅲ. ①中国画 – 绘画评论②绘画评论 – 西方国家
Ⅳ. ①J205.2 ②J205.1

中国版本图书馆CIP数据核字(2015)第248331号

广西师范大学出版社出版发行
　　桂林市中华路22号　邮政编码：541001
　　网址：www.bbtpress.com

出 版 人：何林夏

全国新华书店经销

发行热线：010-64284815

山东临沂新华印刷物流集团有限责任公司
　　临沂高新技术产业开发区新华路　邮政编码：276017

开本：1420mm × 1000mm　1/16

印张：23.5　字数：60千字　图片：389幅

2015年11月第1版　2015年11月第1次印刷

定价：98.00元

如发现印装质量问题，影响阅读，请与印刷厂联系调换。

谢谢《局部》摄制团队
特别感谢小导演谢梦茜

目 录

序一

史 航

如果有个视频节目叫《局部》，一期一期传着，播着，图的是什么呢？

应该不是为了拼图，拼出一个什么整体。

整体往往是幻觉。

我们手捧艺术史或文学史，不过是手捧著者给那段历史起好的绰号，不过是面对着微缩景观里的七大奇迹，胡萝卜雕出来的万里长城。

整体，往往不如局部可以信任。

局部，就是一堆漂流瓶，装着当事人的一得一见一赞一叹，被他陆续丢到海里。他相信海不仅仅是海，海里有船，船上有人，海那边，也有人。有人会捞起瓶子看看，或心许，或诧异，那一瞬所感知的亲切或陌生，就对得起那个局部了。

因为，亲切或陌生，都不是麻木。

丹青兄最近就做了这样一件事情，一件让人没法麻木的事情。

---

* 史航，编剧、影视戏剧评论家。

《局部》十六期，我来回看过几遍。有好几期，我故意把画面关到最小，或是闭上眼睛，总之让视频变了音频。我就是想让自己的想象力，贫乏得只知横平竖直、不察姹紫嫣红的想象力，先往前面跑一跑。

丹青说到布法马可的《死亡的胜利》，说到苏珊娜·瓦拉东笔下的男裸体女裸体——那到底会是怎样？

睁眼就可见正确答案，那么，容我先闭上眼睛，胡乱想想看。没见过骆驼，最多只能想象到马背肿，但，多想象了几种马背，见到骆驼就更敏感吧。

生于今世，麻木最易，敏感最难。

海量信息冲刷一切，世界前所未有地透明，守着搜索引擎，想不当钱锺书陈寅恪也难。给我十秒，什么都查得到。然而查到也就是查到了，哪有什么惊喜可言，铭记更是奢谈。下次再用再查，永远可以探囊取物，也永远两手空空。

若是不甘心这样，就跟丹青去他的那些审美现场吧。

大卫作为雕塑，你见过各种尺寸的图片了，你也记得他有五米高，然而，你翻画册时，不容易绕到他的背后，看人家屁股。这就是在现场能享的福利。

委拉斯凯兹将近六十岁才当上宫中总管，所以画《宫娥》要把穿正装的自己画进去，尤其要把腰间那一大串钥匙画进去。王宫的钥匙。

格佐里也要把自己画进去，自己还竖着四根手指，因为他那时接活的价位是四百弗罗林了，这很值得记载下来，炫于同行，传于子孙。

再读艺术史，再看到这些艺术家被标签化，我们仍只能袖手旁观吗？想想那一串钥匙，那四根手指，感受已不一样，这又是种福利，好像我们是人家的小学同学或乡邻街坊了。

卡帕齐奥喜欢画全景，他的全景画是给自己走神用的，时不时从近处看客的肩膀看过去。他看到远处有人闲逛，或者有狮子在闲逛，而人们在奔跑逃命。反正，卡帕齐奥“他顾不得跟我们啰唆，他就一个人在那里东张西望”。

巴齐耶，少壮从军的巴齐耶，第一场战役就送命的巴齐耶，丹青也不说自己有多怜惜，只在感慨他已有成就之后，闲闲说一句：“他要是活到七老八十，今天我们看到的全部算早期作品。”

梵高是个憨人。搞文学弄音乐，似乎不能是憨人。画画的，可以是个憨人，一笔一笔地憨下去。“憨人画憨人，穷人画穷人。”

早期印象派这帮家伙，“我们就是画我们的日子，画我们的上午，画我们的下午，画我们的快乐。”“这是这群乌合之众的集体记忆。”

其实，画家们游走于千载之间，永远是乌合之众，我们羡慕的也就是这个。他们彼此赞叹，但永远没法合流，只能是隔水相呼。这样才好。

有时合群，有时独处，孤单而又孤单得不甚长久的人是多么幸福啊。

《局部》提到的，不仅有好作品，更有好时光，大家在巴黎玩耍，在比萨玩耍，也在上海，时光像个猴皮筋，被他们抻得很长。

十六期《局部》，我强迫症一般地反复排行，最后确认，最喜欢最后一期《杜尚的决定》。

罗兰·巴特在《写作的零度》中说：“文学已经不受保护了，所以现在是走向文学的时候。”

丹青说：“我来改一改：绘画已经不再光荣，所以现在是闲聊绘画的时候——包括闲聊杜尚不画画。”

晚年的杜尚，跟人家说：“你不欠这世界一幅画。”

这话真是铿锵。谁知老卧江湖上，犹枕当年虎骷髅。就这样的感觉。

陈丹青，他欠不欠这世界一本书呢，一本讲艺术和艺术家的书？

也许他是欠自己一本，这书出版了，可以扔回到从前某一刻，扔给刚刚学画的陈姓少年。

丹青讲到梵高那幅未完成的小画，那个没有面目的海边少年，讲到刘小东见了这画的复制品，表情非常痛苦，最后说一句："我操！画得太好了！"

那痛苦的样子，想来想去都是很有意思的。永远不忘初心，永远受着刺激，多好。

香港导演刘浩良回忆过他的射箭师父的教诲："你不是要把箭射进红心！你要想象，箭原来就插在红心中，你把箭从箭靶拉到你的弓上，现在你要做的，只是放手，让它回到红心上。"

这是我读到的对于初心的最好形容。

丹青说："当我凝视哪幅画，心里狂喜，爱极了，有时会对此前酷爱的画家发生歉意，好像背叛了他。"是的，一期期《局部》看下来，就像目睹他的背叛史。

这背叛甚至是浑浑噩噩发生的，比如对杜尚。

他说："我从未弄懂我喜欢的艺术家，更何况杜尚。"

我觉得，这是一种很幸福的茫然。就像人间犹有未读书，就像你始终不敢说看懂了爱人的眼神。

肯定有人会介意丹青的语气，他经常是情不自禁地赞叹，觉得这回我讲的这家伙，怎么这么好。

我也这样。我们都是习惯为好的东西高兴的人。换个角度来说，就是一惊一乍，就是眼皮子蛮浅的。

网友"法兰克 1018"说最喜欢《民国女画家》那期："为什么喜欢？用他（陈丹青）自己的话说就是恳切。男性谈女性艺术家要谈得恳切，不容易。中国男人谈女性要谈得恳切，简直绝无仅有。"

丹青讲这些自己在乎的事情，就是这样又老练又恳切，又激烈又怅惘，就像个不能自持的钟摆，在那些好画好景好模样之间荡来荡去。

念小学时开运动会，经常要举牌子，每个同学的牌子是不一样的，若是一起好好举起，就是“振兴中华”或“增强体质”这样的标语了。也想过，要是我和同学串通，故意不举起来，或举得歪歪斜斜，那几个字是不是就呈现不了。估计是，但我从没敢尝试过，不敢这样挖一个堂堂集体活动的墙脚。

丹青这本书，就是从局部下手，挖着少有人挖的墙脚，让墙不再是墙，我乐观其成。

我从中收获了太多的次要信息，而次要信息的获得，就是审美的主动，就是一种解放。

艺术史文学史往往是比较势利眼的。我们言必称莎士比亚，不一定会关心同时代的马洛或福德，我们册封达芬奇，不一定在乎他的前辈师长是谁。

我们尊崇一流，忽略二流，最终恰好是困居三流，因为，经由二流去一流的路，断了。

每个时代人们都只记得冠亚季军，以为凭借他们三位就能概括这个时代，提纯这个时代，然而这是不对的。歌曲选秀节目的前三位，并不代表这一世代的青年男女如何唱歌，前一百名一千名选手，才能有一点代表性。

所以，感谢丹青提到许多陌生的名字：布法马可，安吉利科，卡帕齐奥，等等。我尽力记住，记住这些冷门，冷门有时候更是一扇门，而热门不过是让我们排队进烤箱。

梵高给弟弟提奥的信里这样写：“早晚全世界都要学我的名字拼音。”这是憨人家风，亦是俊杰口吻。

木心说过：“识时务，不如识俊杰。”这话听着，就是那么令人鼓舞。俊杰是不管时务的，你识的俊杰多了，胆子也就大了，也就明白——时务，就那么回事。

以前我问过作家阿城，搞收藏有什么秘诀没有。他知道我是问着玩，他说得就也很好玩："你把眼睛养娇贵了，就够了。"他说的是闷头去看真迹，习惯真迹，再看赝品，就像老校对遇见错别字，本能就会觉得刺眼。

《局部》我算是看完了，眼睛也就养得娇贵了些。

接下来该看什么，不知道。

郑板桥画过一丛兰花，破盆里漫出来的，题了诗，后两句是："而今究竟无知己，打破乌盆重入山。"我附近没有山，我能去的就是美术馆、博物馆。哪怕就是一个人横着膀子乱逛，马二先生游西湖一般。看见山水大轴，欣赏的标准就是看那山水之间能否藏兵，能藏多少兵。

起码，要能藏住我。藏进画里，我就不再是一个人。哪怕是进了一幅莫奈的风景，我也不再是一个人。我看着克劳德·莫奈先生画完了他的印象，收工回家去喝苦艾酒，他知道自己今天干得相当可以。

《局部》第一期谈王希孟的《千里江山图》，有一句琐碎得好玩："诸位要是有兴趣，就坐地铁到故宫去看原作。"

他连地铁都提到了，生怕你不去。

很老实，很恳切，不说便宜话，尽可能提醒。

丹青这本书，连同《局部》这节目，说到底就是个提醒。

我被喊来写序，那我就写点关于提醒的提醒吧。

有句话，他说了，我就总觉得是悬在我头上的达摩克利斯之剑："漂亮话总是遗患无穷。"

但愿，我没说什么漂亮话。

2015年10月10日晨

序二：情热

——看陈丹青的《局部》

李 静

《局部》播完了。在最后的第十六集，陈丹青感谢大家听他一路念稿子，他要回去画画了。

去吧。去画画吧。我这不愿离席的观众，蓦地想起塞尚写给左拉的信："我跟毕沙罗学习观看大自然时，已经太迟。但我对大自然的兴趣依然不减。"

在陈丹青的目光开启下看画，对我亦已太迟。但是被他点燃的观看热情，却不会稍减。倘问《局部》系列对公众有何意义，这感受或可作一注脚。

这是画家陈丹青第一次通过视听媒介，连续谈他的"观看之道"。"局部"的命名，表明他放弃整体叙述、独陈一己所见的现代立场。视频节目的好处是：它能让我们观看陈丹青的"观看"。每一幅被他谈论的画，我们都可以尽情看其"局部"——中景，近景，细节特写……（啊，可惜不是原作）没看清，就暂停，想看多久看多久，兼以配乐，兼以他手拿稿子，有时照念，有时笑嘻嘻对着镜头闲聊——那是一个老辣纯真的耽溺者一边摩挲爱物，一边分

---

* 李静，作家、文学评论家。

享他的迷醉。那爱物，便是他在谈的画。

而他又不仅仅谈画。若不借题发挥，弦外有音，那就不是陈丹青了。若刻意如此，也不是他。一切皆出于天性——那慷慨而专注的情热。

于是有了他的目光，他的关切，他的取舍。略过艺术史上被参观过度的名胜，他的目光停在“次要画家”的精妙作品或著名画家的“次要作品”上。十六集下来，我们看到了一张与正统艺术史截然不同的艺术地图：王希孟的《千里江山图》，布法马可的《死亡的胜利》，蒋兆和的《流民图》，巴齐耶的画，瓦拉东母子，民国女画家关紫兰、丘堤，徐扬的《康熙南巡图》和《乾隆南巡图》，威尼斯的卡帕齐奥，俄罗斯的苏里科夫，佛罗伦萨的安吉利科，古希腊派格蒙群雕《巨人的战役》——几乎都是冷僻边缘的面孔。对每副面孔的解读，都融合了这位画家独自的心得，他的热血、澄明、欢欣和痛楚。只有两个“名人”做了单集——梵高和杜尚。对梵高，陈丹青拿他早年的一幅无名小画作由头，通篇聊他的“憨”，聊现代绘画的“未完成”特质；对杜尚，则只讲他那划时代的决定——放弃画画，并以此终结自己在《局部》的谈画。

“他总是越过故事主角的肩头，张望远处正在走动的人。”这是他评说卡帕齐奥画作的“景别”，也是他自己的艺术史方法论：偏离中心，“张望远处正在走动的人”——那些没有艺术史野心而只管画画的素心天才，被历史聚光灯忽略或灼伤的寂寞高手，时代漩涡之外的美妙浪花，艺术史上别有洞天的“次要讯息”。

他爱这些“次要讯息”。谈论 TA 们的时候，他的歆享同命之情溢于言表。只有发自深心的爱才能产生如此神情。在视频时代，“神情”是艺术批评的真实维度，也是感召力的源泉。它超越语言，直抵肺腑。

陈丹青喜欢“离题”。这是过于活跃热烈的心智难以安于一点的表征。他的思维因此不是纵深掘进的，而是平面跳跃的。这可能会是他的弱点，却被他发展成一个风格，一种陈丹青式的“复调批评”——谈艺术、谈画道的同时，也谈别的。那“别的”是什么呢？——个体，社会，制度，文明，总之，常识之中“人”的境遇。犹如一部音乐中的两股旋律，并行不悖，相互交织。不仅品评艺术，更要动乱生命。这是对鲁迅谈艺方式的延续——既庞杂，又纯粹；既辛辣，又优雅；既热肠，又冷静；既粗暴，又柔情。

在这样的复调里，他以“次要讯息”的方式，传递他至为看重的观念。比如：

与一个艺术阶段的全盛时期相比，他更关注早期，因早期作品一定面对两个历史任务——开发新主题，使用新工具，因此最有原创力；他很少孤立地谈一个现象、一个画家、一幅作品，而是将其作为鲜活错综的生命体，置入最初发生的土壤中观照品评，并从这土壤跳出，作古今中西的纵横比较——既还原观照对象的存在景深，又提醒公众反省自身的文明、制度境况。因此，在批评奥赛美术馆的“不舒服”时，他谈到欧美一流展馆如何不惜重金，布置接近作品原生环境的展出环境；在谈西方直面死亡的艺术传统时，与中国讳言死亡的艺术传统相对照；在分析西方的透视法可能启示了摄影技术时，困惑我们的“旷观”传统为何却只能止步于长卷。

最有趣的是，陈丹青时常让谈论对象与我们的当下语境相互“穿越”：十八岁就画出《千里江山图》的王希孟，看到跟他同龄的孩子循规蹈矩读高二，会作何想？笨拙的梵高若拿出他的素描参加艺考，百分之百考不上；安吉利科的资格可做佛罗伦萨的市委书记，可他宁愿关在小禅房里，安静画画……

一个撩拨人心，点到即止的行家。他明明在召唤不安和不满，热血与热诚，却像在跟观众谈恋爱。待他谈罢，不知会有哪些被击中的灵魂，默默出发。

但艺术终归是他最爱的。他曾以为画道只是二三知己轻声交流之事，这回，他要对着观众略略公开。他拒绝提供放之四海而皆准的知识，而坚持艺术乃至对艺术的欣赏，都是活生生的个体经验。

贡布里希早就警告那些以阅读展品目录代替看画的欣赏者："必须具有一颗赤子之心，敏于捕捉每一个暗示，感受每一种内在的和谐，特别是要排除冗长的浮华辞令和现成套语的干扰。由于一知半解而引起自命不凡，那就远远不如对艺术一无所知。"

陈丹青则从创造者的角度更进一步："艺术顶顶要紧的，不是知识，不是熟练，而是直觉，是本能，是骚动，是崭新的感受力，直白地说，其实，是可贵的无知。"他对安吉利科简朴、刚正、"愚忠"的神性五体投地，对梵高的"诚恳、狂热、憨，无可企及的内秀"垂涎三尺，对瓦拉东"茁壮的雌性"激赏有加……他与中国的艺考制度和性灵枷锁是如此势不两立，以至于时刻标举那些与生俱来、不可学习之物，为了确认艺术与天分无可解释，他不惜让自己的讲述，沦为废话。

与此同时，他也标举均衡的理智。他称赞巴齐耶组织场景、群像构图的才华，喜欢杜尚置身事外、独往独来的艺术态度。没有这冲淡明哲的一面，陈丹青的艺术和批评，恐怕会烧得一塌糊涂。

或许这就是艺术家的自由本能和均衡本能——摆脱任何应然观念和先在意愿，唯以纯真之眼，观照创造者和创造物的"自相"，并以那"自相"本身的生命规则和可能性，判断创造的成就。这是艺术自身的复杂微妙之处——社会批评家陈丹青绝不僭越艺术家陈丹青半步，而"圣愚崇拜者"陈丹青，也绝不进犯巧匠陈丹青丝毫。

但也未必全无挣扎。

> 有一次，列宾看到一幅意大利绘画，赞不绝口，说：艺术之所以是艺术，最最重要的是“美”。不久，他看到一幅俄罗斯无名小画，画着贫苦的女孩，老头子哭了，喃喃地说，哎呀，艺术最最重要的是善良和同情。(《俄罗斯冤案》)

他说的不是列宾，是他自己。

在六十岁的年纪，他需要面对跟列宾同样的撕扯：艺术是为了实现美，还是实现爱？是通往智，还是通往仁？是自渡，还是渡人？是要“自己的园地”，还是“无穷的远方，无数的人们，都与我有关”？极而言之：是要成为自我完成的艺术家，还是满腔情热的义人？

这是一个问题。

而我忘不了《局部》第三集，他讲蒋兆和的那一刻。坐在报社的餐厅里，周围人来人往，我看着手机里的他，穿黑衣，老老实实坐在书桌前，讲述蒋先生柔软的心肠，伟大的画作，屈辱的命运和不堪的记忆。

> 请诸位看看蒋兆和先生的照片，一脸的慈悲、老实，一脸的苦难、郁结。抗战胜利后，他在自己的祖国当了几十年精神的流民，后半辈子一直低着头过日子。原因无他，就因为他画了《流民图》。

那一集在这段话中结束。我坐在笑语声喧里痛哭。冲动地写了一条短信：“为知道并记住了蒋先生，永远感激你。”还是忍住了，没有发。

2015年10月2日完稿

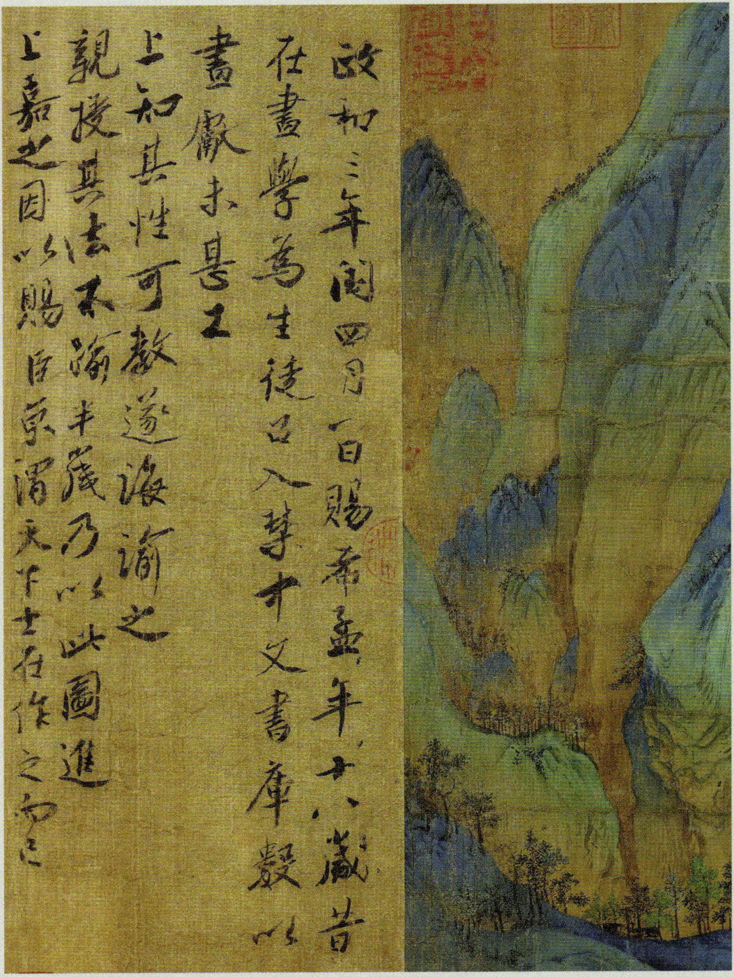

《千里江山图》题跋为蔡京所写，其中“上嘉之，因以赐臣”，我的解读错到离谱——责编小周轻声告诉道：“陈老师，‘臣’字是蔡京自称，宋徽宗把这幅画赏给他了。”唉，当面纠正年逾花甲、无知无学的“老师”，该是多么勇敢而尴尬。是的，这原是常见的文言，不该出错。单错这一句也罢，我还一笔扯到委拉斯凯兹六十岁才得菲利普四世封爵位，比王希孟得官，迟太多了……这真是自作聪明而贻笑大方的一例，现保留错误，以为羞耻，亦请看官明鉴——不过这典故也着实令人惊煞。朝廷被送了。《千里江山图》也被送了。而居然蔡京如此得画，足可使今日藏家厥倒。但古人做事真是这等豪阔，如王希孟的十八岁。

千里江山图

中国山水画的发端，实在太早了，比西洋人画风景画早了一千多年。你看隋代的展子虔，唐代的李思训、李昭道父子，虽然各自只留得一件作品，已是精美绝伦。我用油画临摹展子虔的《游春图》局部，才知道那种好法，不可言状。每次到台北故宫，我都去仔细端详李思训的《江帆楼阁图》，那是通篇贵气。苏东坡曾借他画的大孤山小孤山来作诗，我当知青时，还能背诵，可惜今天只剩苏诗，不见李画了。

唐之后，短短的五代，出了董源、巨然、荆浩、关仝，再过六百年，董其昌落笔题款，动不动就拿这几位祖宗讲道理。到了北宋后期，山水画的气格越来越大，路数越来越多。但这些美术史常识，手机上一查便得。今天单是讲宋徽宗年代的一幅画，一个人，就是，王希孟十二米长的手卷《千里江山图》。

这幅画，谢天谢地，如今好好藏在北京故宫。近年拿出来展示，我就脑袋贴在展柜玻璃上，像个傻子，呆呆地看。美术史专家怎样分析这幅画，我不知道。以我这弄油画的外行来看，《千里江山图》是中国山水画史的一场意外，一份孤立的文献。说它意外，因为此前此后的山水画长卷，没一件拼得过它，真真是空前绝后；说它孤立，因为同样规模的卷子或许还有，留传下来的，就这么一件，王希孟也只得二十三岁的寿命。所以隋唐五代，宋元明清，许多名篇巨作都有专论，甚至专书，《千里江山图》谁都服气，但以我的无学，迄今不知道有没有专门的文献，细细地说它。

这幅画像个巨人，孤零零站在历史上。往前看，《千里江山图》可说是隋唐五代山水画百科全书式的总归结，往后看，是元明清三代文人山水画百科全书式的大辞典。为什么呢？我这里不是在讲绘画的美学，更不是讲美术史，有心的朋友，顶好自己坐地铁去故宫看，今天只来讲这幅画的一个点，就是：王希孟画这幅画时，年龄十八岁。

我们先来看手卷终端的一段题识：

> 政和三年闰四月一日赐，希孟年十八岁。昔在画学为生徒，召入禁中文书库，数以画献，未甚工。上知其性可教，遂诲谕之，亲授其法。不逾半岁，乃以此图进，上嘉之，因以赐臣京。

以下还有八九个字我弄不懂意思，不录了。前面的断句也未必对，特请国学家一笑。但大致的意思，还算清楚，即少年王希孟学画，被皇家画院录取，献了几次作品，不够好，皇上念其聪明，亲自调教，不到半年就画了这幅大画，得徽宗夸奖，赏他官位。

这倒有点像委拉斯凯兹（Diego Velázquez）二十岁进宫当皇家画师的经历，但又远不及，因为他给菲利普四世画了一辈子画，近六十岁才通过竞争，得了爵位，升为宫中的总管。委拉斯凯兹荣幸极了，在著名的《宫娥》（*Las Meninas*）中，他特意穿上带有爵位标识的上衣，腰里揣着总管的钥匙，把自己画下来——算算辈分，委拉斯凯兹比王希孟晚生五百多年。他俩要是相见，

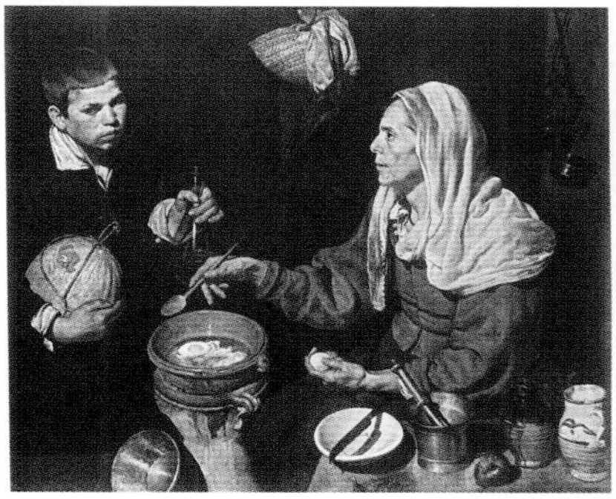
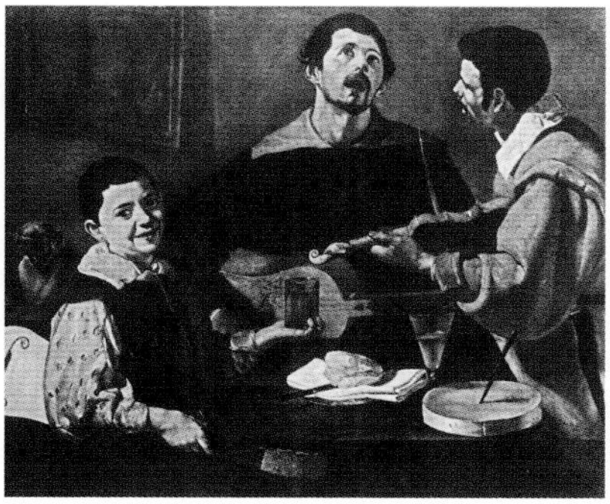
委拉斯凯兹早期作品，左图：《煎鸡蛋的老妇》(*Old Woman Frying Eggs*)，1618 年，现藏于苏格兰国家美术馆；右图：《三个音乐家》(*The Three Musicians*)，1618 年，现藏于德国柏林画廊。

可以聊聊少年进宫的往事。论进宫的年齿，也就是资历，王希孟还比他早两年，但委拉斯凯兹十八岁的画，也好得吓人。咱们有机会专来讲讲他的少作吧。

十八岁什么概念？按照现代惯例，就是成年了，可以抽烟、买酒、驾车、搬出去、自己活。在不少国家，十八岁是婚姻的法定年龄，在中国，则是考大学的坎儿。乡下呢，多少十八的孩子早已出来打工，养家糊口了。但是所有成人说起十八岁，都有个意思，就是，你还小。我现在看见高中生大学生，随口称“孩子”，但我知道，这称呼有问题。

现代人在一切领域划分成人与儿童，漫长的古代，人类对“孩子”的概念，完全不同。那时成人带着孩子做几乎所有事，不区隔。十八岁的古人开始做爹妈，余风延续到现代。我在江西插队时，村里十几岁的孩子都有老公老婆，早早就是劳动力。美国乡下，许多孩子对父亲直呼其名，跟兄弟似的。管你儒家不儒家，成人和孩子的这种关系，是人类的大传统。

打仗不必说了。古人的兵将多数是“孩子”，霍去病平定匈奴时，二十出头，想必十几岁就是熟练的杀手。清代剿灭太平天国，好不容易抓到两个杀人如麻的首领，不过二十郎当，不知死，不怕死，杀头前坐在地上，谈笑吃喝。

古代没有现代这种大中小学，更没有艺术学院，可是孩子们十二三岁就学门手艺，优异者，十五六岁独当一面，接活儿了。全部美术史工艺史的大部分杰作、工程，是年轻人做的，当然，有老师傅带着，盯着，统领着。不少考究的工艺，只雇童子，过十四岁就不要了，因为心不静，心不纯了。听过教堂的唱诗班吗？那种全神贯注，那种精密和神圣，是少年儿童最最珍贵的一切，过了十八岁，就转向智力，好比花谢了，开始结果子。

所以不要小看十八岁。十八岁的家伙是个天才，事情就可怕了。

绘画、音乐、文学，几十几百年，忽然就降生这么一位。魏晋唐宋的少年，随口赋诗，没人吃惊，才会出曹植、李贺，法国的兰波（Arthur Rimbaud），十九岁就不作诗啦。莫扎特（Wolfgang Amadeus Mozart）、圣桑（Saint-Saëns），身子还没发育，就写四重奏和交响乐。米开朗基罗（Michelangelo）雕刻《哀悼基督》（*Pietà*），二十三岁，雕刻《大卫》（*David*），二十六岁，你看看他十五六岁的活儿，就不会惊讶。德拉克洛瓦（Eugène Delacroix）二十三岁画《但丁之舟》（*The Barque of Dante*），毕加索（Pablo Picasso）二十岁前后的玫瑰色时期，是他最妙的一段，你看看他们十来岁的画，都不会惊讶。如今美院十八岁的少年顶多算附中两年级，自己都看不起自己，比比王希孟，他当年多么自信啊。

现在可以回到王希孟了。可惜除了以上这段题识，关于王希孟的史料，几乎没有。他才分高，无疑，但能十八岁画成这等境界吗？信不信由你。

绘画是手绘的，手艺第一。手艺之上，又是眼光第一。眼光，一是指观察之眼，一是指一边画着，一边如何判断自己的手艺。后者仍属技艺，包含经验，宫廷画师有得是这样的一流高手；前者，那是要看天分了。同一片山水，天才所见、庸才所见，出来不同的画格与画境。前几年我在台北美术馆看到一幅日据时代台湾画家的大幅水彩风景画，每片树叶，每根草，远远近近，大小粗细，全都画出来，好看极了，一点不繁乱，不枝蔓，生气勃勃，有种天然的均衡感，好比自然本身，我一查，作者当年十八岁。

十八岁的感知系统，是全息的，好比崭新的电脑，搜索功能，下载功能，反应功能，绰绰有余，灵极了。你留心小孩子看世界，尽是大人不注意的细节，少年看世界，简直浑身摄像头，年轻新手画画，兴致勃然，只要技艺在手，一半是逞能的快感，一半是他对眼前的世界太好奇，太动心，太热爱。思想、寄托、寓意、境界，不是少年人的事情。所谓虚实、提炼、滋味、风格，是成年画家的智力意图和精神追求，是一种所谓文化上的自我驱策与自我锤炼，少年，则是拿着生命力和感觉做事情。

整体看，隋唐的绘画，加上东晋顾恺之画中的山水画萌芽，可以说，就是中国山水的童年期，早期文艺复兴绘画的意思，神似隋唐，一股子少年的稚气、秀气、灵气、英气。五代北宋的山水，格局扩大，气势雄浑，用墨趋于老熟，隋唐山水画这位少年，渐渐长大了，但是宫廷仍然热衷青绿山水，青绿山水的源头与画脉，起自隋唐，延绵数百年，忽然遇到十八岁的王希孟，又少年了一下子，出人意表，光华灿烂。现在这幅绢本手卷老旧昏暗，憔悴了，逾千年前刚画好时，想一想吧，那是金碧辉煌，简直奇迹，难怪宋徽宗嘉赏，宋徽宗自己是个高明的画家，他知道，他画不出《千里江山图》。

《千里江山图》的野心，远远超过隋唐的展子虔和李思训，王希孟沿袭的全景观，是五代北宋开拓的图式，犹有过之。为什么呢？皇家的图画，讲究无上的工整、细腻、逼真，歌功颂德，就是山水画的主题。另一个理由，我想：他实在年纪轻。中岁晚年的画工拿不下这等恢宏的画面，而十八岁上的眼光、心胸、气局，真像是大清早，高山巅峰老远老远四处看，处处看在眼里，处处要画它出来。

你看《千里江山图》的开阔，开阔得非常具体。如果从这幅画切割一百个局部，每个局部都是一幅画，都是细节。隋唐五代，包括北宋大家，你去看看，没有一幅画收纳这么多自成格局的景别，没有一个局部的景别，布满这么多详确动人的细节。成年而老熟的大师，爱做减法，就是所谓取舍与概括，十八岁英年的王希孟，忙着做加法，人在十八岁年纪，才会有这股子雄心和细心，可是这么多加法，《千里江山图》一点不乱，不繁杂，不枝蔓，通篇贵气，清秀逼人，那便是王希孟的天赋了。他降生在中国山水画的黄金时代，他在黄金时代正逢十八岁，他在十八岁上有宋徽宗亲自调教，如此这般，我想，连他也闹不清怎能画出这幅伟大的图卷，十八岁干的事，多半不自知，也好在不自知，照西洋人的说法，是上帝让他做了这件事。

和王希孟同属皇家画院的张择端，画了著名的《清明上河图》，五米多长，仅及《千里江山图》的一半不到。那是世俗繁华的史诗，《千里江山图》，则是锦绣山河的颂唱。这两幅伟大的作品成于北宋末年大好时光，不见亡国之兆，不久，金人入侵，将徽宗和皇室掳去东北，不晓得那时王希孟是否活着。他存世的作品仅此一件，真迹无疑。

元代王振鹏又有《江山胜览图》，前几年出现在北京拍卖行，虽有争议，也是本事好大，六七米长，人物数百，论画品，论气格，到底不及《千里江山图》。

好了。但愿我的解读不至于太过牵强附会。我的意思是：我们想象中国古典画家，总是白胡子老人——明清文人画确立了山水中的老人符号，晚清民初的黄宾虹、齐白石、张大千，坐实了这类符号的单一想象——在《千里江山图》中，我分明看见一位美少年，他不可能老，他必须十八岁。再小几岁，再老几岁，不会有《千里江山图》。王希孟好像知道，过几年，他就死了。

2014年11月25日

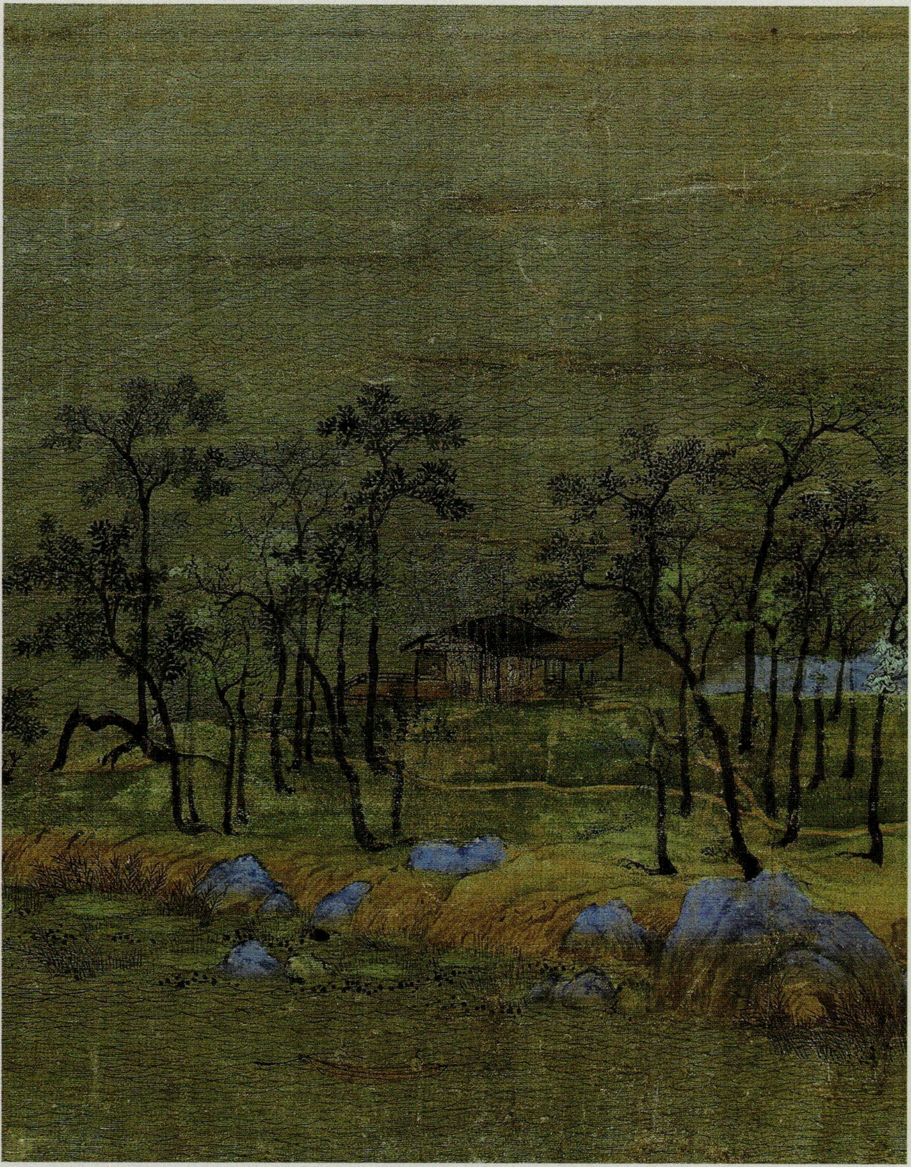

7—17 页，王希孟《千里江山图》局部，1113 年，现藏于北京故宫博物院。

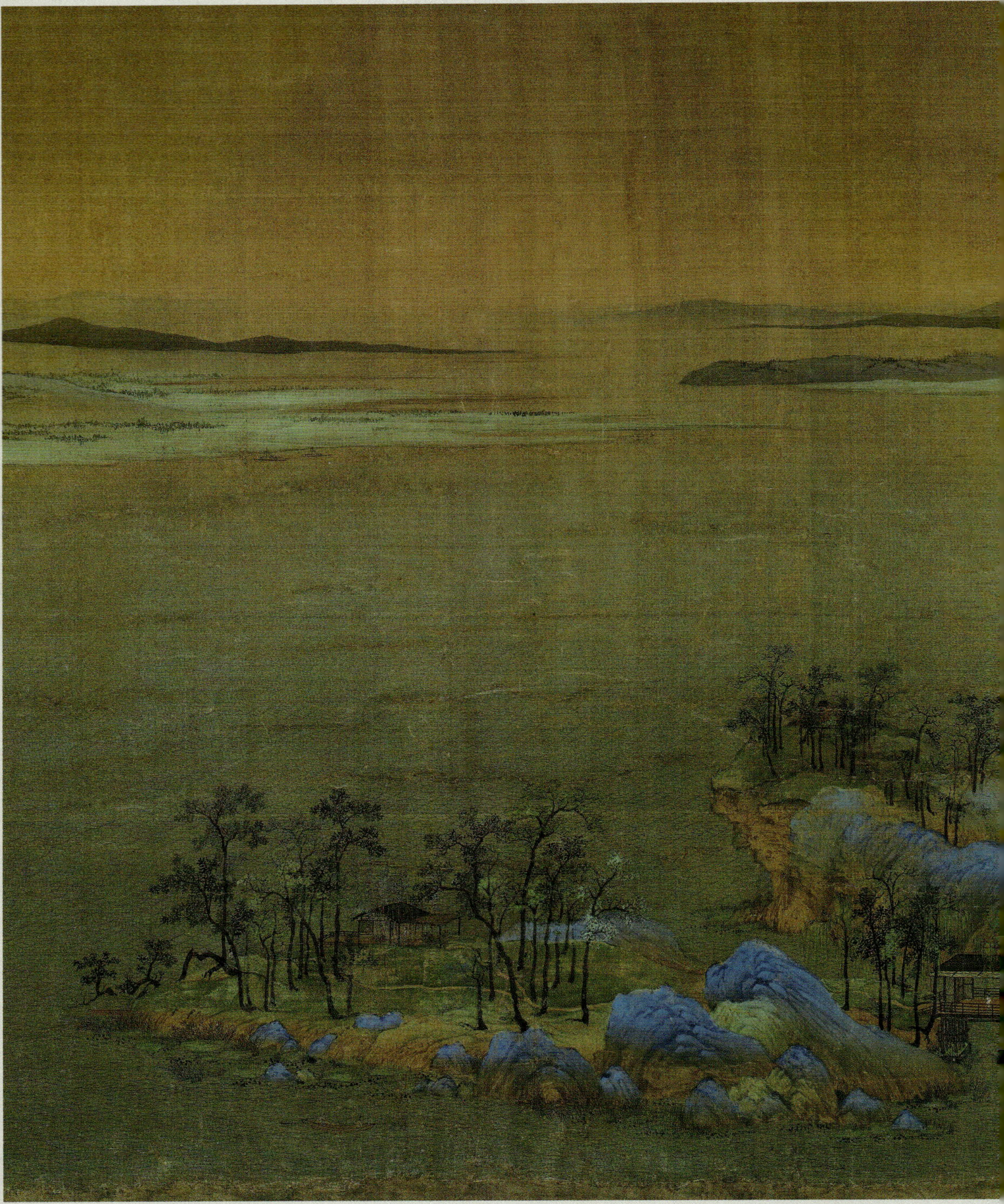

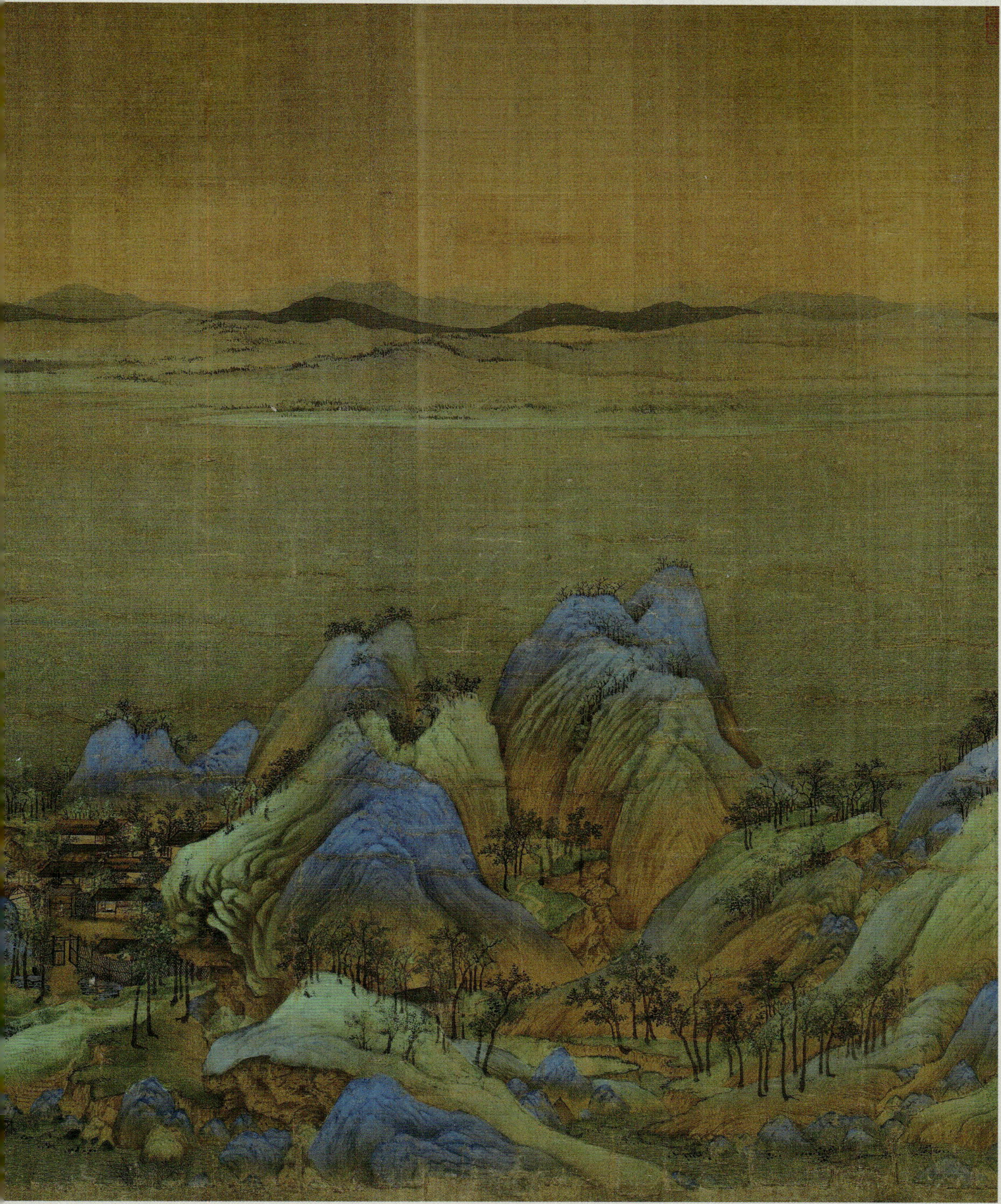

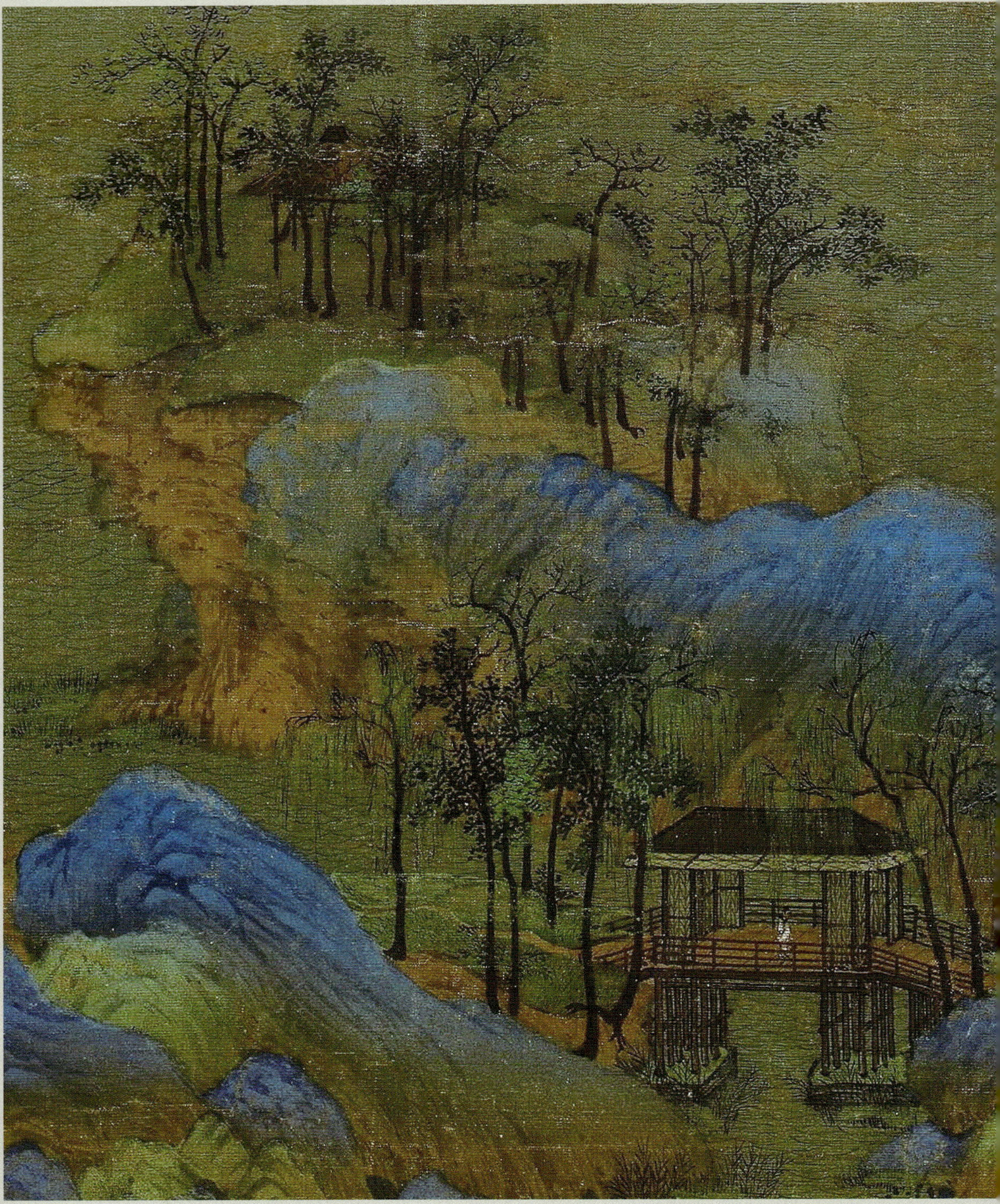

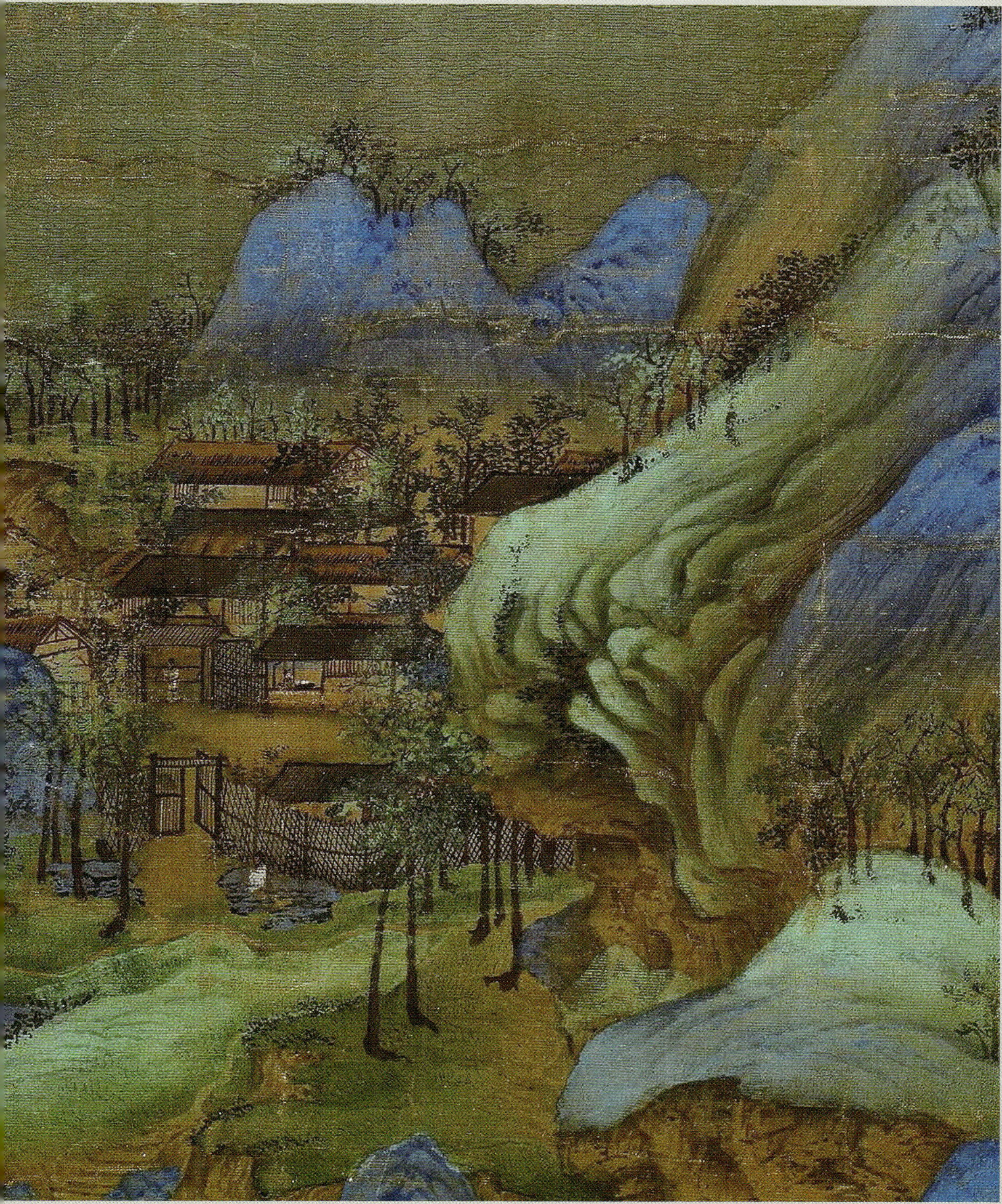

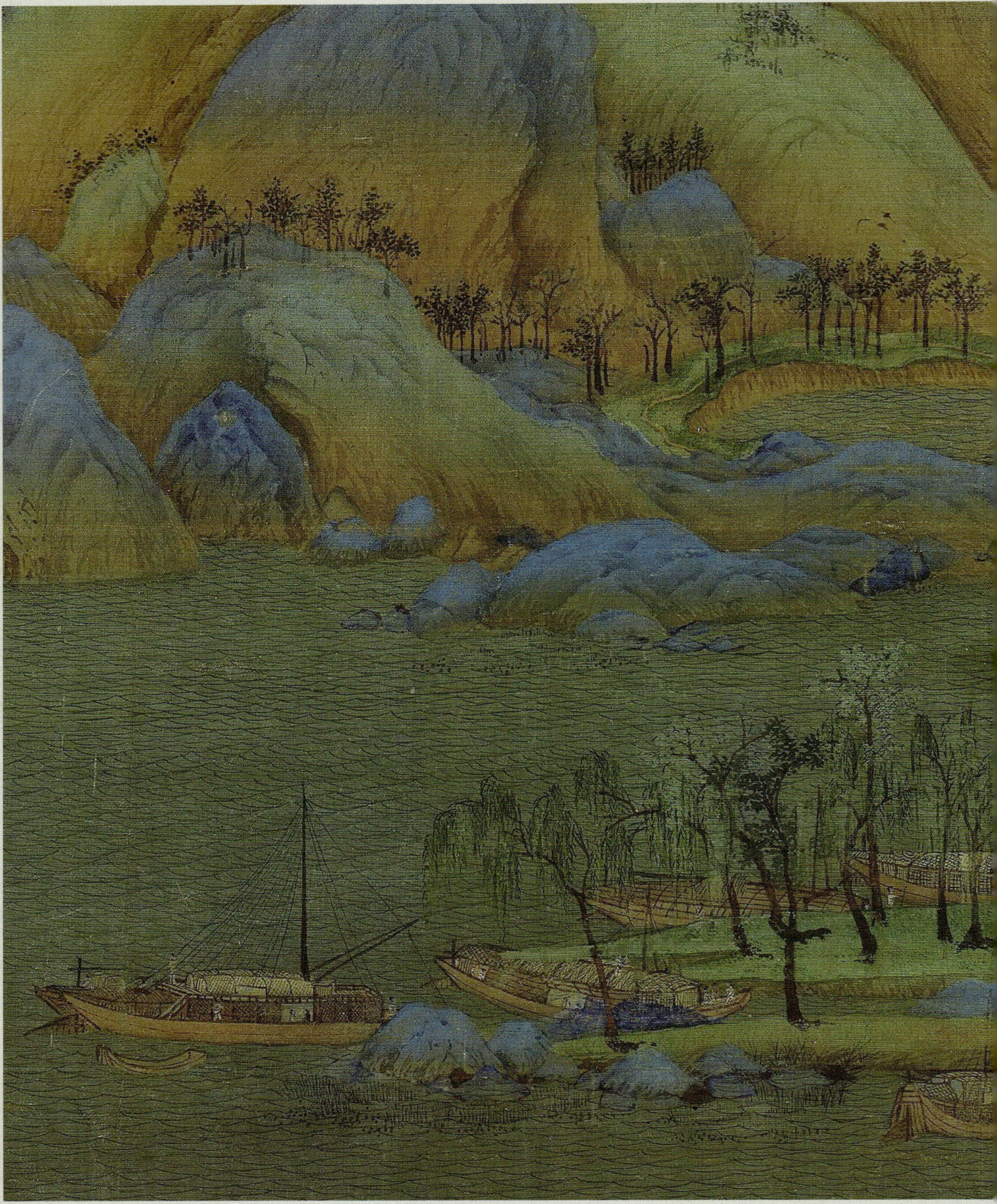

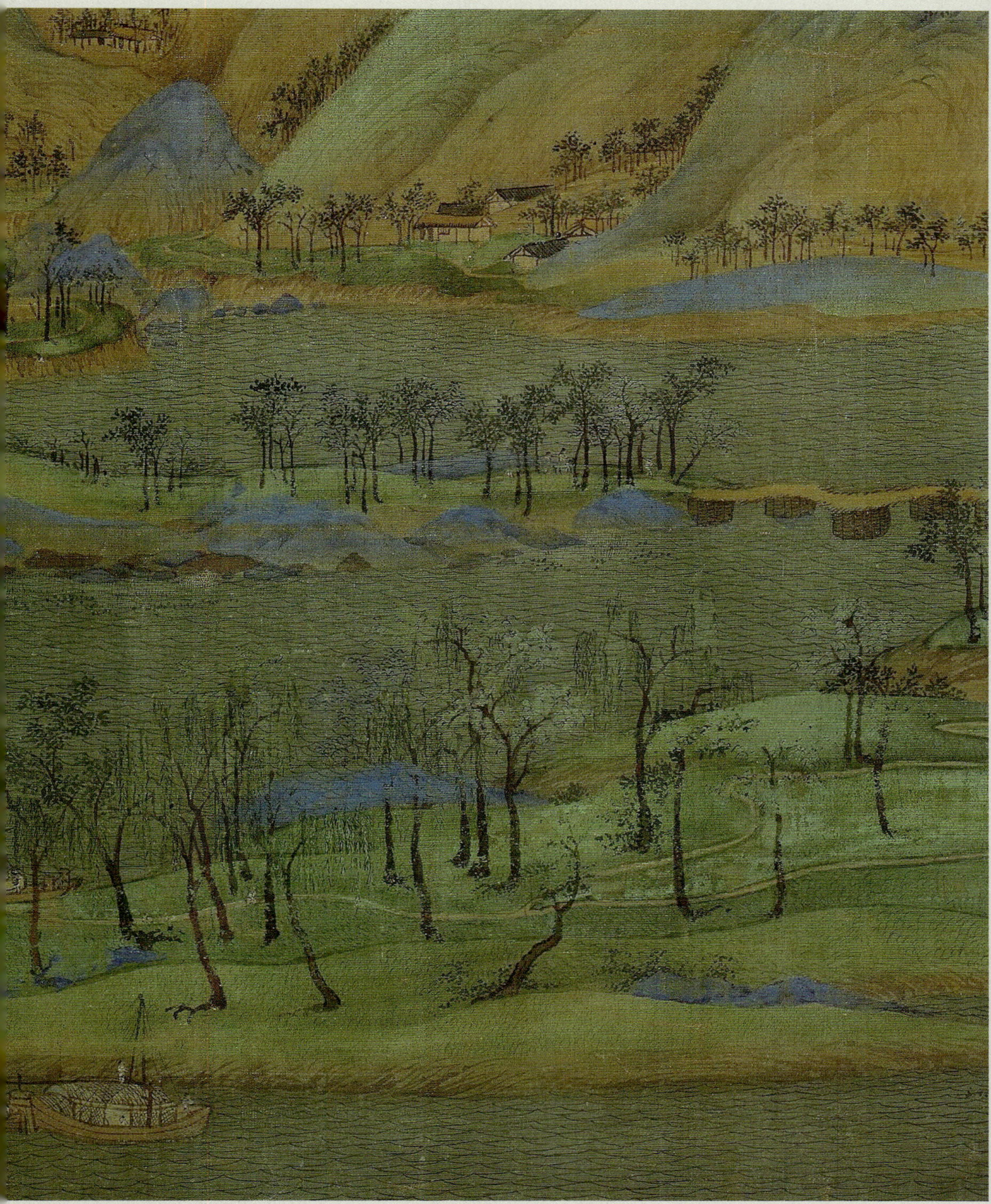

排版时，《千里江山图》的不同局部仍令我时时一惊，时时一惊。怎么可以这样子好法，怎么可以？回想我瞪着玻璃柜中的真迹，不知如何是好，只是看，只是看——这就是故国的河山吗？这就是我们的故国河山。

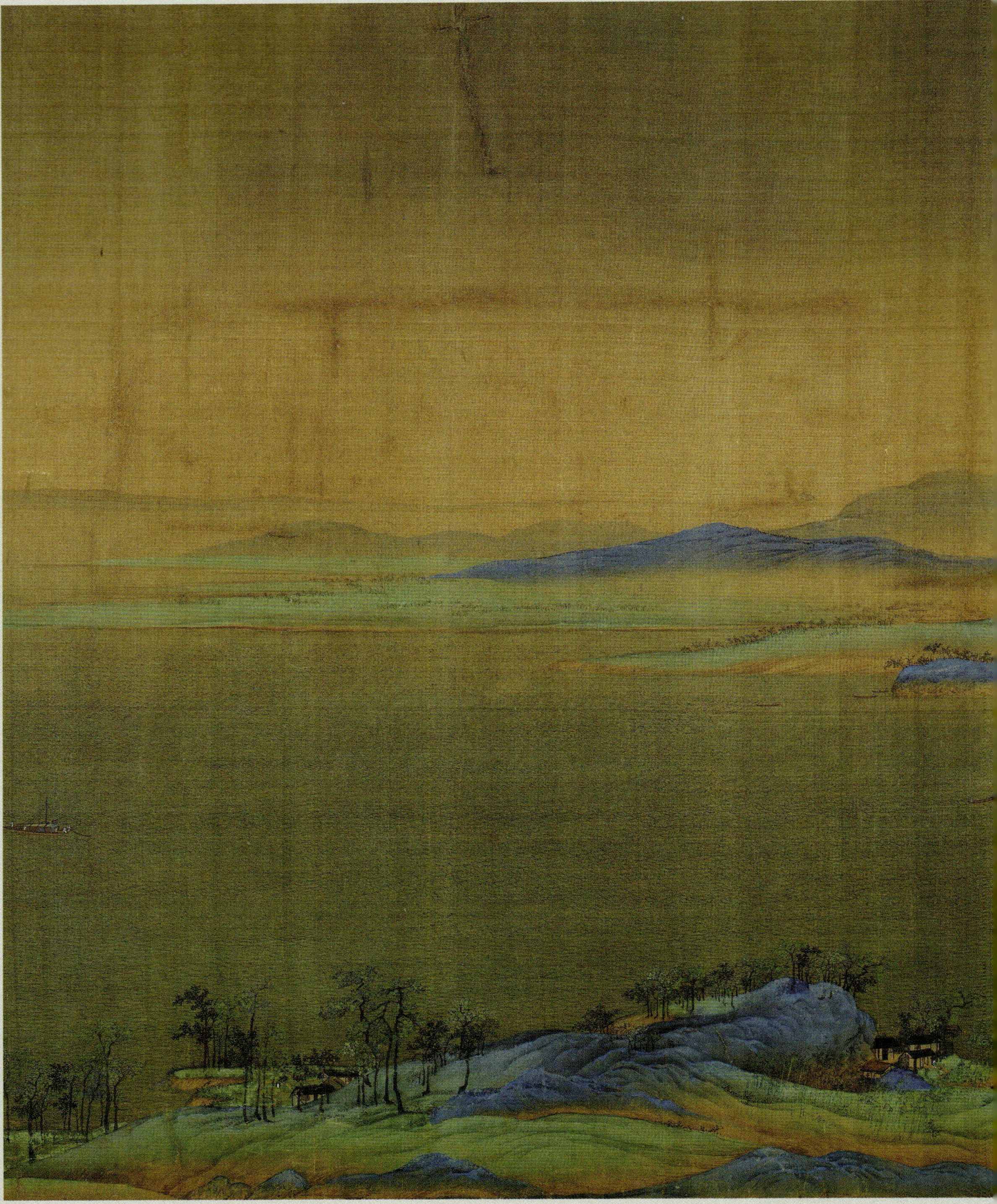

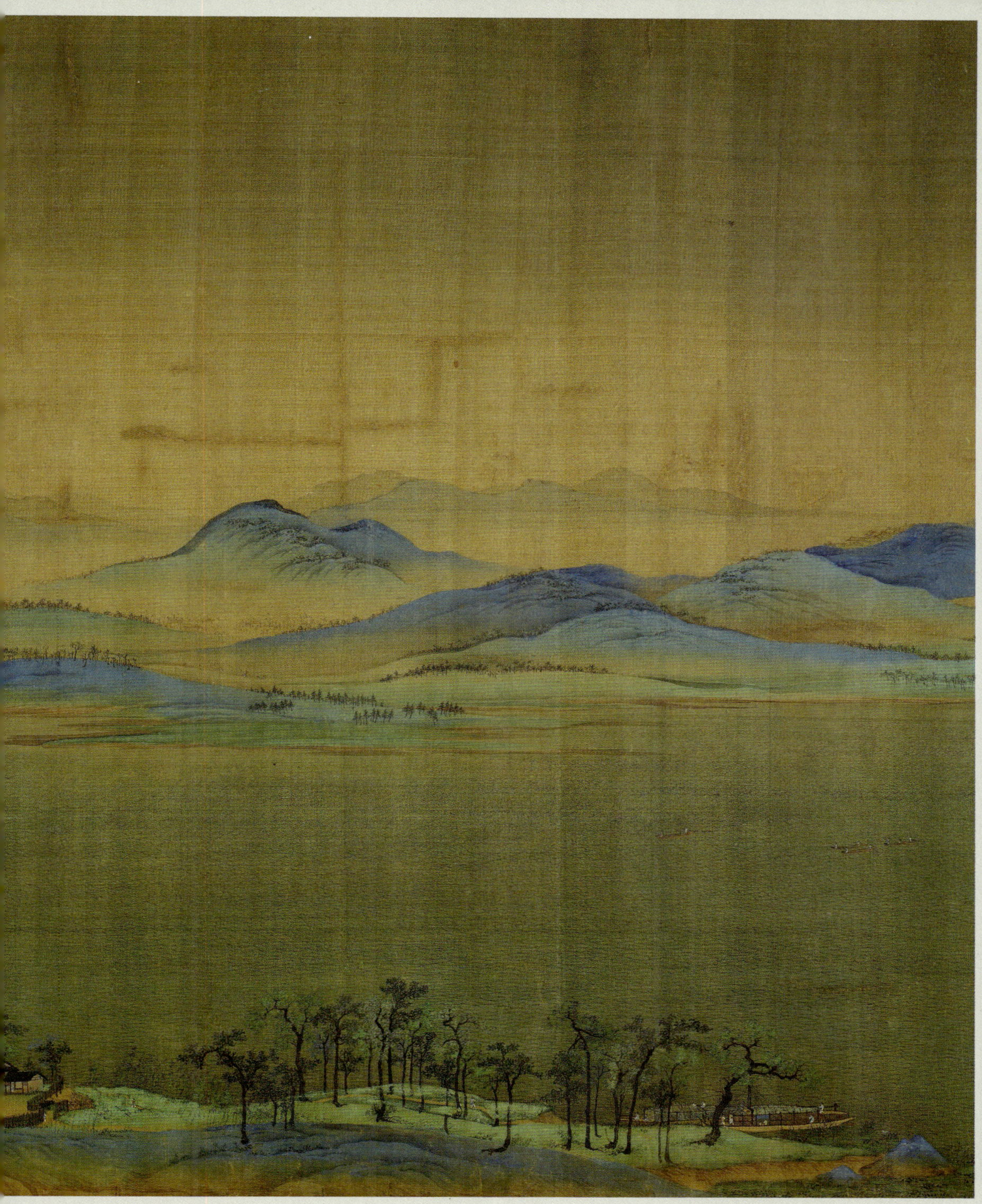

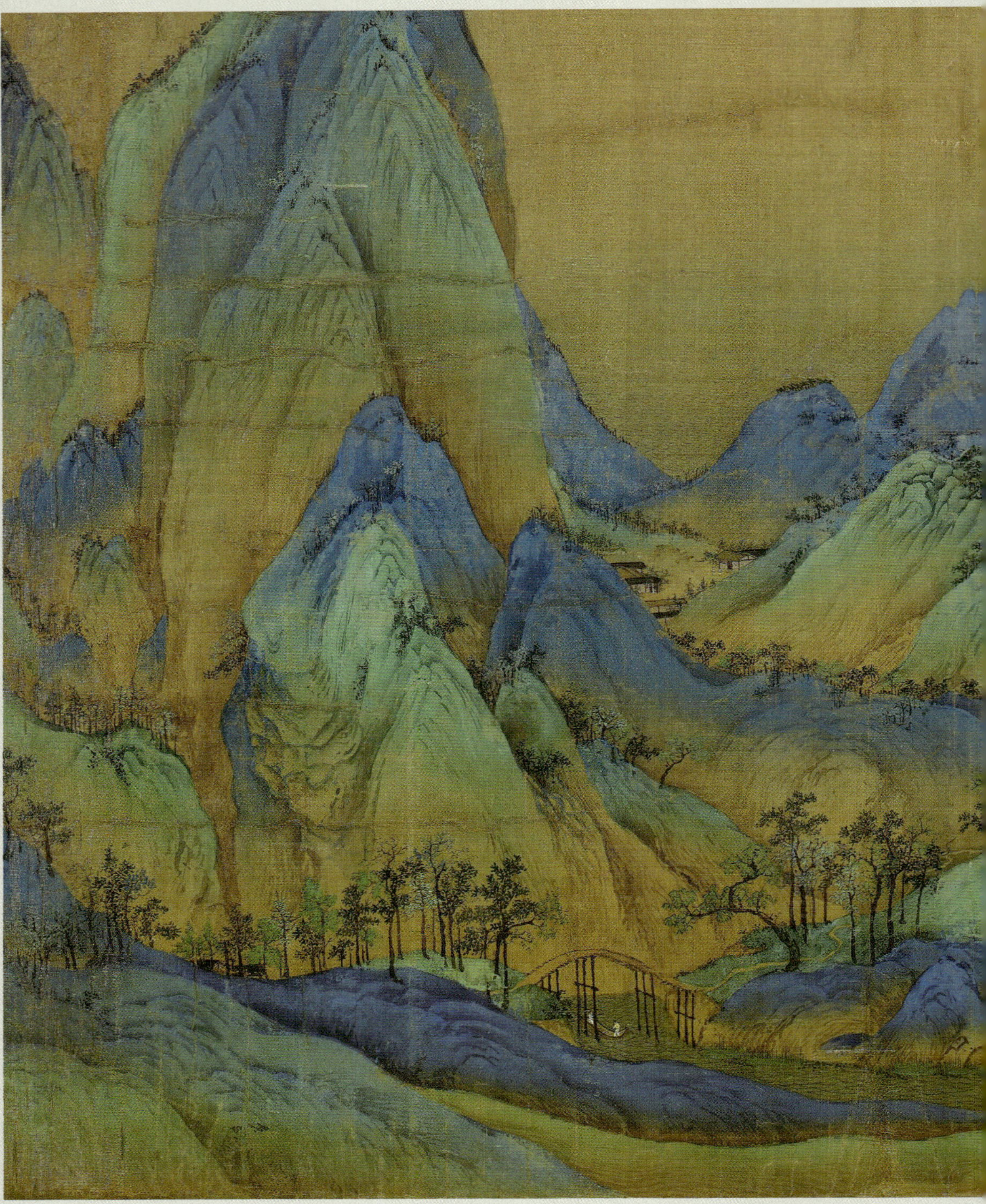

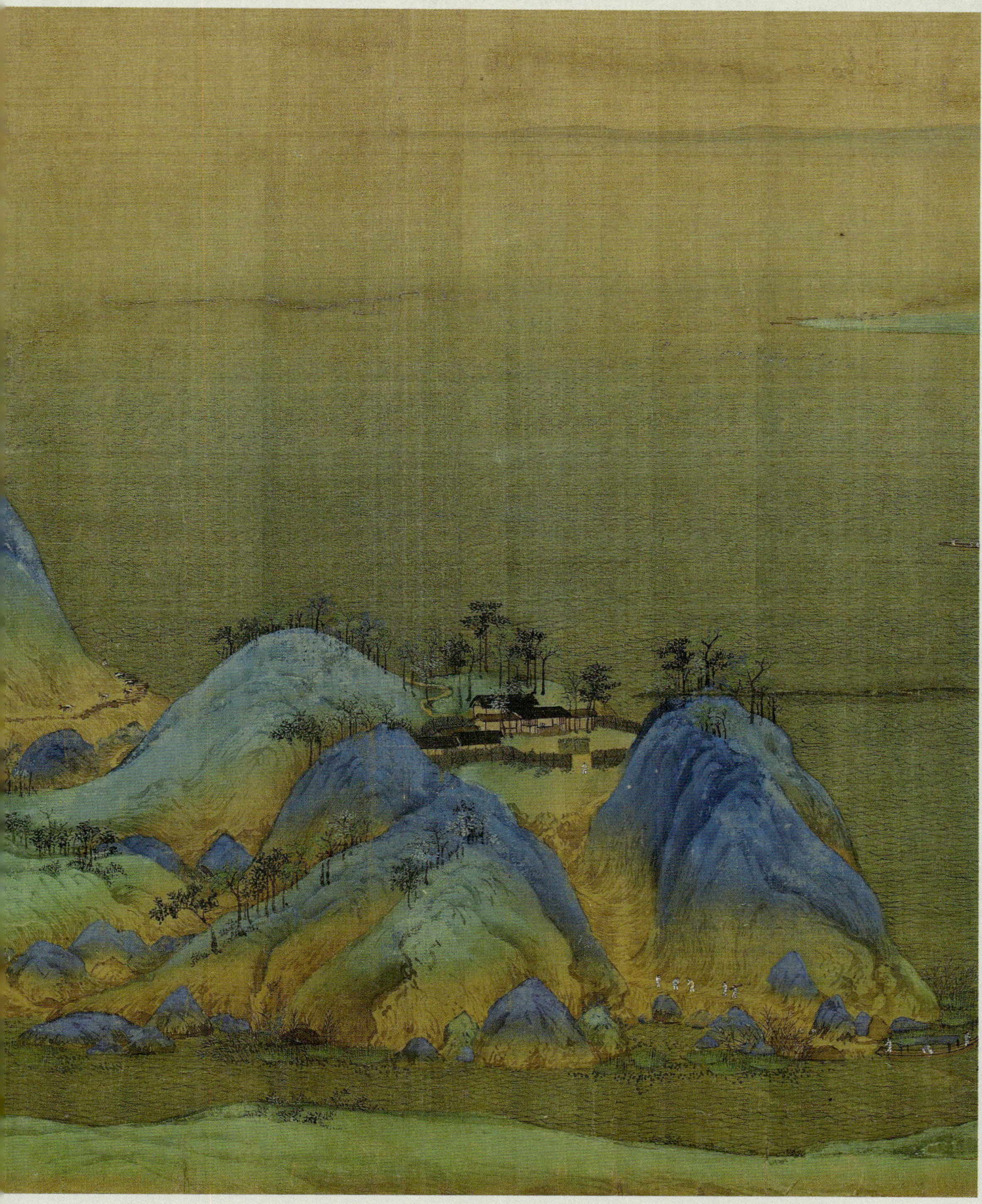

“天意”这件事,确乎有的:王希孟与他的十八岁,纯属天意!“天作之合”这句话,确乎对的:“千里江山图”与“王希孟”三字,多么般配!

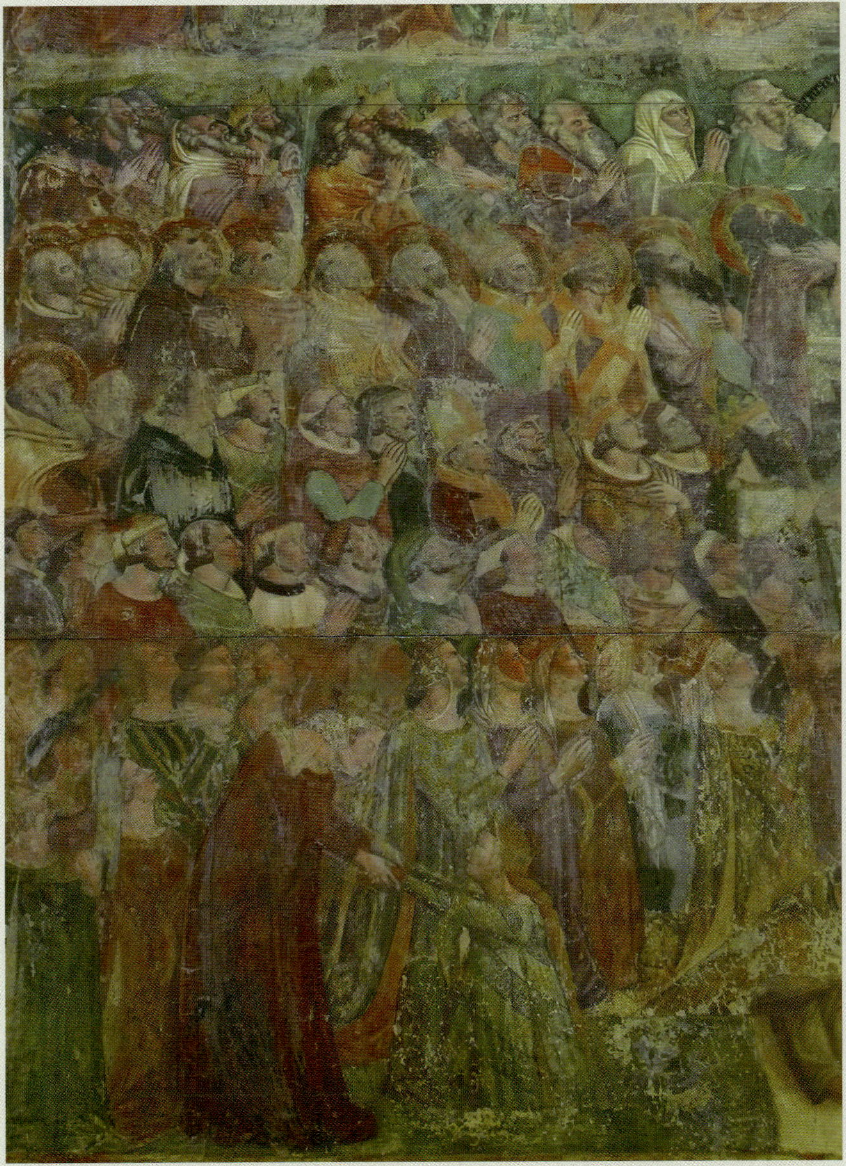

布法马可《地狱》局部，1336—1341 年，现藏于意大利比萨圣墓园——可怜由画册而看经典，无可奈何。布法马可《地狱》的这段局部，印成图片，方寸不及画中一双手一张脸的小半。诸位想象此画的真人尺寸，层层向上，仰面而望，该是何等壮观。

死亡的胜利

意大利的比萨斜塔，大家知道。斜塔边上有座圣墓园，诸位知道吗？很惭愧，我不知道。去年我闯进墓园，意外看见一幅从未见过的巨大壁画，当场魂灵出窍。文艺复兴大部分名作，我自以为知道，怎么这等伟大的画，从来不知道呢？

这就是无知的好处。

你熟悉一位画家，终于站在真迹前，是大快乐；你完全不知道一位画家，忽然撞见了，更是大快乐。那种惊讶、欢喜，等于变回小孩子。上回说到王希孟，没有十八岁上的大欢喜和大惊讶，没有《千里江山图》。

请诸位好好守护心里的孩子气——假如你还有的话——木心先生说："所谓元气，就是孩子气。"同意吗？不同意，也好，你肯定很有学问，很成熟。

话说二战期间，比萨城给联军炸得一塌糊涂，战后，巨大的回廊修复了。2008 年，我在佛罗伦萨美第奇宫的告解室看了格佐里（Benozzo Gozzoli）画于 1459–1461 年的《博士来拜》（*Journey of the Magi to Bethlehem*），佩服极了，偷偷拍了几幅照片，他是十五世纪意大利大画家，后来从画册里知道他还有很多大画在比萨墓园，去年就特意寻过去，啊呀，果然都在，高高的墙上一幅连一幅，每幅三四米见方，虽然残破、斑驳，色彩看不清了，还是好壮观。

我一幅幅看着，在回廊一间巨大的偏室，意外撞见陌生的大画，名叫《死亡的胜利》（*Triumph of Death*），墙角还有更大的壁画，叫做《地狱》（*The Hell*），我站在那里看，心里吓坏了。

赶紧看说明牌，作者名叫博纳米科 · 布法马可（Buonamico Buffalmacco），是前文艺复兴时期的画家，活跃于十四世纪前半，那时乔托（Giotto di Bondone）还在世。这幅画的年份很确定，是1336—1341年，比那位格佐里早一百多年，相当于我们的明早期。

进入明朝，中国绘画最辉煌的年代早就过去了。可是在西洋人那里，十四世纪上半等于是文艺复兴的早晨，曙光散去，天色大亮。可是西洋人要是提到十三、十四世纪的绘画，好比我们讲到汉魏隋唐的绘画，算是很古很古了。

岔开去，讲个偏见。我以为欧洲真正伟大的画，不是油画，而是湿壁画。中国呢，要论斯文深秀，那是文人画，要论高贵、伟大，非得看魏晋唐宋的工笔重彩画，最佳的例子，就是王希孟。可惜传世的魏晋隋唐，数得出几件，意大利的湿壁画却是数不清，十之七八还在教堂的墙面上，只是干透了，加上岁月的包浆，比当年更好看，更恢宏。

所以历史短有历史短的好处，高峰期来得晚，有来得晚的道理，人家的材料又耐久，占了时光的便宜。

话说十四、十五世纪这两百年，意大利出了一堆壁画家。乔托是老祖宗、开山人，在他之后，一个接一个，安吉利科（Fra Angelico）、马萨乔（Masaccio）、弗朗切斯卡（Piero della Francesca）、利皮（Filippino Lippi）、吉兰达约（Domenico Ghirlandaio），还有格佐里……他们包揽了托斯卡纳地区无数教堂的壁画工作，后来，所谓文艺复兴三杰，被我们说了又说的米开朗基罗、达芬奇（Leonardo da Vinci）、拉斐尔（Raphael），至少等于当时的八〇后。

可是呢，别的麻烦又来了——经典油画挂在美术馆，印出画册，又好看，又容易传播，我们就一天到晚赞美油画。湿壁画实在太大，缩小到画册，意思全没了。而且顶重要的湿壁画，你得去一个一个城镇，一座一座教堂，专门找。布法马可这幅画原来在哪座教堂呢？不知道，因为教堂挨了炸了，意大利人好不容易修复了这幅画——说起轰炸，神了，达芬奇著名的《最后的晚餐》（*The Last Supper*，1498）也在教堂里，二战期间，教堂炸毁，可是不长眼的炸弹好像认识达芬奇，偏偏躲开了《最后的晚餐》。黑白照片里，只见那幅画的墙面孤零零站在一片废墟中，居然没毁损。我曾亲眼看过原作，不怎样激动，倒是吉兰达约画的《最后的晚餐》（*The Last Supper*，1486）还挂在圣马可教堂的售票厅，美不可言，此外，至少二十位画家画过《最后的晚餐》，各有各的好。

所以美术史其实很势利。这份势利，以后可以专门讲。

现在大家来看《死亡的胜利》。画面左侧，画着棺材、死人堆，画面右侧，画着游冶奏乐的贵族男女，当然，少不了飞翔的天使。几十年后，黑死病肆虐欧洲，瘟疫过后，据说人们对这幅画大为崇拜，也在死人堆旁宴饮作乐。《十日谈》（*The Decameron*）的作者薄伽丘（Giovanni Boccaccio）还因此获得灵感，他写了不少这位画家的故事，原来布法马可是个著名的捣蛋鬼，专闹恶作剧。

再看《地狱》，有大群的圣徒、判官和恐惧的人民，有上帝，有军人，有砍头，有将要砍头，还有地狱的惨象，下油锅的鬼，毒蛇缠绕的鬼，等等等等。古人看了，一定像北京话说的那样：吓得“肝儿颤”。

我今天还是只讲一个点：请大家注意早期作品。

德国人斯宾格勒（Oswald Spengler）在《西方的没落》（*The Decline of the West*）中说：每个文明都有自己的春夏秋冬和少壮老迈。每个艺术时期，长几百年，短几十年，也各有少壮期、老年期。我看了好多画，越来越注意早期作品，为什么呢？

早期作品一定面对两个历史任务，换句话说，也是历史的机会。什么机会？简单说，就是主题和工具。每个周期的开端，一定最早开发新主题，寻找新形式，所以有原创力。同时，它也最早使用新工具——譬如湿壁画——或者说，用新工具寻找最好的方法。新工具和新主题，互为因果，这层关系，以后再细说。

各个时期的艺术，慢慢成熟壮大，根子，都在早期，和幼童少年的身体怎样成长，性格怎样形成，是一个道理。所以早期作品都很简单，但是生猛，都显得幼稚，但是天真，它难免粗糙，但是精力饱满，用古语形容，就是，元气淋漓。

怎么形容布法马可的画呢？我们来看敦煌壁画。敦煌壁画从魏晋延续到唐宋和辽金，尾端甚至进入明清，前后逾千年。唐宋的敦煌，公认是黄金时代，可是最有力量、最动人、最能显示敦煌的风格，还是北魏，公元四百年前后，也就是敦煌的早期。1979年我去那里考察，南北美院的师生都抢着临摹那幅有名的《舍身饲虎图》，我也临摹了，有一阵迷得不行，简直想放弃油画。

大家有机会再去洛阳的龙门石窟看看，去大同的云冈石窟看看，前者是唐代盛期，后者是北魏，相差两三百年，要论单纯，雄大，气魄，无疑是云冈石窟。“文革”中，法国总统来访，不记得是不是蓬皮杜，周恩来问他想去哪里，他说哪里也不去，就想去云冈看看——法国人爱中国，也懂中国——另一位法国总统，我也忘了名字，去西安看秦始皇兵马俑，一进去就退出来，说他吓坏了，不敢立即看。

看伟大的画，伟大的雕刻，是要给吓着的，有位美国抽象画家说，他去看毕加索的《格尔尼卡》（*Guernica*），一进展厅就给吓得退出来，在街上转悠很久，才走回去慢慢看。前两年我在马德里索菲亚美术馆总算看见了《格尔尼卡》，很失望，站了几分钟就走了。现在想想，也许我早就看过云冈石窟，看过粗犷有力的北魏，毕加索那点意思，吓不着我，他要是见了云冈石刻，倒恐怕牛眼睛瞪出来，吓个半天吧。

但布法马可吓到我了。他的生猛和力量，他的肆无忌惮，他疯狂的想象力，他的神奇感，我想说，一种神奇的残暴感，正好比北魏的壁画。论造型，论解剖知识，他远远不如米开朗基罗，就像北魏人，一张脸都画不像，一条腿也画不准，哪里比得过唐宋？他们还不那么会画画，还不那么懂画，他们甚至不知道自己在干什么，可是，艺术顶顶要紧的，不是知识，不是熟练，而是直觉，是本能，是骚动，是崭新的感受力，直白地说，其实，是可贵的无知。

布法马可的时代，无疑是文艺复兴早期，他比乔托才晚一点点。那么，王希孟怎么解释呢？他活在中国宫廷绘画的全盛期，黄金期，所以我抓住一点：他画《千里江山图》，只有十八岁——他活在他自己的早期。

可是我们常常看不起全世界的早期作品，总是留心盛期，盯住最有名的作品看。实在说，艺术，各时期有各时期的好，晚期的好，盛期的好，中期的好，我们往下慢慢看，慢慢说，可惜现在大家在视频上看画面，不过杂志大小，用手机看，还不如女孩子的巴掌大，实在是委屈了伟大的绘画了。

这个节目让大家看画，但我不会仔细解说。为什么呢，我看画讨厌有个人给我讲，因为我也长着眼睛。我同意贡布里希（E.H. Gombrich）的话，他说，美感是需要引导和学习的，但我不是导游，不是讲解员，不是教授，我不喜欢这个视频变得像在上课。文艺复兴画家，敦煌的画家，他们上了什么课？上过什么学？意大利有个小山城叫做奥维耶多，年轻时代的米开朗基罗特地

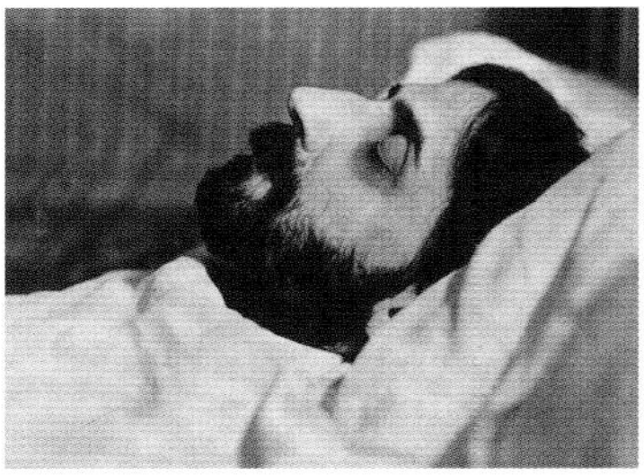
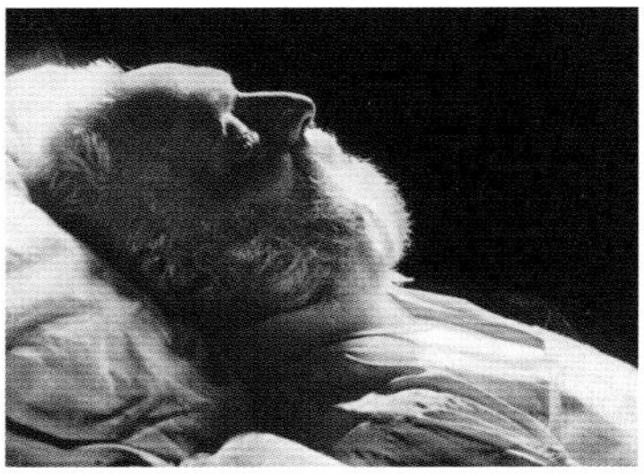

左图：曼·雷（Man Ray）拍摄的普鲁斯特（Marcel Proust）死亡时的照片，1922 年；
右图：纳达尔（Félix Nadar）拍摄的雨果（Victor Hugo）死亡时的照片，1885 年。

远道而来，爬上山，进教堂，去看一位前辈的壁画，他是去上课吗？他是去取真经，当然，取经也看谁在取——他是米开朗基罗。

最后说个现象：布法马可画屠杀、画尸体、画棺材、画地狱。这是西方艺术自古以来反复出现的死亡主题。罗兰·巴特（Roland Barthes）说过一句我很难忘的话，他说："尸体作为尸体，是活生生的。"中国人呢，也画鬼神，还有画鬼专家，譬如罗聘，但是敦煌无名画家笔下的地狱和鬼神，最生动，最传神，我曾经在很小的洞窟里临摹过，画满了鬼在满地跑着追活人，我一边临摹，一边吓得肝儿颤，可是我看罗聘的画，一点不害怕。

最后，为什么中国人从来不画棺材和尸体？大家可以想想。

这个节目也许有一天讲到摄影，我有欧洲人拍摄的尸体照片给大家看。要是大家忌讳，我就罢休——这是我们的文化。我们的绘画传统是《千里江山图》，不是《死亡的胜利》。

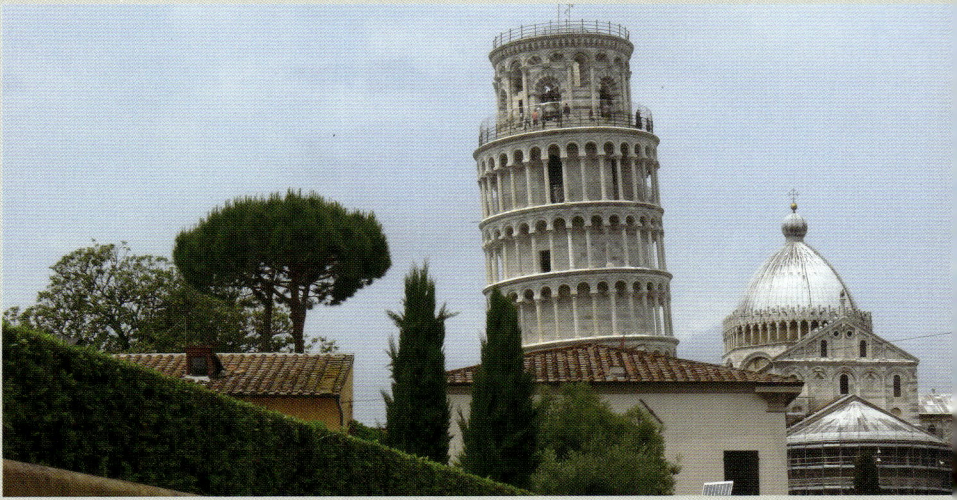

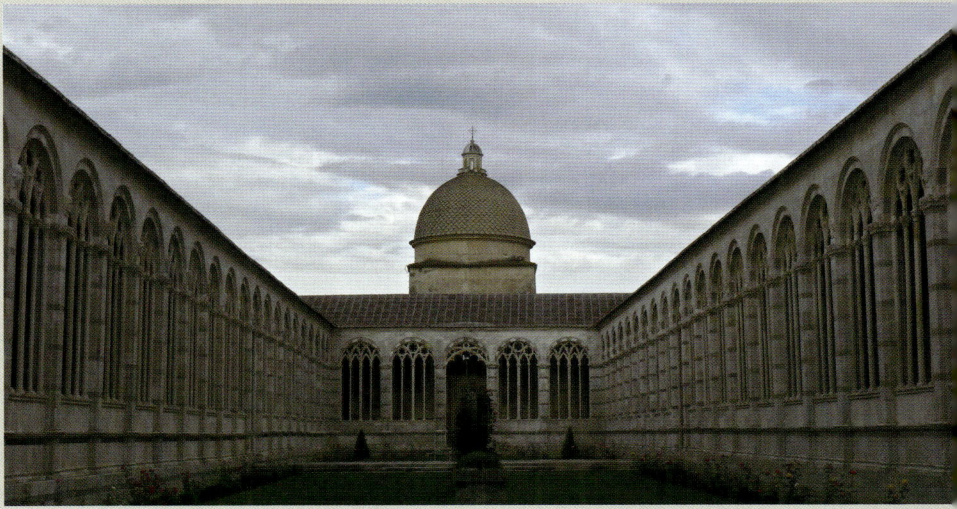

上图：比萨斜塔；下图：圣墓园。中午到达比萨，
天气晴好，黄昏离开圣墓园时，已是大雨过后。

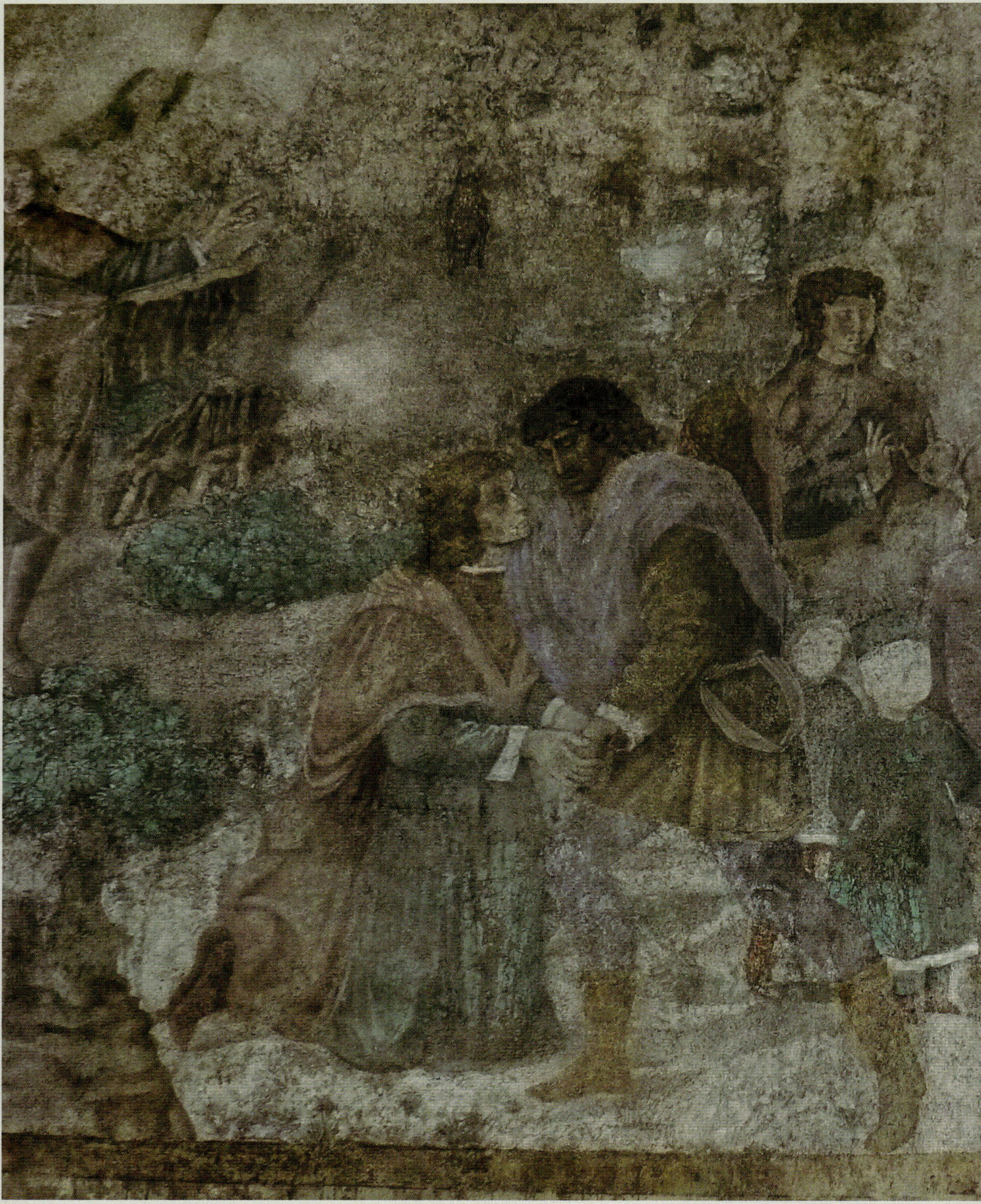

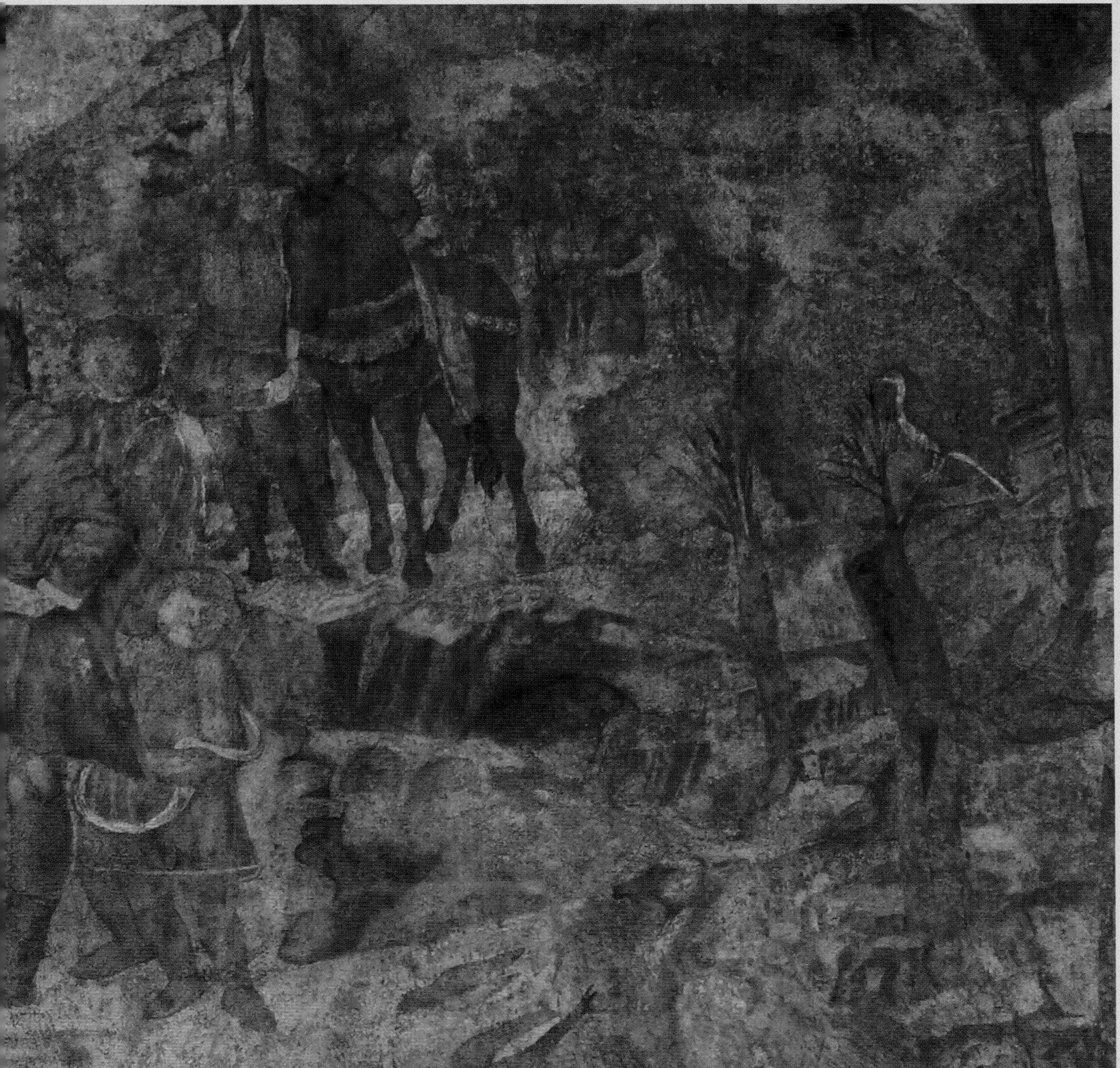

格佐里比萨壁画局部，比萨圣墓园。

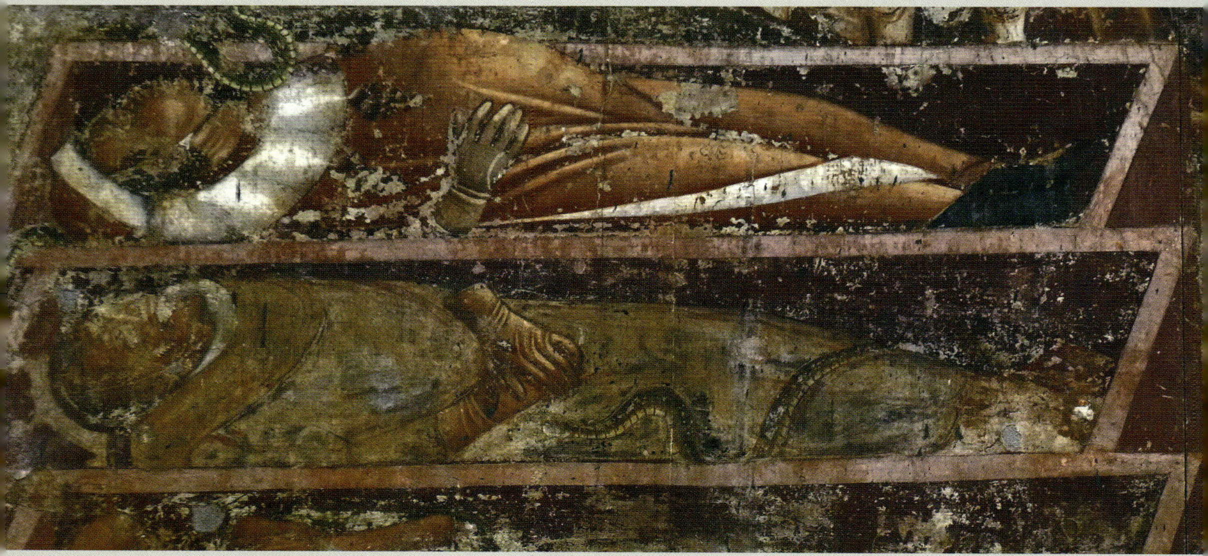

在西班牙一座中世纪教堂，我见过另一幅巨大的壁画，画于十二世纪——相当我们的元代——整个幅面几乎没有人物，唯十多具等大尺寸的棺材，二三鬼魂，从中跃出，构图有如立体派，横线直线、交错布列，贯穿教堂上端十余米墙面，好看极了。布法马可描绘这三具棺木，形式与手法近似中世纪，那时，透视法尚未成型成熟，画面的气势与气格，反倒更大，效果更猛。

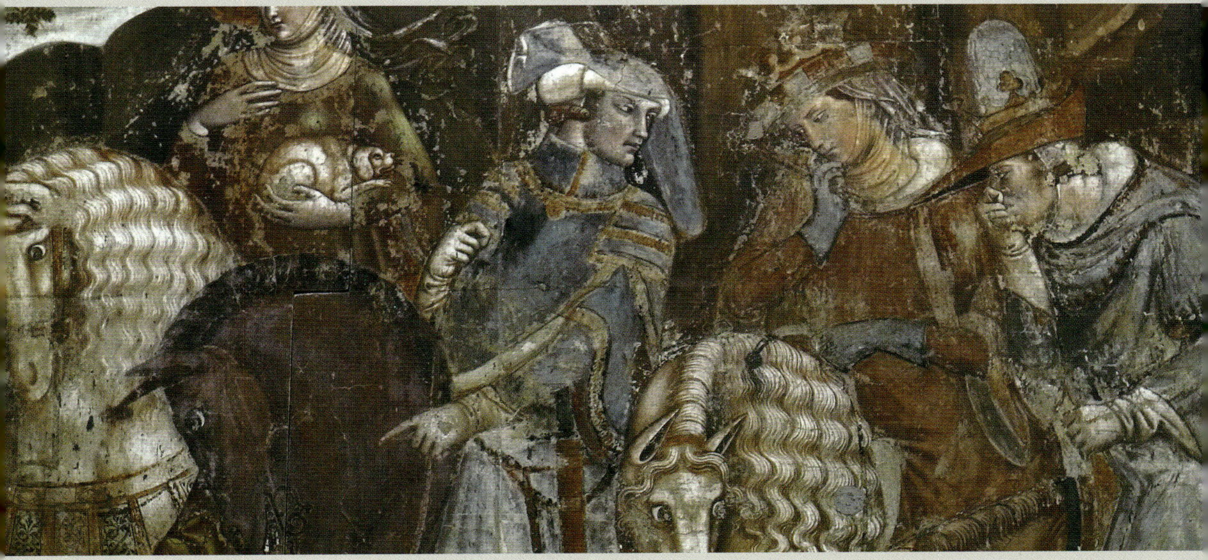

28—33 页，布法马可《死亡的胜利》局部，1355 年，现藏于意大利比萨圣墓园。

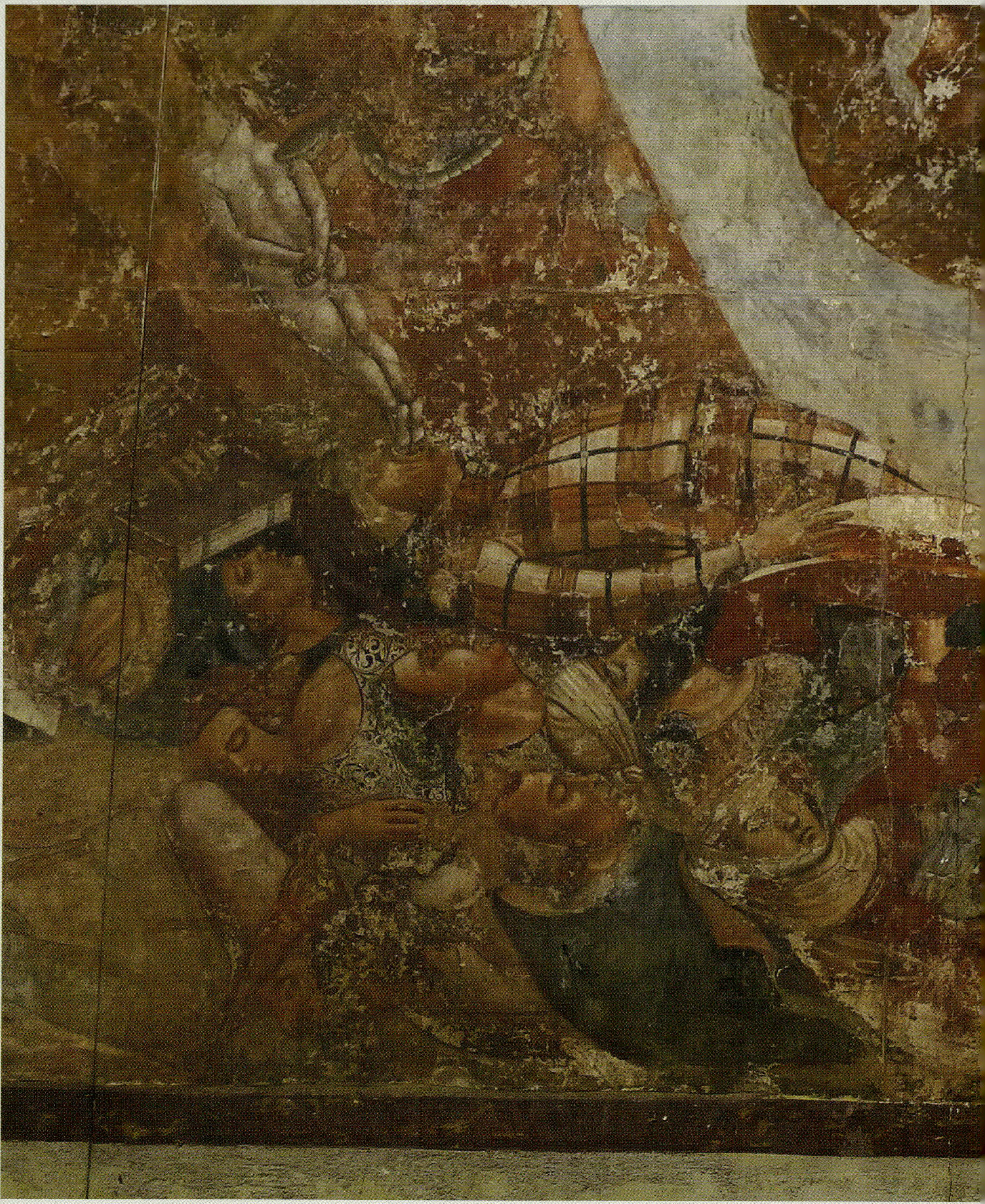

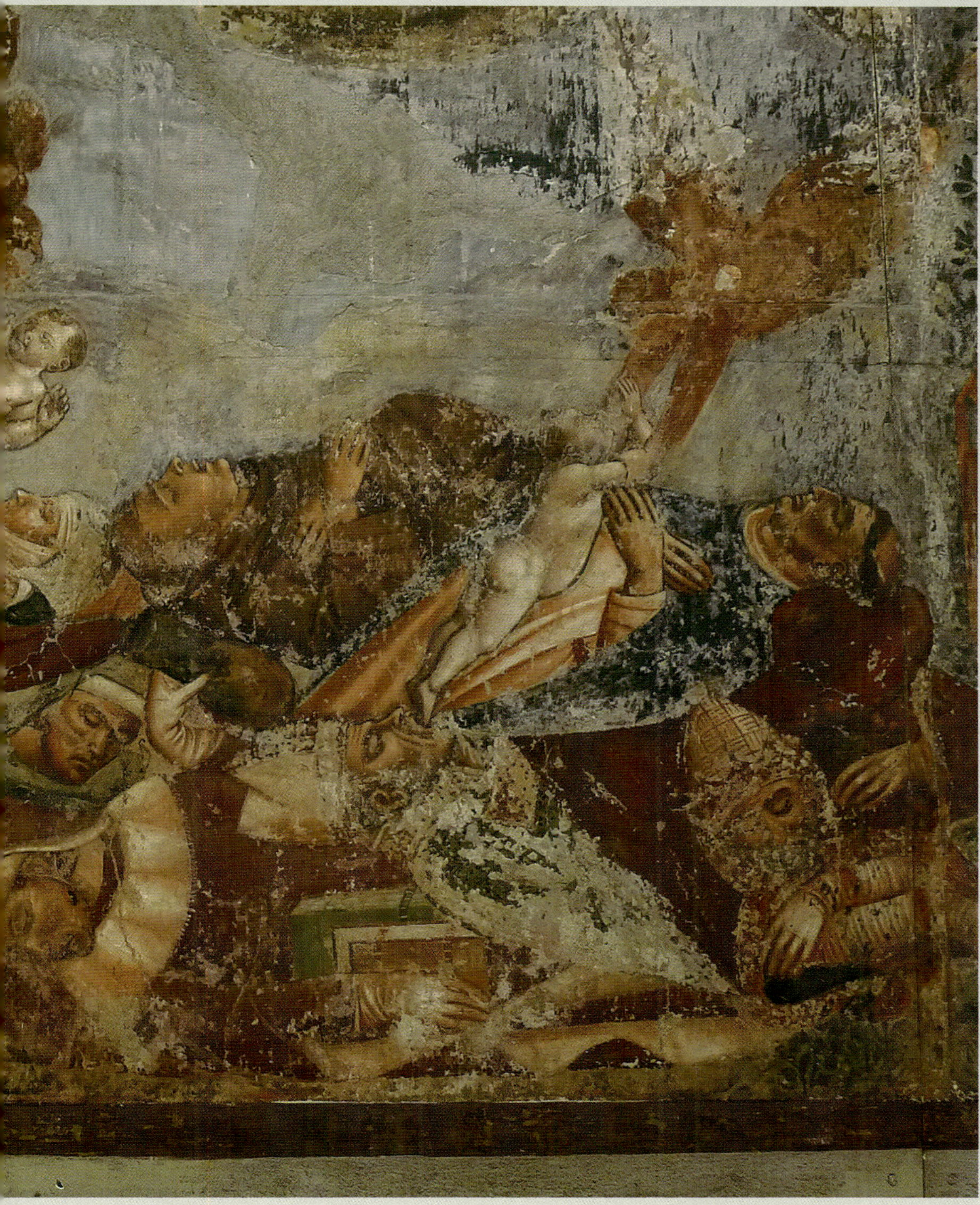

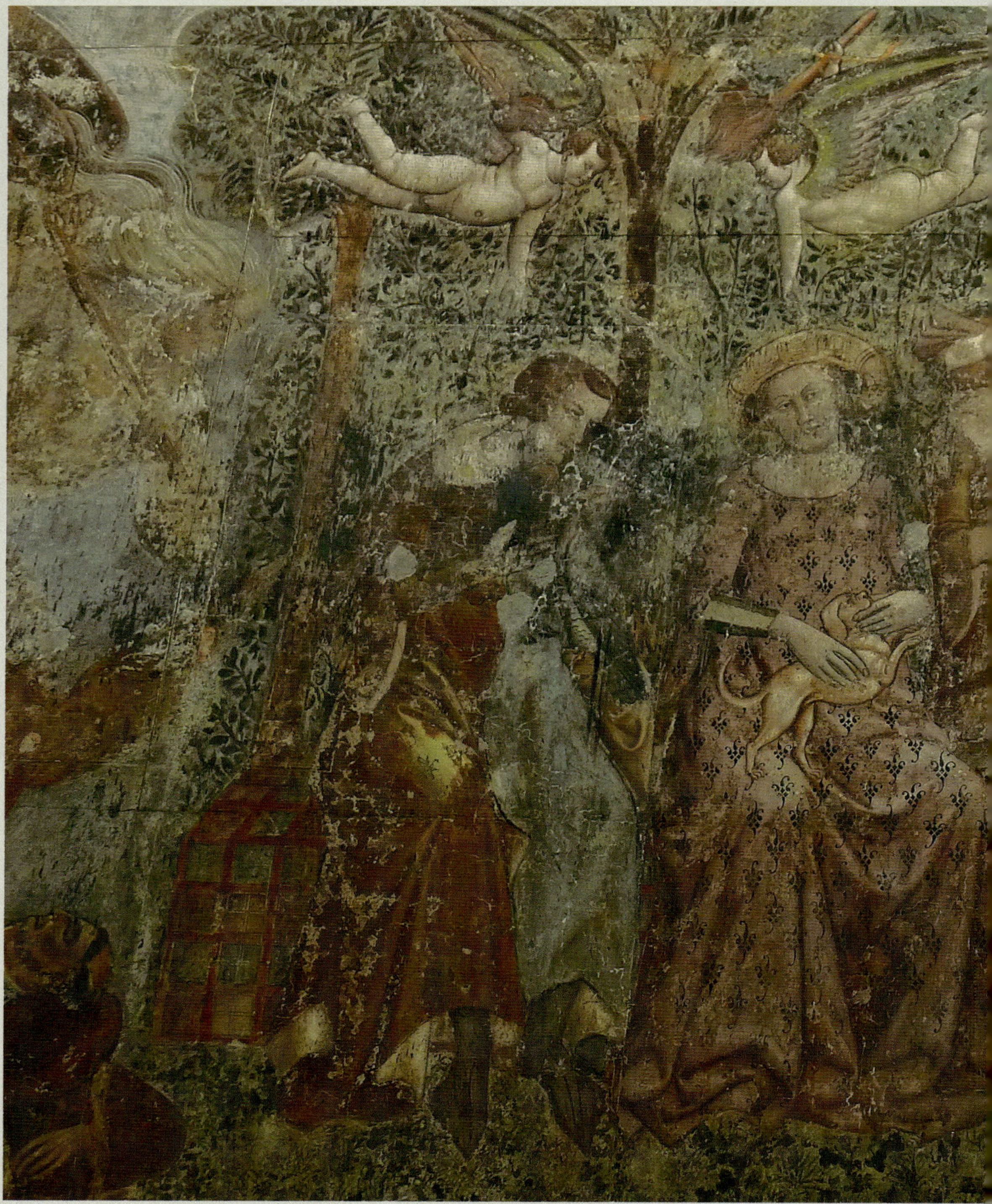

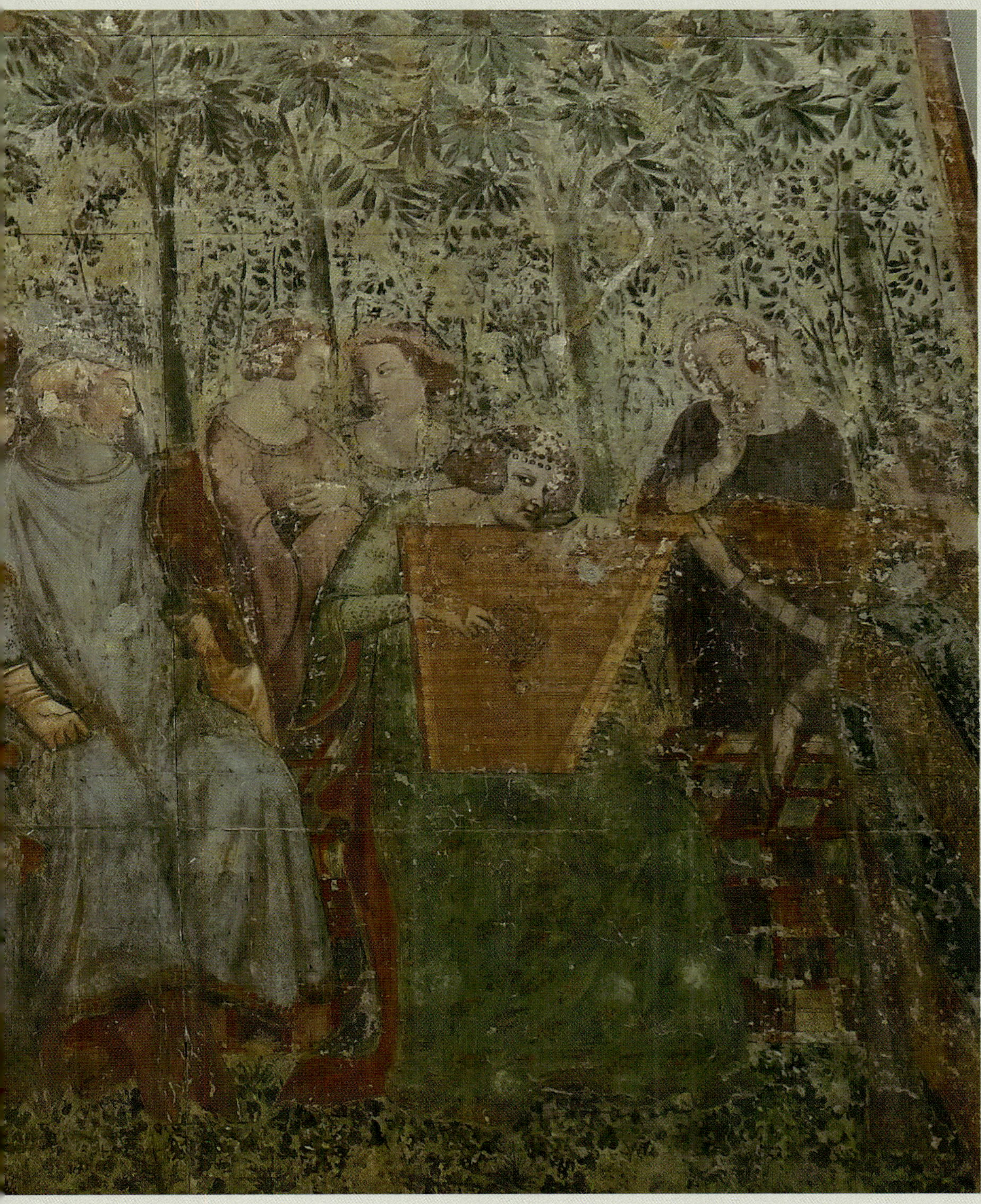

布法马可画于尸体堆右侧的这一大场面，或许预示了近百年后波提切利美不可言的《春》：香草、天使、美树、美妇，雍雍穆穆，纷纷然。三四百年后，马奈、莫奈的《草地午餐》，仍可窥见文艺复兴人的欢情与启示。

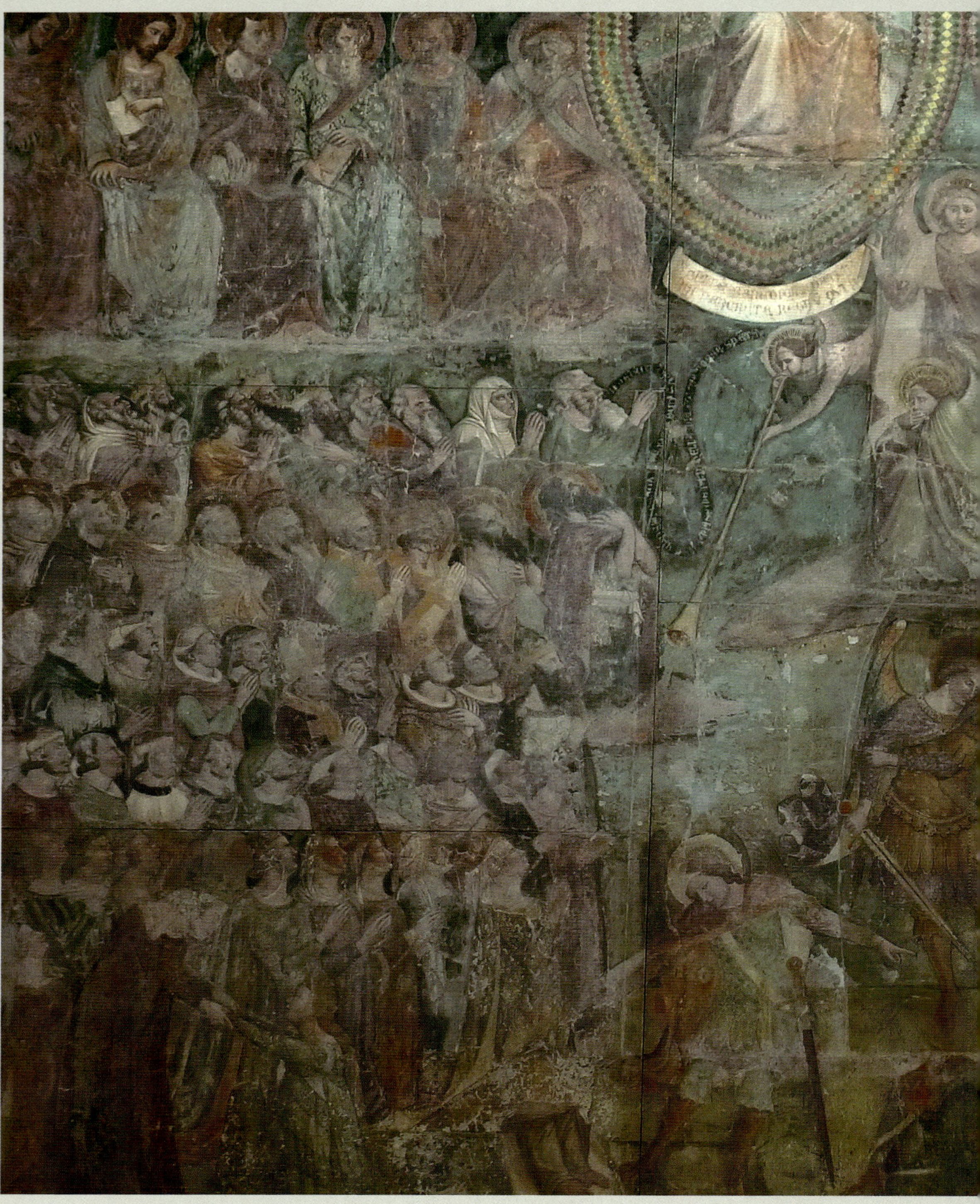

34–41 页，布法马可《地狱》局部，1336–1341 年，现藏于意大利比萨圣墓园。

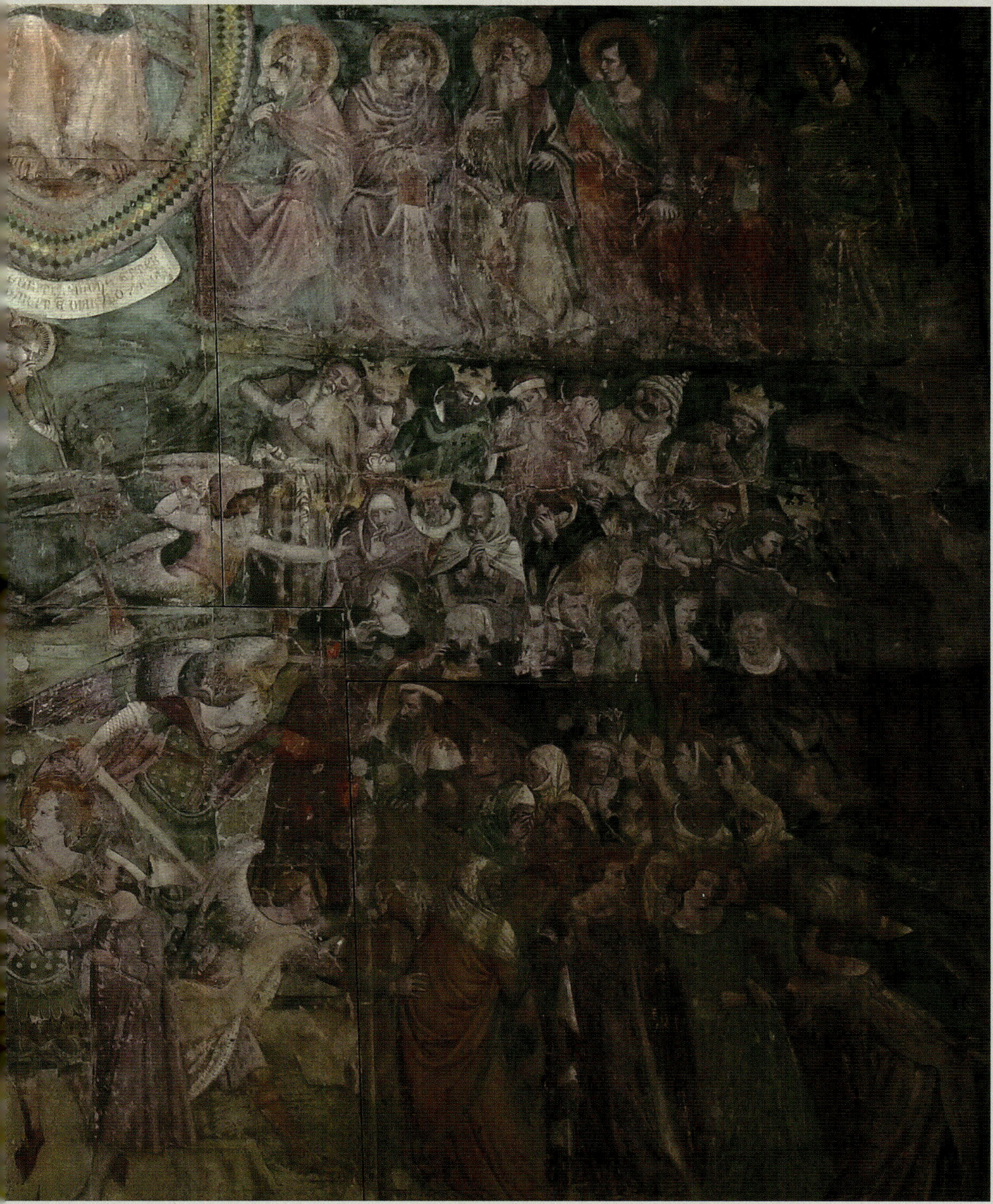

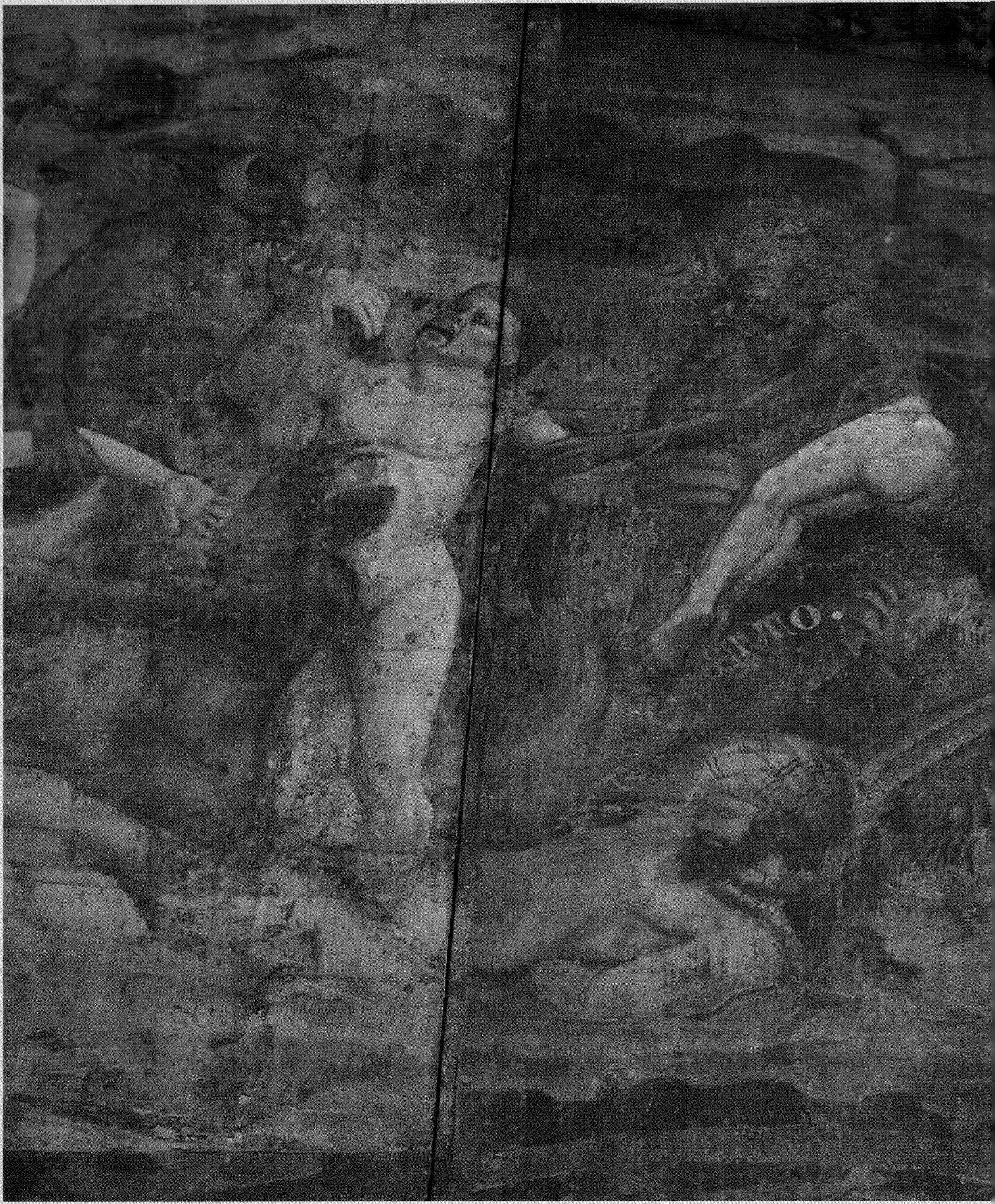

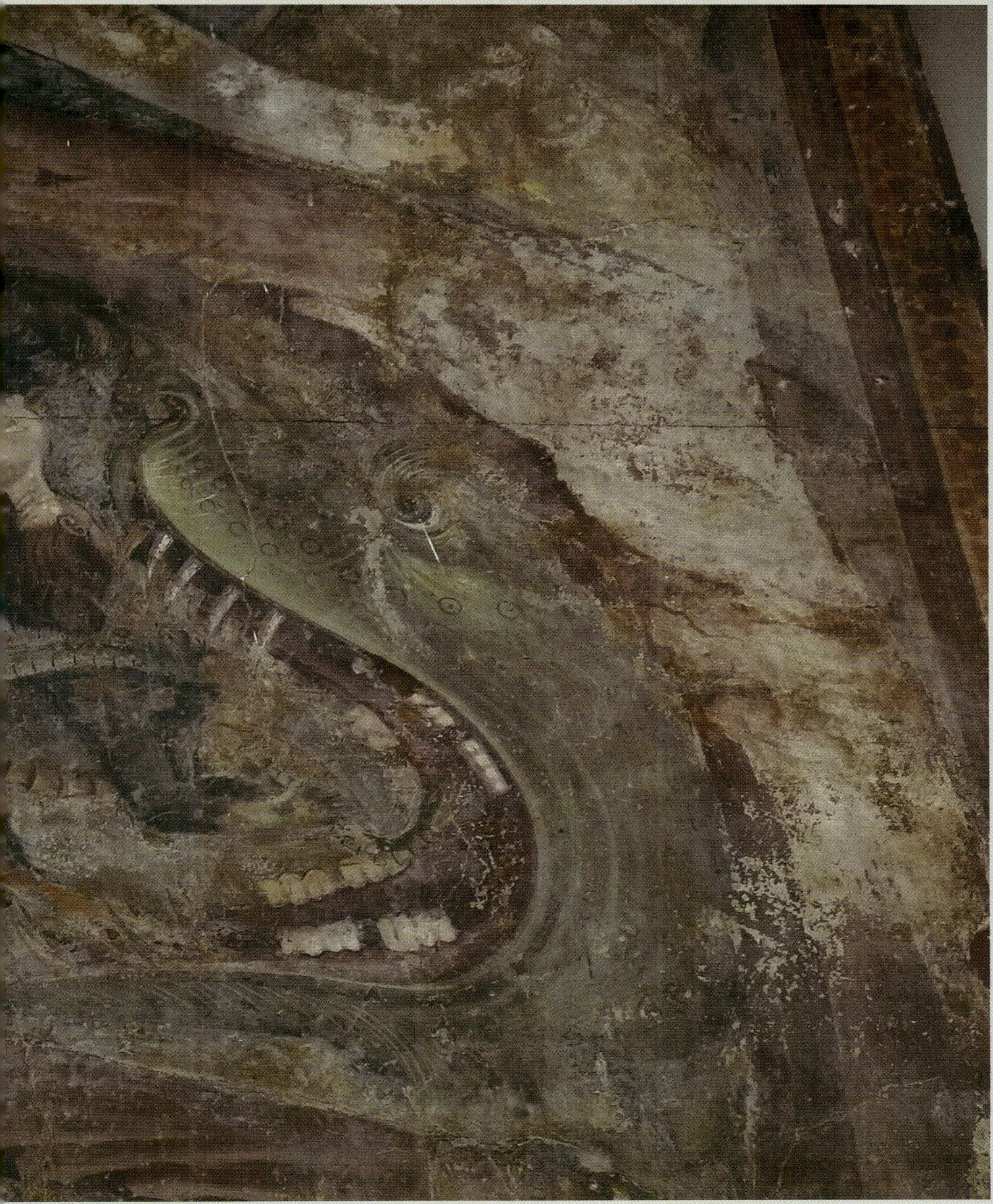

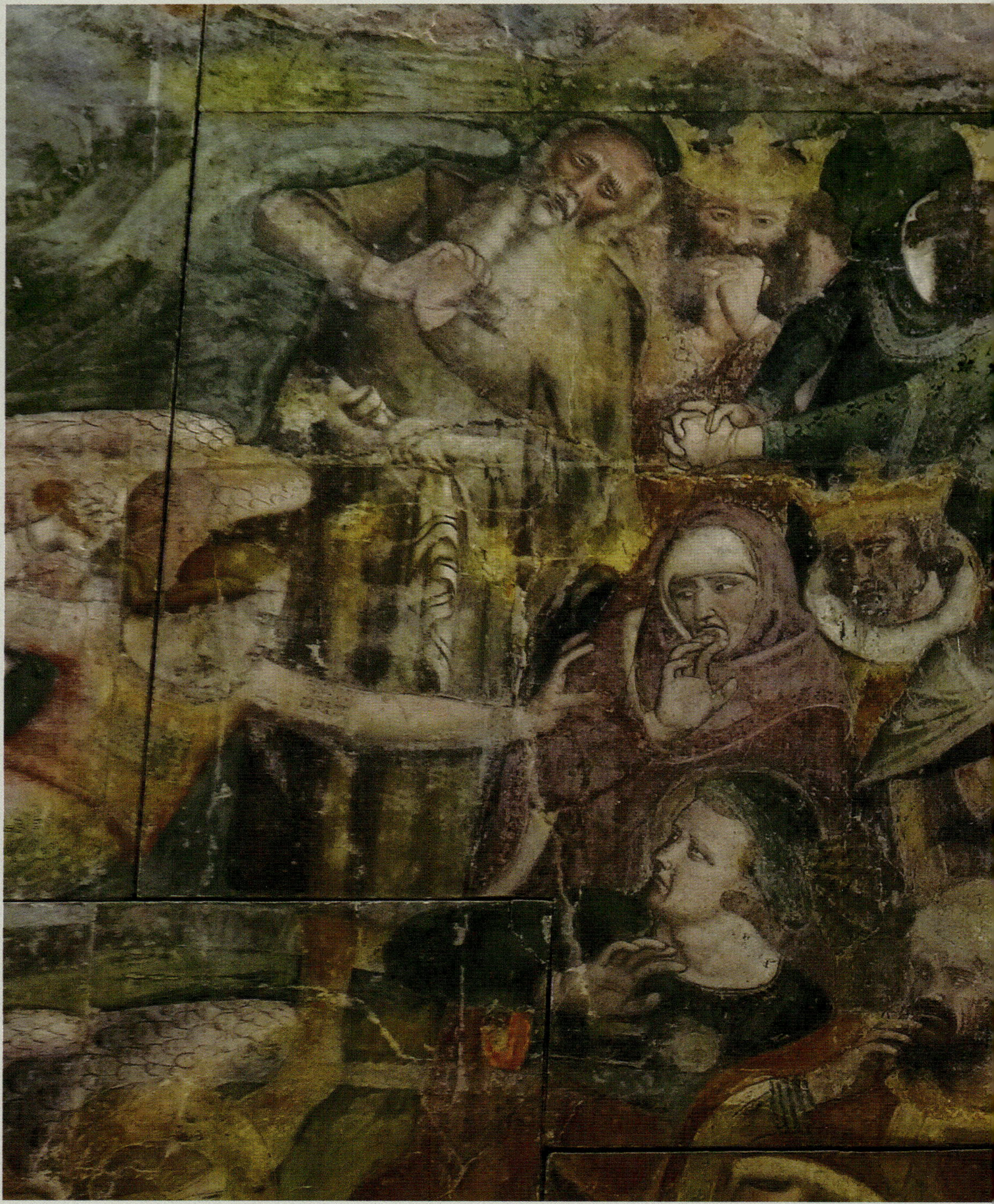

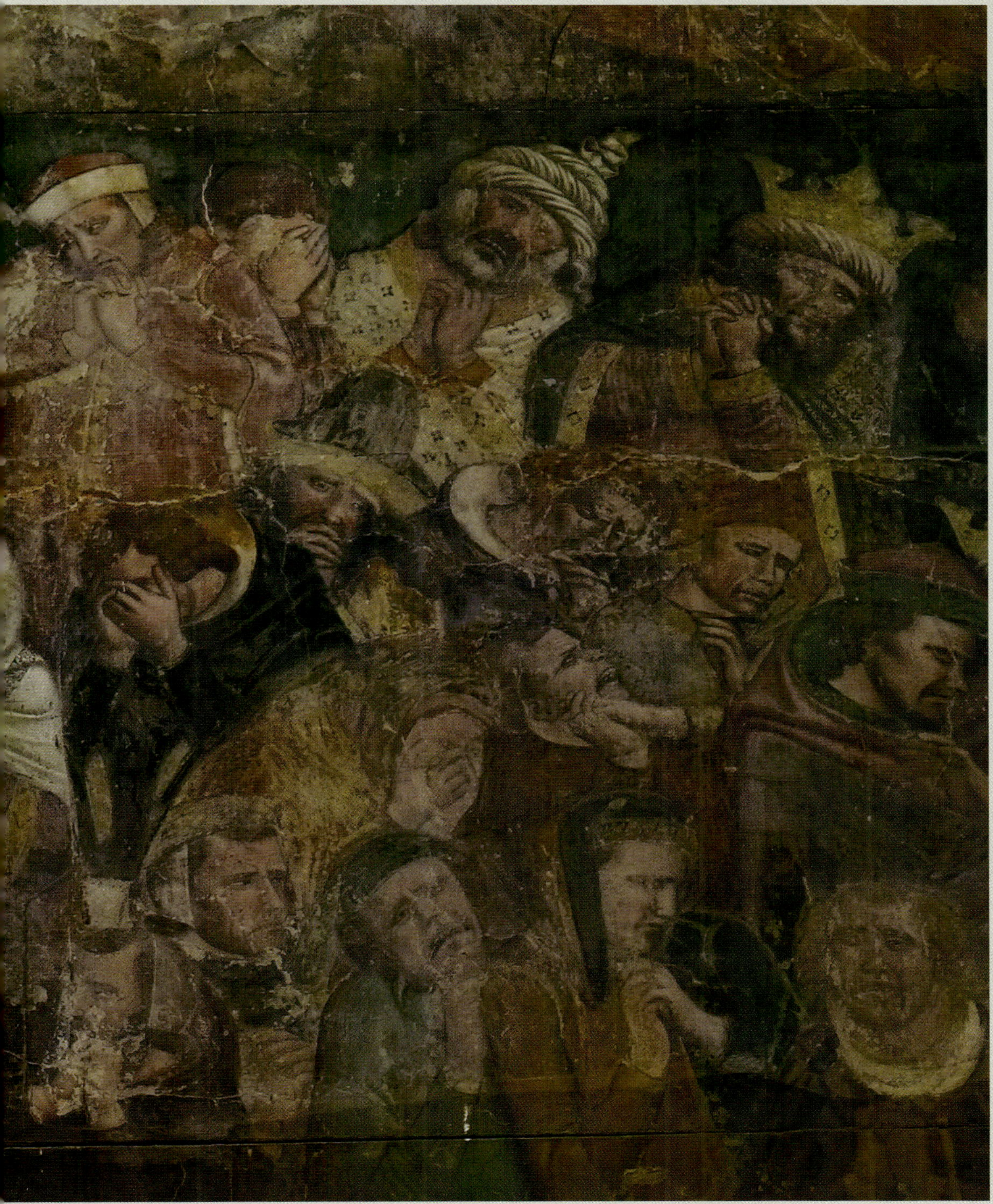

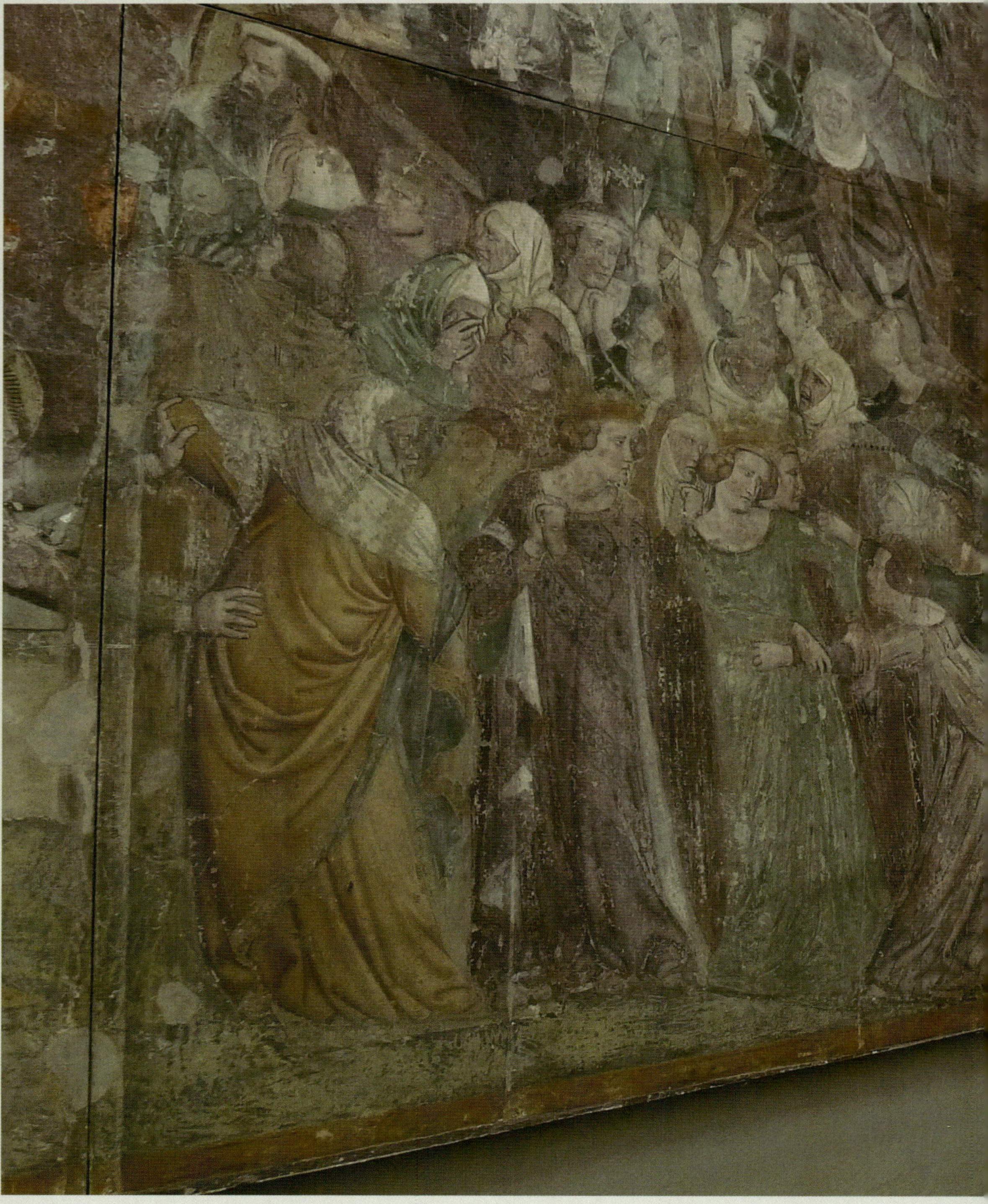

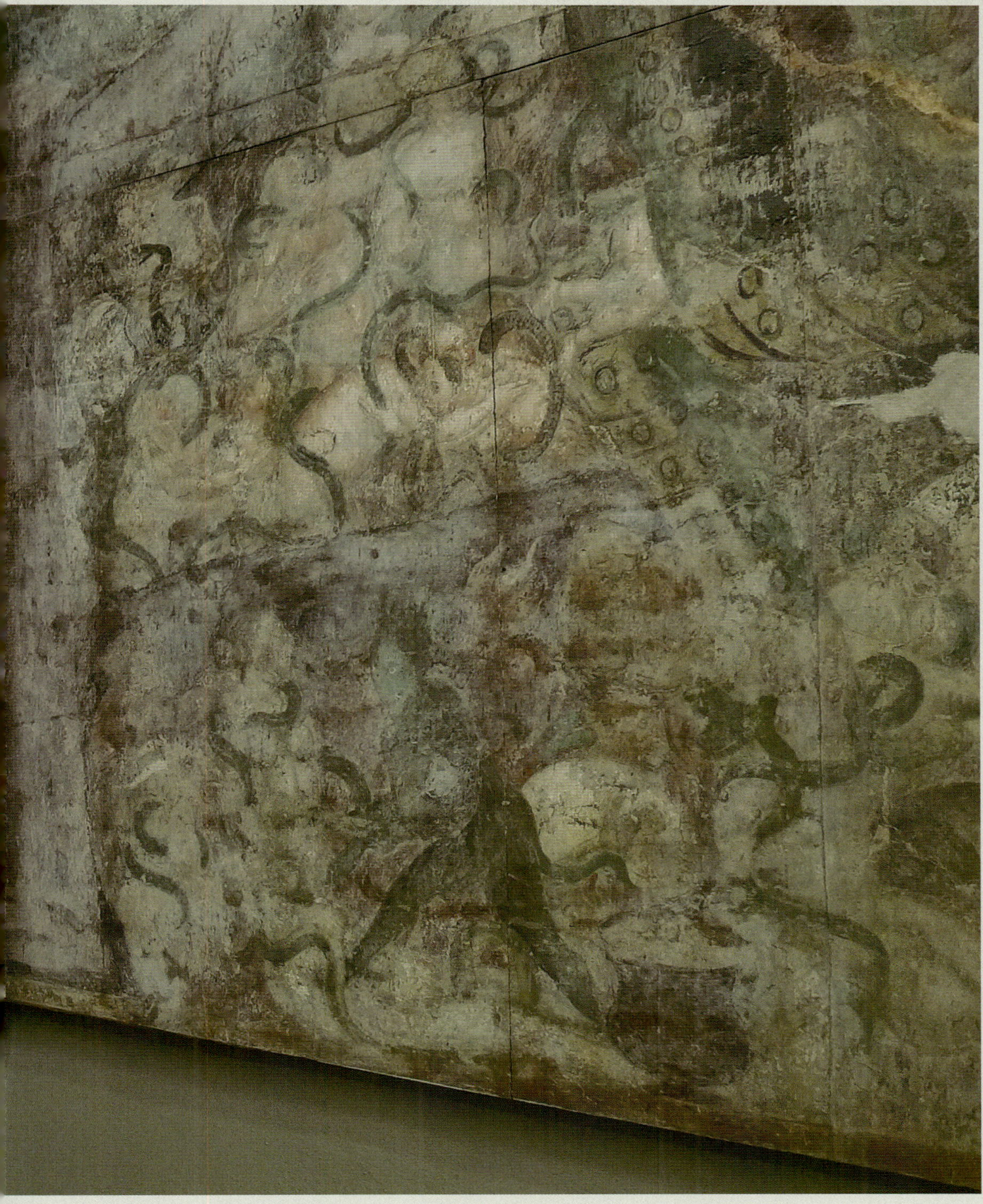

中国绘画与西洋画，固然两回事，地狱的想象却是大致相似：有火焰，有巨兽，有蛇蝎。瞧右侧画中的一条条蛇！夏秋以来，我在乌镇为木心美术馆工作。某日晴好，抬脚出门，惊见一条美丽透顶的小青蛇，蜿蜒屈伸，缓缓移过宾馆的大理石地面。我站定细看，眼瞧她倏忽转弯，扭着，扭着，以不胜姿媚的娇态，钻进柱缝，不见了。

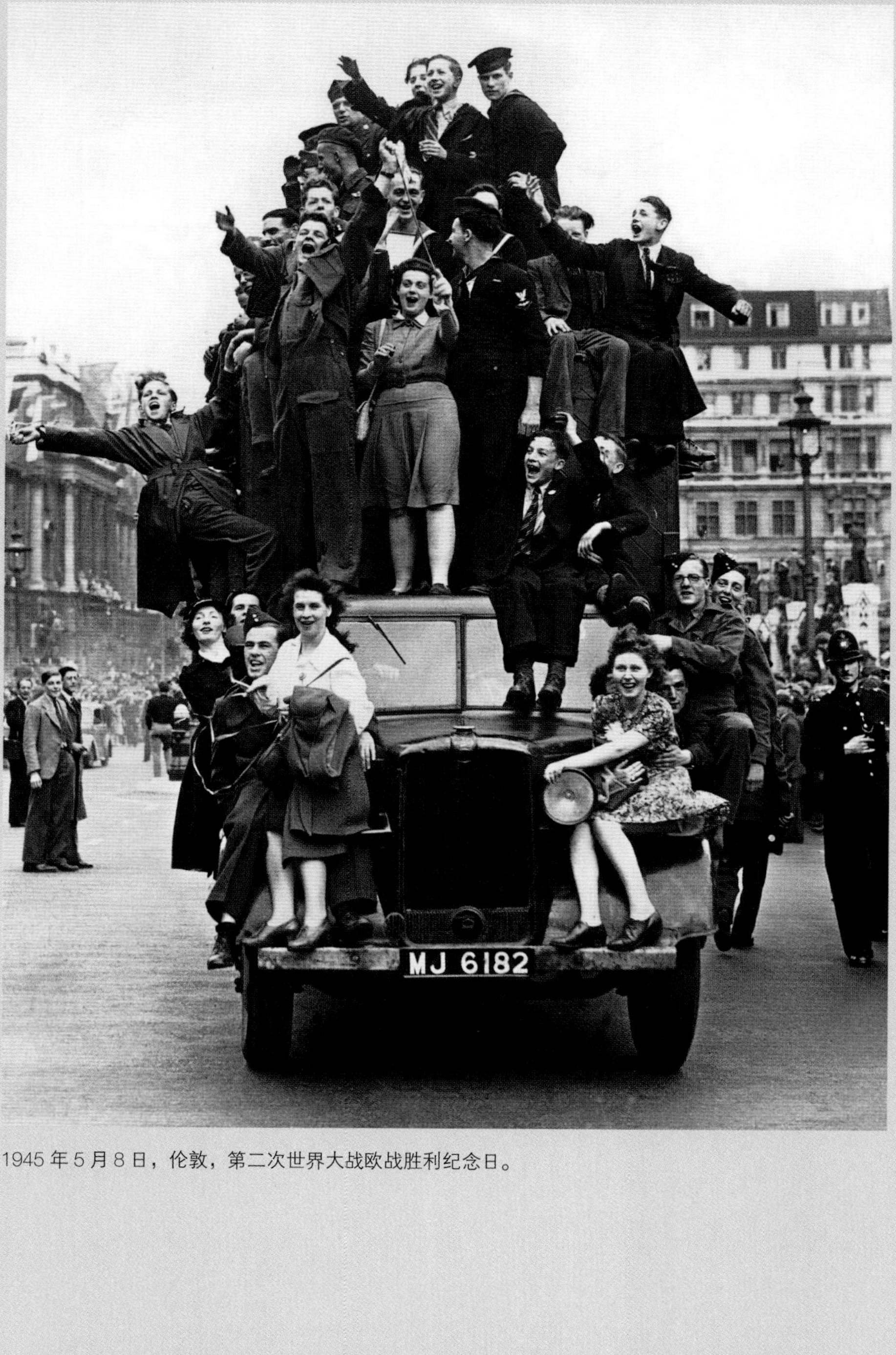

1945 年 5 月 8 日，伦敦，第二次世界大战欧战胜利纪念日。

人民的胜利

今年是反法西斯战争胜利七十周年，也是中国抗战胜利的大纪念。上回说到意大利六百年前的壁画《死亡的胜利》，七十年前，中国人民胜利了。胜利的代价是什么呢？就是死了数百万人民。

1945 年，日本投降。有位中国画家画了一幅画，叫做《爸爸永不回来了》，画中的小姑娘双膝跪倒，仰望青天，意思很清楚：她的父亲在抗战中死掉了。

当年，全国上下一片狂欢，太多主题可以画——直到今天，国家组织的大型历史画还在画抗战，画家们早已学了西洋人的套路，画杀戮，画战场，画尸体，画胜利——可是大家想想看，这位抗战的亲历者偏偏选择画一位失去父亲的女孩。为什么呢？因为复仇也好，胜利也罢，战后顶顶真实的事情，是无数家庭破碎了。

这幅画不是出于国家主义与民族意识，而是秉承人的立场，直白地说，就是同情心。国家、民族，是现代中国主旋律，同情、恻隐，不是首要的美德。所以七十年过去，这幅画没人记得，没人知道，我也是在最近出版的关于画家

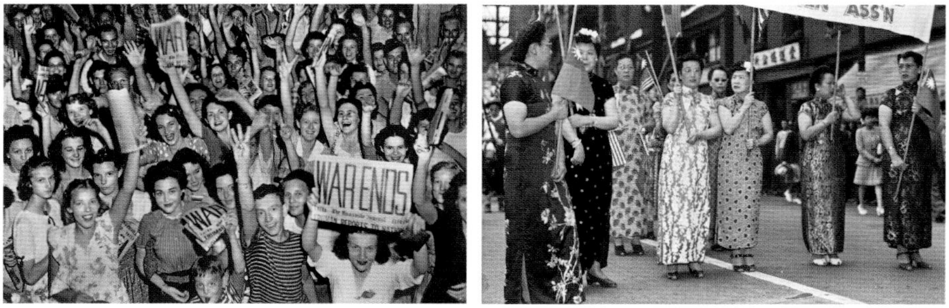

左图：1945 年 8 月 14 日，美国田纳西州民众庆祝日本投降；右图：加拿大华人庆祝抗战胜利。

生平的图书中，才看到这幅画。

这位画家名叫蒋兆和，中央美院老教授，1986 年逝世。上个世纪，我以为，他是中国最伟大的人道主义画家，也是最杰出的人物画家。他一生中最最重要的巨作，是画于战争期间的《流民图》，这幅画，也几乎被历史忘记，甚至被政权销毁。他的所谓政治名誉直到八十年代才恢复，1993 年，天津人民美术出版社出版了《蒋兆和作品全集》，首次收入《爸爸永不回来了》，并举办了纪念蒋先生诞辰九十周年的大展；去年秋天，国家博物馆为纪念蒋兆和先生诞辰一百一十周年，也举办画展，展出了幸存的《流民图》，不知道有几个八〇后九〇后青年去看过。

据我所知，如今大部分青年不喜欢悲惨痛苦的故事。前两年冯小刚拍了《一九四二》，电影里全是蚁民、灾民、饥民、流民，成片成片死掉，像狗一样，正所谓“野有饿殍”。结果，票房很惨，冯小刚为此梗着脖子，心里很受伤。我问不少八〇后青年为什么不去看，他们坦然说，我不想看。孩子们可能是对的。绝大部分八〇后的父亲没有死于战争，出于别的理由，别的记忆，他们的爹妈恐怕也不愿提起悲惨和痛苦——上回说过，我们伟大的传统是千里江山，不是死亡。

蒋兆和先生一辈子没画过壮丽的河山，只喜欢画人，而且心慈手软，专门画受苦的可怜人。他自己，就很可怜，从小丧父，十几岁从四川出来混，饱受沧桑，和徐悲鸿先生幼年少年的经历很相似，所以徐先生曾经提携扶助蒋兆和。徐先生自己的艺术主张，就是四个字：悲天悯人。

世上有得是可怜人，过去很多，现在也很多。你要可怜人老去想可怜事，也是可怜的事。可是法国人孟德斯鸠说过一句话："人在苦难中更像一个人。"诸位同意吗？以我的记忆，历史上伟大的作品很少很少描绘幸福，很多很多描绘苦难。而描绘幸福的图画，你看着，不那么容易也感到幸福，看着描绘苦痛的画面，如果那画面足够真挚，即便你从未领教那苦痛，你也会被感动。

这是为什么呢？

牛犊给豹子吃掉，绵羊给恶狼叼走，牛羊不会写个短篇，画幅画，把伤痛留下来，反反复复说，年年月月看，世上万物，只有人类干这种事。可是畜生的感情，和人一样的，死了同伴，有时会绝食而亡，畜生没有语言，只能闷死，人类呢，不但晓得记取伤痛，还有想象灾难、诉说灾难的天分——蒋先生没有亲人被鬼子杀掉，那位画中的女孩呢，并没有丧父，她是蒋先生的侄女，被画家选中做了那幅画的模特儿。抗战爆发时，蒋先生并不是流民，还有个画室，还能画画，可是蒋先生亲眼看见"九·一八"事变的流民，"八·一三"淞沪战争的流民，北京陷落后的流民……他心里不安，非要画《流民图》。

今天，我想借抗战胜利七十周年，纪念伟大的《流民图》，又借《流民图》，纪念伟大的胜利。

我的老同学刘曦林先生，三十多年前曾以《流民图》作他的毕业论文，去年托我也来写写蒋先生，我就写了。我仔细想想，中国学西洋人悲壮惨烈的历史画，不到一百年历史，要和文艺复兴到十九世纪的欧洲宗教画历史画比，那是休想。但在可数的几十幅著名中国历史画中，以我偏见，包括徐悲鸿先生的《奚我后》和《田横五百士》，都没法子和蒋先生的《流民图》比较，这幅画，是唯一可以平视西欧经典的中国绘画。当然，这是我的偏见，没有意思要别人同意的。

以下是我对这幅画的描述：

> 《流民图》所描绘的绝望、悲剧性、死亡感，如《圣经》的片断，直追中世纪晚期及文艺复兴初期的宗教壁画；逾百位画面人物的组合纠结而能各在其位、各呈其态，便在欧陆，亦属一流；画中每一人物的面相、种姓、神态、气质，高度准确——不是“准确”，而是“如其所是”——堪与委拉斯凯兹的《侏儒》系列、伦勃朗的自画像相媲美；而《流民图》的道德力量、心理深度、历史分量，与列宾、苏里科夫、珂勒惠支，同属一支；整幅长卷深沉而从容的叙述，令我想起托尔斯泰的《复活》与陀思妥耶夫斯基笔下被侮辱被损害的人；论及一位艺术家在沦陷期间所能作出的强悍回应，《流民图》超过毕加索的《格尔尼卡》，而《流民图》成稿期间的政治语境，远较《格尔尼卡》危险而艰难。

《流民图》能给外国人看到，只有一次机会：1957 年送去前苏联展出。苏联画家看了，在画前鼓掌致敬，称蒋兆和先生是“中国的伦勃朗”。这个譬喻，说对一半。伦勃朗生于巴洛克盛期，在他的本邦与邻国，群星灿烂；而 1943 年前后，中国现代美术尚在牙牙学语，竟有《流民图》画出来，独在众人之上，简直是奇迹。

今天短短十分钟，我不能讲述蒋兆和先生的生平和艺术。能够粗略讲讲的，是这幅画的故事。

1943 年，《流民图》画成，在太庙展出。当时北京是沦陷区，市民涌入观看，大为震撼，但是当天，画展就被日本宪兵命令关闭。1944 年，此画在上海沦陷区展出两周，反响强烈，报章刊物有报道，也有评论。日本方面随即干涉，借故取走《流民图》，从此下落不明。创作这幅大画之前，蒋先生曾与北京一位汉奸官员相识，后者鼓励他画《流民图》，甚至允诺赞助，未兑现时，这位官员就死了。前后细故，我无法详述，但因为这一层关系，日后，蒋先生长期被视为有历史问题的人。

1953 年，《流民图》神奇地被找到了，回到蒋兆和手里，但整个长卷已经残缺不全。1957 年，《流民图》赴苏联展览。1959 年，中国革命历史博物馆借取《流民图》展览，康生指此画"调子太低"，未能展示。"文革"中，《流民图》被定性为"反共卖国的大毒草"，险些销毁。"文革"后，这幅残破的画在仓库角落被发现，我初次见到真迹，就在人民美术出版社的昏暗走廊。1979 年，中央美术学院作出结论报请文化部党组批准，始获评定，称其为"现实主义的爱国主义作品"。

这时，距《流民图》诞生已过去三十六年，期间，蒋先生备受煎熬，心力交瘁。暮年，他将这幅画捐献政府，现在，《流民图》是中国美术馆的收藏。

从"反共卖国的大毒草"到"现实主义的爱国主义作品"——还须报批，还须乞获恩准而定性——大家想想看，一个受难的民族，一个战胜国，就是这样对待《流民图》。这幅问世于沦陷时代的创作，敌国如何憎恶，不去说了，胜利后，《流民图》在本国还是遭到憎恶，权力的意志，让这幅画辗转于高层的毒语、封尘的库房。当初，《流民图》中的流民就像鬼魂，进入蒋先生这幅画，结果这幅画也像鬼魂一样，在胜利后的岁月，背负罪名，差点被销毁。

这才是真的灾难，而且是难以战胜的灾难。我们牢记对日的仇恨，但我们记得《流民图》吗？记得画中的流民吗？我很想知道，至少，今天全国各大学的千千万万爱国大学生，有几个人知道这幅画？又有几人知道蒋先生？

我在美院读书时，蒋先生健在，从未见过他。我从小就爱看这幅画，敬佩蒋先生，很惭愧，直到去年读了有关他的传记，才知道他是被组织上长期视为有历史问题的人，直到今天，还有上一代画家认定他是汉奸。

什么叫做历史问题？我看，是我们的历史，大有问题。

现在来看看毕加索的《格尔尼卡》。这幅巨作的诞生，同样为了同胞的受难，同样画于二次大战期间。它也一度离开毕加索，被纽约现代美术馆珍藏。佛朗哥政权倒台后，西班牙政府与国王一再交涉，要美国归还此画。1980年，美国特意在现代美术馆举办盛大的毕加索回顾展——顺便一说，那年，我们的陈逸飞同志刚到纽约，看到毕加索大展门口排长队，就说："我从中国来。"当时很少有大陆画家去美国，美术馆门卫立刻放他进去了——那次大展结束后，《格尔尼卡》荣归西班牙，犹如国器，被隆重挂在单独的展厅，有一阵，政府甚至安排士兵，守卫这幅画。

是的，毕加索名气太盛，知道吗，毕加索还是光荣的共产党员——蒋先生哪里能和毕加索比，他是个有历史问题的人。可是这两幅关于战争灾难的画，我更爱《流民图》，并不因为我是中国人，而是，这幅画的血泪，这幅画的真挚，这幅画的力量，我以为，胜过《格尔尼卡》。

请诸位看看蒋兆和先生的照片，一脸的慈悲、老实，一脸的苦难、郁结。抗战胜利后，他在自己的祖国当了几十年精神的流民，后半辈子一直低着头过日子。原因无他，就因为他画了《流民图》。

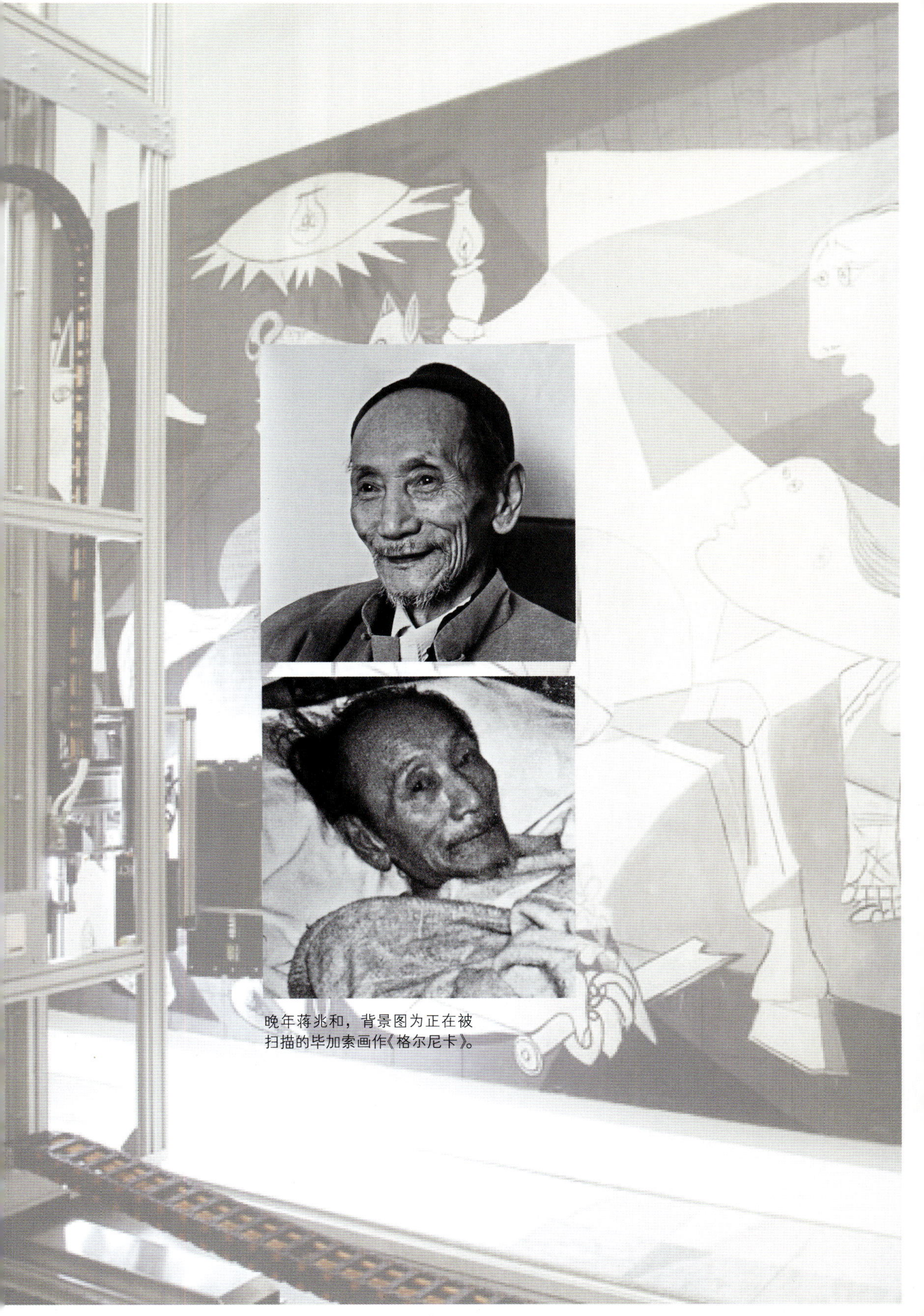
晚年蒋兆和，背景图为正在被
扫描的毕加索画作《格尔尼卡》。

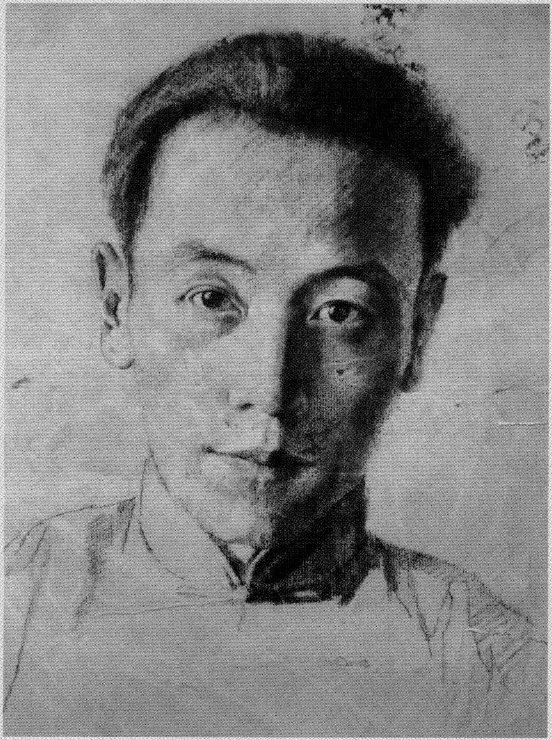

蒋兆和自画像。

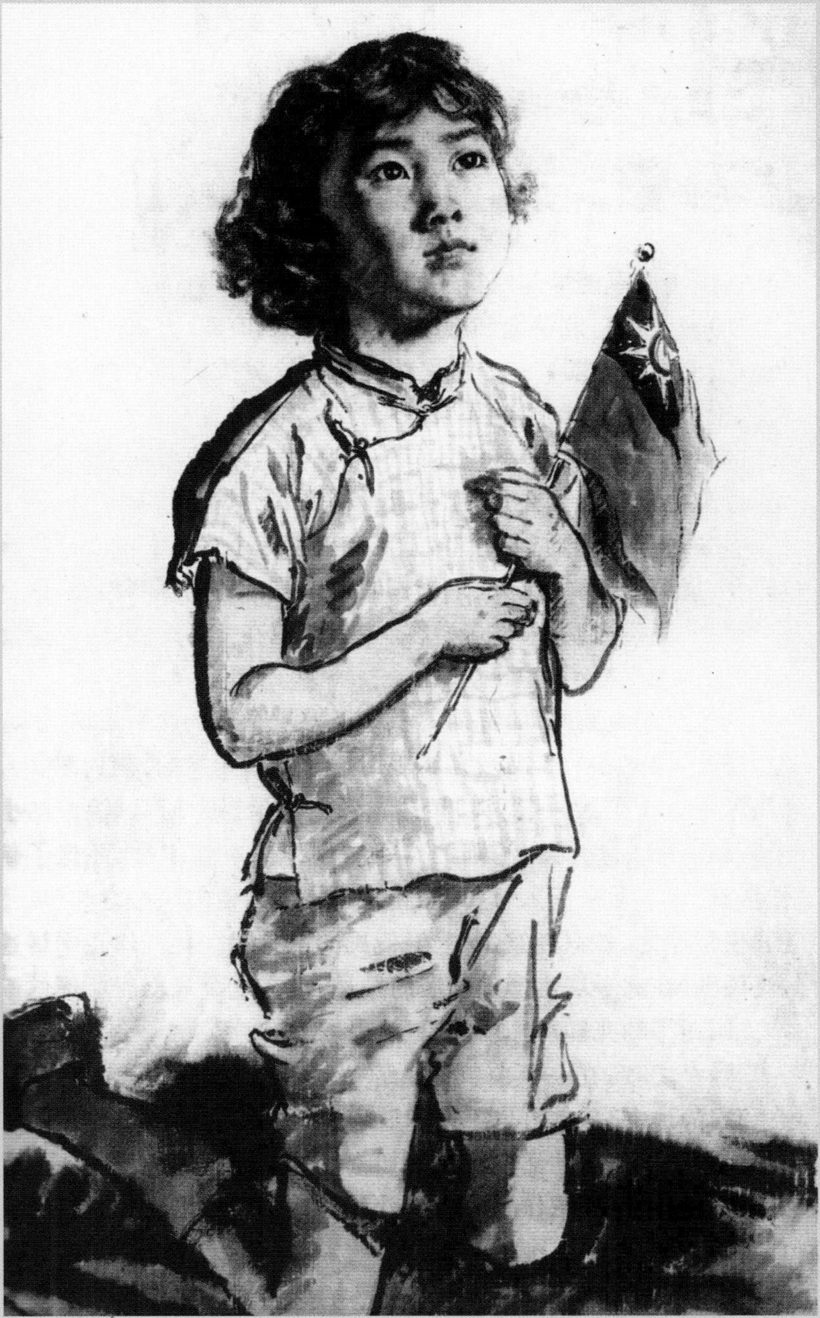

蒋兆和《爸爸永不回来了》，1945 年。

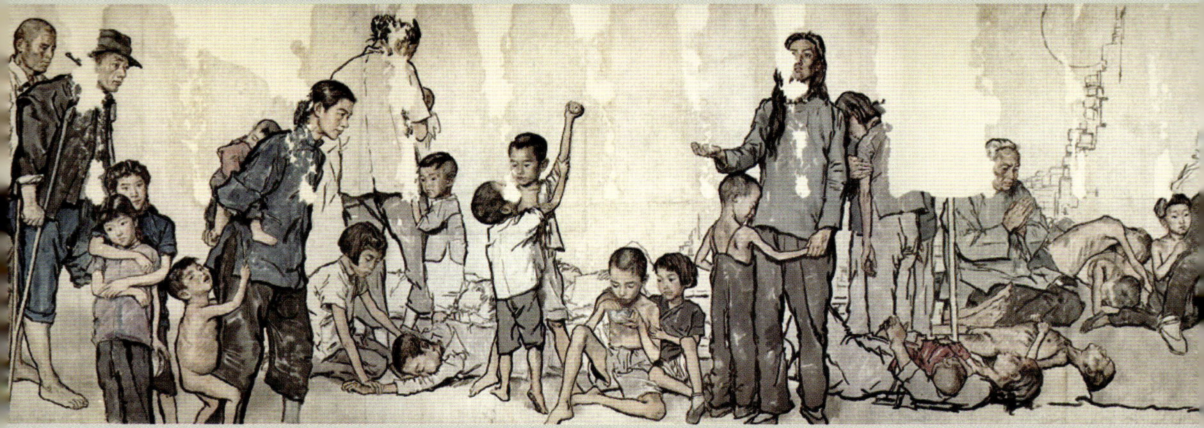

蒋兆和《流民图》(局部)，1943年。

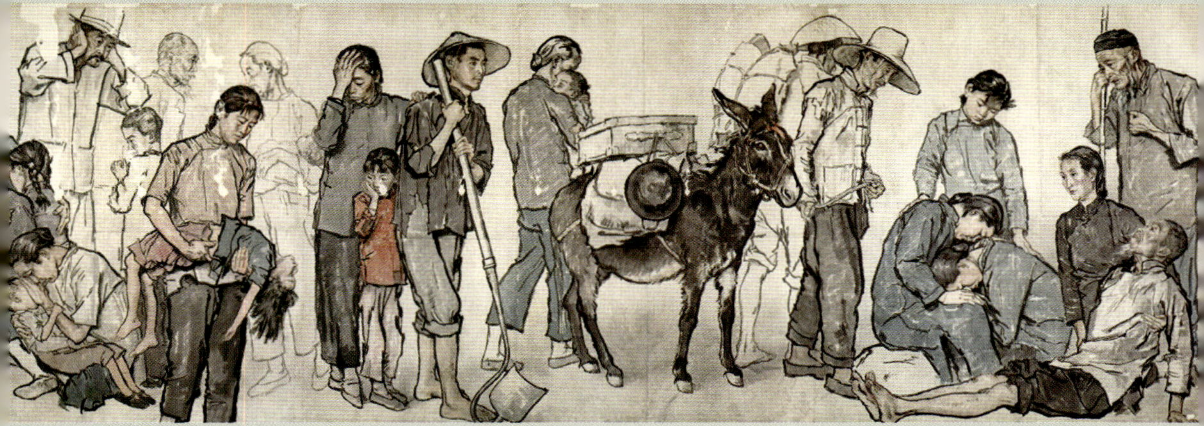

新世纪，我曾在中国美术馆馆藏展再次看到《流民图》。上一回，1978年，我和几位美院同学在人民美术出版社走廊目击残破的《流民图》，在记忆中更惊人，更珍贵——那年，中央美院国画系卢沉老师刚从历史博物馆仓库角落，发现被弃置近二十年的《流民图》。人有命运，画，也有命运。沦陷区流民苦难，老实人蒋先生苦难，长卷《流民图》也苦难。十年浩劫后，在昏暗走廊观看一幅历尽劫难的画，仿佛苦难的典仪。其时蒋先生健在，要能见到他，我当趋前鞠躬。

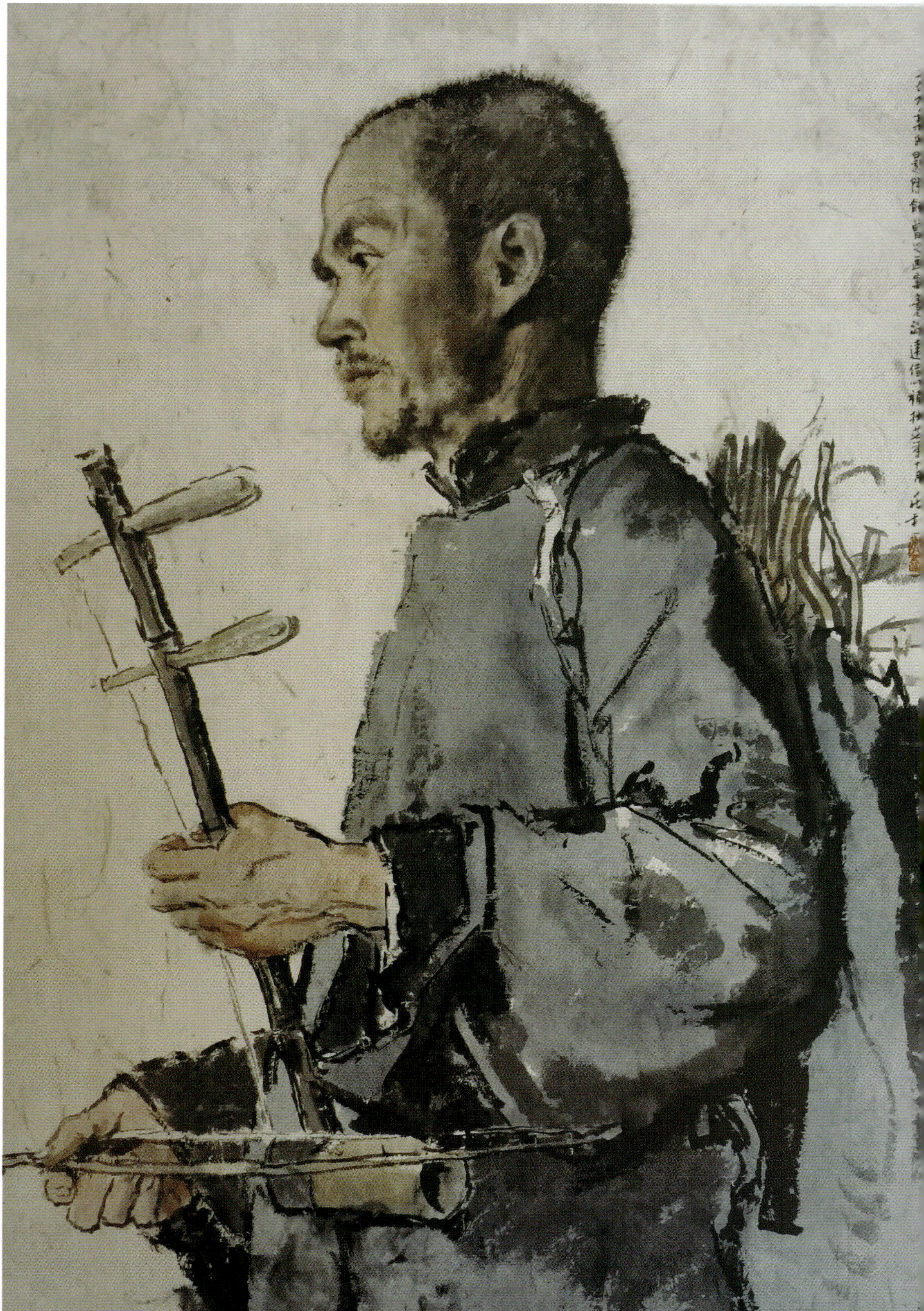

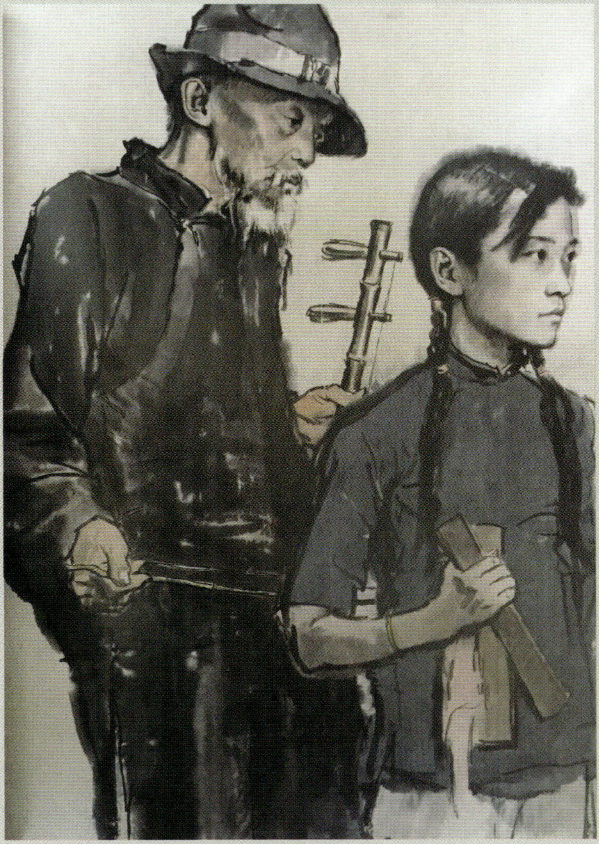

左页：蒋兆和《知音识曲》，1938 年；
右页：蒋兆和《老父操琴岂奈何》，1939 年。

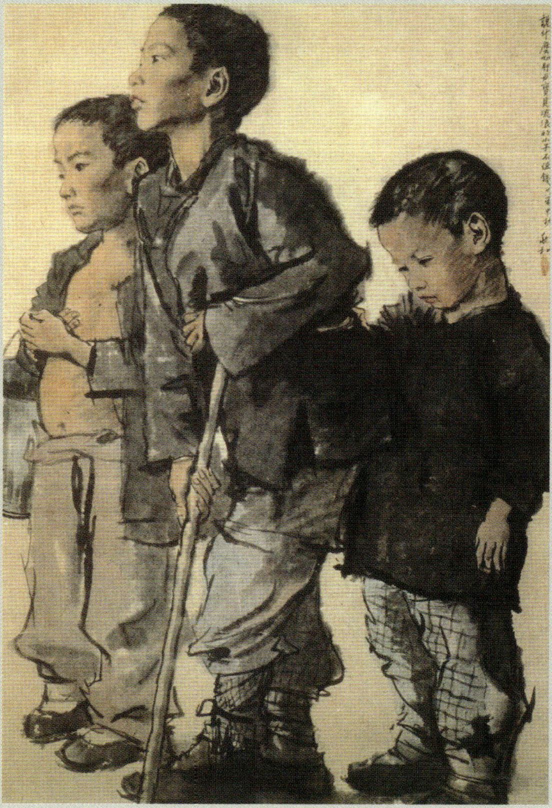

左页：蒋兆和《流浪小子》，1939 年；
右页：蒋兆和《卖子图》，1939 年。

过去百年所有中国人物画，没有这等本事，没有这等天分，没有这等境界。我不想说现代中国人物画整体性退步了，但不见进步，更不见提升。去年底，我故意错过了蒋先生诞辰一百一十周年的回顾展——如今进一次天安门东侧的国家博物馆，警卫林立，百般盘查，我不愿去——其中展示了蒋先生好几幅油画肖像，我看了电子图像，也画得好极了，非常蒋兆和。

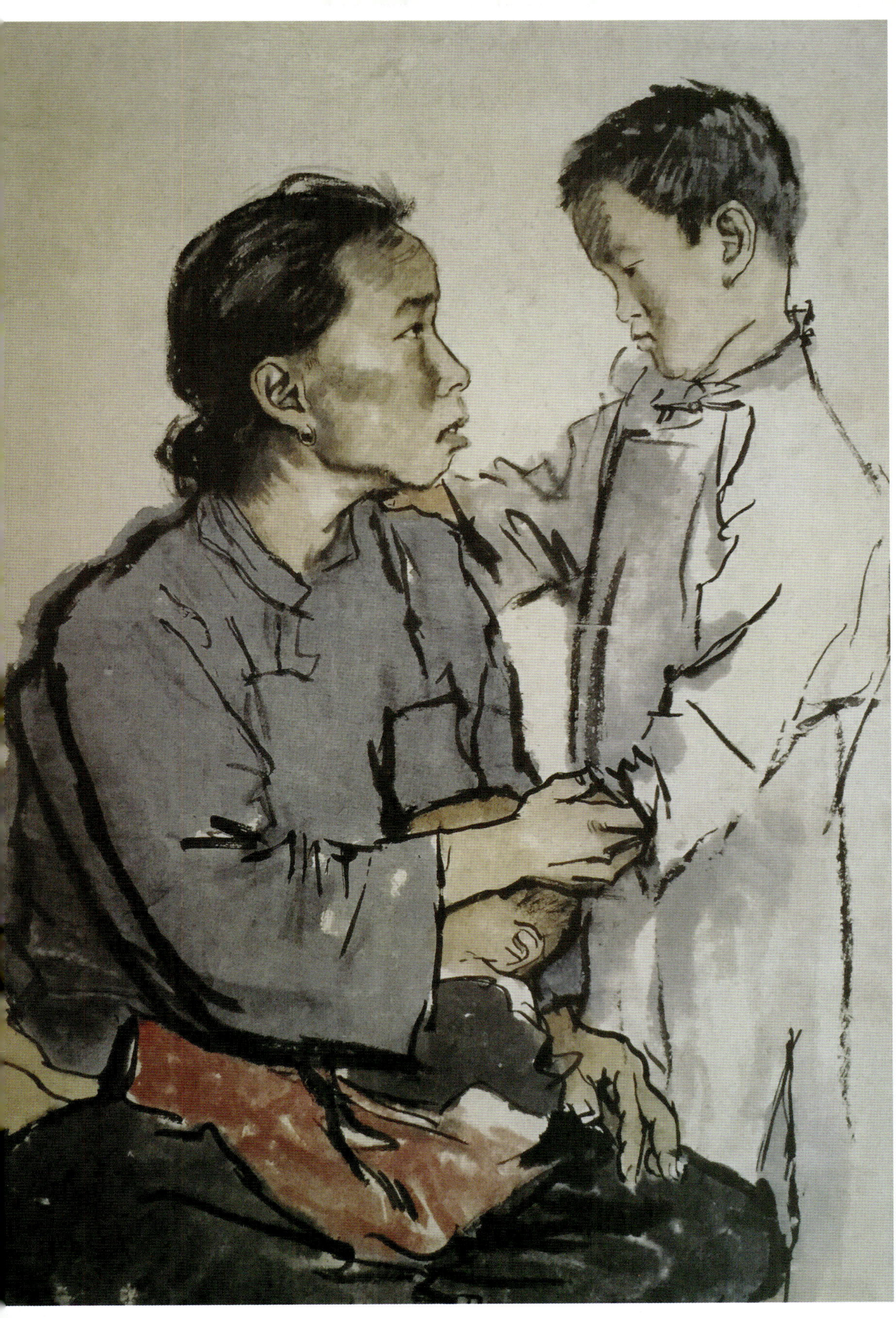

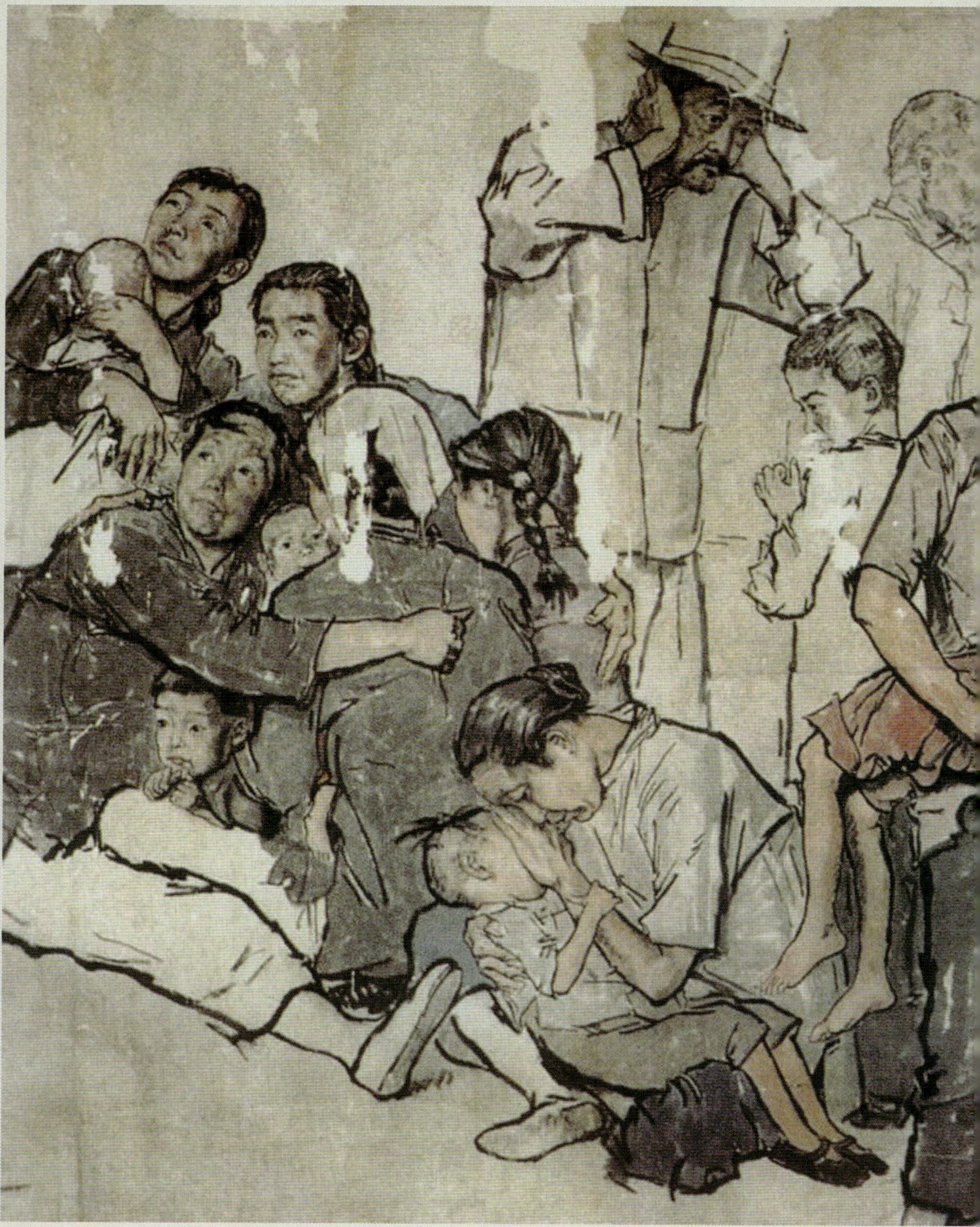

70—75 页，蒋兆和《流民图》(局部)，1943 年。

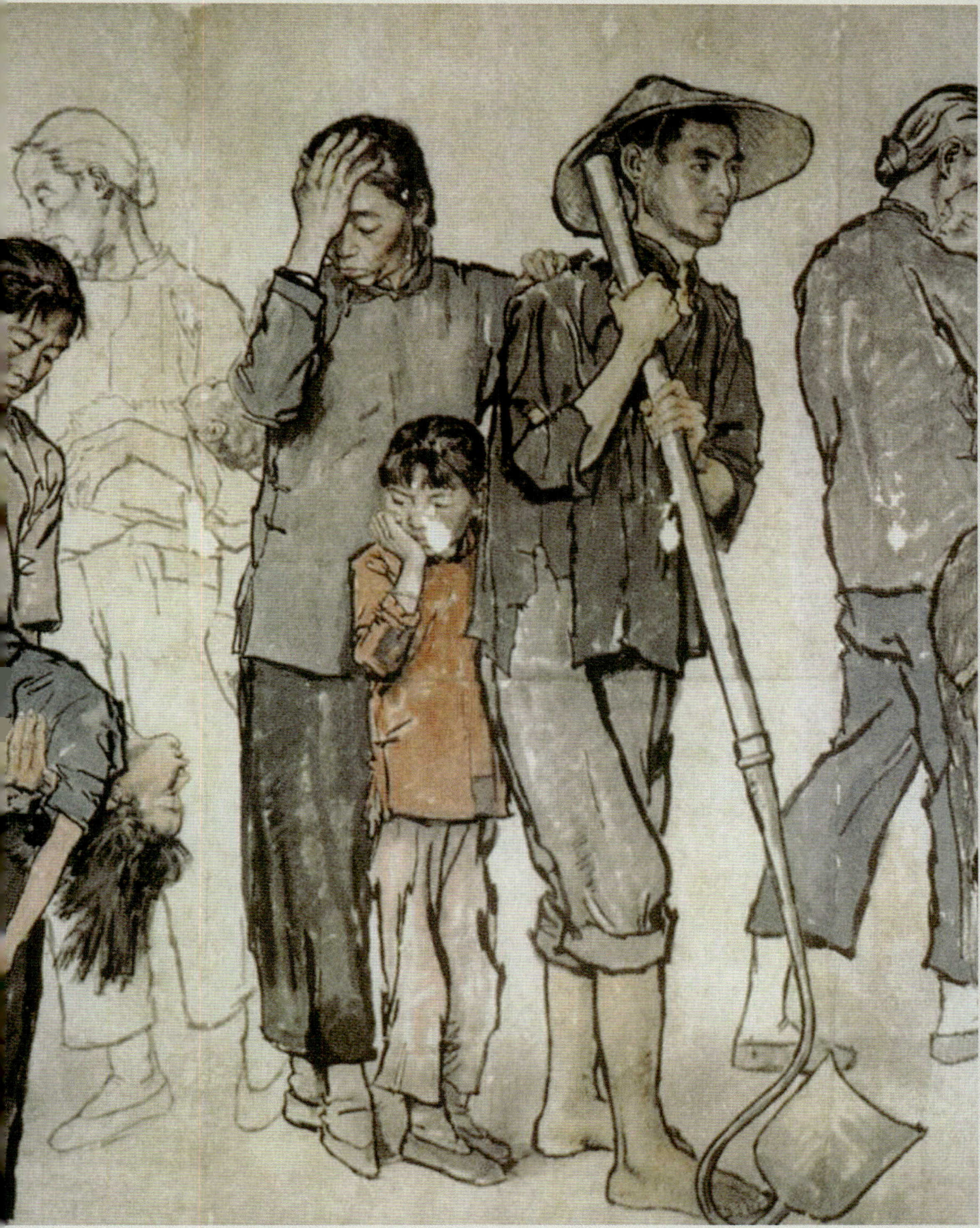

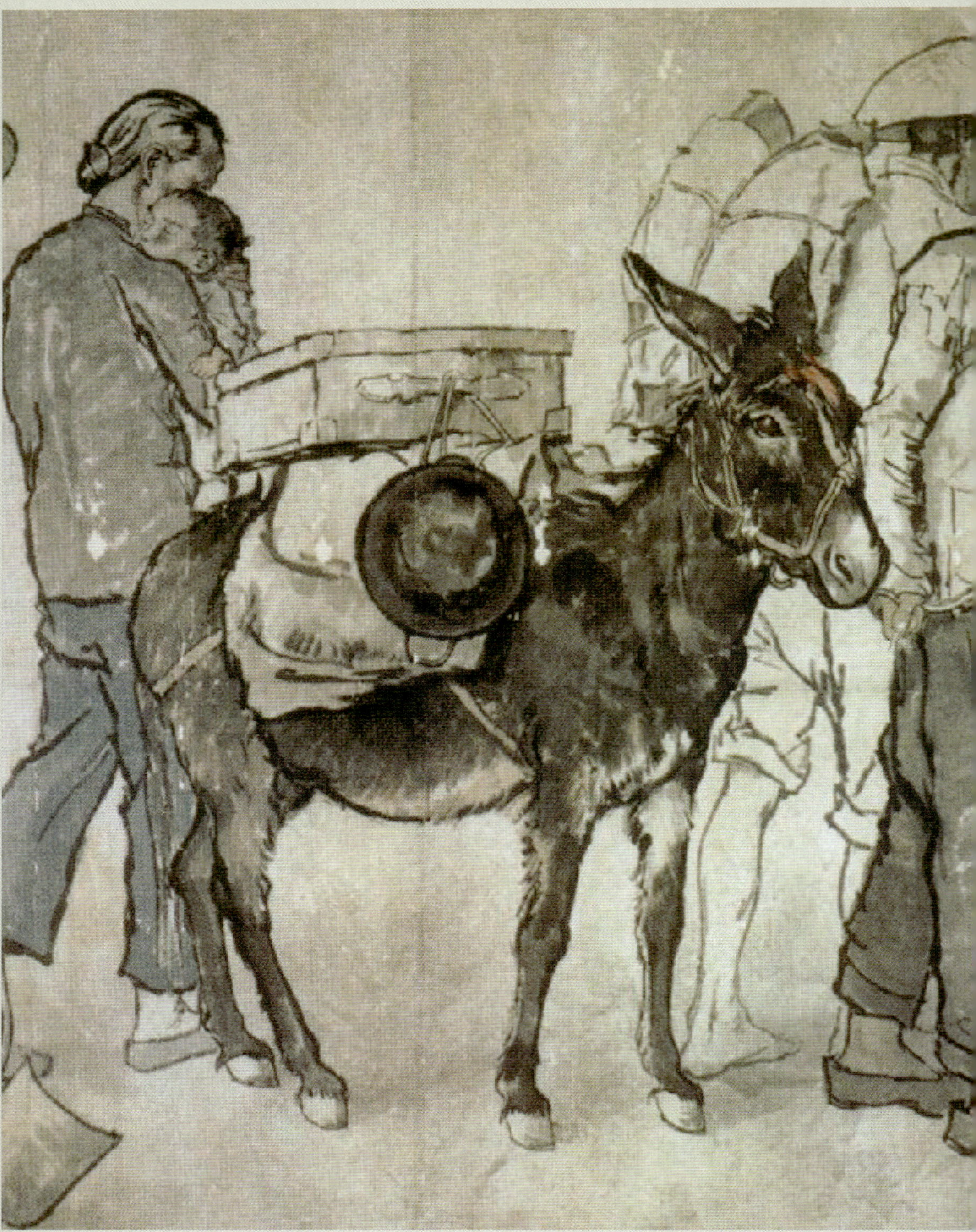

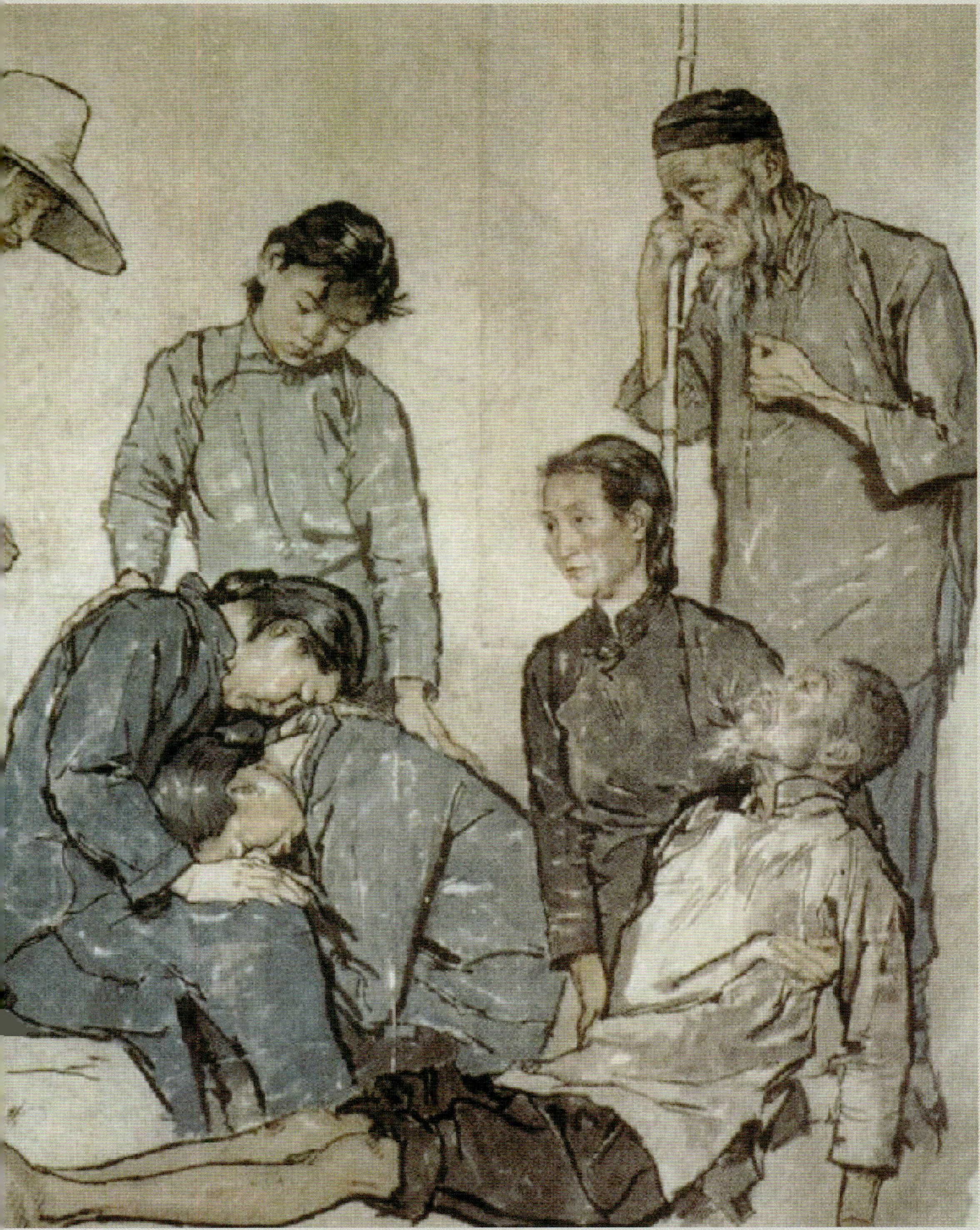

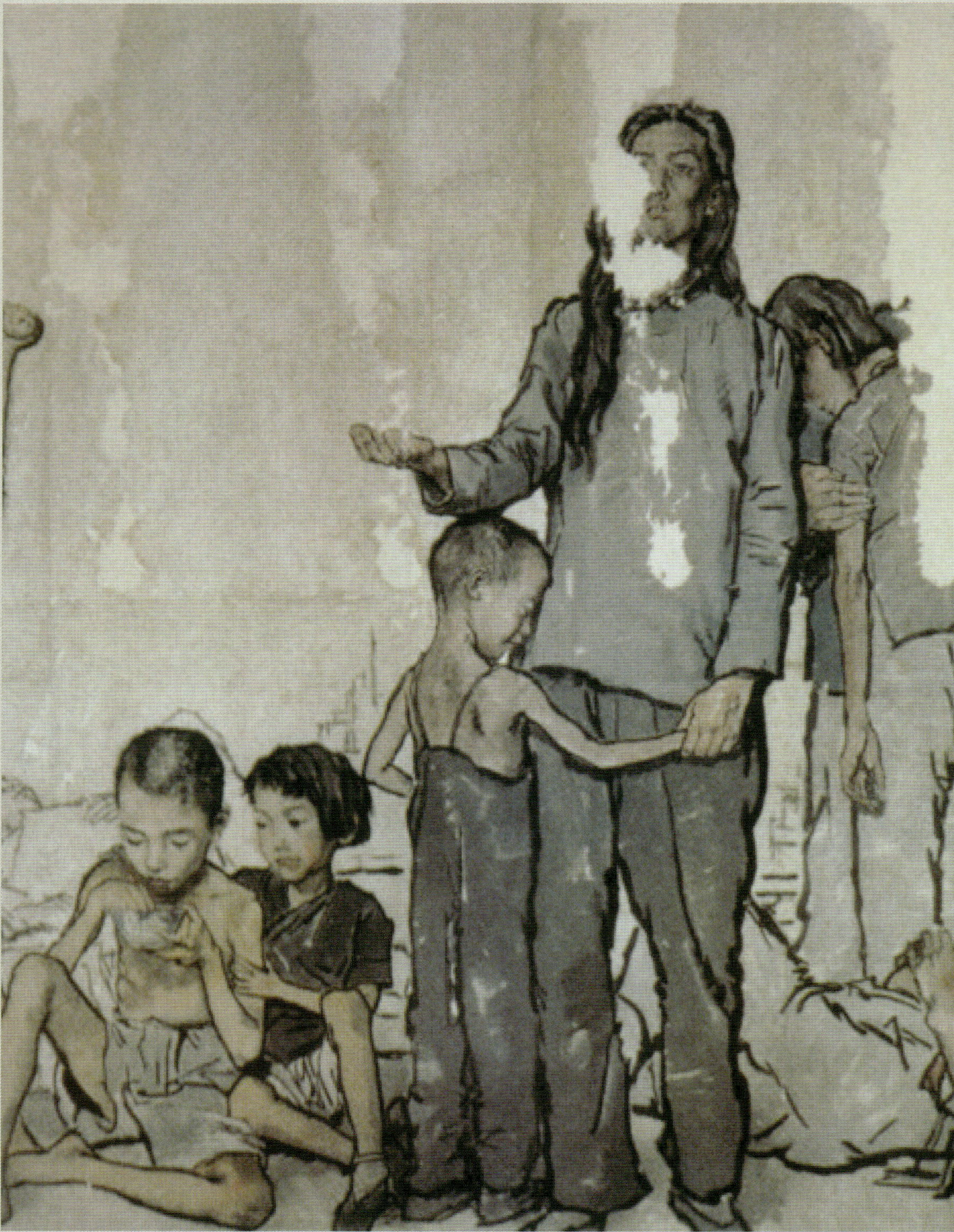

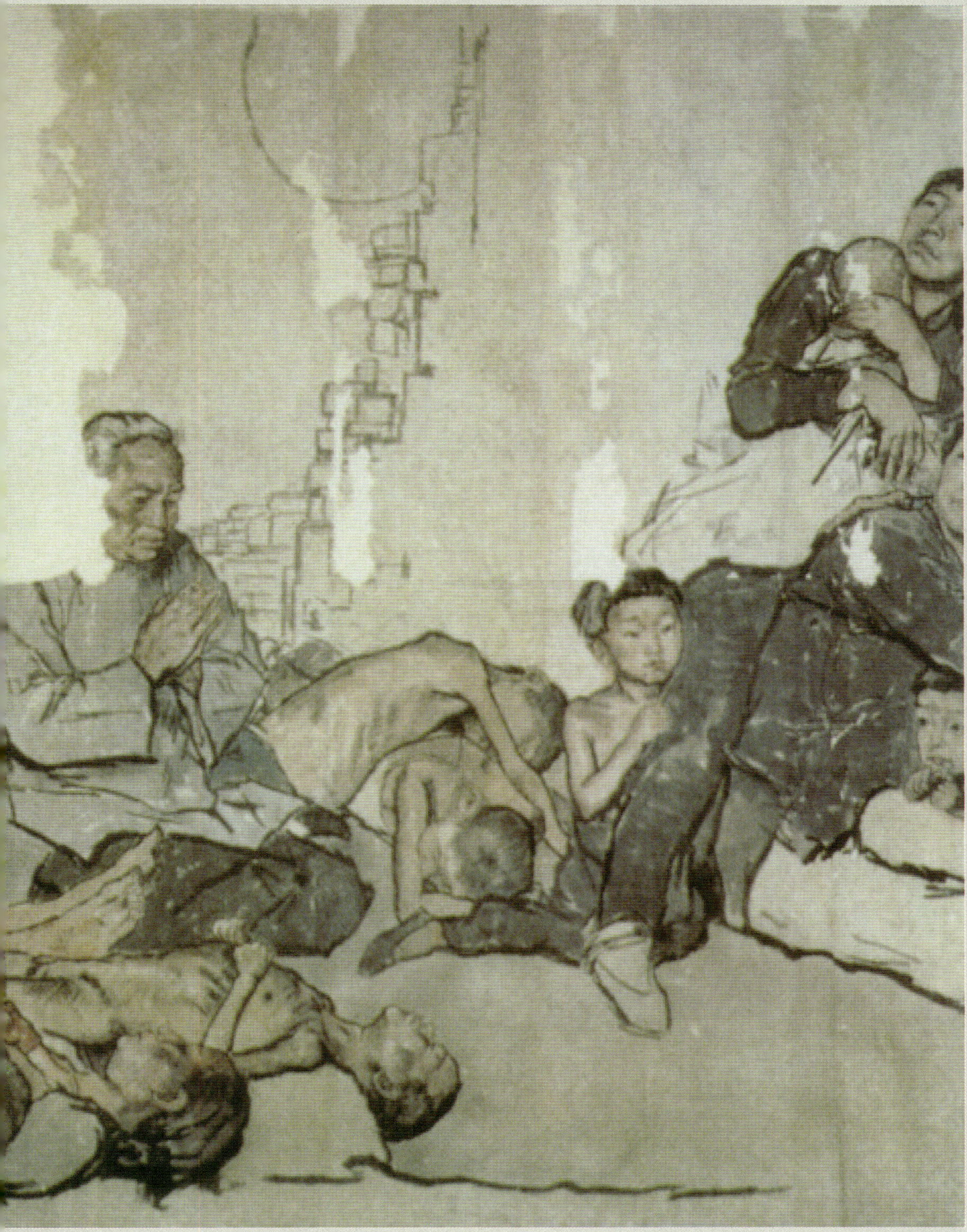

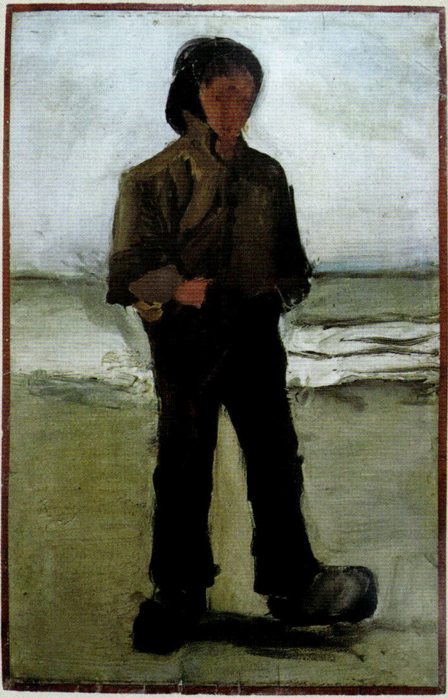

梵高《海边的渔夫》(*Fisherman on the Beach*)，1882 年，现藏于荷兰克勒勒–米勒博物馆。

初习的作品

前几次给大家介绍的画，都是宏大主题。今天我们看小画。

八十年代，我在纽约弄到一幅小画的印刷品，喜欢极了，配了框子，挂起来看——大家认得出是谁画的吗?

我经常更换墙上挂的画，可是这幅画挂了三十年了，还在那里，每次看，都会心里叹气，可是我说不出好在哪里：你看，这个小混蛋站在海边，脸上的五官一笔给抹掉了，肯定给作者事先画砸了，上身、裤腿、鞋子，都画得歪歪扭扭，可是整幅画真是有味道。1993 年刘小东来纽约，博物馆许多名作，他看一眼就走过去了，刘小东懂画，他在我家墙上瞧见这幅画，看了好久，脸色痛苦，忽然声音软下来，轻轻地说：

“我操！画得太好了！”

这幅画画于 1883 年，那时，作者学画才几年，完全是初学者的涂抹，之后他又画了七年，1890 年，他就死了。死后，他开始有名，变成人人知道的梵高（van Gogh）。

梵高早就想象他会扬名天下，他给弟弟信里放狂话，说：“有一天，全世界都会知道梵高的发音。”——他的名字，发音是有点难，准确地说，应该是“梵谷霍”。中学时代教我画画的老师章明炎先生，早先是刘海粟的学生，刘海粟留学回来讲起欧洲名师，喜欢用法国发音，“劈嘎索”，不念“毕加索”，“劈萨罗”，不念“毕沙罗”……这个传统被延续了一阵子，我小时候听老师说起梵高，都是“梵谷霍”。后来去了国外，发现他们说起梵高，真的带一声轻轻的尾音：“霍”。

现在翻译语音都被统一了，不好玩了。

阿姆斯特丹市中心广场有一座梵高美术馆，不远处就是皇家美术馆，藏着伦勃朗的大画——说来感慨，我们这里绝对不可能在国家首都的市中心，拨地拨款，兴建一位画家的美术馆——梵高美术馆有一幅他的名画，画一棵树上开满花，后面是蓝天。读了说明，才知道是他弟弟生孩子，哥哥特意画这幅画，算是礼物。

这个心地善良的疯子啊，我读着读着，眼泪流下来。

说起梵高，总是向日葵呀，鸢尾花呀，天上好几个太阳呀，割了耳朵的自画像呀，还有麦田和乌鸦……他早期最被关注的，只有一幅画，就是《吃土豆的人》（*The Potato Eaters*）。大人物，大艺术家，都会被历史简化。上次说过，请注意早期作品。每个大师的早期作品，都应该重新看看。

在荷兰乡下一片树林子里，藏着另一座梵高美术馆。据说梵高刚死，就有一位荷兰阔妇人买下两百多幅，日后建了这座美术馆。前几年这座美术馆出了两本画册，一本黄封面，是梵高到巴黎后的油画，一本蓝封面，是梵高在荷兰的作品。画册全是荷兰语，我看不懂，可是终于看到了大量梵高早期的素描和水彩画，十分之七从没见过。我真后悔没多买一本，把喜欢的素描裁下来，配上框子，经常看。

这些初习的素描，我以为比他著名的画更耐看。为什么呢？真是麻烦：绘

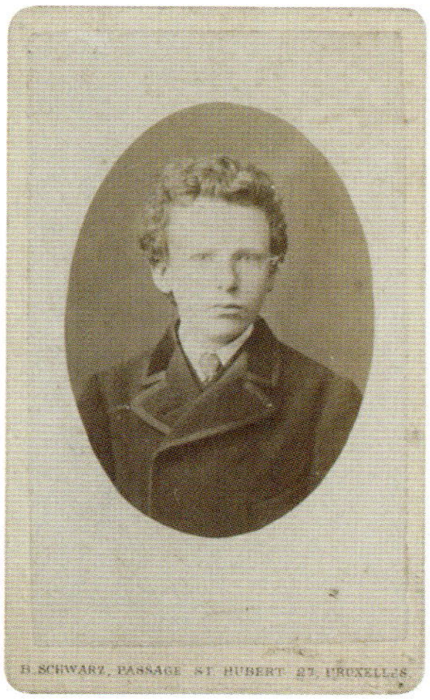

十三岁的梵高，1866 年。

画的神品，你没办法，也没有言辞可以形容的，连画家自己都不知道怎么画出来。梵高，可能是画家里有史以来最憨的憨人。一个憨人初习画画，只会更憨。他一辈子的风格，可以有一万篇文章分析，对我来说，梵高的迷人，就是一个字：憨。（上海话叫做“耿大”，鲁迅还用过这个词）不要小看这个字，我自己画画，我知道，你要画得巧，不很难，你要画得憨，太难了。巧，可以是才华，可以靠磨炼，憨，却是天性，是奇异的禀赋，怎么也学不来的。

现在来看这些初习的作品。

学西画都要画素描，画素描——或者加一点水彩，加一点粉质的颜料——无非是几个素材：人像，半身像、全身像，简单的风景，简单的静物，瓶瓶罐罐、水果花朵之类。今天，全中国成千上万的考前班，千篇一律的考试项目，也是这么几件事：素描人像、水粉静物，还有，所谓速写。

通常，西画的初习者有两种选择，一是以上规定的几个套路，老老实实画，还有一种呢，就是临摹你喜欢的大师，老老实实临。

梵高这些画是再典型不过的初习项目。去巴黎之前，荷兰乡巴佬梵高顶顶崇拜的画家，是法国人米勒。目前标明他最早的素描临摹，是 1881 年他临摹米勒（Jean-François Millet）。米勒死于梵高学画的前六年，1875 年，他曾经说：“最美的景象，就是一个正在劳动的人。”米勒自己是农民，肯定下地劳动。没有资料显示梵高下过地，种过田，但他显然认同米勒的话：劳动的人最好看，最入画。

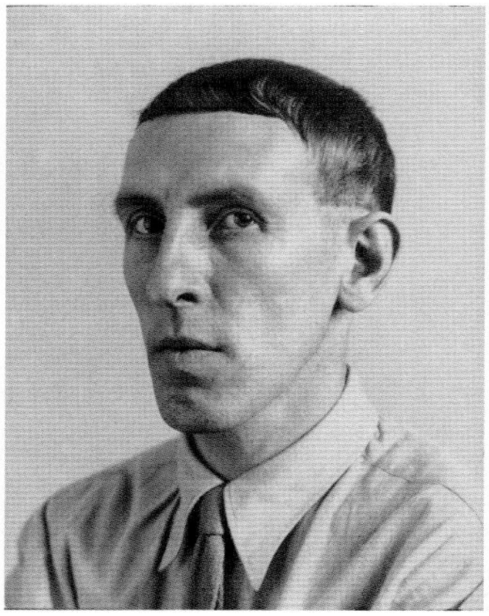

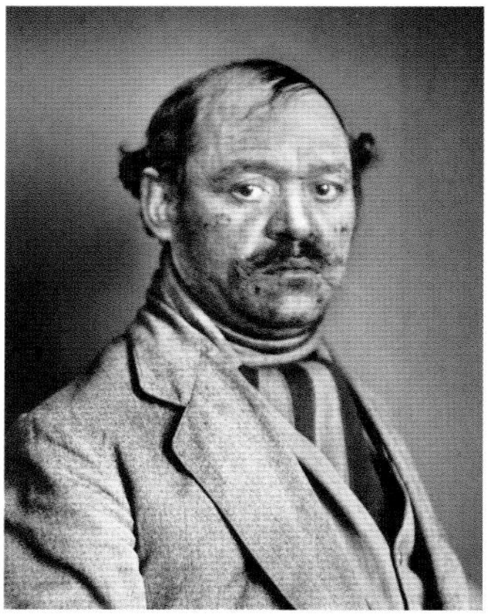

桑德拍摄的画家（左，1928 年）和推销员（右，1924—1930 年）。

此外，梵高也尊崇米勒的信条，一天到晚画穷苦卑微的人。在他眼里，他的模特儿都和他一样憨，以我的印象，欧洲北方地区的劳动人民，说不出的憨厚。二十世纪初的伟大德国摄影家桑德（August Sander）拍了无数老百姓，我瞧着他照片里一个个又憨又呆的人，会想起梵高早年的素描。

但你画的对象憨，和你的画风，不是一回事。马奈（Édouard Manet）、德加（Edgar Degas）、毕沙罗（Camille Pissarro），还有上几代法国画家，譬如大卫（Jacques-Louis David，十八世纪末宫廷画家），譬如库尔贝（Gustave Courbet，十九世纪中叶的写实画家），也都画过底层的穷人。可是，他们要是和梵高一起画憨人、画穷人，会画出画家自己的性格。梵高不但喜欢画憨厚的穷人，梵高的画，本身就憨得一塌糊涂。憨人画憨人，穷人画穷人，就弄成梵高这个样子，这种滋味，这种气质。

我不记得梵高画过一个贵族或者资产阶级。他去巴黎后，仍然喜欢画身边的下层人，妓女、邮差、小医生、咖啡馆招待，还有天晓得什么身份的人。

这些人一旦进入他的画面，都憨得一塌糊涂。我相信，他要是画个百万富翁，或者公爵，甚至皇帝，也会画得巨憨。

憨，往往就是笨。后印象派三位大师都是愚笨的家伙。塞尚（Paul Cézanne）画得笨，高更（Paul Gauguin）画得笨，梵高呢，出道最晚，又是北欧的乡巴佬，画得尤其笨。妙不可言的事情发生了，伟大的笨画家，在我看来，非常内秀，非常细心，瞧画里面这些老人、女人、农夫、小职员，我找不出一个词语形容，用中国话说，只能是“传神”，用老子的话说，就是“大巧若拙”。

还有他那些素描风景。多么老实啊，简直没有技巧，没有办法。他被这些无聊的风景惊呆了，一五一十地画。更不可思议的是他画的群像，几个人，一群人，在田野里走，工厂边走，或者，呆呆地坐着，不晓得在干什么。他显然不知道怎样构图，可是那么会构图，每个人物的位置都不能更动。我挂在家里的那幅小画，能改动吗？能继续画得更充分吗？不可以。这幅画有什么意思呢？没有。一点意思没有，就这么个小混蛋站在海边，俩手插在裤兜里，可是，这才叫做绘画。

我喜欢梵高在荷兰画的画，喜欢他初习绘画的诚恳、狂热、憨，加上无可企及的内秀。我不想说服，也无法说服大家喜欢这些画。在我记忆中，略微能够对照的是两个人，一个是德国女画家珂勒惠支（Käthe Kollwitz），一个是投奔延安的革命画家王式廓。

珂勒惠支，鲁迅喜欢她，她是个早期的社会主义者，也就是左翼画家，老是画舍命造反的穷人，她的素描技巧、教养、生动性，胜过梵高，她的作品充满意图、情感、意识形态，可是梵高没有意图，他只是在学画，我相信他画画时根本忘了一切，就像个傻子或疯子那样，一头栽进他面前的这张纸。

王式廓，是我最尊敬的国内素描画家。他的名作《血衣》，画得也很憨厚，但多少属于宣传性质。可是他为《血衣》画了大半辈子素材，好极了，当他面对活人，革命教条暂时让开了。我考中央美院时，曾经以他为话题，专门写了一篇论文。

这两个左翼画家的历史命运很不同。珂勒惠支死后，几乎被遗忘，西洋人编著的世界美术史，根本没有她。九十年代两德统一，冷战结束，德国人逐渐看重这位女性，把她归入早期表现主义大师，我在纽约的书店开始看见她的画册。王式廓生前，六七十年代被奉为无产阶级大画家，至今在体制内还有地位，最近出了大画册，可是青年画家很少有人记得他，佩服他，他正在被遗忘的过程中。

上回讲到的蒋兆和，毫无疑问，是描绘苦难和穷人的大师，他和珂勒惠支的魅力，都是悲天悯人。但蒋兆和与珂勒惠支分别赋有卓越的技巧，梵高要是不死，活到九十岁，拼了老命，也没法子学到他俩鬼使神差的手腕。我热爱蒋兆和，热爱珂勒惠支，可是，对不起，每次看到家里那幅梵高的小画，看到这本画册里一幅幅憨傻透顶的素描，我就无可奈何，心里想，他妈的，这才是纯粹的艺术，这才是稀有的才华，这才是绘画之所以叫做绘画。

将近三十年来，中国的美术学院仓库里堆满几千万张考生的，也就是初学者的素描，内容和梵高这些画一样：人像、风景、静物。画得非常认真，精细，周到，规矩，有些孩子的技术，远远超过 1881 年的梵高。我相信：如果梵高拿着 1881 年到 1883 年的这些破画跑来参加考试，恐怕拿不到我们的准考证。

可是，每次看这类中国式的素描，我就想死。我宁肯一辈子不会画画。在我看来，中国考生被逼着描绘的这种素描，是一条绝路，一场灾难，是望不到边的垃圾，可是，梵高初学画画的这些破纸片，却是伟大的艺术。

你可能会说：他是梵高呀，他太有名了！这是被灌输的概念。我的回答是：如果梵高没去巴黎就自杀了，死掉了，只留下这一堆初习的作品，他仍然是无可替代的天才，世界仍然会看懂他，尊敬他。

为什么呢？我无法回答。

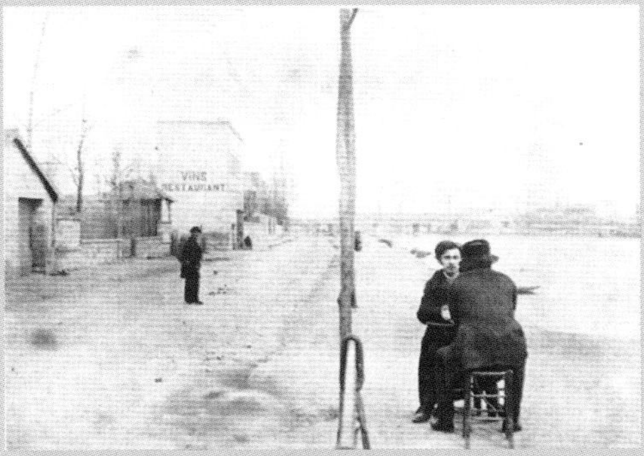

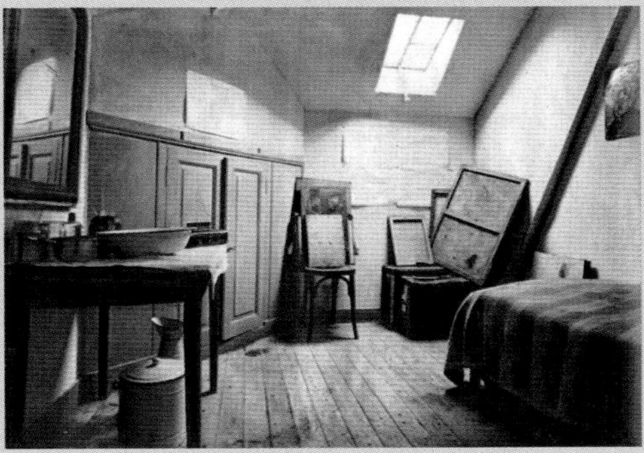

上图：梵高（背对镜头者）和他的朋友，1886 年；下图：瓦兹河畔欧韦梵高的房间——导演梦茜为本集搜到了上图，问了，才知反坐在椅子上与人说话的背影，是梵高——啊呀，梵高的背影！他仿佛还活着，还在某处。下图的梵高画室，我相信是摄影者在他死后进入房间，拍了这幅照片——来自两位美国人的最新研究揭示：梵高并非死于自杀。就我记忆（可惜忘了在哪里读到），他的被枪击，似乎是村中顽童所为，起于别种缘故……博尔赫斯曾说，荷马被传说为盲人，可能是阴谋。此事太远。梵高被相传为自杀，抑或阴谋么？自杀之说，玉成传奇。人间需要传奇。我以为，真的传奇，还是梵高的品性与才华，还在梵高的画。

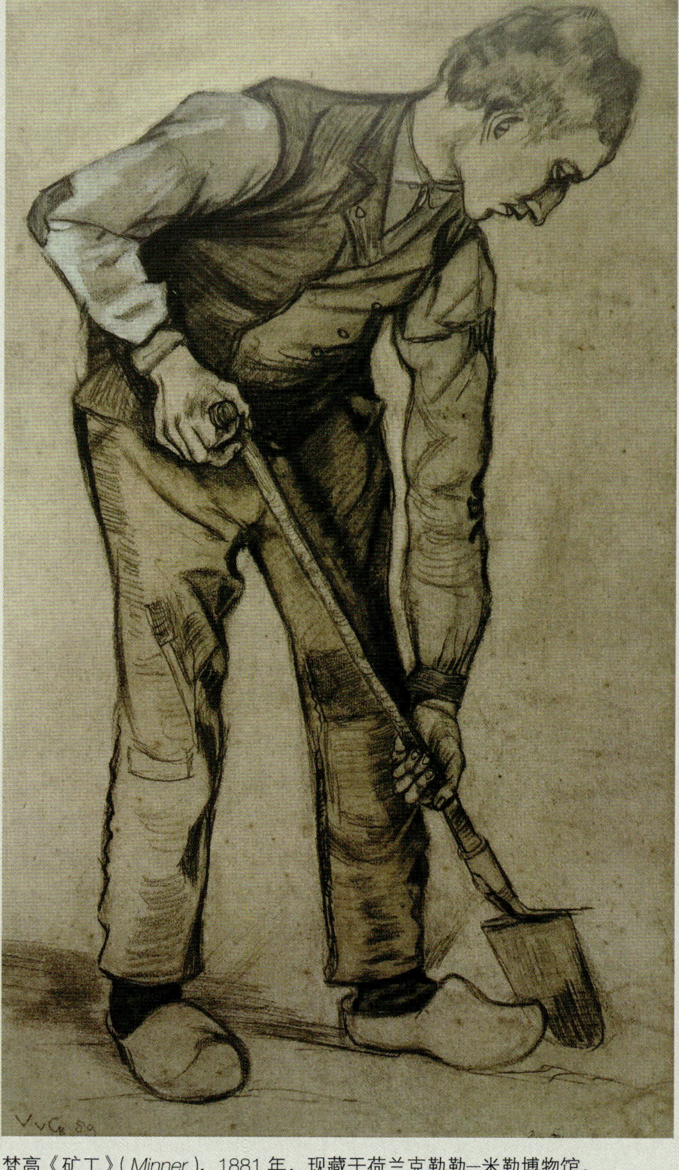

梵高《矿工》(*Minner*),1881 年,现藏于荷兰克勒勒–米勒博物馆。

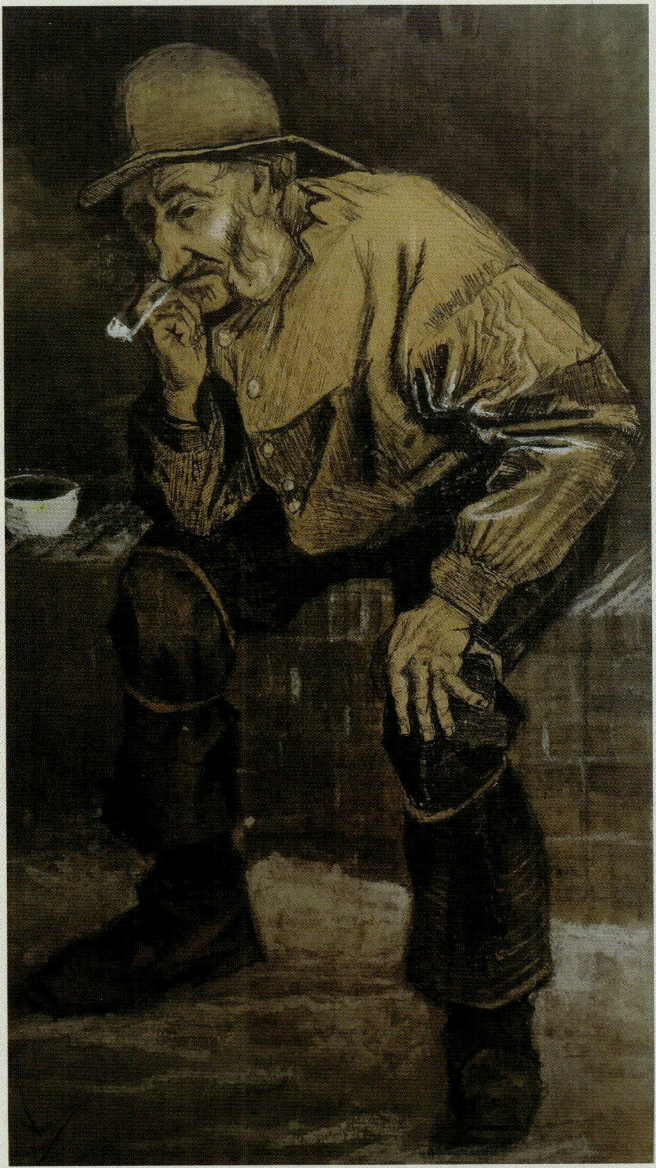

梵高《抽烟斗的老人》(*Old Man with a Pipe*)，1883 年，现藏于荷兰克勒勒—米勒博物馆。

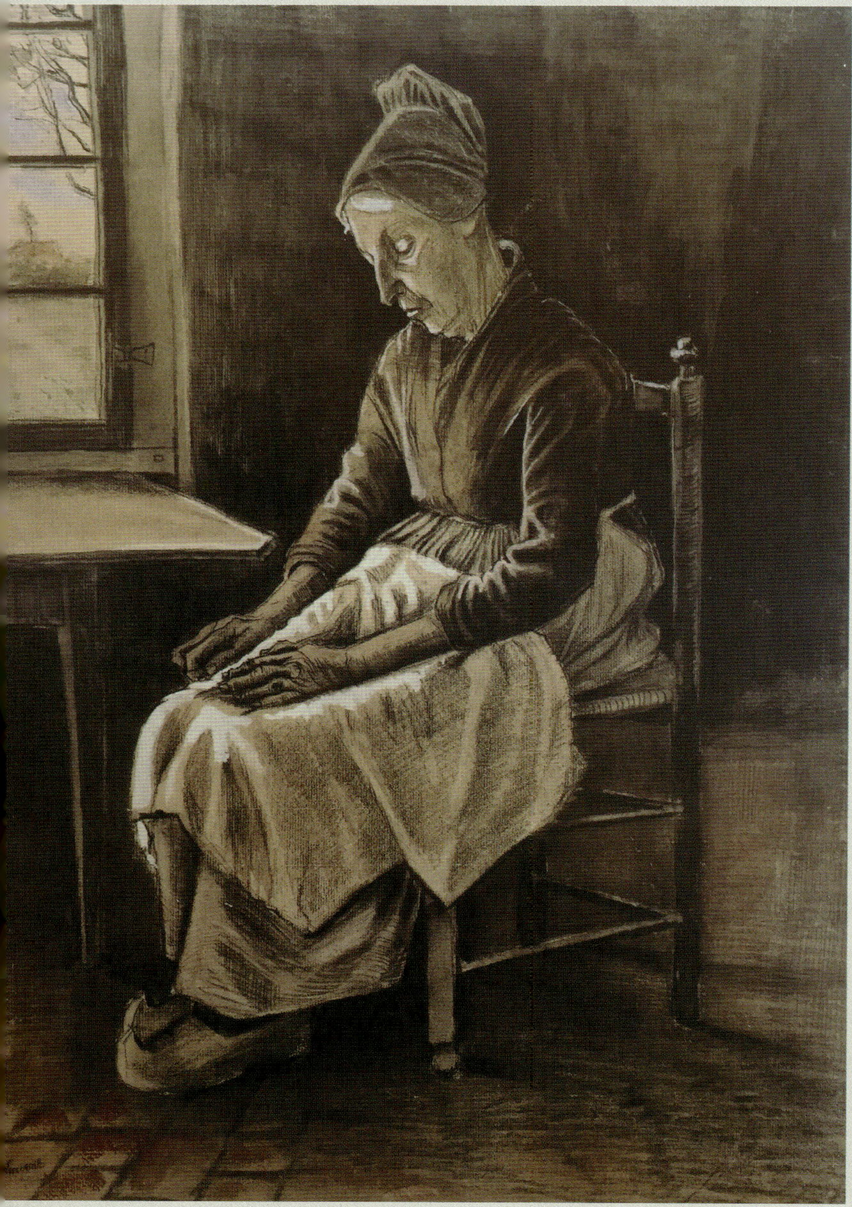

左、右图：梵高《缝衣服的妇人》(*Woman Sewing*)，1881 年，现藏于荷兰克勒勒—米勒博物馆。

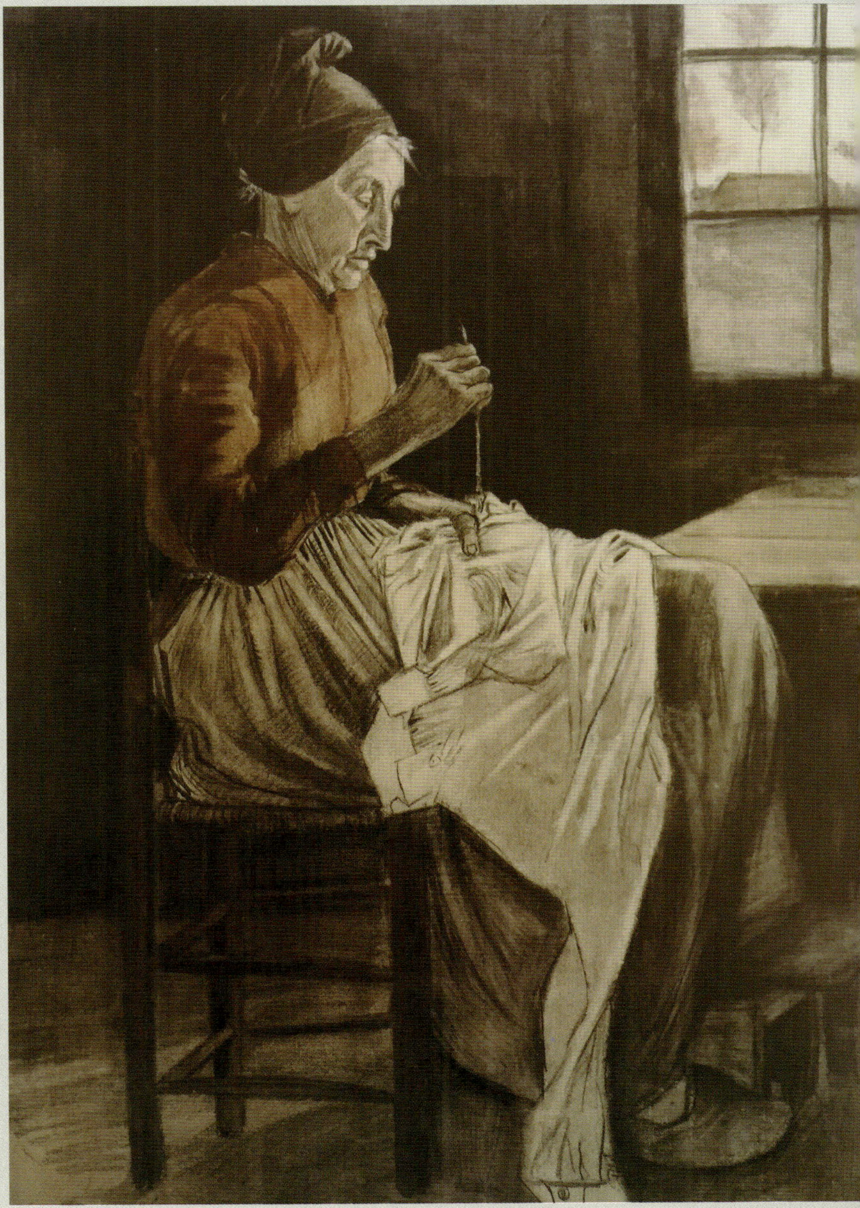

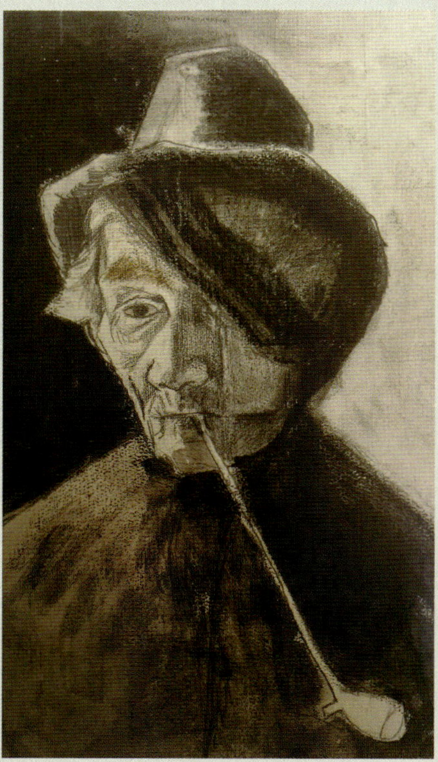

左图：梵高《抽烟斗的人》(*Man with a Pipe*)，1883 年；右图：梵高《磨咖啡的女人》(*Woman Grinding Coffee*)，1882 年。二者现藏于荷兰克勒勒–米勒博物馆——伦勃朗，梵高，可能是历史上描绘自画像最多的两位画家。文艺复兴后，欧洲绘画史的素描神手，首推伦勃朗，我爱他的素描胜于他的油画；之后，唯梵高的素描，迥出意表，超越伦勃朗，而竟画在初学绘画的头三年——每个人都想挣脱幼稚的青少年时期，每个画家都想忘却初习的阶段。梵高去巴黎后的素描，尤其是钢笔素描，别出心裁，另有姿色，但再也不见初学时期的笃厚忠诚、耿耿内秀之美。

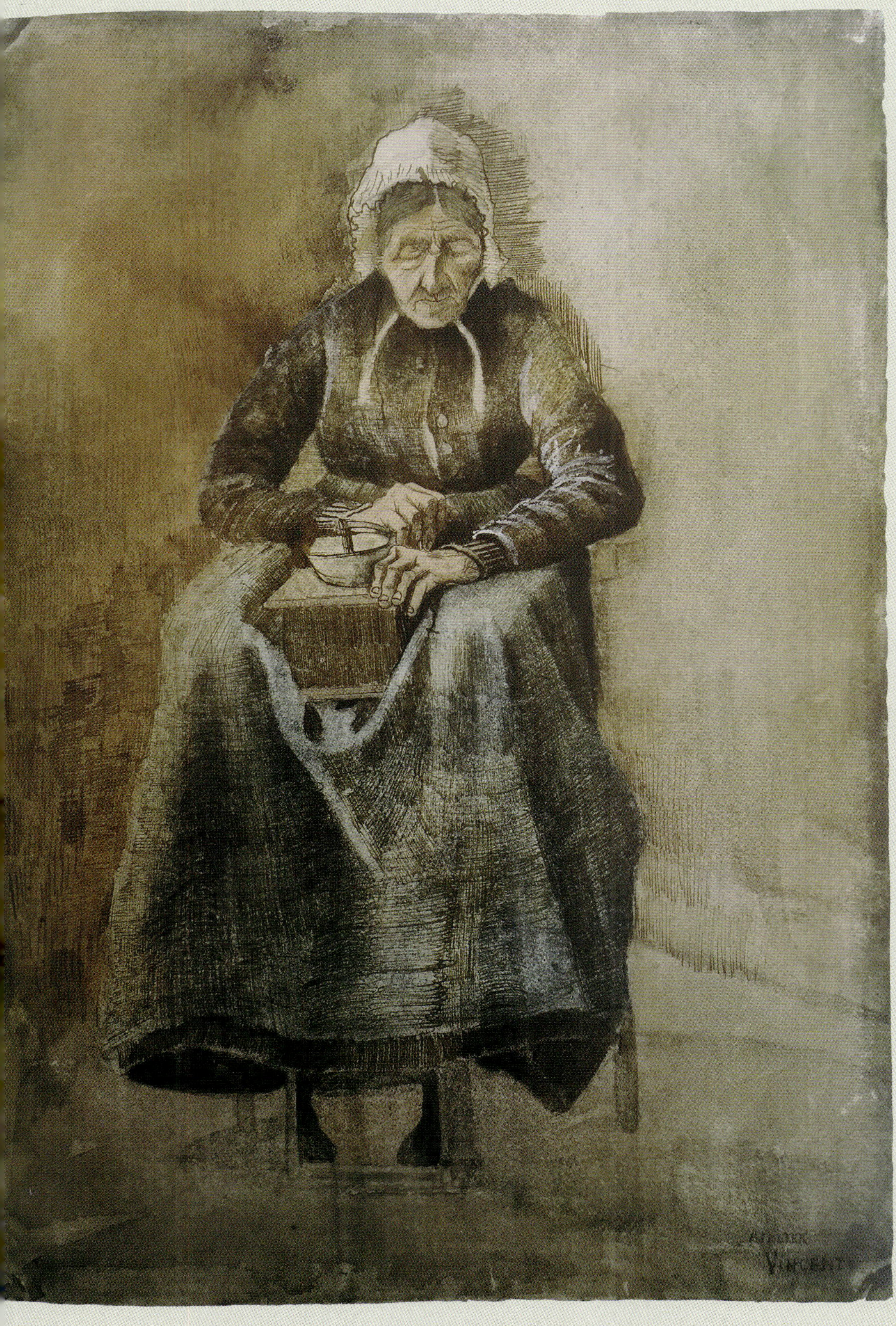
ATELIER
VINCENT

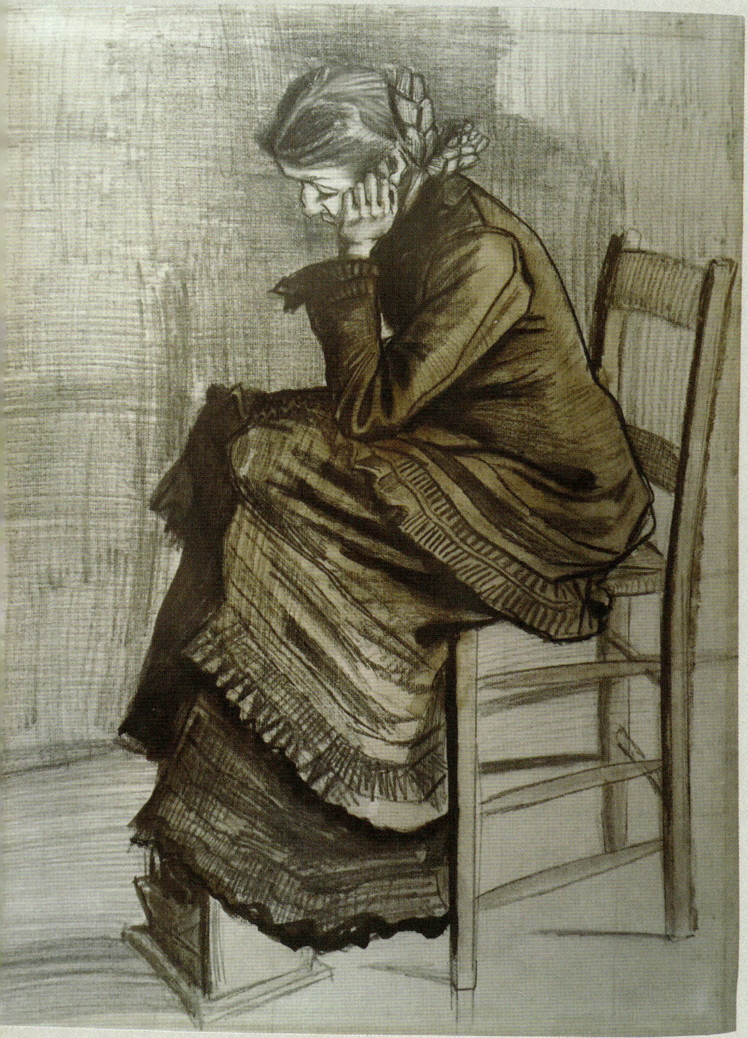

左、右图：梵高《身体弯曲的女人》（*Bent Figure of a Woman*），1882 年，现藏于荷兰克勒勒–米勒博物馆。

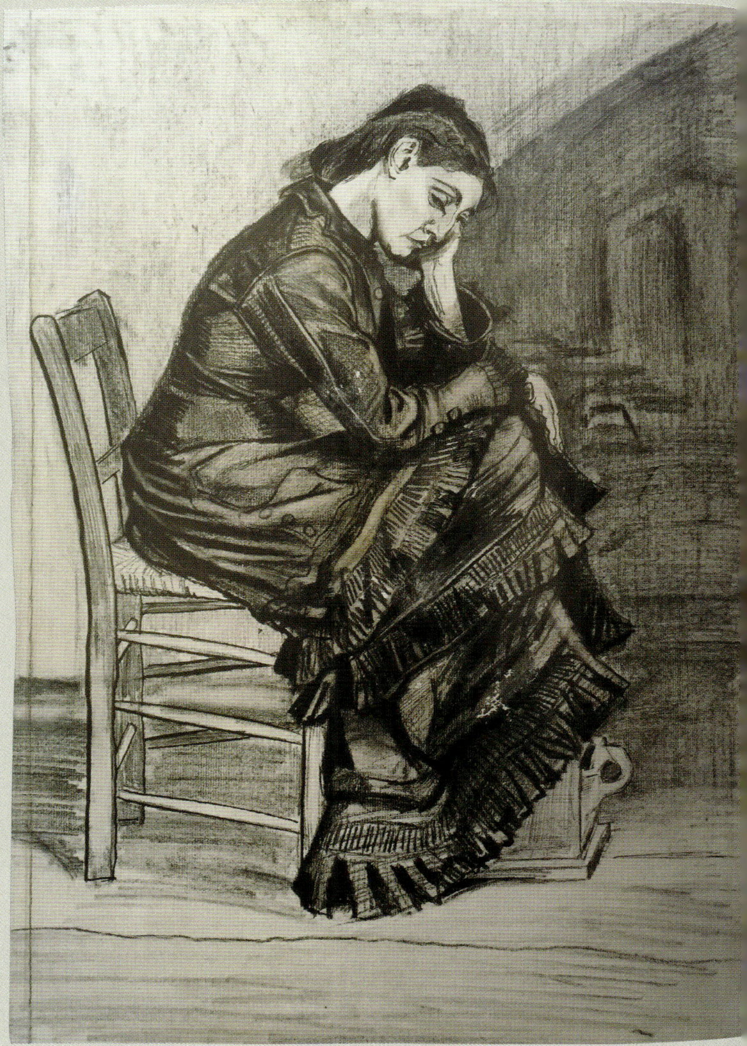

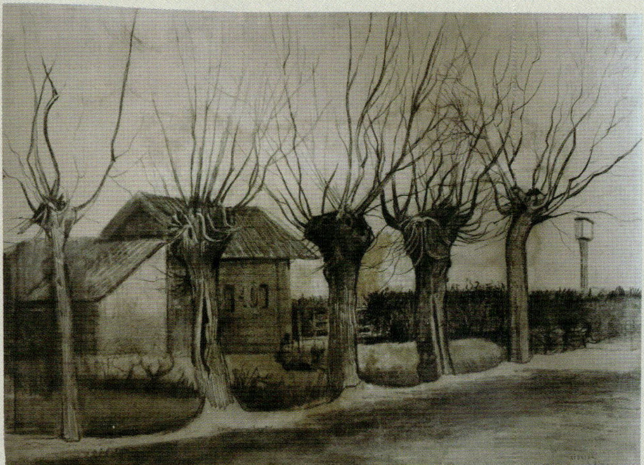

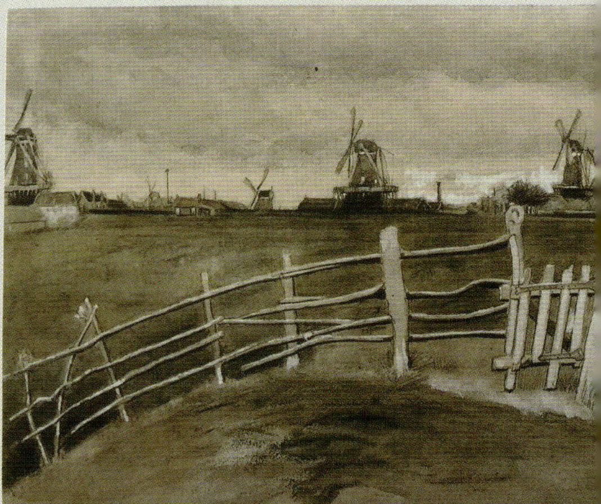

左图：梵高《路边小屋和修剪过的柳树》（*Small House on a Road with Pollard Willows*），1881 年；中图：梵高《多德雷赫特的风车》（*Windmills near Dordrecht*），1881 年；右图：梵高《路边的女人和修剪过的柳树》（*Woman on a Road with Pollard Willows*），1882 年。三图现藏于荷兰克勒勒-米勒博物馆。

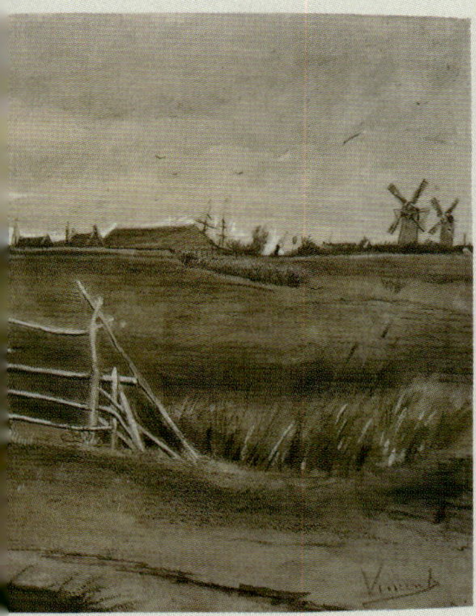

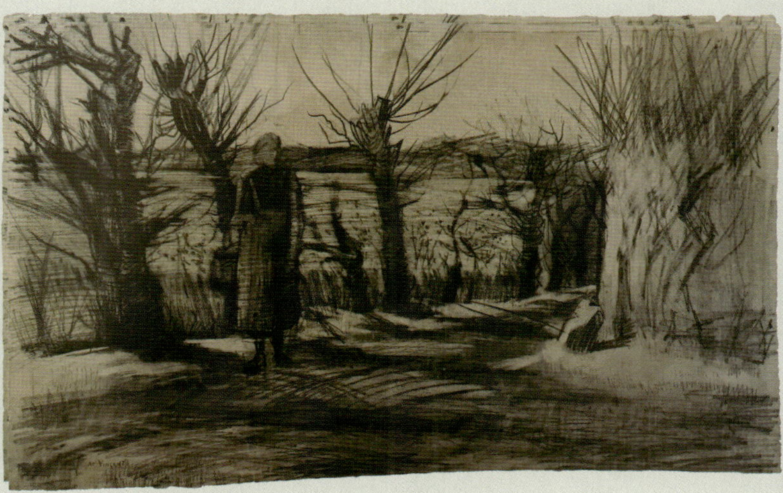

看这等素描，唯叹气而已。叹过了，隔时再看，还是叹气。读梵高生前的际遇，则起另一种浩叹——有说是“同行相嫉”，更有“同行相厌”。印象派哥们儿彼此闹别扭，缘故多多，别扭之一，是讨厌新到的晚生。1886 年印象派末一届联展，据说是众人分崩离析的决定性阶段，原因，竟是多数老同志横竖不肯和新来的高更的画挂在一起，结果断然退出。更可惊异者：老同志们一致讨厌刚来巴黎的荷兰傻逼梵高。为什么呢？不知道。相关的书，写到这里便扯别的人事了——但我狠理解。我目睹多少同行忌讳晚生、排斥外人、讨厌新到者，其心态与勾当，不说也罢。问题来了——我老是喜欢说这句话——此地的讨厌者哪有莫奈和雷诺阿的天分，被讨厌的一方，则或许混着梵高似的奇人么？但愿没有。但愿没有。

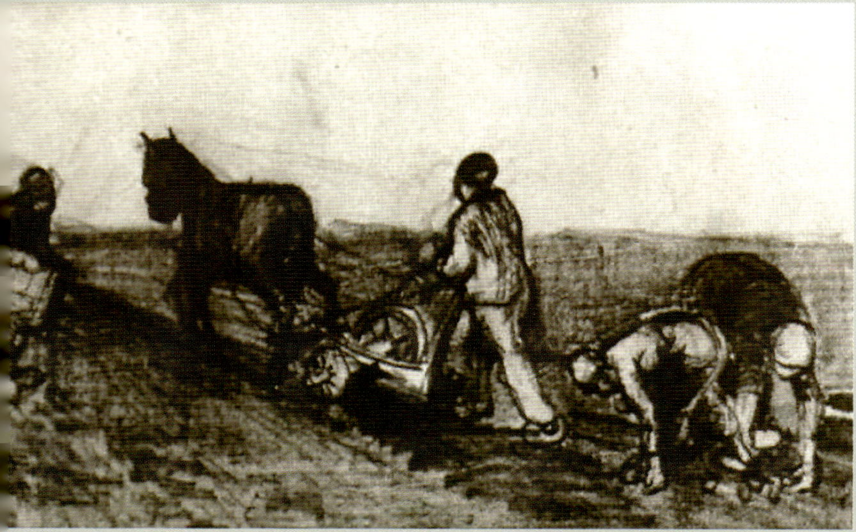

《犁田的人和三个女人》(Ploughman and Three Women),1883 年，现藏于荷兰克勒勒—米勒博物馆。

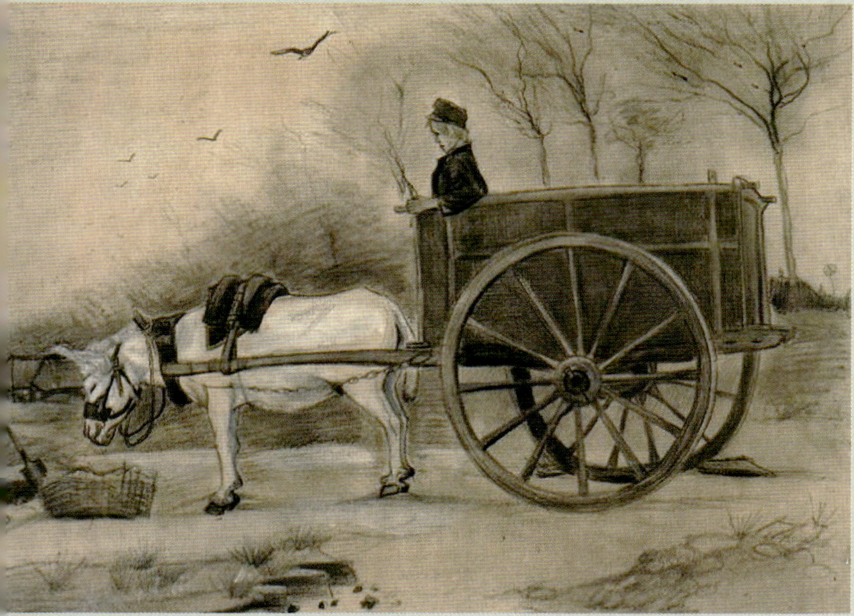

《驴车》(Donkey and Cart),1881 年；右页：《穿木屐戴帽的男孩》(Boy with Cap and Clogs),1881 年，现藏于荷兰阿姆斯特丹梵高博物馆。

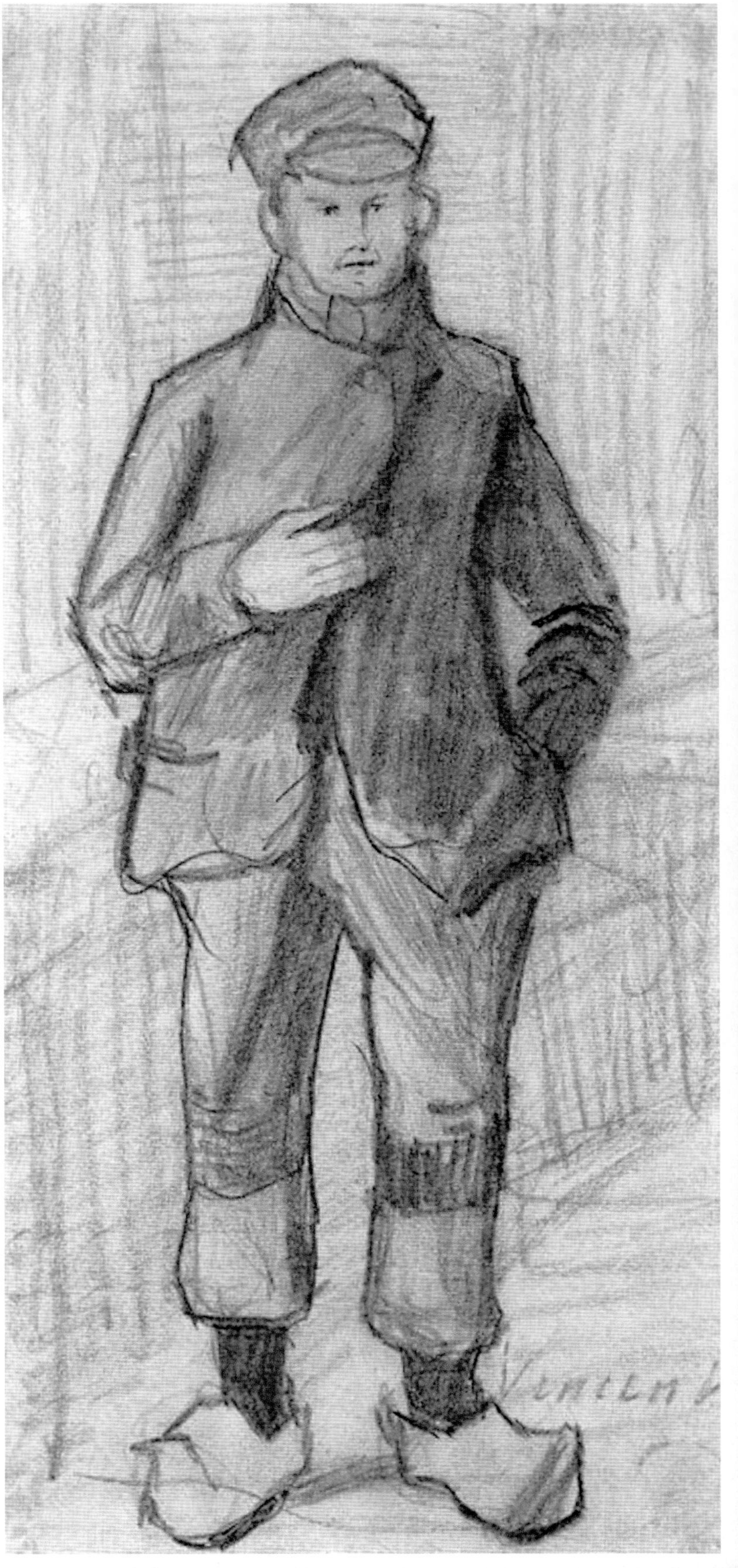

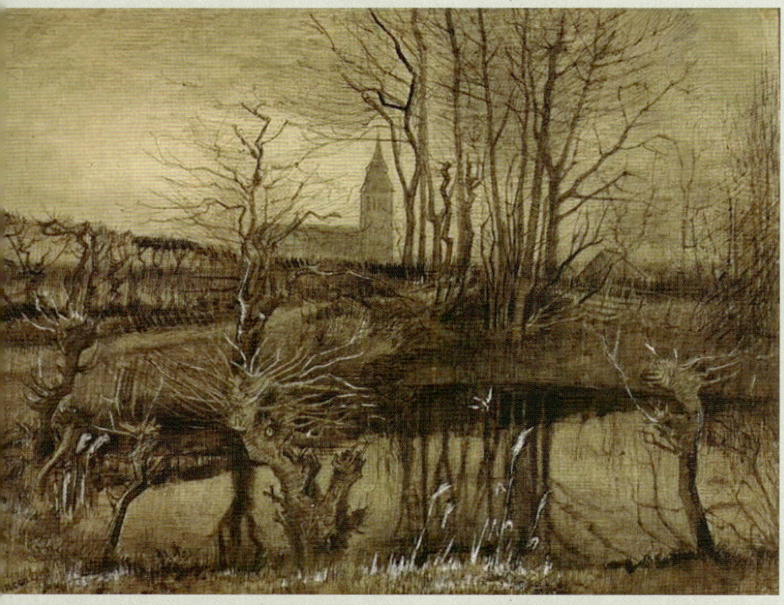

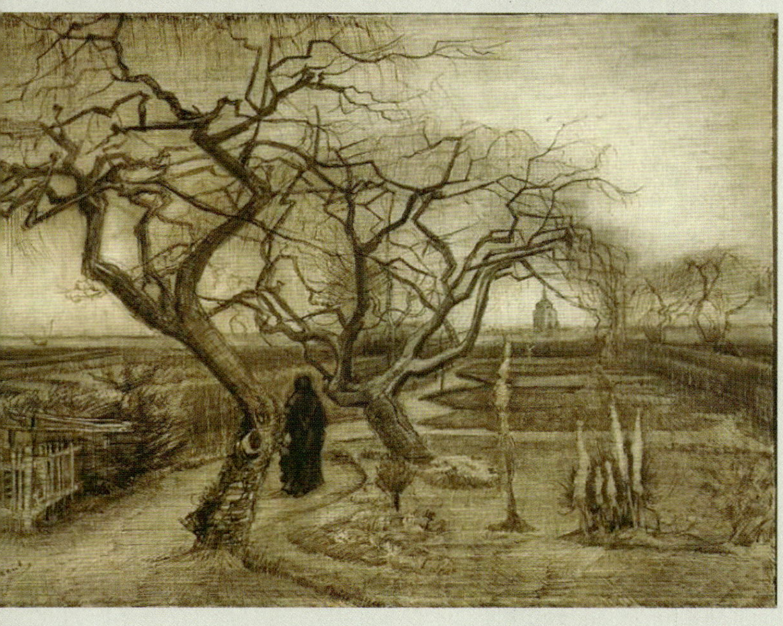

上图：《翠鸟》(*The Kingfisher*), 1884 年；下图：《冬园》(*Winter Garden*), 1884 年，现藏于荷兰阿姆斯特丹梵高博物馆。

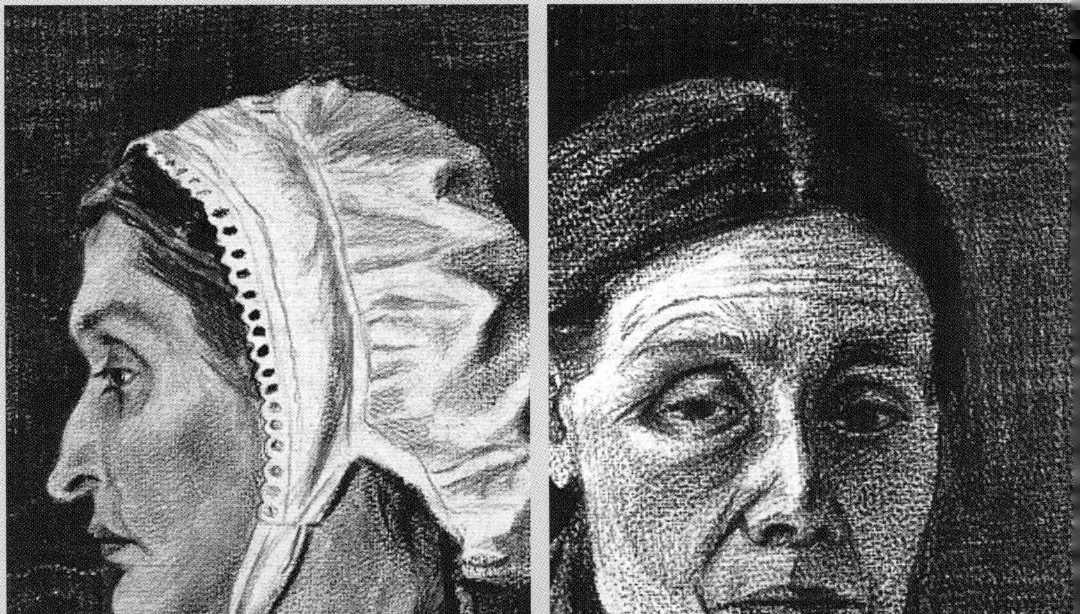

左图：《戴白帽子的西恩》（*Sien in a White Bonnet*），1882 年；右图：《女人头像》（*Head of a Woman*），1882—1883 年，现藏于荷兰阿姆斯特丹梵高博物馆。

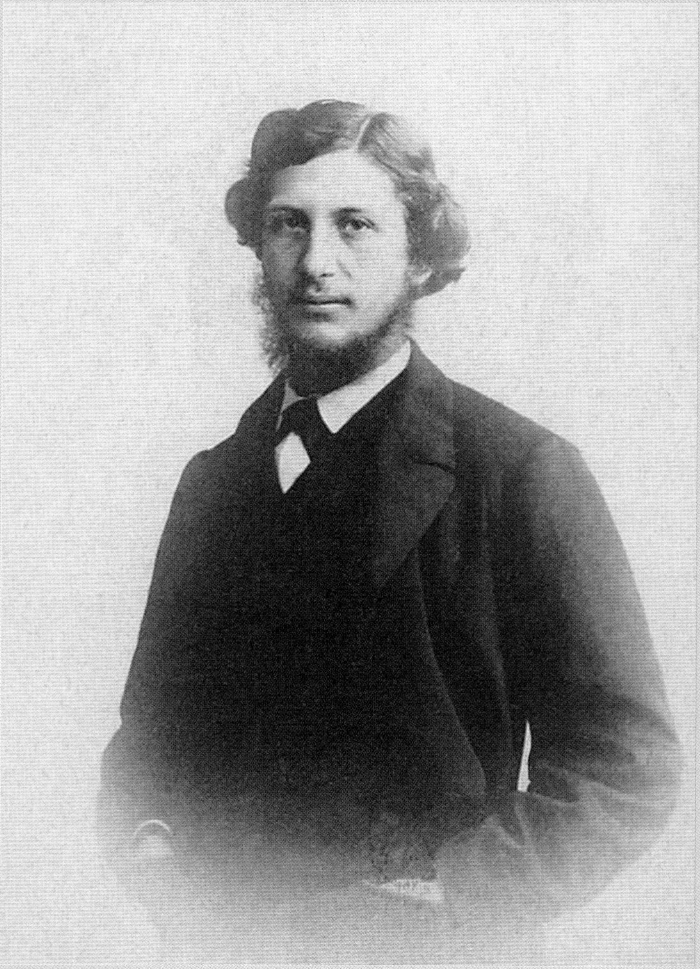

在下几页刊印的图片中，有巴齐耶描绘的自己的画室。他家道殷实，曾让穷哥们儿莫奈和雷诺阿留住这间画室。他还以分期付款的方式买过雷诺阿的画。1883 年马奈死，印象派同仁惊愕哀痛，从此涣散。印象派上一次难以忘怀的集体悲恸，便是 1871 年巴齐耶阵亡。

巴黎的青年

卢浮宫在塞纳河北岸，隔着河，是南岸的奥赛美术馆。库尔贝的《画室》（*The Artist's Studio*）和《奥南葬礼》（*A Burial at Ornans*）、米勒的《拾穗者》（*The Gleaners*）和《晚祷》（*The Angelus*）、马奈的《草地午餐》（*The Luncheon on the Grass*）和《奥林匹亚》（*Olympia*），都在那里。

这些画，原来挂在卢浮宫，据说放不下了，八十年代法国人就把老火车站改建为奥赛馆，以上经典全部挪到南岸去了。2001 年我头一次去巴黎，发现我不喜欢奥赛美术馆。那些作品的气息和奥赛馆的气息，是分离的。我真想看到它们仍然挂在卢浮宫是什么感觉。可是永远没有机会了。

一幅画与它展示的空间，与它应该属于的空间，原来属于的空间，大有关系。最佳关系，就是上回说到的意大利湿壁画，还在原先请画家为教堂制作的老位置，脱离那个位置，画还是那幅画，意思就打了折扣，甚至不是那个意思了。

马奈的《吹笛男孩》（*Young Flautist*），委拉斯凯兹的《侏儒》（*Dwarf*）之一，都曾到北京来展过，我在中国美术馆看到这两幅画，虽然很高兴，老百姓可以看见了，孩子们团团围着，拼命看，可是我难以感动。大家想想看，要是一个十七世纪的王公贵族，或者一个十九世纪中叶的法国人，忽然独自在人民大会堂走来走去，是什么感觉？

1978年，法国乡村画展头一次来京沪展出，我在上海原中苏友好大厦看了柯罗（Corot）、米勒的原作，几乎昏迷。当时我完全不在乎，更不会意识到一幅画待在什么空间，什么场合，只管盯着画框里的画，没命地看。后来出去开了眼界，渐渐发现，一幅画的镜框，这枚镜框挂着的房间，那房间所属的建筑，这建筑所属的街道和城市，总之，一切的一切，这才构成所谓文化，在这文化的环绕中，于是，正好，有那么一幅画，对极了，就像一双对的眼睛长在一张对的脸上。

同样道理，许多中国古典绘画和文物分布在欧美各国，他们肯定发觉，展示斯文透顶的东方绘画，必须小心翼翼、煞费周章，给这些纸本水墨营造一个隔绝的、孤立的环境，欣赏北宋或晚明的文人画。在讲究的美术馆，他们会把周围弄暗，让一束束适度的光线照亮水墨画，让观众暂时忘记地点与场合，尽可能只看到画。

不但是对中国绘画这样子，大都会美术馆年年特展，只要请来中东的、印度的、中世纪的、希腊罗马以色列的种种特展，策展人都会花大钱，为特展专门设计一个空间，根据彼时彼地的种种文化气质，慎重选择墙色、灯光、衬布，包括变幻无穷的展示方式。

扯远了。我的意思是说，每种艺术都有诞生的时刻，都有她生长生成的胎记和灵光，你可以叫做“文化土壤”，也可以叫做“时代气息”，总之，这灵光无法替代，而且，一去不返。

今天介绍我格外喜欢的一幅印象派早期作品。在这幅画中，我自以为看到印象派小子们诞生成长的灵光，甚至分享他们的心情——我们每个人，每个画家，都有过同样的灵光，一闪而过，一去不返，很少有人画下来，而且画得又真实，又自然。

这位画家名叫巴齐耶（Jean Frédéric Bazille）。画作的题目，恕我粗心，到现在还不知道。这幅画挂在奥赛美术馆二楼主展厅，主展厅里最牛逼的大画，是马奈《草地上的午餐》，永远围一堆人。巴齐耶这幅画呢，挂在展厅出口的墙上，没人注意，我就拍了好几张照片。

“文革”中，我还是小孩子，在借来的画册中见过这幅画，心里好羡慕，啊，要是有一天我也和一帮哥们儿在一起，有画架，有钢琴，墙上挂满画，那该多棒啊。后来到了农村，妄想变成绝望。“文革”后考上美院，终于和一帮同学混在有画架有天窗的画室里，算是梦想成真。再后来，好像是1989年吧，这幅画和许多别的印象派作品借来大都会美术馆，我头一次看见了真迹，原来并不大，颜色好看极了。事后我在《纽约琐记》里写了一篇文章，说，瞧画面中这几个哥们，意气洋洋，一切刚开始的时候，最最珍贵。

印象派的几位大哥，分别是马奈、德加、塞尚，全是富家子弟，还有三位小兄弟，就是莫奈（Claude Monet）、雷诺阿（Pierre-Auguste Renoir）、巴齐耶。1860年代，他们仨在一位叫做夏尔·格莱尔（Charles Gleyre）的画家作坊里同班学画，很要好。莫奈和雷诺阿，穷，巴齐耶不穷，是个中产阶级小公子。这三个哥们儿讨厌学院沙龙的老一套，不久退学单干，到处画写生。很可惜，莫奈、雷诺阿，都是高寿的人，活到二十世纪初，甚至到一次大战后，莫奈还活着。可是呢，巴齐耶只活了二十九岁。1870年法国与普鲁士开战，他是个爱国好青年，立刻放下画笔，上了前线，编在类似侦察前哨的队伍里，头一仗开打，他就牺牲了。

巴齐耶留下的作品也就几十幅吧，可是一张是一张，都好极了。他是个少年老成的天才，很早就有库尔贝和马奈的坚实造型，有德加刻画人物的精准和微妙感，有雷诺阿的富丽的色彩变化，有莫奈捕捉光线的天赋。他还有一项其他印象派哥们儿不具有的才华，就是组织场景，善于群像的构图，这一点，印象派其他哥们不能跟他比。

我老是想，巴齐耶不死，再画几十年，印象派的光谱，印象派的丰富感，会多出一极，为什么呢？

撇开三位后印象派憨人，我们来看看印象派几位主将：马奈的潇洒丰润，德加的神经质与洞察力，毕沙罗的浑朴，莫奈的变幻，雷诺阿的妩媚，西斯莱（Alfred Sisley）的小规模绚丽……相对比较，巴齐耶兼有科学的与诗意的禀赋，气质是冷静的，理知的，中性的。他是印象派弟兄中最少走极端的一个，他的画风，始终温和。

他和马奈一样，率先描绘巴黎当代资产阶级生活，但取材并不惊世骇俗。他画家人度假，画朋友在林子里洗澡，画自己的画室，画朋友相聚，是个不具有绘画史野心的画家，一个宁静内向的人。他也喜欢描绘阳光，他的色彩的纯度、浓度和灰度，富于均衡感，但不像莫奈和雷诺阿那样夸张，论造型的精确，德加之外，就是他，但他的精准，不是惊叹号，而是句号。

除了画家人，画少数的女人体，他画男性格外精彩。十九世纪中叶，同性恋文化尚在困难时期，但巴齐耶看男性的目光，刻画男裸体的魅力，没有压抑感，而是坦然、明朗、适度，不掩饰，也不标榜，像阳光一样清澈，刚刚比友谊的温度，超过一点点。在哈佛大学美术馆收藏的那幅画，应该被视为同性恋绘画的先驱，在画面中，几个男子的身体、正午的阳光，全是纯真的心情，是青年人的理所当然，一点不渲染，但是异常饱满、明快、健康。

但我最喜欢的还是这幅画。它就像一个早晨，一个日子，是我们每个人都有过的青春记忆，好像就在昨天，谁谁谁来了，谁站在什么地方，谁在和谁说话，谁只管自己在边上玩，然后，窗外是都市的晴天，一切都好极了，都是心情，充满年轻人才会有的自信和希望——木心先生有过一句俳句：

年轻人充满希望的清瘦啊！

真的，我们自己年轻时，一点不觉得，不稀罕，成天瞎混，有一天回想起来，多么珍贵。

从画面看，这是巴齐耶自己的家，墙上挂的是他早年的几幅画，这是一座典型的巴黎公寓，很高的天花板，很高的窗户，还有老式旋转楼梯。很多年前，我读过一个资料，详细标明画中谁是雷诺阿，谁是莫奈，谁是谁，可是现在忘记了，没法指认了。所有描述都会说，印象派是一群穷画家，可是在画面上，他们衣冠楚楚，都是体面的青年，所以巴黎的穷和我们北京武汉的穷，不好对应的，另外，别看他们留着胡子，我在纽约常常惊讶那些满脸大胡子的家伙，只有十八九岁，顶多二十出头。

这里，我又要提到巴齐耶组构群像、描绘场面的天分。要知道，画这样一屋子人，随随便便站着坐着，构图非常难，一点不能看出摆布的痕迹，好像所有人原本就是那样，就在那里。而每个人物，至少要描绘一两天，一个一个画过来，要让莫奈、雷诺阿站在那里不能动，给他画，画完后，看不出先后画成的顺序，看不出衔接的痕迹，那是要大本领的。其中个子最高、站在画架边的青年，就是巴齐耶本人，他怎样画出自己的侧面呢？照着镜子吗？镜子在哪里？

所以还有更具体的困难：这幅画的景深，面对窗户，光从窗户中进来，而他摆画架和画布的位置，远离窗户，似乎正在进门处，想必在昏暗中。十九世纪中叶还没发明电灯，更没有照相机，他靠什么光线画？以我的估计，这幅画要画上百个小时，费时将近一个月，他怎样使画中的一切如此自然，真实，可信？他画那幅家人坐在庭院的大画，更要画得久，可是背后的夕阳，以及所有人在夕阳阴影中的色彩变化，他怎样把握？

巴齐耶那时的岁数，不过二十来岁，这个年龄，在我们这里，即便再有天分，还在熬硕士生、博士生、博士后，写什么狗屁论文。我常对高学历的大龄青年说，你到二十五岁还在熬学位，还没画出自己的作品，你死定了，完蛋了。不信，看看巴齐耶——他死得早，印象派历史很少提及他，如果他活到七八十岁，这些画全都是早期作品。

大家要是看看印象派同期那些沙龙绘画、官方绘画——画巴黎贵族的宴饮，画中东的异国情调，画滑腻腻的裸女，画那些被画了几百年的《圣经》主题和希腊神话——你会同意，而且惊讶，当年这帮巴黎野小子的画，多么前卫，多么勇敢，多么坦然，就画他们自己，画他们活着的每个清晨和中午，因为这帮家伙，美术史从此改道了。

我不知道印象派同仁怎样看待这幅画。我觉得这是印象派乌合之众的集体记忆，是这个叛逆群体灵光乍现的一首诗。我喜欢看到崇高悲壮的绘画史诗，我也喜欢看到梵高、珂勒惠支和蒋兆和画的悲苦的人，可是，我也喜欢看到巴齐耶这样的艺术，明亮，均衡，健康，好心情。

这么好的一个青年，一枪给打死了，倒在战场的泥浆里。欧洲人口少，因为公民制度，因为最早出现的爱国主义和神圣责任，无数知识青年，无数有才华的诗人、音乐家、画家，包括科学家、哲学家、教授，战争打响就被征兵入伍，上前线。前些年我去彼得堡参观著名的列宾美术学院，发现那里已经很没落了，可是在进门的厅堂里，我看见创校的叶卡捷琳娜女皇雕像旁边，竖着两块石碑，上面密密麻麻刻着列宾美术学院入伍当兵、为国捐躯的名单，可能不下两百位。

这在中国是不可思议的。民国时期，文艺人，艺术家，死于战场和政争的青年，不是没有，作曲家张曙，死于桂林轰炸，作家柔石，死于极刑，但我们很少听说数以百计的中国艺术学生，成为烈士。

咱们再来看看这幅画，多么明快亲切，远离战争与死亡的阴影。可见许多绘画背后，有我们想也想不到的故事。

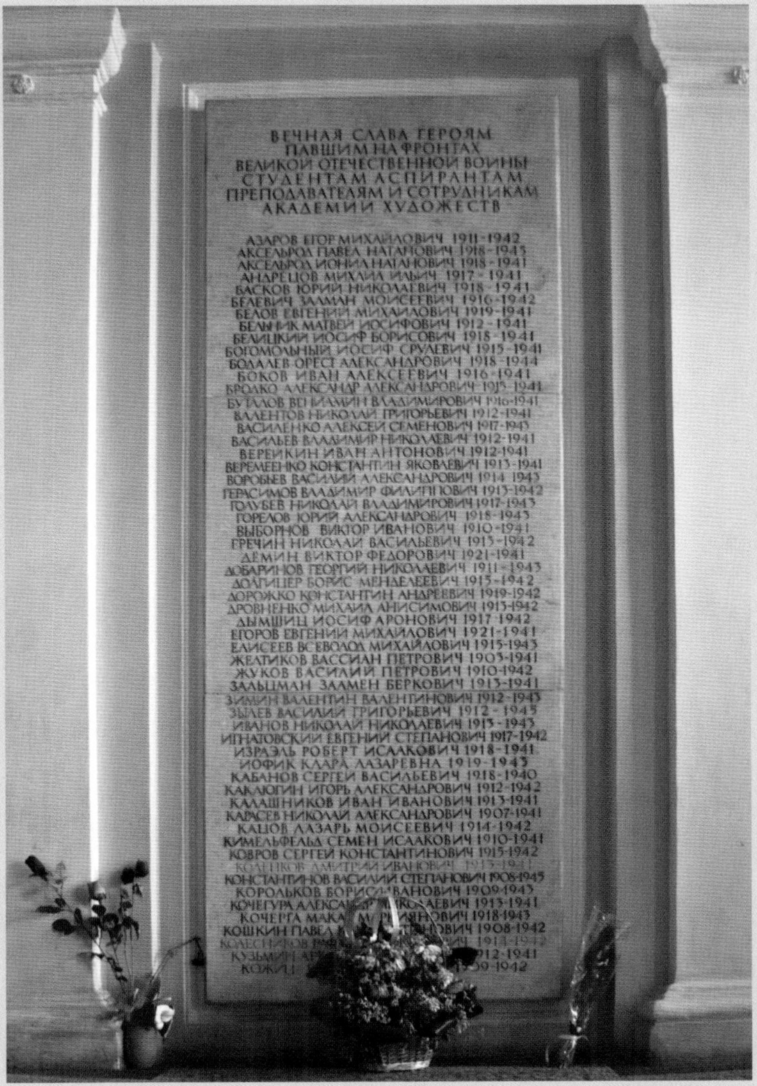

全世界有没有另一座艺术学院的门厅，竖着为战争捐躯的本校学生纪念碑？2010 年造访列宾美院，碑前有鲜花：战争胜利六十五年了，校方也许年年供着花束（或为烈士遗属所摆放）。多朴素的碑，只是名姓。我所看过的国内烈士纪念碑，很少刻有死者的姓名，也很少，几乎没有，后人的花束。

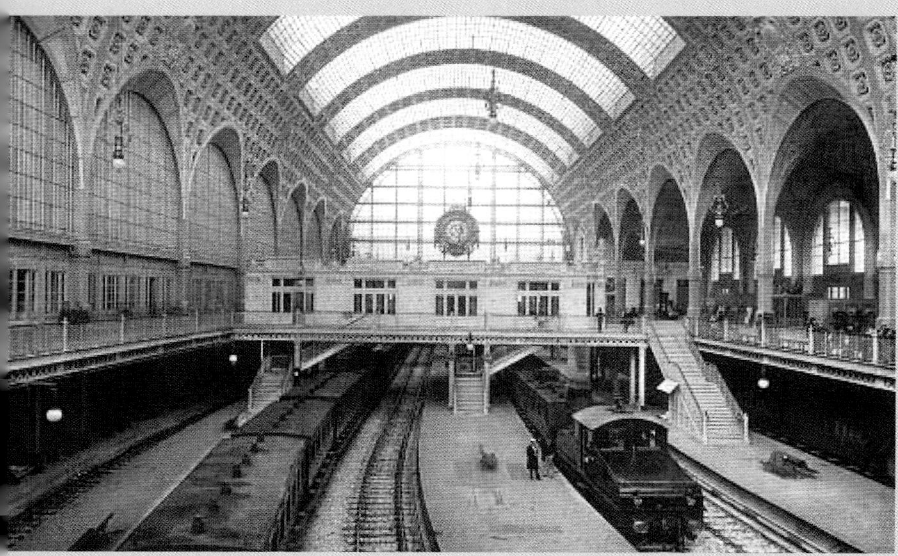

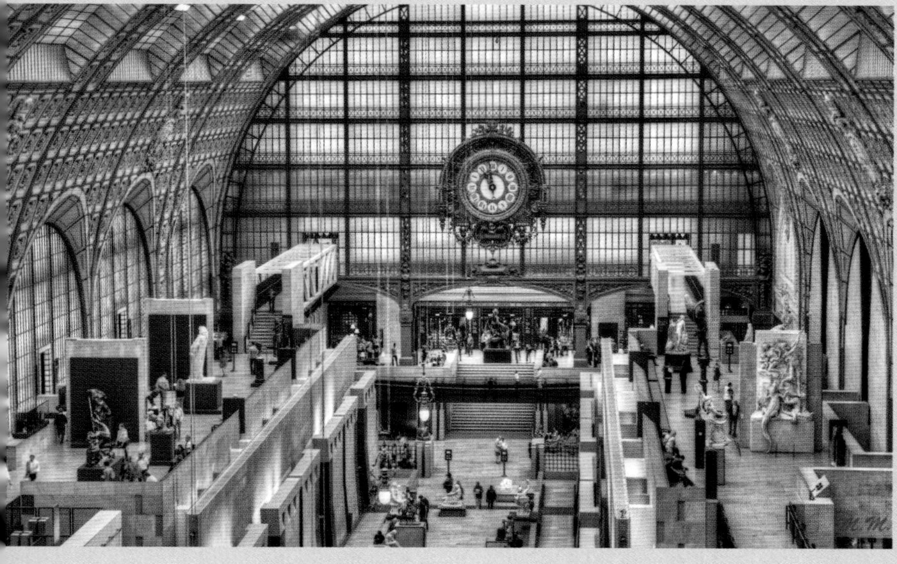

上图：1900 年的奥赛火车站；下图：奥赛博物馆。

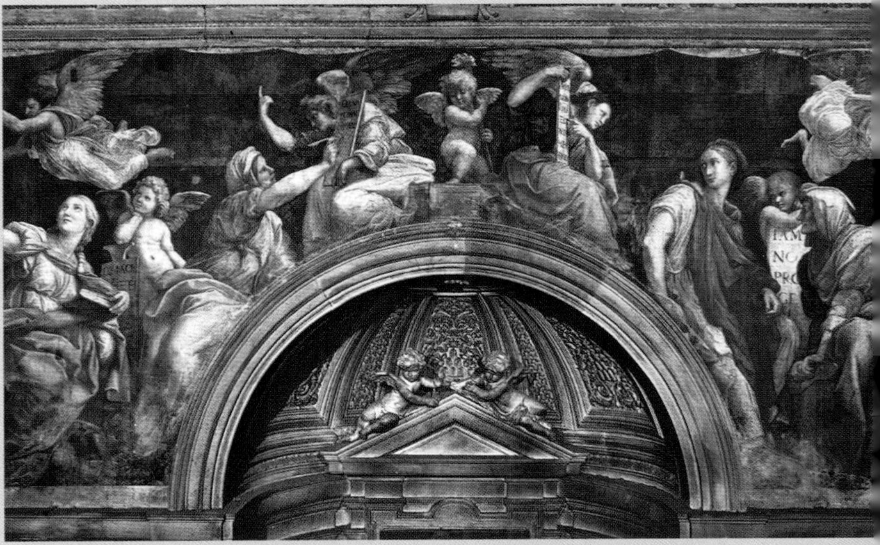

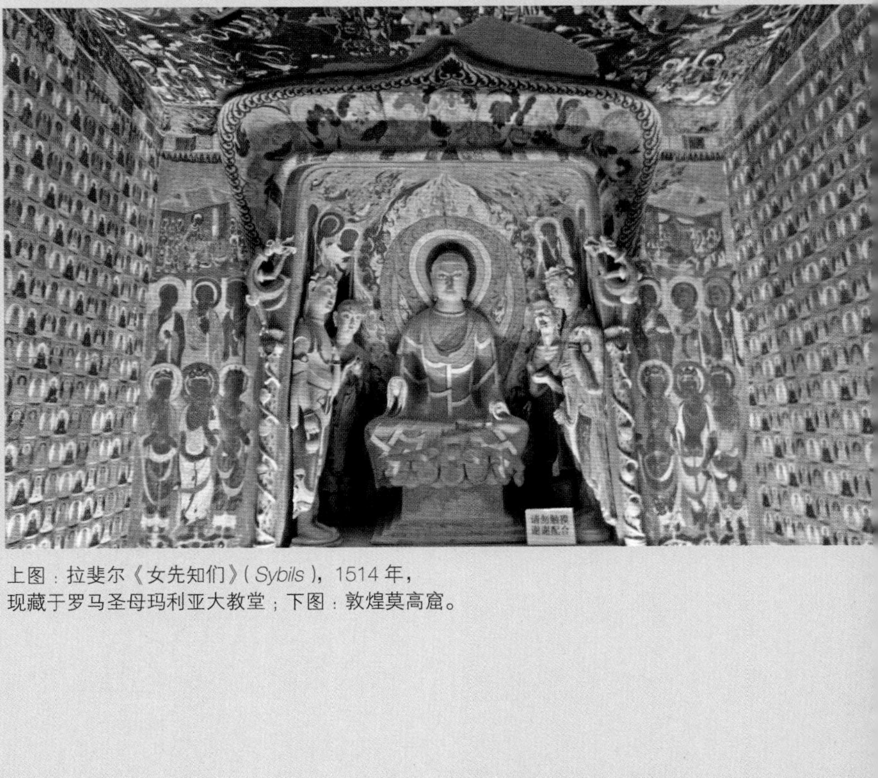

上图：拉斐尔《女先知们》(*Sybils*)，1514 年，
现藏于罗马圣母玛利亚大教堂；下图：敦煌莫高窟。

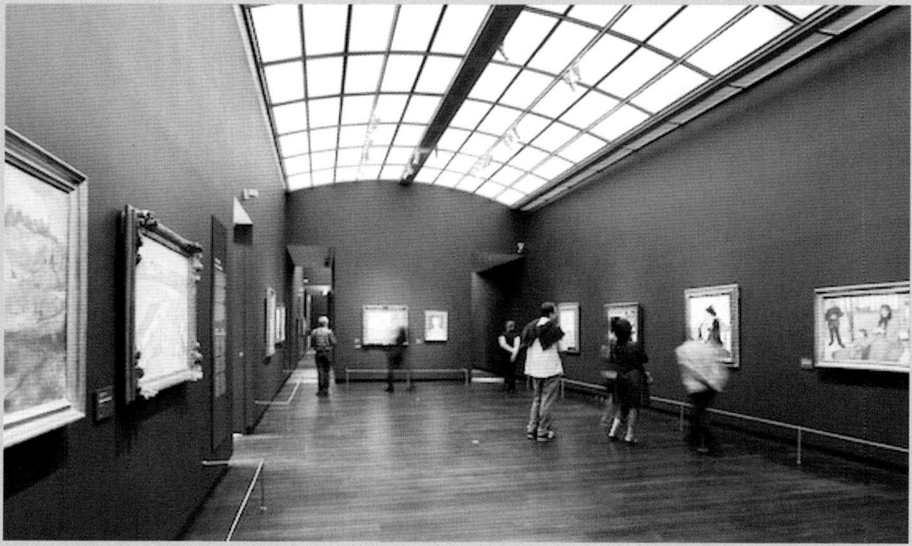

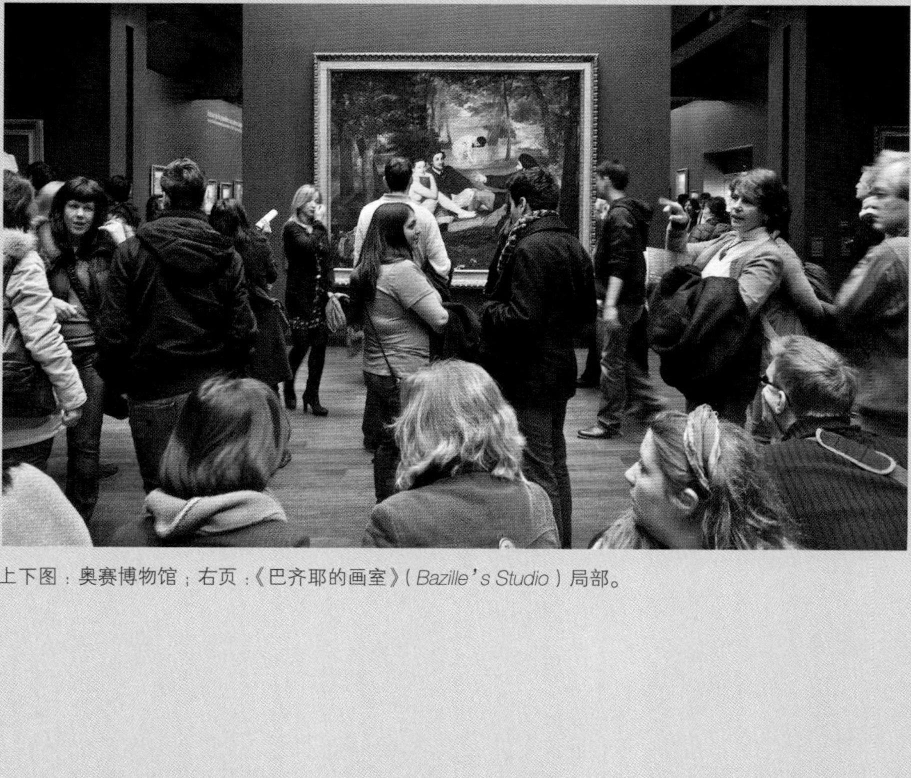

上下图：奥赛博物馆；右页：《巴齐耶的画室》（*Bazille's Studio*）局部。

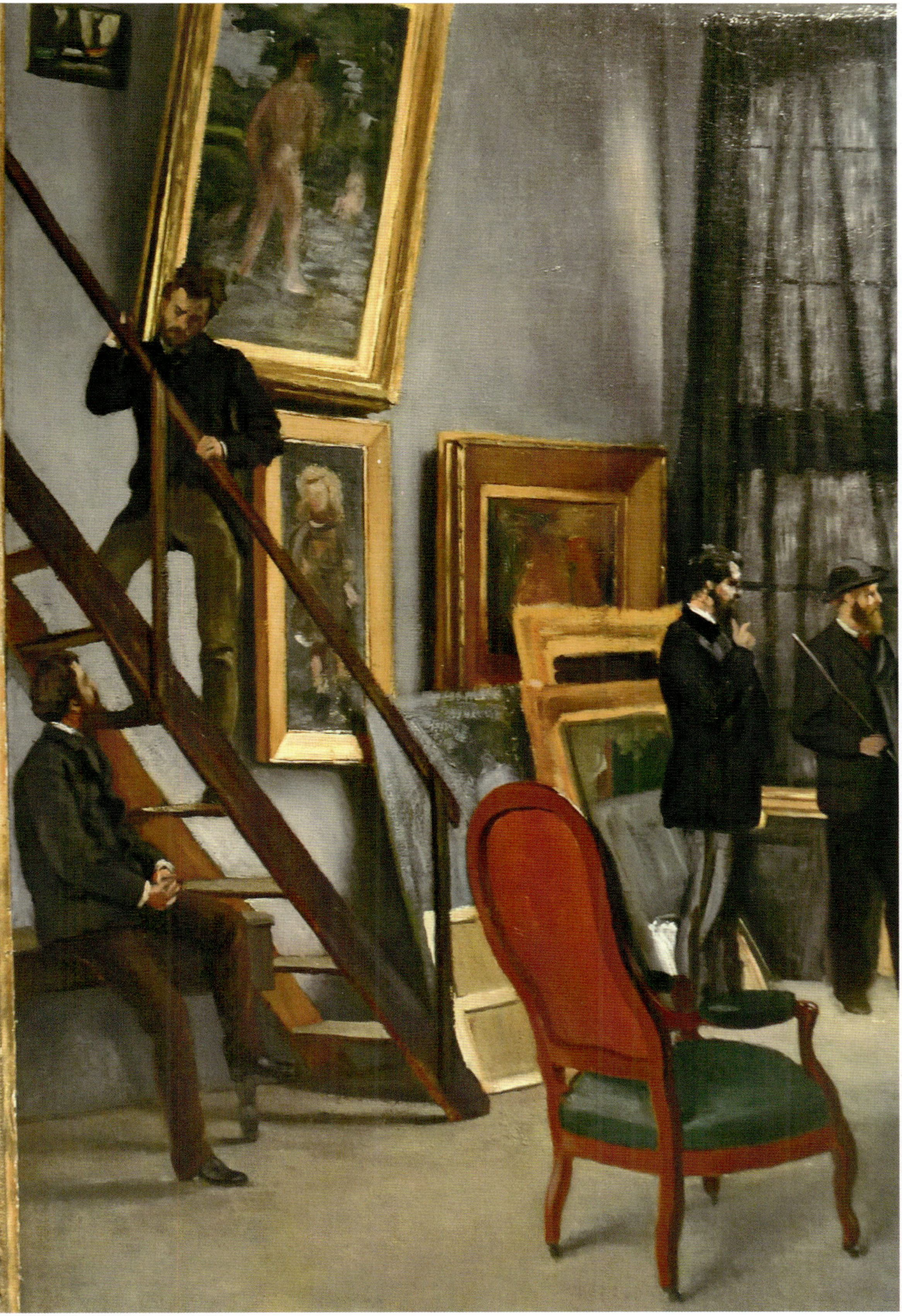

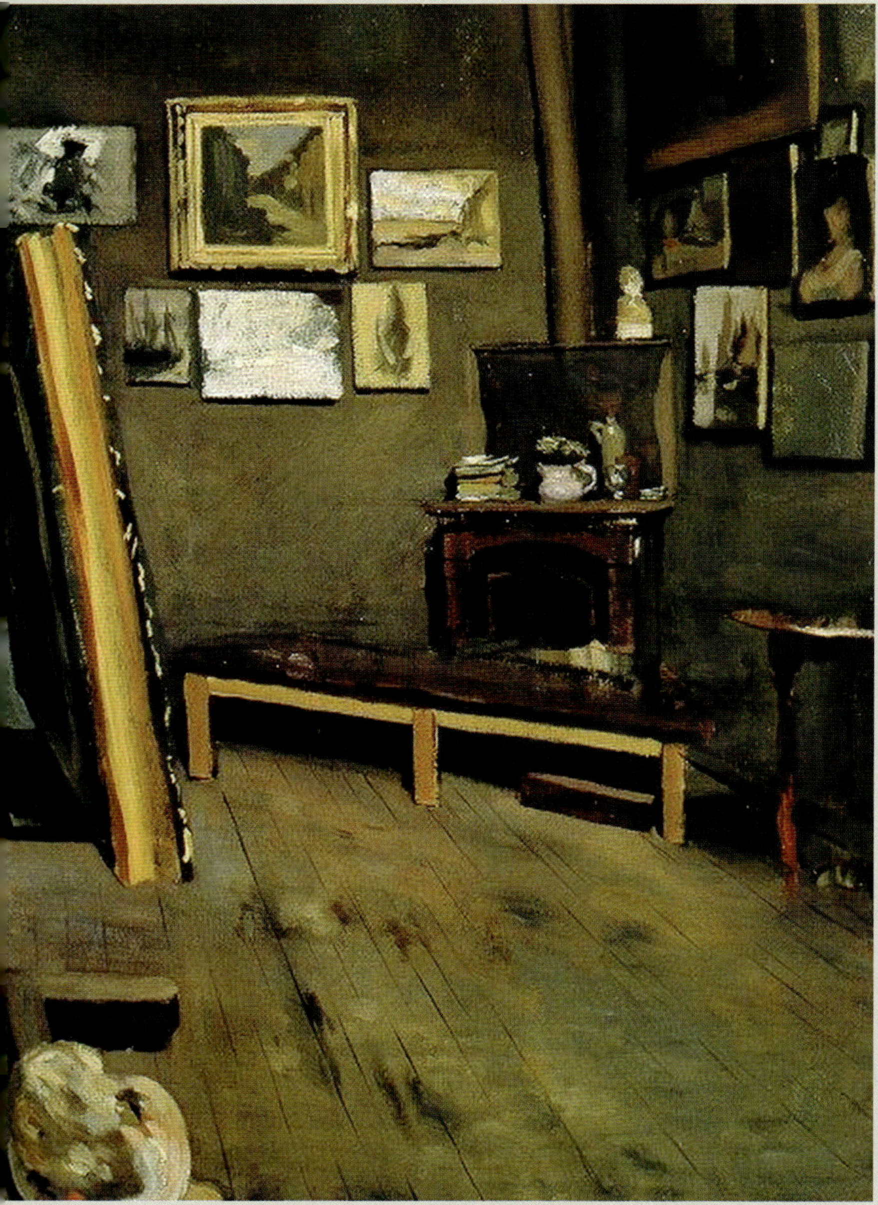

《维斯康蒂路画室》(*Studio of the Rue Visconti*)，1867 年，现藏于美国弗吉尼亚美术馆。

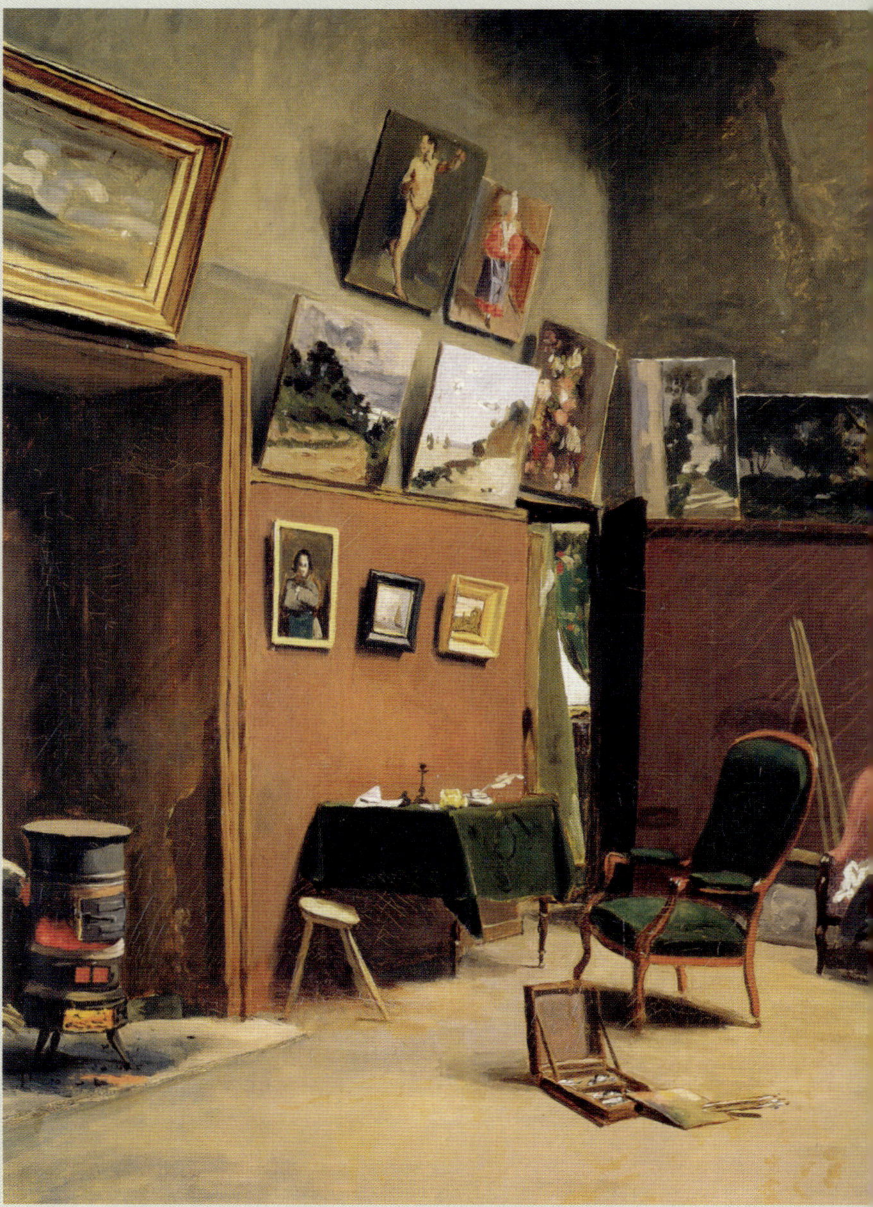

《弗斯滕伯格路画室》(*Studio in the Rue de Furstenberg*)，1865年，现藏于法国蒙彼利埃法布尔博物馆。

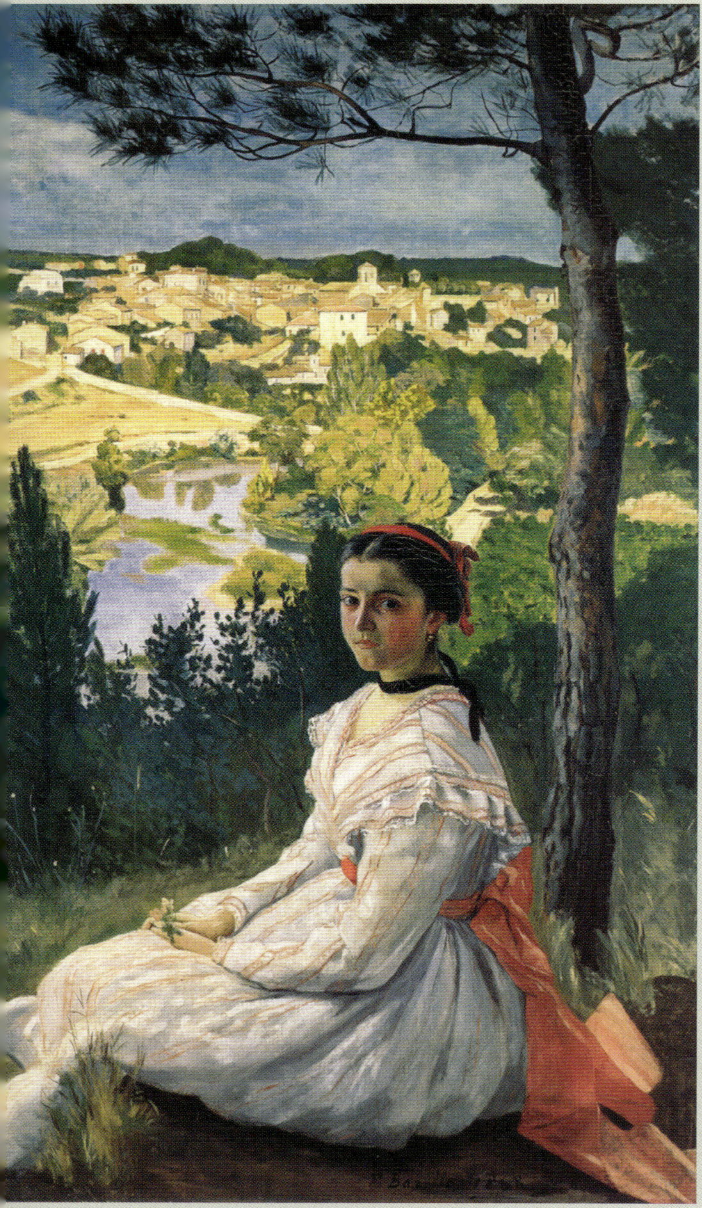

《卡斯泰尔诺勒莱风景》(*View of the Village of Castelnau-le-Lez*)，1868 年，现藏于法国蒙彼利埃法布尔博物馆。

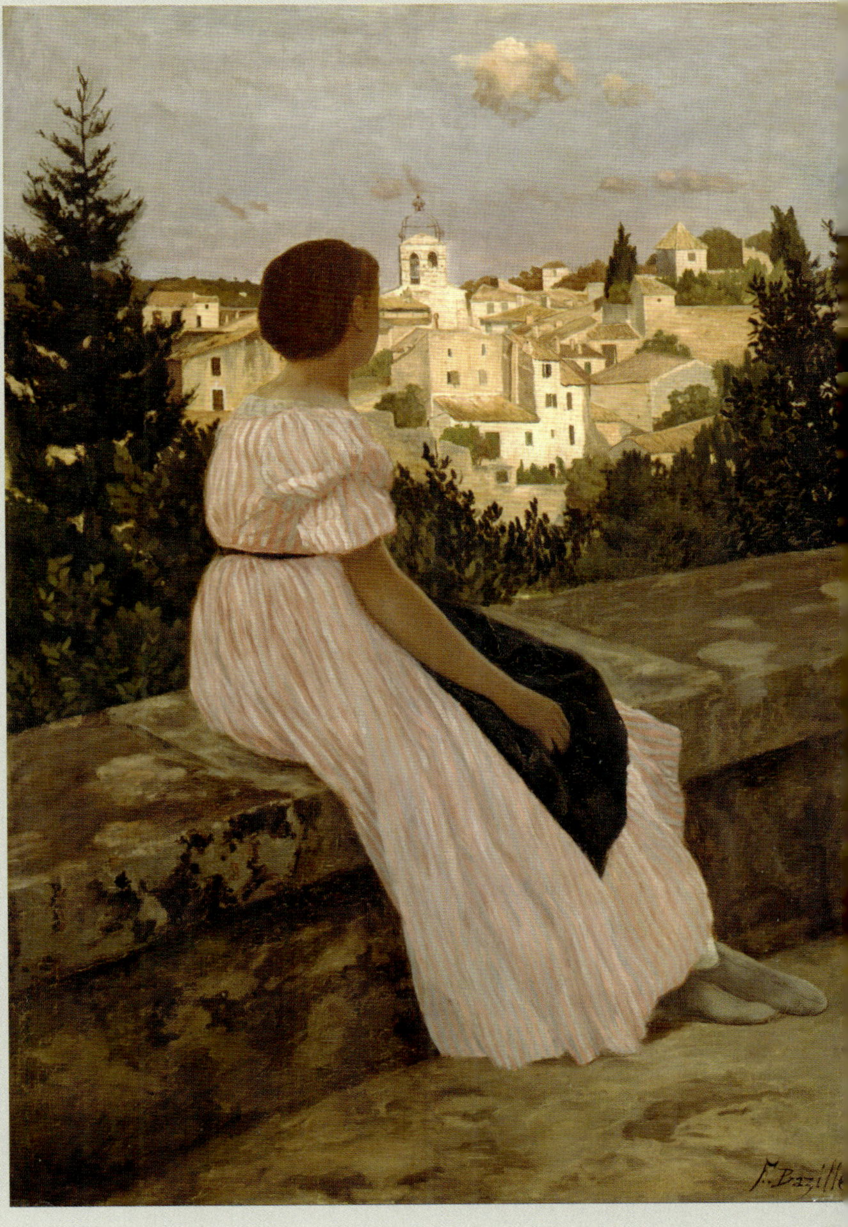

《粉色的裙子》(*The Pink Dress*)，1864 年，现藏于法国奥赛博物馆。

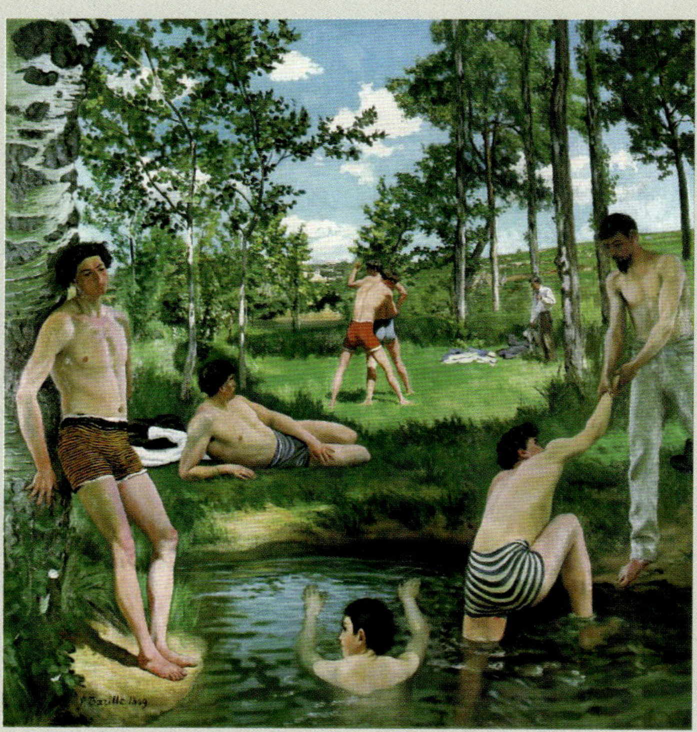

左图：《夏日场景》（*Summer Scene*），1869 年，现藏于美国哈佛大学福格艺术博物馆；右图：《拿网的捕鱼者》（*The Fisherman with a Net*），1868 年，现藏于瑞士苏黎世提尔莫德基金会。

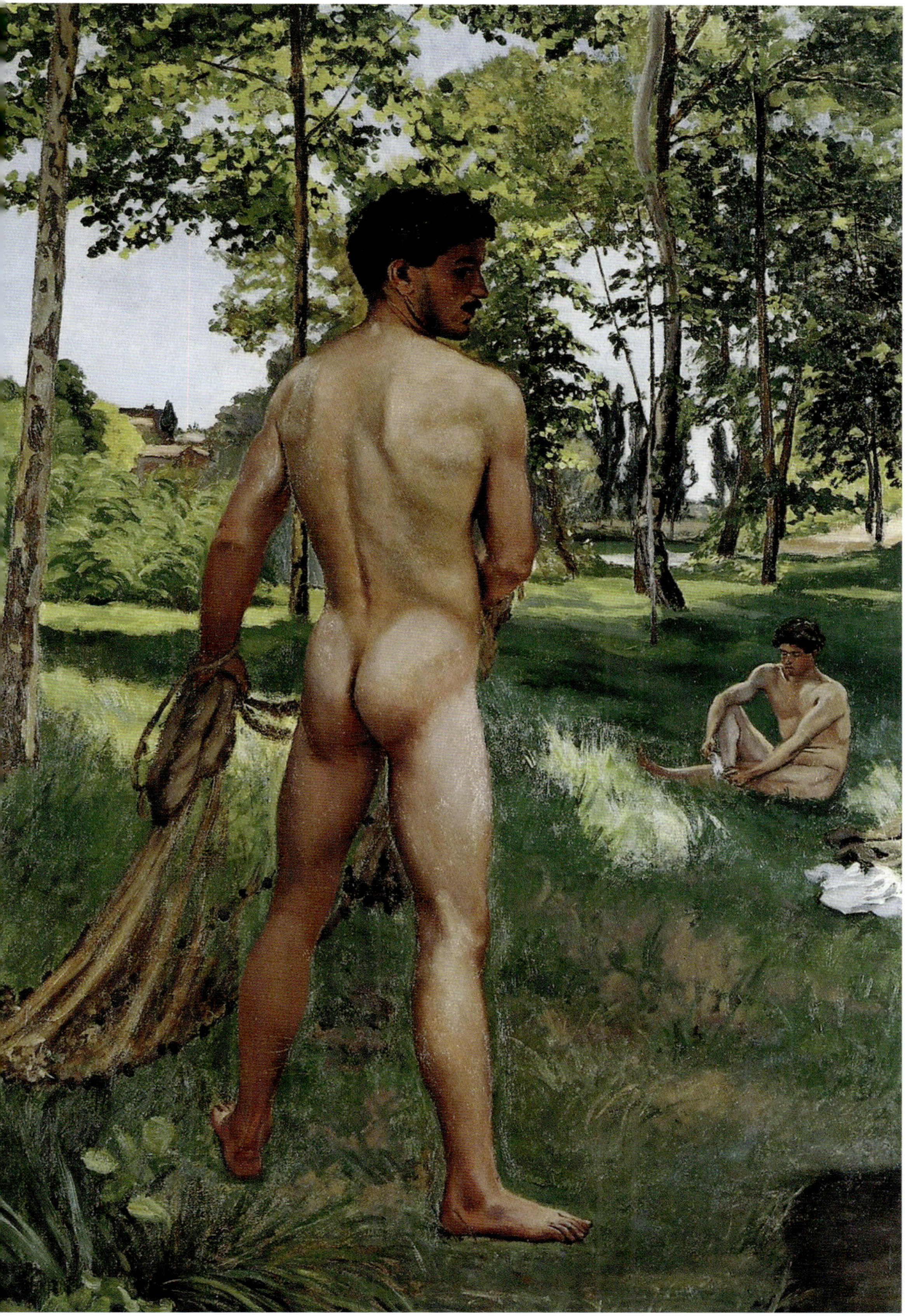

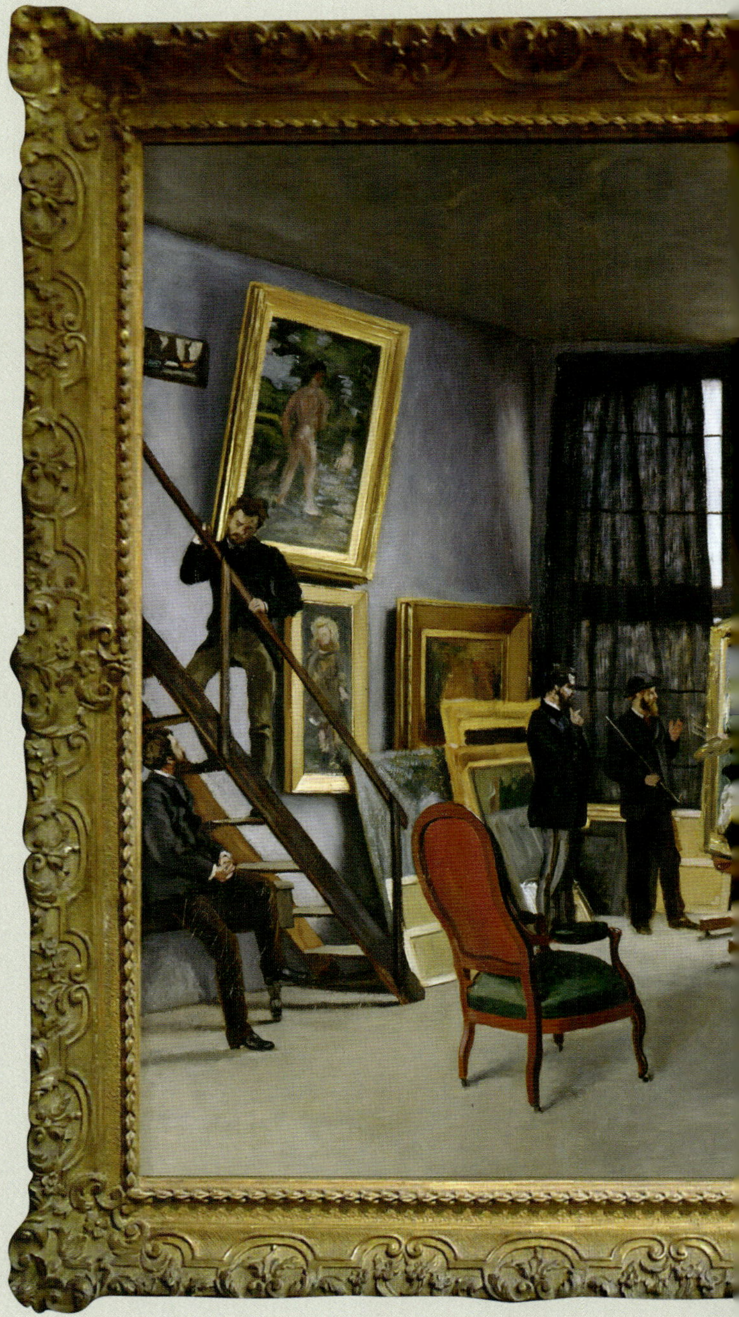

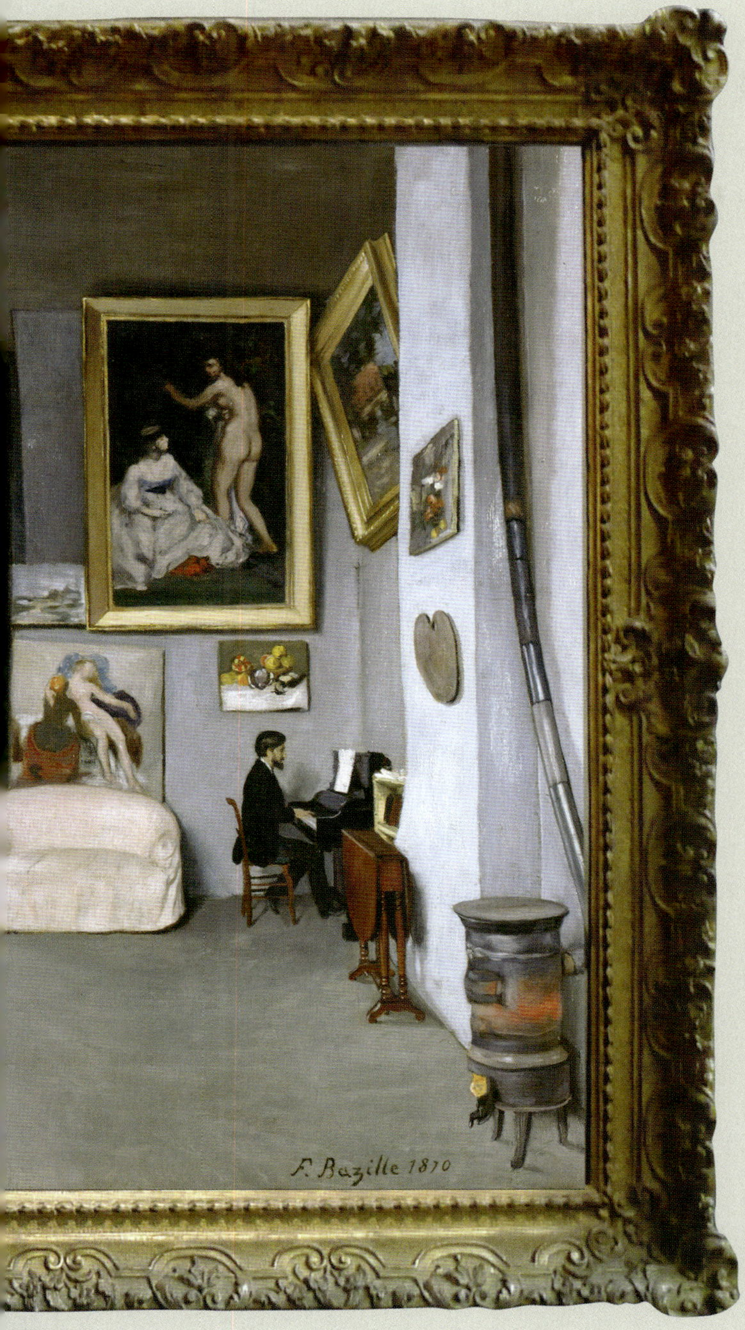

《巴齐耶的画室》(*Bazille's Studio*)，1870 年，现藏于法国奥赛博物馆。画中人物从左至右:雷诺阿、埃米尔·左拉(Émile Zola)、马奈、莫奈、巴齐耶、埃德蒙·迈特尔。

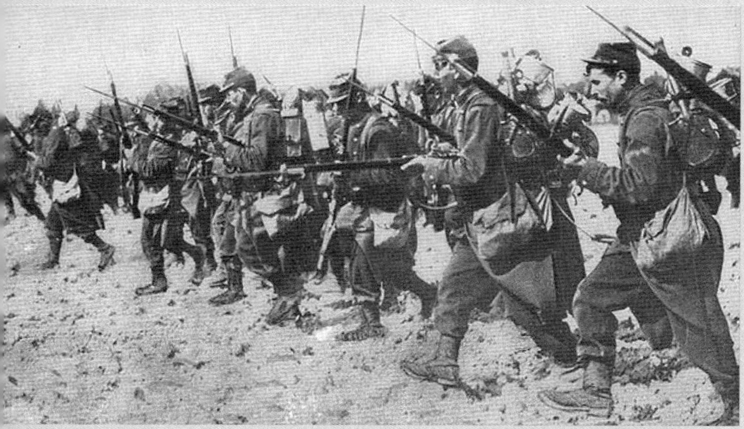

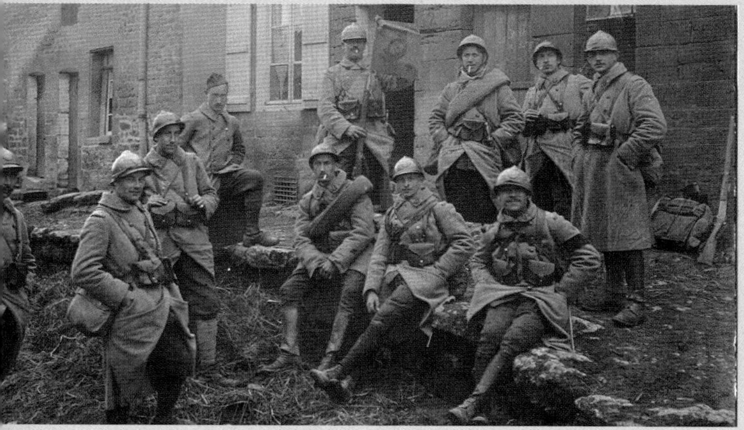

上图：1914 年，法国军队准备白刃战；下图：1919 年，一战中的法国士兵。

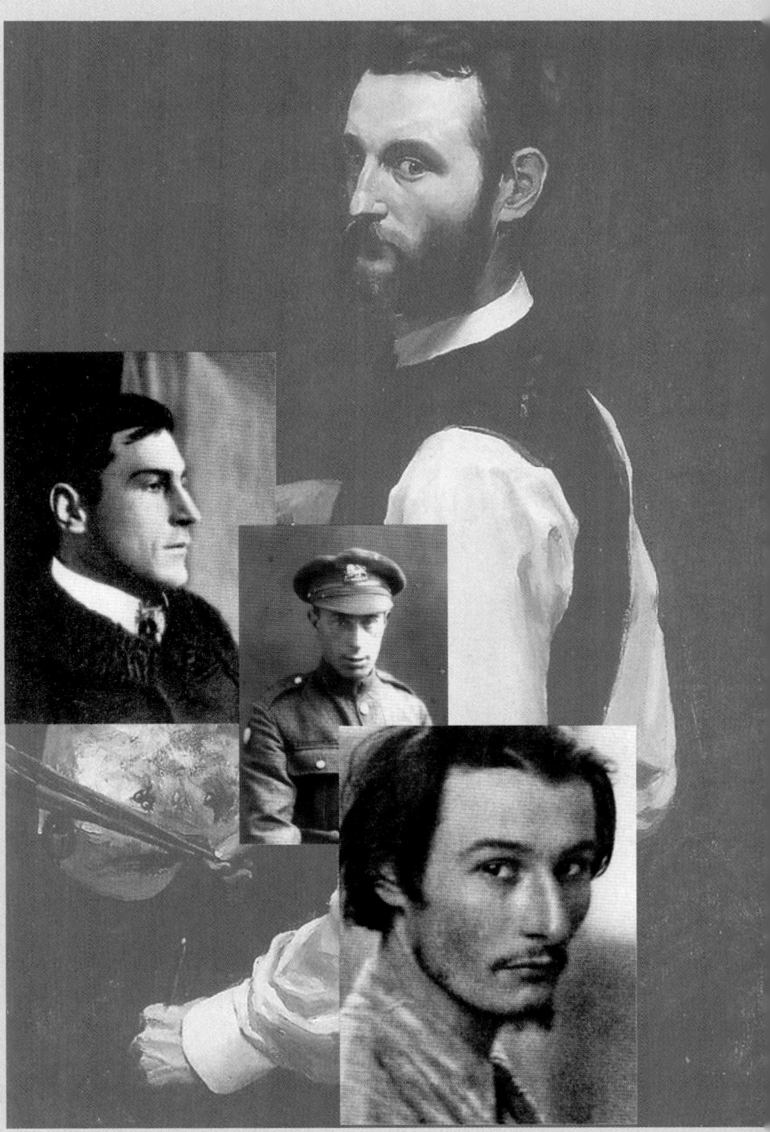

背景图为巴齐耶《自画像》(*Self-Portrait*)，1865—1866 年，现藏于美国芝加哥艺术学院。小图从左至右：画家弗兰茨·马尔克（Franz Marc）、诗人艾萨克·罗森伯格（Isaac Rosenberg）、雕刻家亨利·戈蒂耶·布尔泽斯卡（Henri Gaudier-Brzeska），三人均死于第一次世界大战。

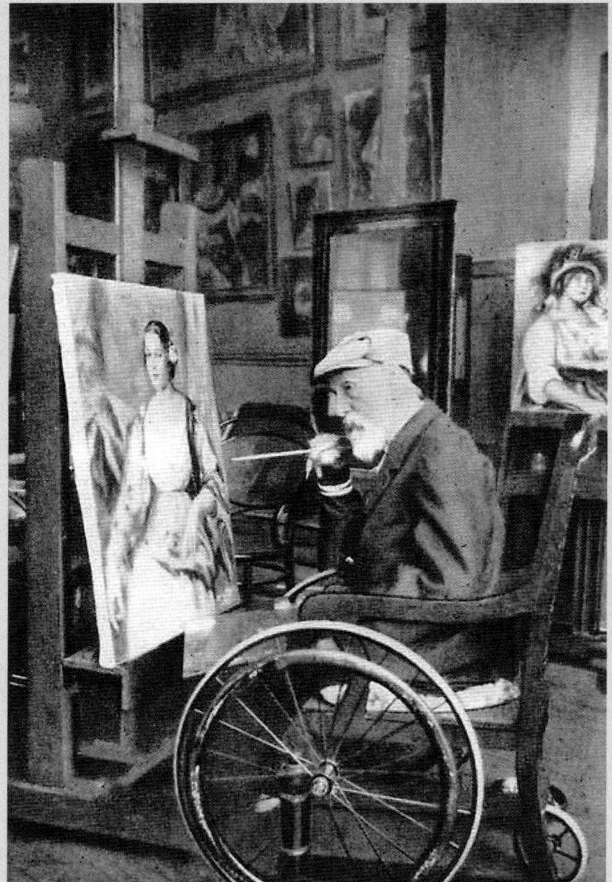

雷诺阿有句名言是："我画女人的背，画到可以抚摸的样子，就停下了。"他的儿子，小雷诺阿，是上世纪三十年代法国著名导演。据六十年代新浪潮翘楚特吕弗说，他每年都要好好再看一遍小雷诺阿的名篇《游戏规则》。这位好儿子为父亲写了动人的回忆录，最后写道：父亲生前一再关照他们，千万确认他已死透了，才能入殓。为什么呢，因为雷诺阿生怕被活活钉入棺材。

谁养艺术家

未完成的画（上）

上回捧着梵高的小画，猛说好，又说，我也不晓得怎么好法，观众可能说：喂，等一等，你说不出道理，凭什么说好？

是的，遇到这么问，我又想跳楼，又想投河。而且跳楼投河也说不清。我知道，人喜欢答案，凡事有个答案这才踏实，这才放心。可我不关心答案，宁可找问题——这些天想想，这幅小画确实是个问题：

第一，梵高初学，本事有限，实在玩不下去。

第二，算了，他只好停在半当中。

这就是我着迷的“问题”。不消说，没画完的画，别说好不好，根本不算作品。红烧肉没煮熟就端上来，花衬衫没锁边就卖给你，不像话。美术史千万张画，哪有画不下去就算了不起？没有。

不过凡事都有例外，都有异数，遇到大天才，历史会放他一马，甚至被天才带向新的历史。梵高活着时，历史不理他，但他撞上一个关口，就是十九世纪中叶到二十世纪初，印象派画家正在干历史陌生的事。

所谓前卫画家，就是事情做得忒早了，历史看不惯，看不懂，看不见。我们今天看梵高，多好啊，没问题啊！可当时看来，梵高完全是在乱画，别说沙龙，连印象派的破展览也没他的分，他生前大概只有一次非正式“展览”：他瞧见毕沙罗他们写生回来，赶紧奔回去，拎着自己的画搁在路边，献给哥们儿看，就像现在考前班的小子巴结美院本科生一样。

美术史对印象派有太多说法，都有道理的。今天我借梵高这幅小画，把标准放到很低很低，单从一个角度说事，就是：

“未完成的画”。

“未完成”对应“完成”。十九世纪前，几百年，逾千年，不管什么画都有“完成度”，都有可遵循的标准。其中有过度完成的，譬如《蒙娜丽莎》（*Mona Lisa*），有刚巧接近完成的，譬如哈尔斯（Frans Hals）那幅男孩的肖像，但你很难在十九世纪前指出一幅画，说：

啊呀！这幅画没画完？！

到了印象派，绘画渐渐偏离老规矩认定的“完成度”。他们未必清楚到底画到什么地步，才算完、才算好，他们也在“摸着石头过河”，但他们的大胆妄为，不是激情啊、创新啊这类空洞的指控，而是，简单说：画家的角色变了。

十九世纪之前的几百年、几千年，不管宫廷画师还是小画匠，大致属于服务行业，这种高级服务和社会维系着严格的供求关系，换句话说，每幅画都是“任务”，都是“订件”。

注意，不是“商品”。商品对应假定的市场，“订件”，是有实实在在的主人指定你、委托你，弄一件作品，然后放在早就安排的位置上。古代画家可不是自己高兴画着玩，而是为各自的东家服务的。古希腊、古罗马、中世纪、文艺复兴，雕刻与壁画全是城邦、教堂、广场、宫殿的摆设。十五世纪到十八世纪，王公贵族的需求多样了，肖像画之外，逐渐衍生了历史画、风俗画、风景画。

大卫《拿破仑加冕礼》（*The Coronation of Napoleon*），是新皇登基的大

场面，绝对国家一级工程。画完了请拿破仑看，拿破仑背着手走来走去，没话说，然后，对画家脱帽致敬——大卫是新朝的文化部长，不晓得是画了这幅画当上呢，还是当上后才能拿到国家工程。据说他非常专断，还整死过人。

那位意大利十五世纪壁画家格佐里，特意把自己的脸混在《博士来拜》图的人群中，还竖起四个手指，什么意思呢？因为他拿到四百弗罗林佣金。当时一个画家的全年生活费，据说才四五个弗罗林，格佐里要把这笔大赏金永久性留在画中，告诉后人。

伦勃朗（Rembrandt）的佣金是多少呢？不知道。大名鼎鼎的《夜巡》（*The Night Watch*）是阿姆斯特丹警察公会的订件，画完后，公会不喜欢，他从此倒霉，生意清淡，穷下来；哈尔斯六七件最辉煌的大画是国民卫队的订件，画里的军官，有名有姓，军旗和徽章，有根有据，现在挂在他度过晚年的养老院里：他死后，遗物是三条被褥，一个食物柜，一张桌子。

类似的案子讲不完。我们今天瞧着名画大叫：艺术啊，艺术啊，其实都是订件——你拿了四百弗罗林，哪有不画完的道理！

那么，难道画家不为自己画画吗？有的。早年伦勃朗画他太太坐在他腿上，举杯欢笑，显然为自己画的，他晚年清贫，境界却是高了，老是画自画像。委拉斯凯兹的《宫娥》和《侏儒》系列，也不像是指定任务。不过他的人就属于皇家，再怎么玩儿，作品归属皇家。

古人有没有未完成的作品呢？有的。安格尔（Jean-Auguste-Dominique Ingres）的一幅贵族青年肖像，画到一半，俊公子死了；另一件贵妇人小肖像，背景画好了，不晓得什么缘故，脸部和大裙子不画了。

文艺复兴和巴洛克也有不少未完成的画，现在作为文化遗迹展示。大都会博物馆有两件，四分之三还是单色稿，使我知道十六世纪的颜料和作画程序，和十九世纪完全不同。

好了。从什么时候开始，一幅“没画完”的画也可以被接受，被赞美？大致要到印象派。但历来说起印象派，都在艺术上谈是非，关键一步，其实是艺术的功能变了，供求关系，供求方，也跟着变。粗粗概括：进入十九世纪，英国工业革命成功，法国共和政体出现，资产阶级抬头，现代文明确立。贵族、教堂，仍然需要画家，但越来越多的富裕家庭也爱买画。买主一变，市场也变，绘画的需求、主题、趣味，大幅度翻新。

艺术史大致不谈这些，唯在艺术上做文章。直到二战后出现“艺术赞助史”，这才揭示“谁养艺术家”——这个命题，倒是受了马克思学说的影响——很简单：宫廷画家，宫廷养，伦勃朗、哈尔斯加入画家同业公会，才能对外接活儿。印象派时期——也许再早一点——个体画家出现了，直白地说，就是单干户。我在纽约，美其名曰是个“自由职业画家”，交税时，个人身份填写的是法律名词，叫做“self-employed”，就是“自己雇自己”的人。

总之，十九世纪中期的画家群体不再是领取任务的人，而是等有钱人买。现代意义的画廊，画商，开始登场。作品卖不掉，卖不高，画家宁肯受穷，由着性子自己玩。既是自己玩，画什么，怎么画，画到哪一步算完，当然自己做主。

这个过程，我，还有我的老师一辈，都经历过。虽然和欧洲的情形不同，但“文革”中的画，全是指定的：上面要你画，求之不得，上面否决了，你得认，上面要你改，你就得改。我那时知道米开朗基罗也得遵教皇命改大作，我算什么呢，那就改吧——好了，“文革”一过，艺术家的尾巴纷纷翘了起来了，不听话了，虽然各人处境不同、性格不同，翘法也不同。简单说，十九世纪正是欧洲艺术家翘尾巴的时代：我要这么画，我画没画完，你管得着吗？

漫长艺术史，画家的身份从巫师、奴隶、工匠、同业公会会员、宫廷贵族画师，一步步变成自由人，“自己雇自己”——观众或许会问：艺术家给养起来接活儿好呢？还是独立自由好？

各有各的好，各有各的不好。给人养着，出一种艺术，自己养自己，出另一种艺术。达芬奇的时代出不了梵高，安迪·沃霍尔（Andy Warhol）的时代出不了伦勃朗。有人要，等人要，各有甘苦，大家知道，梵高最动人的冤案之一，是卖不出画。但事情或许被弄反了，我们忽略了顶顶关键的问题：在他的时代，没人要他画画。没人对他说：嗨，文森特，画个男孩站在海边好吗！或者说，画个向日葵给我家里墙上挂挂！

没有，一个也没有。

自由造就了梵高，自由弄死了梵高。梵高死后，那位太太买了他两百多幅画，其他散失了。二战前后，欧洲画店很容易买到梵高的画。他画了六幅向日葵，其中一幅给日本人买去，二战时美国人轰炸大阪，那件向日葵炸没了。八十年代日本一家公司又买回一幅梵高，价钱是战前的几百倍。

如今谁不崇拜梵高的向日葵？那幅海边的小子，有人喜欢吗？我不知道。杜尚有句话："一件艺术作品的名气，取决于被谈论的次数。"一百多年来，关于梵高的谈论数不清，这幅小画有人谈吗——我要纠缠它，我的讲述也未完成，下回仍然谈论"未完成的画"，希望大家别嫌烦。

正巧，今年夏季，伦敦考特尔德学院举办了特展《未完成的名画》，展品涵盖文艺复兴到印象派的大量未完成作品。可惜不能去看，也可惜我手边的资料实在太少。倘若各国美术馆准许我随意引用各馆电子版图像，我的"旁征博引"的能量，可就大了多了。

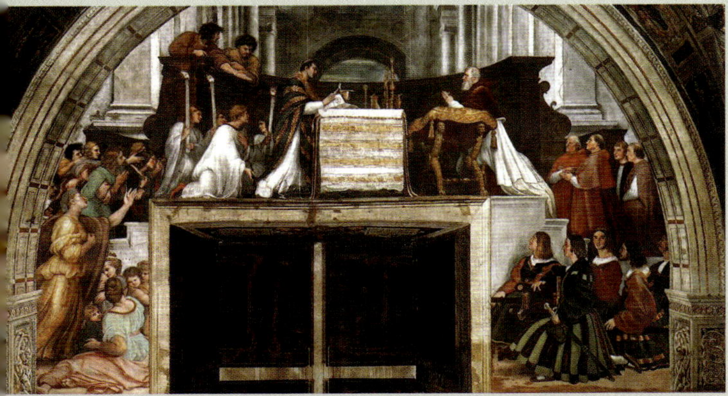

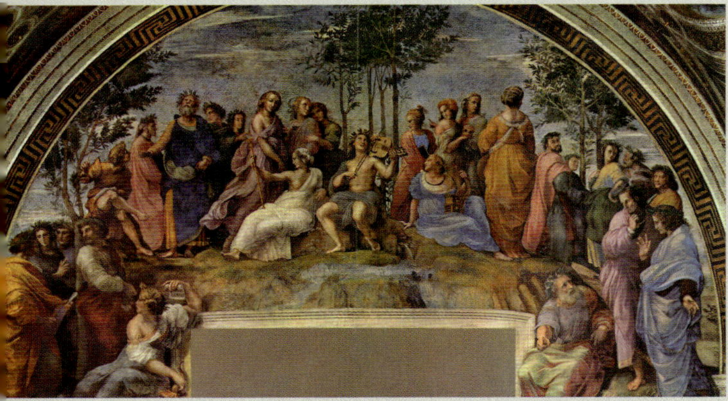

上图：拉斐尔《博尔塞纳的弥撒》（*The Mass of Bolsena*），1512 年，现藏于梵蒂冈博物馆；下图：拉斐尔《帕尔纳索斯》（*The Parnassus*），1510—1511 年，现藏于梵蒂冈博物馆。

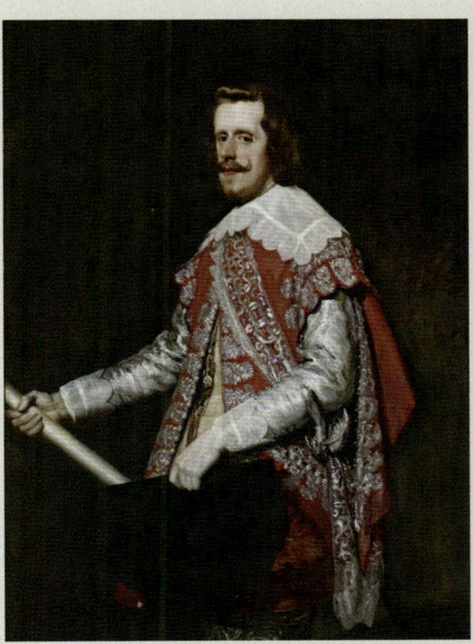

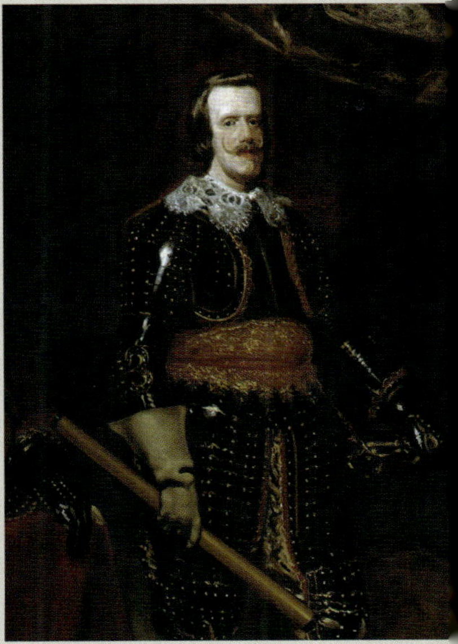

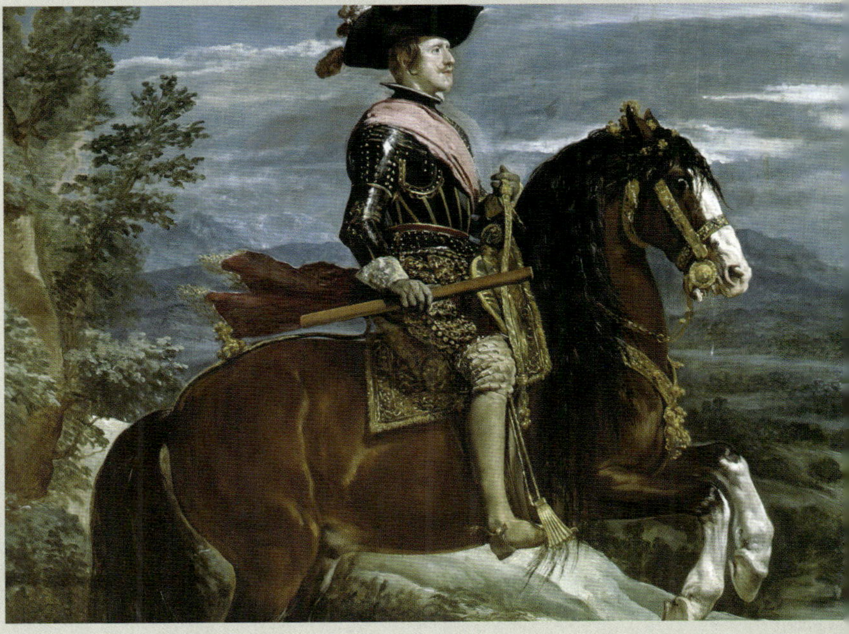

《菲利普四世像》。上左图：1644 年，现藏于美国弗里克收藏馆；上右图：1650 年代，现藏于西班牙普拉多博物馆；下图：1634–1635 年，现藏于西班牙普拉多博物馆。

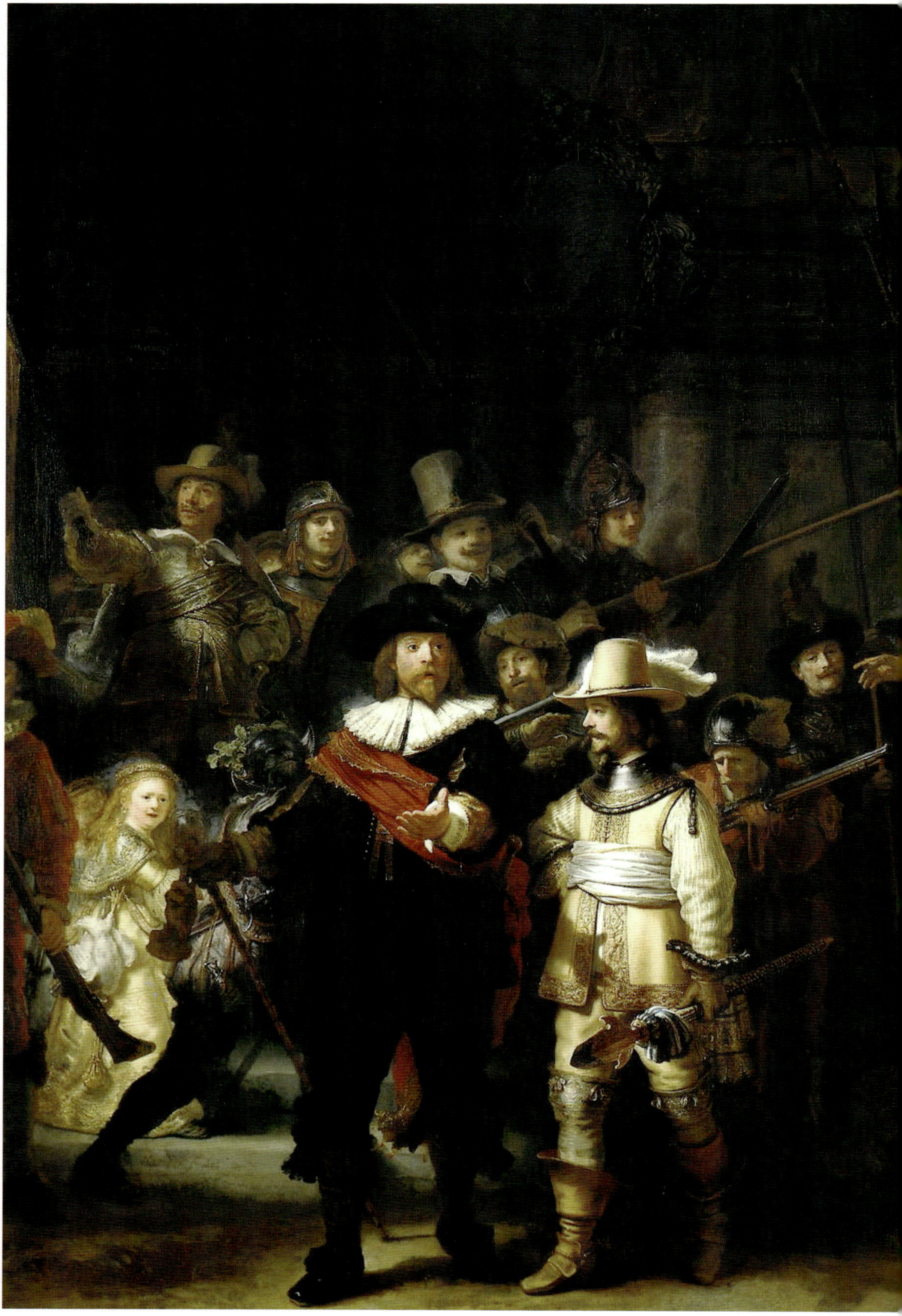

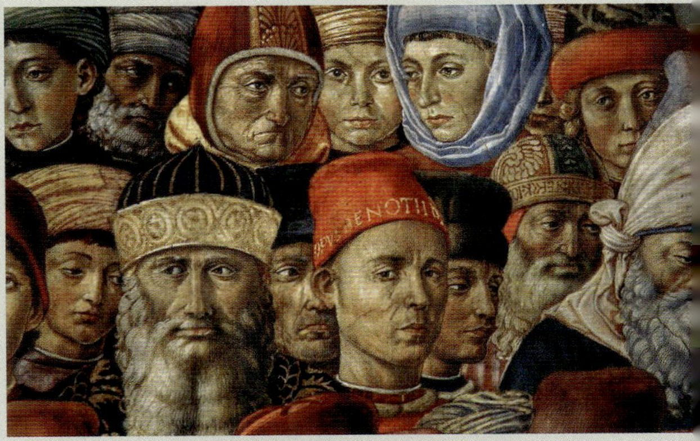

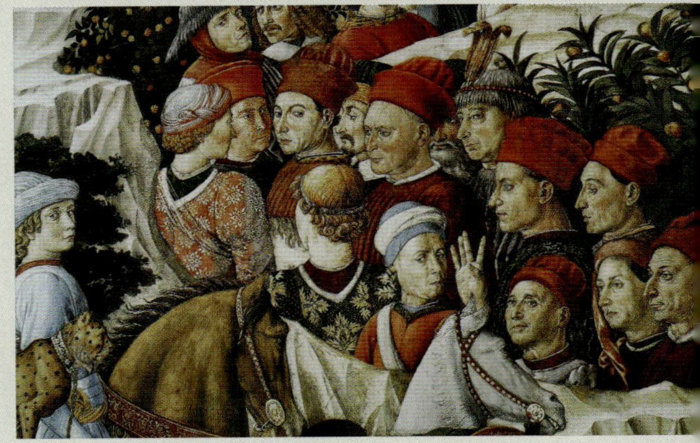

左页：伦勃朗《夜巡》(*The Night Watch*) 局部，1462 年，现藏于荷兰国家博物馆；右页：格佐里《博士来拜》(*Journey of the Magi*) 局部，1459–1462 年，现藏于意大利佛罗伦萨美第奇宫——请注意：上图前方正中，下图右起第四人，就是画家格佐里自画像，并竖着他的四个手指，代表四百弗罗林。

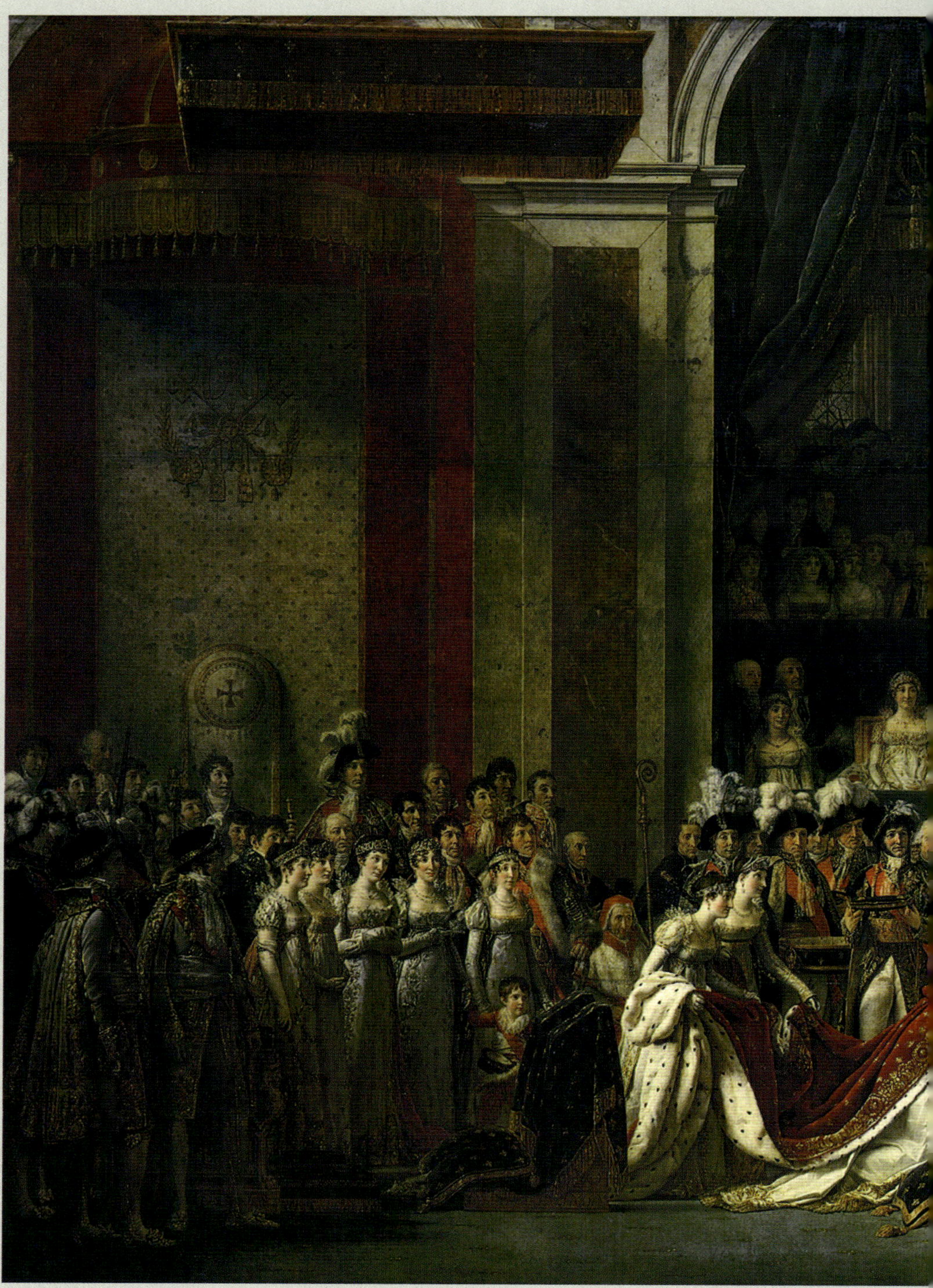

大卫《拿破仑加冕礼》，1805–1807 年，现藏于法国卢浮宫博物馆。

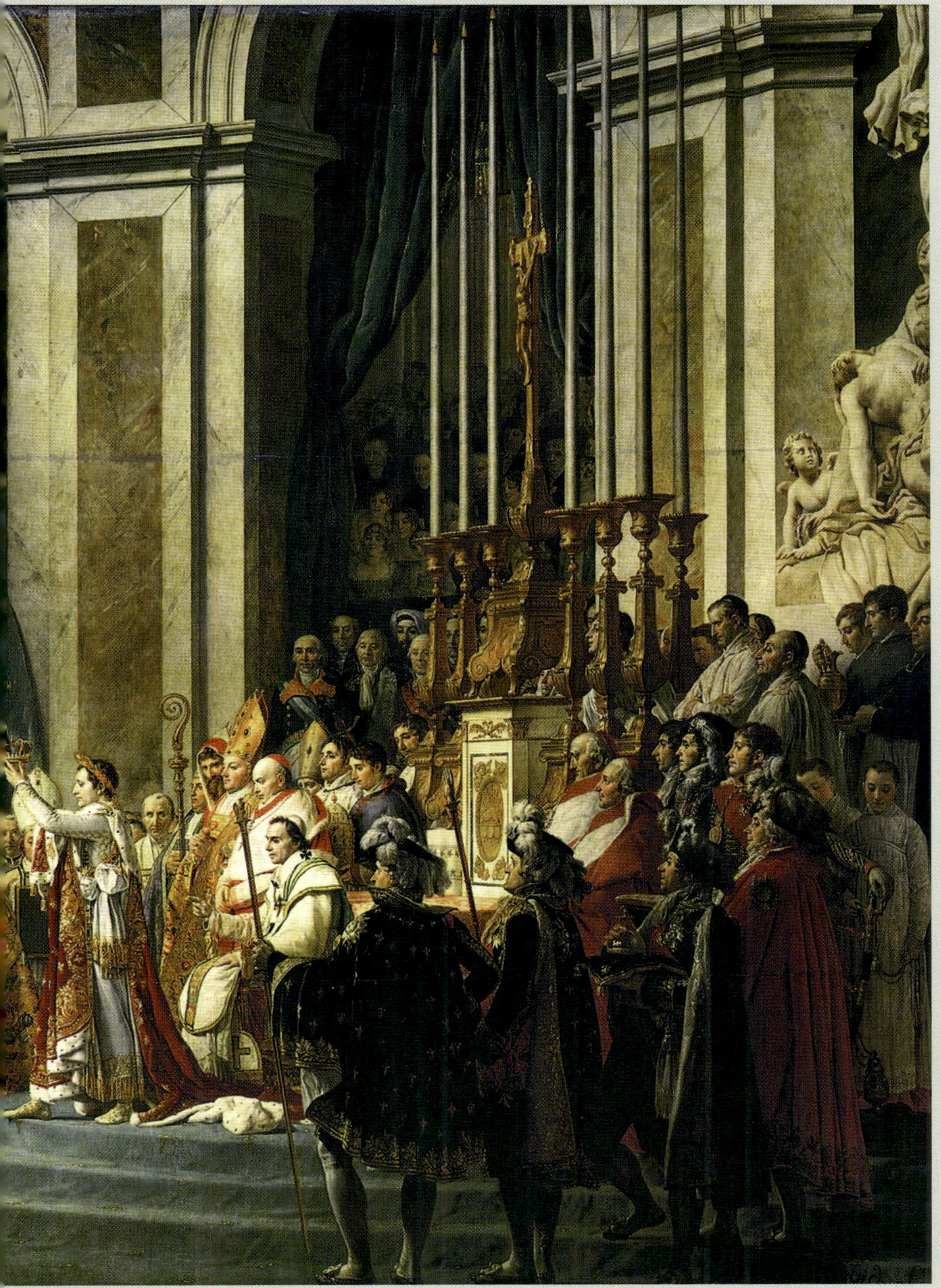

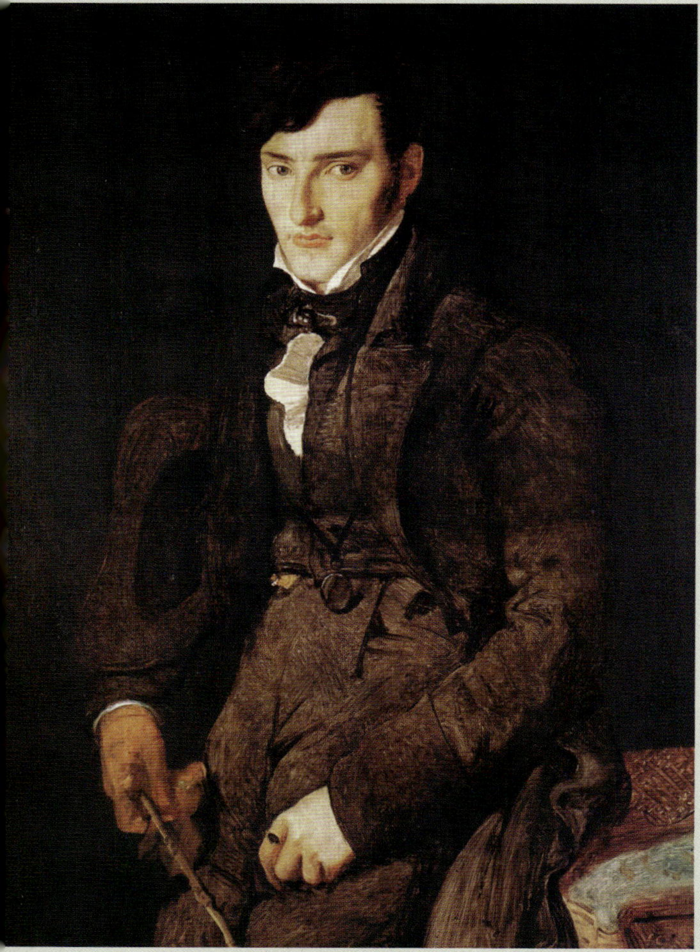

安格尔《让 - 皮埃尔 - 弗朗索瓦 · 吉利贝尔》，
1804—1805 年，现藏于法国安格尔博物馆。

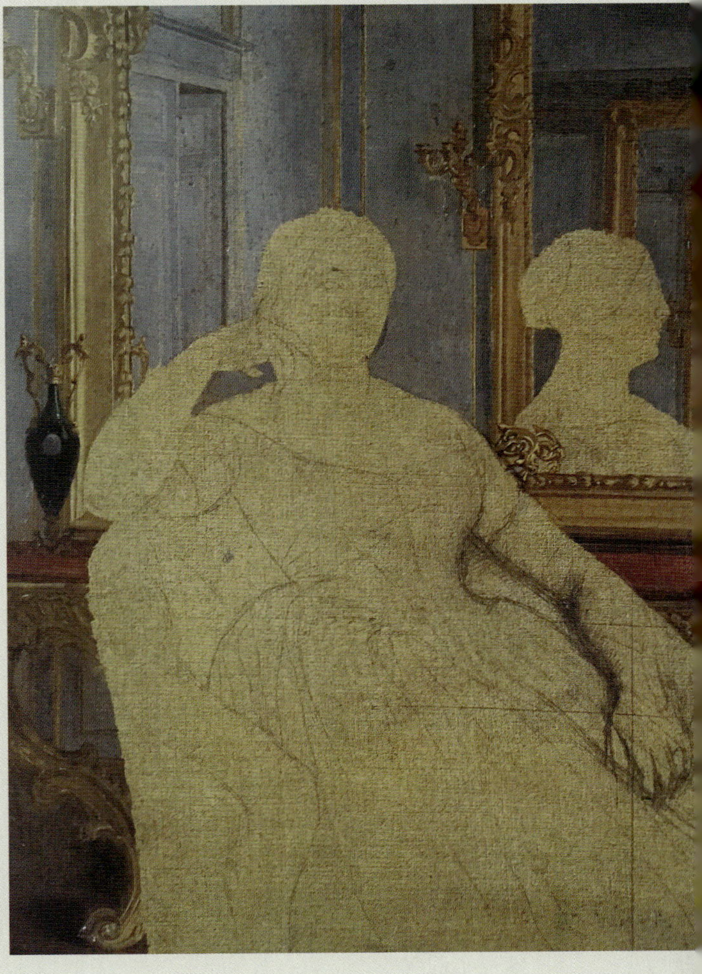

安格尔《莫瓦特歇夫人画像习作》(*Study for Portrait of Madame Moitessier*)，1856年，现藏于法国安格尔博物馆。

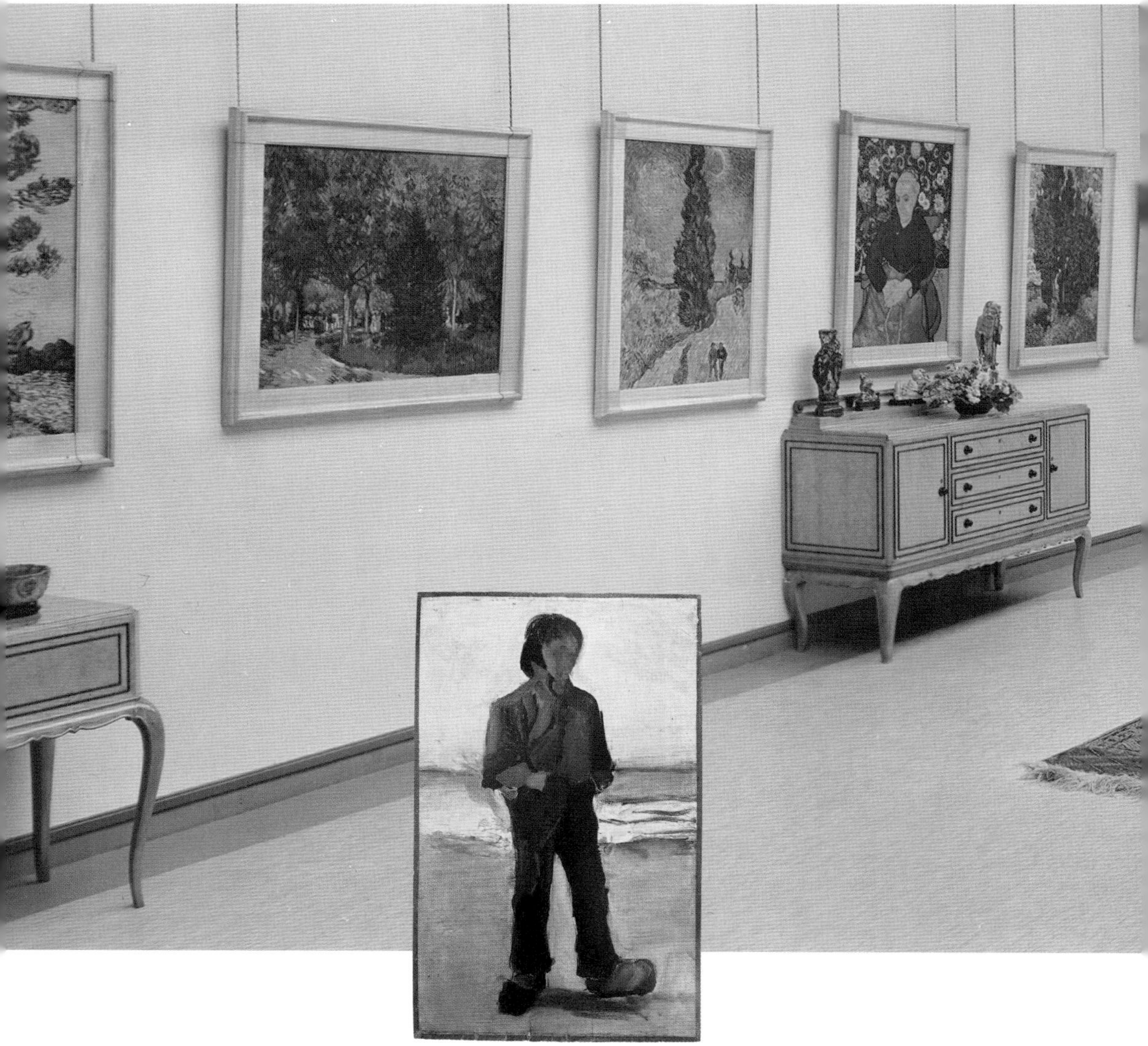

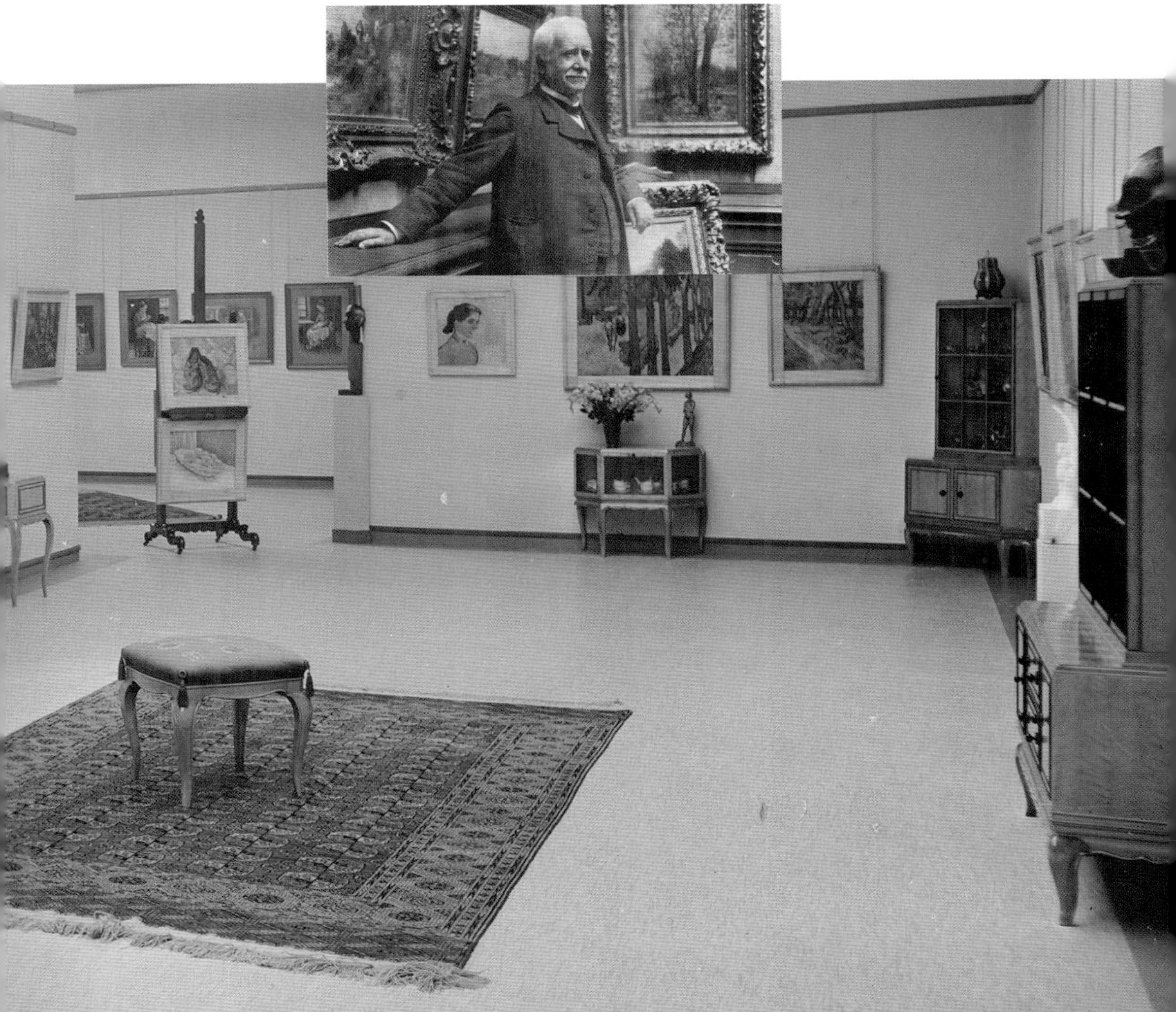

大图：荷兰克勒勒—米勒博物馆展厅；右上图：画商保罗·杜朗-卢埃尔；左下图：梵高《海边的渔夫》——梵高这幅小画为什么好，怎样好，我当然知道，也可说说：那是三五人聚会，一时兴起，彼此闲聊的话题，不该在有限的节目时段，喋喋评析。我要诸位“看”，不求非得“懂”。节目是为观看而谈，大家先看，看了再说—“再说”的意思，即不必说了。凡能言说的物事，用不着画，画得好，则语言便是多余。

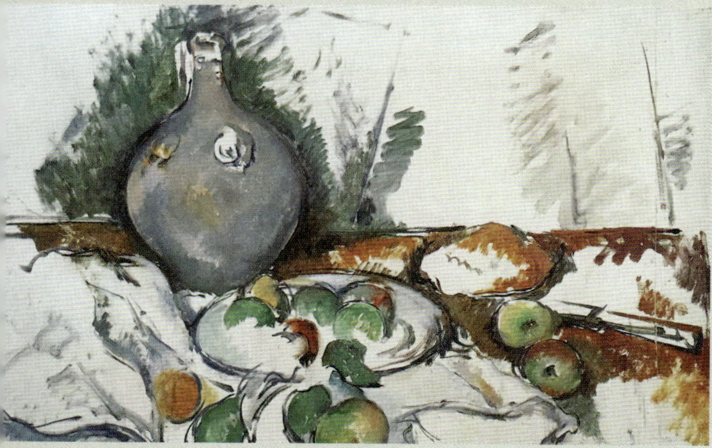

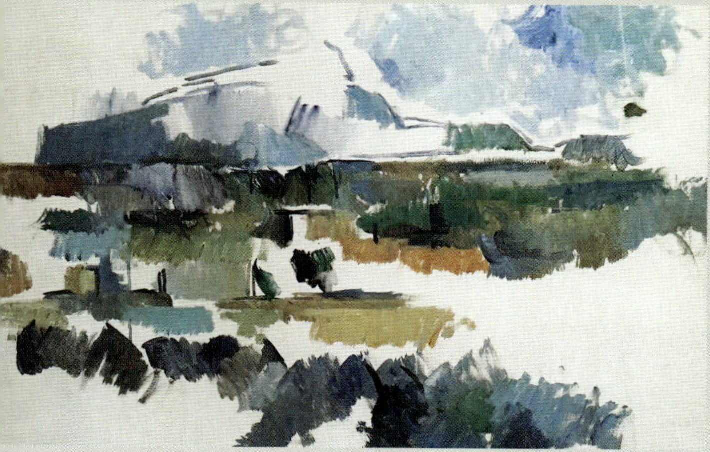

上图：保罗·塞尚《有水壶的静物》（*Still Life with Water Jug*），1893年，现藏于英国泰特美术馆；下图：保罗·塞尚《圣维克多山》，1904年，现藏于瑞士贝耶勒画廊——留着布白，率尔停笔的塞尚，别说在欧洲美术史，就是在印象派小史中，也是第一位。他可能根本没意识到画布尚未填满。据我所知，塞尚从未留意过任何中国水墨画，从不知什么叫做"逸笔草草"。但上世纪三十年代，上海美专与杭州艺专的刘海粟、林风眠及其弟子们（包括木心），都声称他们热爱塞尚，理解塞尚。这是美好的误解，与塞尚生前的被误解，并非同一种。

绘画的放纵

未完成的画（中）

今天继续纠缠“未完成的画”。

喜欢古典音乐的朋友，知道舒伯特（Franz Schubert）第八交响乐叫做《未完成交响乐》（*Unfinished Symphony*），木心认为舒伯特其实完成了，但我觉得未完成。交响乐必须三个乐章、四个乐章，在十八九世纪等于法律，舒伯特的第八交响乐之后，第九交响乐就是规规矩矩四个乐章。“古典时期，几代艺术家在古老的格式里打滚，不敢跳出来”，这是木心说的另一句话，果然是的。舒伯特同期，包括后来的舒曼（Robert Schumann）、勃拉姆斯（Johannes Brahms）一代，很难找到两个乐章的交响乐。

但木心是对的，他用现代意识看待“未完成”，认为那两个乐章完满自足，无可增减。我呢，也没错，因为我用传统意识看待“未完成”，要是顺着这两个乐章的结构、思路，舒伯特写出第三、第四乐章，多好啊——不过话说回来，音乐史少了一部《未完成交响乐》，反倒无趣，也是遗憾。

舒伯特的未完成，原因不明，是天意；梵高的未完成，一目了然，是人事，属于技术范畴。今天从绘画本身寻找“未完成”的原因，焦点是：这幅画在户外画成，还是在屋子里画成？

画画的人知道，一幅画在户外画，在室内画，千差万别。顶要命的差别，是作画的时间。

户外写生，光景变得快，必须迅速；室内画画，细细琢磨，不必赶。油画诞生几百年，绝大部分画是在屋子里画完的。印象派之前的巴比松画家，米勒、柯罗、杜比尼（Charles-François Daubigny）、卢梭（Théodore Rousseau），都出外画春夏秋冬、日暮晨昏，然后回画室遵循老规矩，处处画到家。柯罗是户外写生的天才，他常为同一景别画两幅画：一幅当场写生，时间短；一幅根据写生，躲屋子里从容地画。同样画“南尼大桥”，回家琢磨的那幅，很精美，写生那幅，有生气，二十世纪评家说，还是后一幅更好。

印象派的贡献，说来说去就是光影啊，色彩啊，此前几百年，画家不琢磨光线、不讲究色彩？绝对不是——印象派哥们儿率先走出的一步，其实是在户外当场完成一幅画：意思到了，就收摊，老子回去不加工了。

所以，一年到头蹲在野地里，当场画完，此前几百年的画家，不这么干的。

画画拼的是感觉、才能、经验、状态，顶顶起码的一条，是拼时间。十九世纪之前的一幅画，画个把月，大半年，甚至更久，很正常，可是一天、半天、几小时画成一幅画，恐怕从印象派开始。梵高在阿尔的画，我看过日期注明，吓坏了：一天一幅，顶多两天一幅。

莫奈的《日出印象》（*Impression Sunrise*），就要捕捉六点钟那一瞬的耀眼景象，他认为捉住了，就回家，回家途中，太阳爬高了，另一种辉煌的光景出现，他会换个日子去画七八点钟的太阳——比他早几十年的英国人透纳（J. M. W. Turner），早就画过壮丽的日出，可是招法还是传统，诸位一看，就是在画室细细琢磨的。

问题不仅是快慢，而是，一旦要当场画完，手放开来，笔触放开来，种种意外的、奇妙的、好看的效果，出来了。这是对画家的巨大诱惑，无穷无尽的诱惑。颜料、笔触、涂抹、覆盖，本身就美极了，愉快极了。古典画家的色彩笔触是为了画出对象，印象派找个对象画，是为了玩耍笔触和色彩——绘画从此放开了，自由了，绘画开始和媒介本身玩。

但这种意识在印象派那里，是半自觉的，多年后马蒂斯（Henri Matisse）一伙则完全自觉。他指着他的裸女画狡辩道："我不是在画女人，我在画一幅画。"回头看，马奈的《莫里索肖像》（*Berthe Morisot with a Bouquet of Violets*），草草几笔，在前辈画家看来，刚起稿子，应该画到公认的细致度、完成度，这才罢休，可是马奈呢，不画了，就这样！现在这幅画被认为是肖像的神品，那时的历史可不是马奈说了算。你要痛快，你痛快去，沙龙不要你，公众看不懂，还群起嘲笑你！

那是1870年代的事，梵高躲在荷兰，还没学画。

户外写生流行，还有个再具体不过的原因：十九世纪中叶，我们现在用惯的锡管颜料，发明了，便于携带，随时随地用。此前的颜料要么放在玻璃罐里，还得画家亲自调制，要么存在特制的猪尿泡里，难以携带……但这话题牵涉材料与绘画的关系，以后单说。我要抓住今天的要点：一幅画怎样才算画完，是印象派提出的颠覆性问题。

可是颠覆性问题，要付代价，印象派哥们儿为此受一辈子委屈，进不了沙龙，也没生意。为什么呢？理由千万条，有一条很少被提到，但非常致命，就是：大家嫌印象派的画太潦草了。历史从未见过马奈的《莫里索肖像》、莫奈的《日出印象》这样草草了事的画，报纸记者嘲讽道：猴子也能画出这些画。

艺术的趣味一旦确立，代代延续，不容易接受新变化。十七八世纪，普桑（Nicolas Poussin）、大卫、安格尔，无数沙龙画家，精细到无以复加。在他们眼里，巴比松太粗野，没教养，可是，在巴比松画家眼里，印象派画家可能更不像话。安格尔曾是沙龙评选主席，总是否决巴比松的画，柯罗晚年也有资格评审了，他也不太接受印象派的草率。说来悲哀：莫奈晚年，立体主义起来了，他也看不惯。

然而绘画一旦破了规矩，放开来，接下来的麻烦不只是画完不画完，而是，怎样才算完？

我们来看印象派老大哥毕沙罗：他关注景物和光阴的无穷变化，无穷丰富，小小一件写生，会去同一个景点画几十遍上百遍。你看他原作，天空、泥墙、草丛，不断重画，覆盖，颜料层厚得跟泥浆一样。美术史陌生的新命题，因此出现了：

一幅画画到什么地步才算完？换句话说，一幅画，可以无穷无尽画下去。

这个命题在他憨傻的塞尚老弟那里，走得更远：塞尚的每幅画，都打算不断不断画下去。按照传统要求，他的一生，没有一件作品是画完的。相比之下，梵高那幅，颜料至少铺满画面，可是塞尚留下五分之一的画，连画布底子都还空着，铅笔稿子历历可见。为什么呢？

在一个叫做蓬杜瓦斯的地方，青年塞尚跟着毕沙罗画写生，他不管光线，不管四季阴晴，只顾反反复复刻画房子、树干、河岸、远山的边缘，中间空着布白，都忘了画了。他这样做，是在乎画面的量感，他说，他要回到普桑的“均衡”。

2005年，纽约现代美术馆推出毕沙罗和塞尚对比展，两人在同一景观画的画并排挂在一起：毕沙罗画得再糙，还是试图完成，塞尚呢，没有一幅算得上画完。梵高没画完是本事有限，去巴黎后，他的画渐渐形成一套办法，大致画完了、说得圆，可是塞尚根本不在乎画完没画完——他把一幅画拆解了，从此开启新的画法，叫做“open work”，意即“打开的作品”。

既是打开了，便无所谓关闭：关闭一幅画，就是完成，虽然传统的关闭法千差万别，但你去看十九世纪前的画，看不出画到一半时什么模样，都被最后的“完成”覆盖了，封锁了。塞尚完全暴露画画的过程，画画的过程，就是未完成状态，那是塞尚乐此不疲的快感，他要一幅画永远处于打开的状态。

日后塞尚说毕沙罗是他“爸爸”，启示了他。他死后，自己成了毕加索、马蒂斯一大伙人的“爸爸”，为什么呢？因为他把绘画拆解了，后人各取一端，逐渐引向立体派，乃至抽象画。

毕加索说过一句话：“一幅画挂上墙，就死了。”什么意思呢？就是，只要不配框子，不挂起来，一幅画还“活着”，还能来回琢磨，继续画——这句话只会说在二十世纪。提前五六十年，一百来年，所有画家不会想到，也不必操心这两个问题：一，一幅画可以不画完；二，一幅画可以没完没了画下去。

但我不能没完没了地说——这个节目可不是“自己雇自己”，而是理想国的视频项目，百分之百属于任务、订件，我不能玩儿“未完成”，所以下一回一定说完、交差，但愿诸位捧场，全程听完。

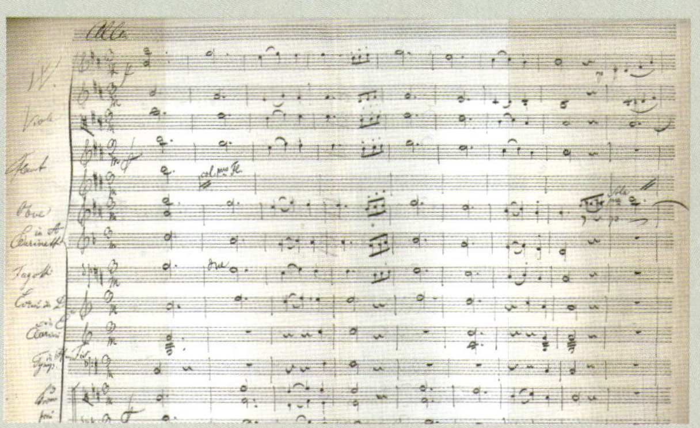

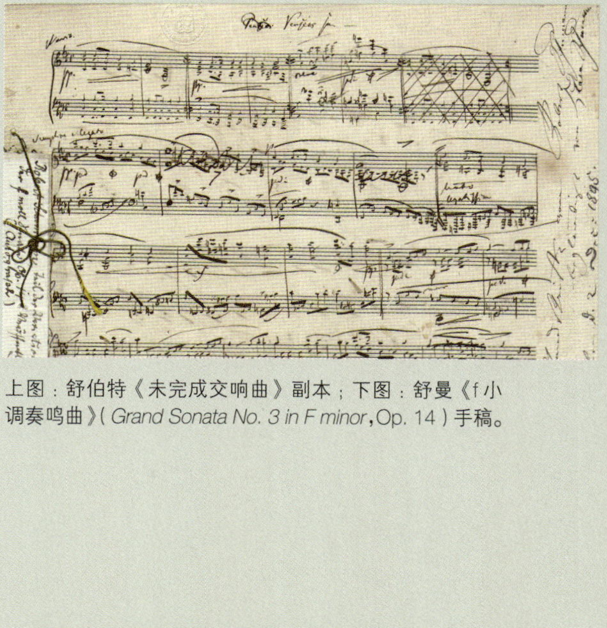

上图：舒伯特《未完成交响曲》副本；下图：舒曼《f 小调奏鸣曲》（*Grand Sonata No. 3 in F minor*，Op. 14）手稿。

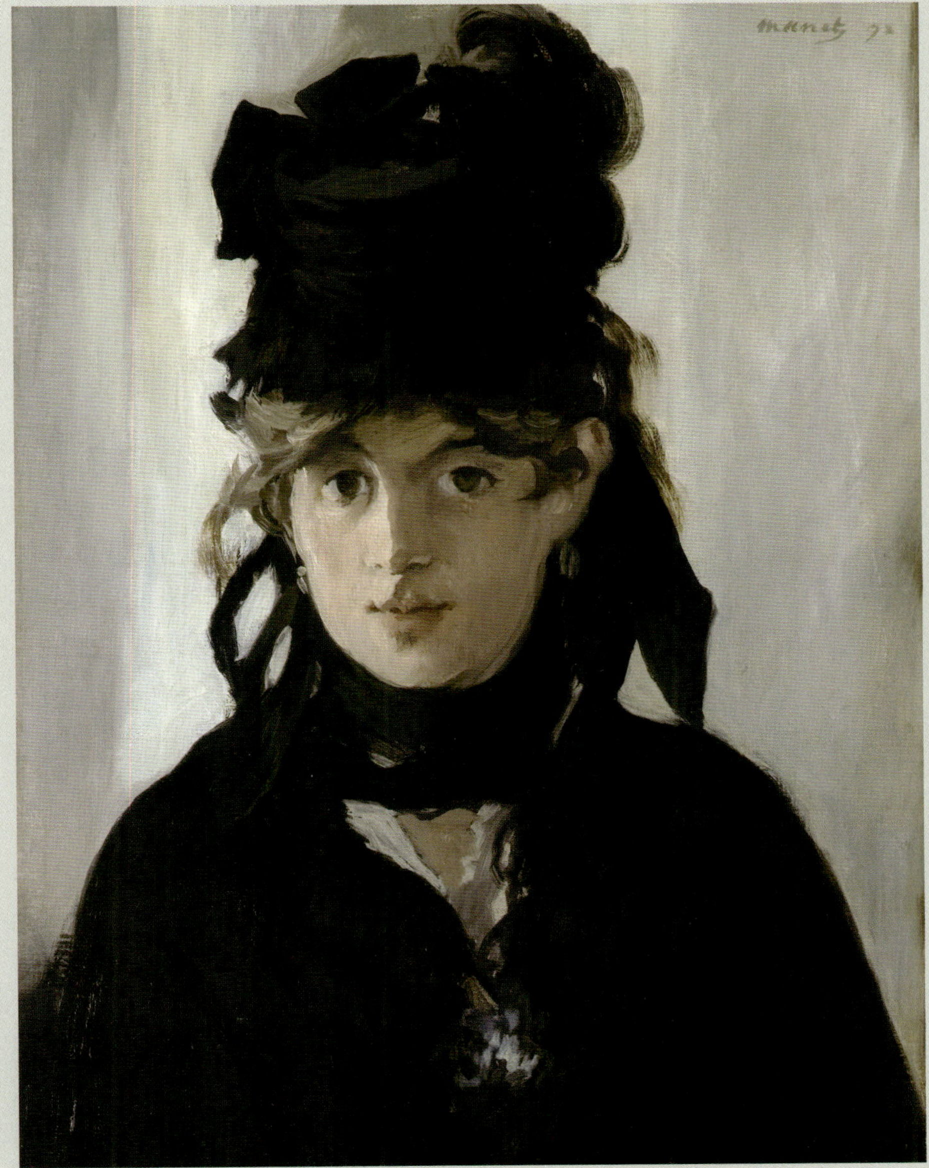

马奈《莫里索肖像》(*Portrait of Berthe Morisot*)，1872 年，现藏于法国奥赛博物馆。

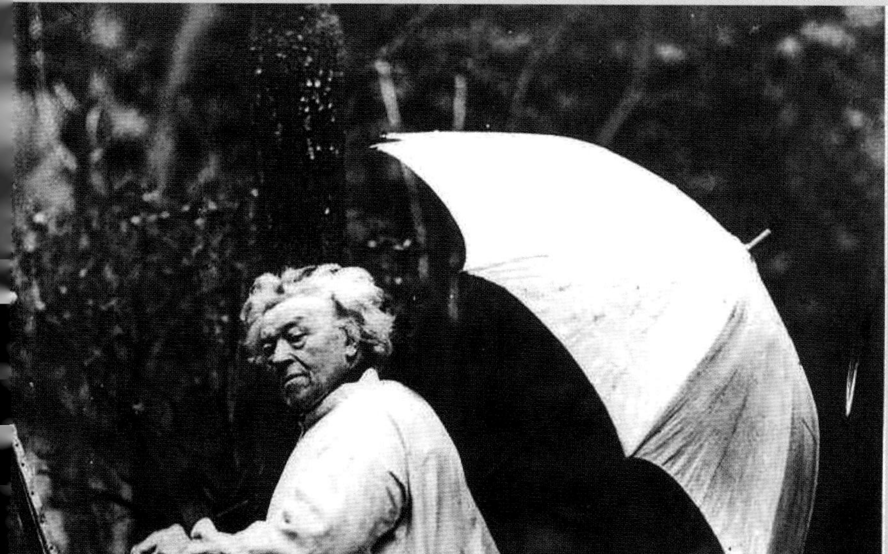

柯罗，1871 年（就在这时，普法战争开打，巴齐耶战死。四年后，柯罗逝世）。

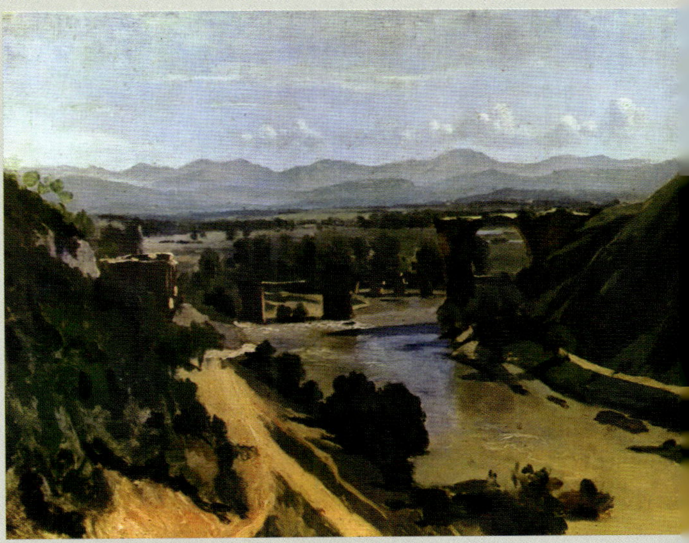

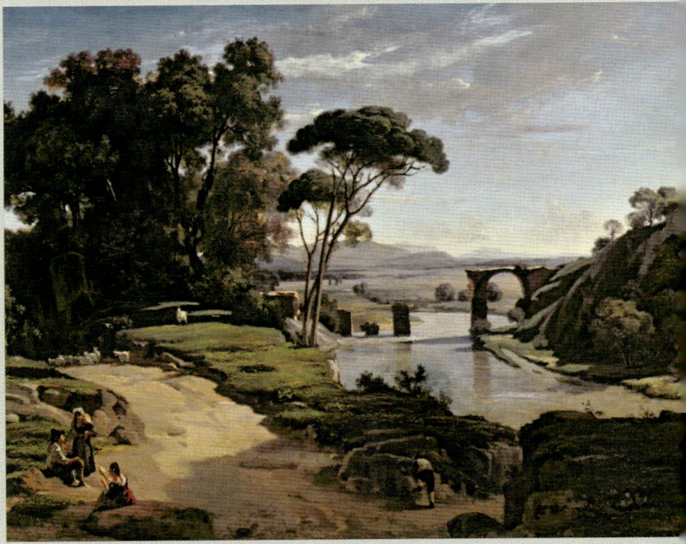

上图：柯罗《南尼大桥》写生，1826 年，现藏于法国卢浮宫博物馆；下图：柯罗《南尼大桥》，1827 年完成于室内，现藏于加拿大国家美术馆。

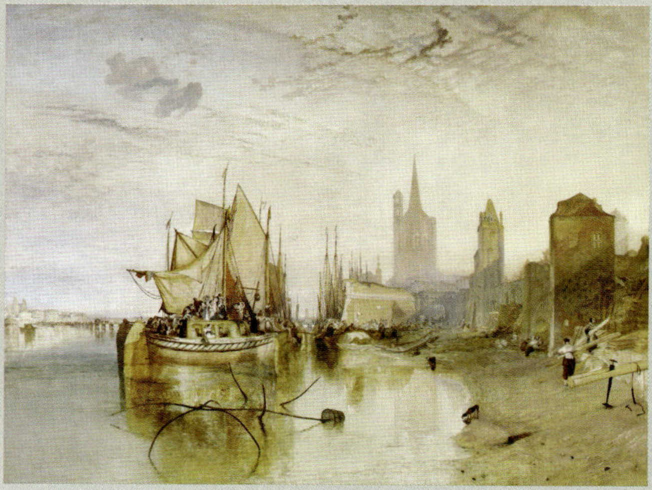

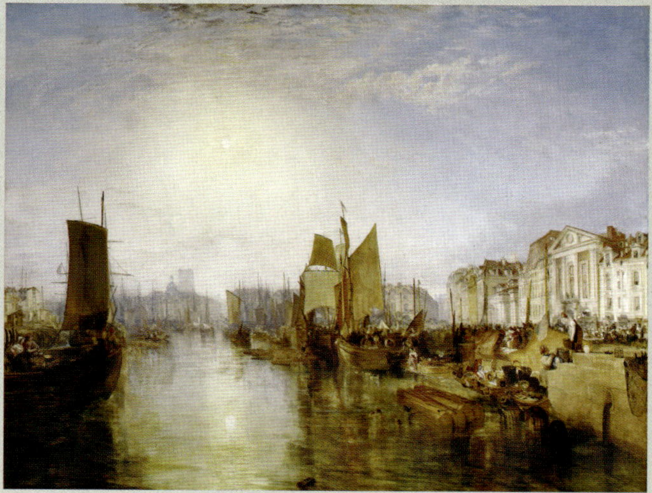

上图：威廉·透纳《船只进港》(*The Arrival of a Packet-Boat*)，1826 年，现藏于美国弗里克收藏馆；下图：威廉·透纳《迪耶普港口》(*The Harbor of Dieppe*)，1826 年，现藏于美国弗里克收藏馆。右页：莫奈《日出印象》局部，1872 年，现藏于法国玛摩丹美术馆。

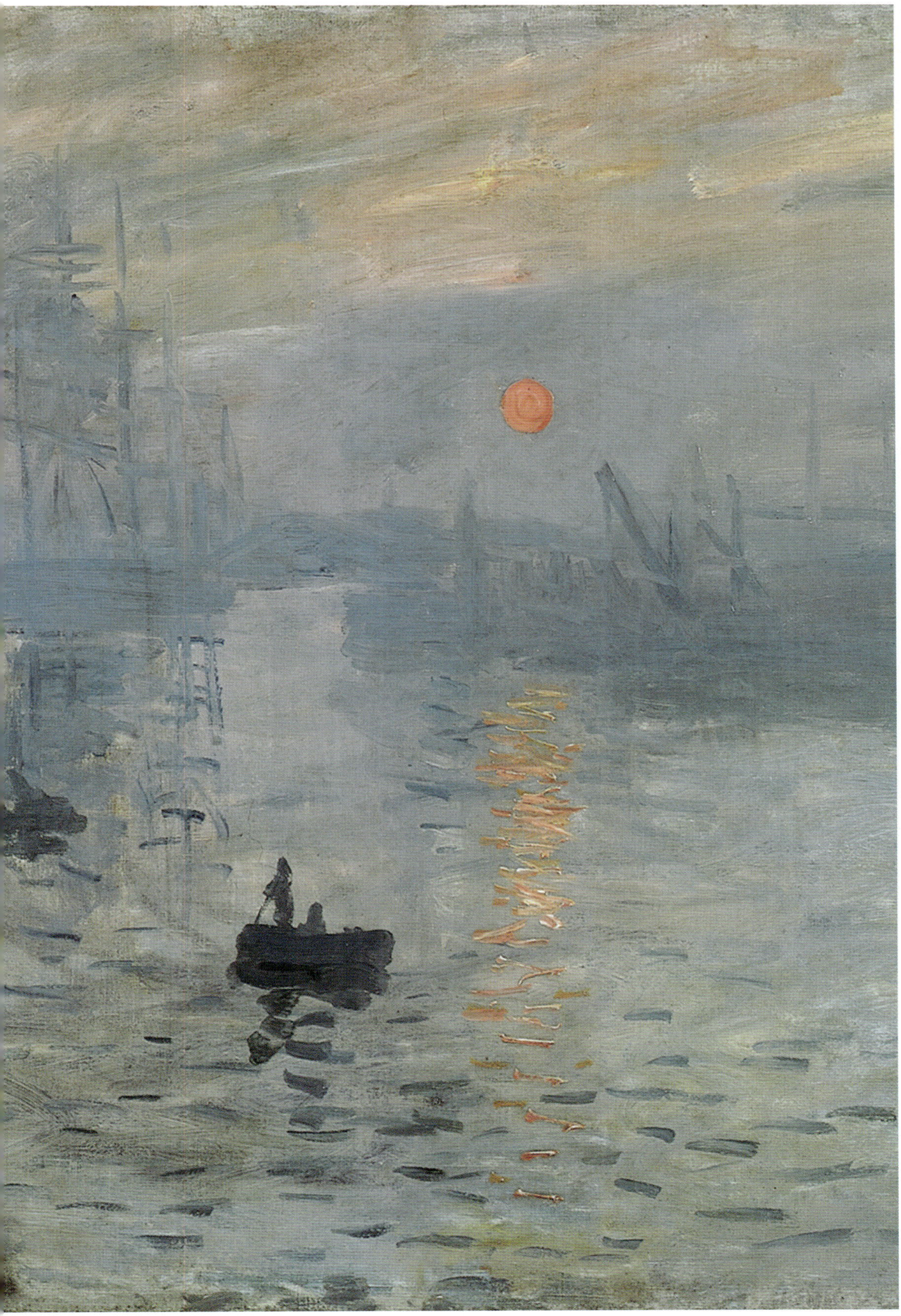

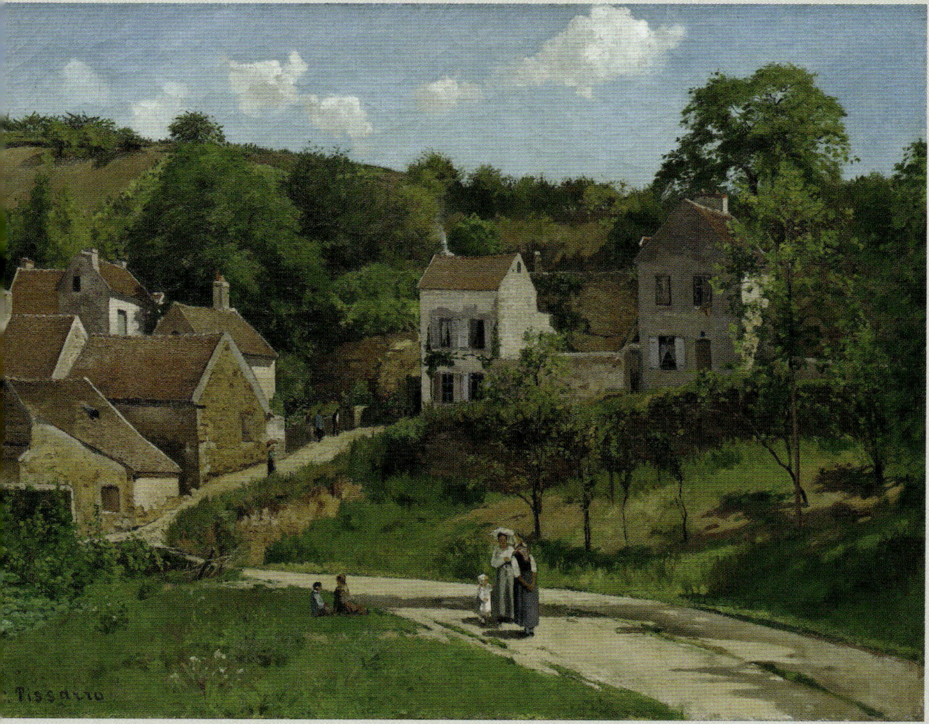

毕沙罗《蓬杜瓦斯修道院》(*The Hermitage at Pontoise*)，1867 年，现藏于美国古根海姆博物馆。

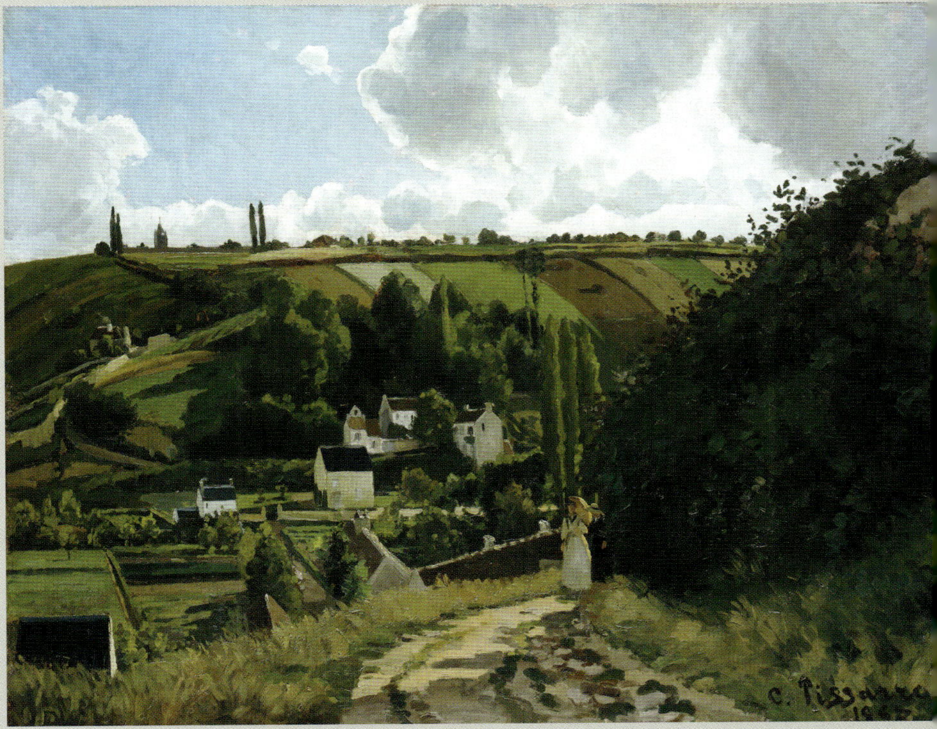

毕沙罗《蓬杜瓦斯的雅莱山》(*Jalais Hill, Pontoise*),
1867 年，现藏于美国大都会艺术博物馆。

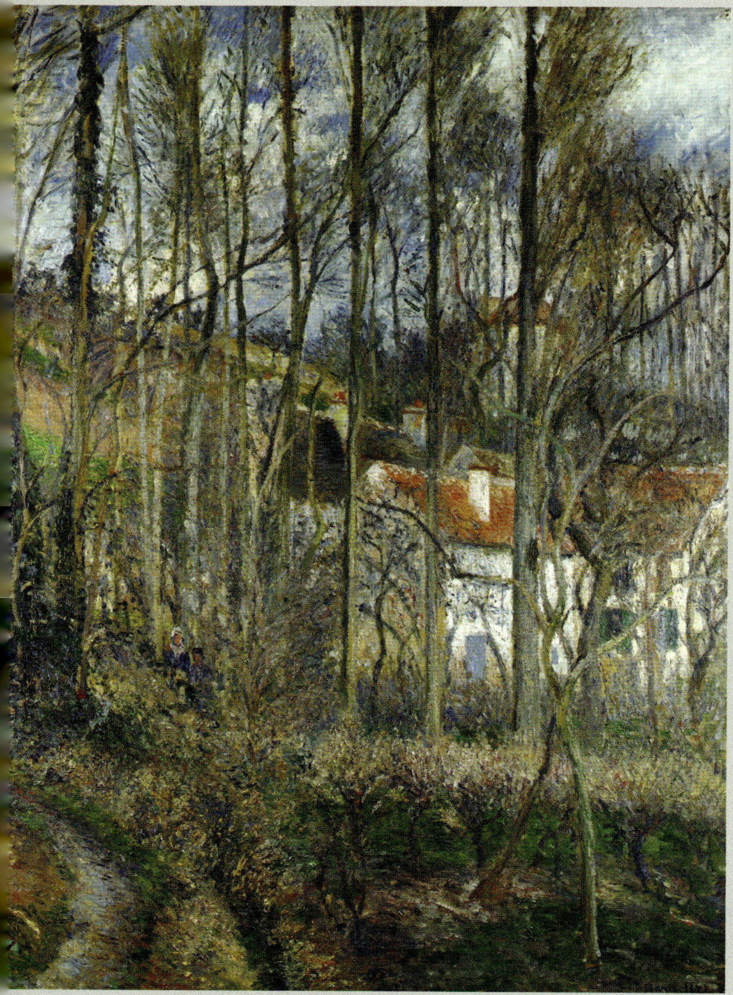

毕沙罗《海边的牛棚》（*The Côte des Bœufs at L' Hermitage*），1877 年，现藏于英国国家美术馆。

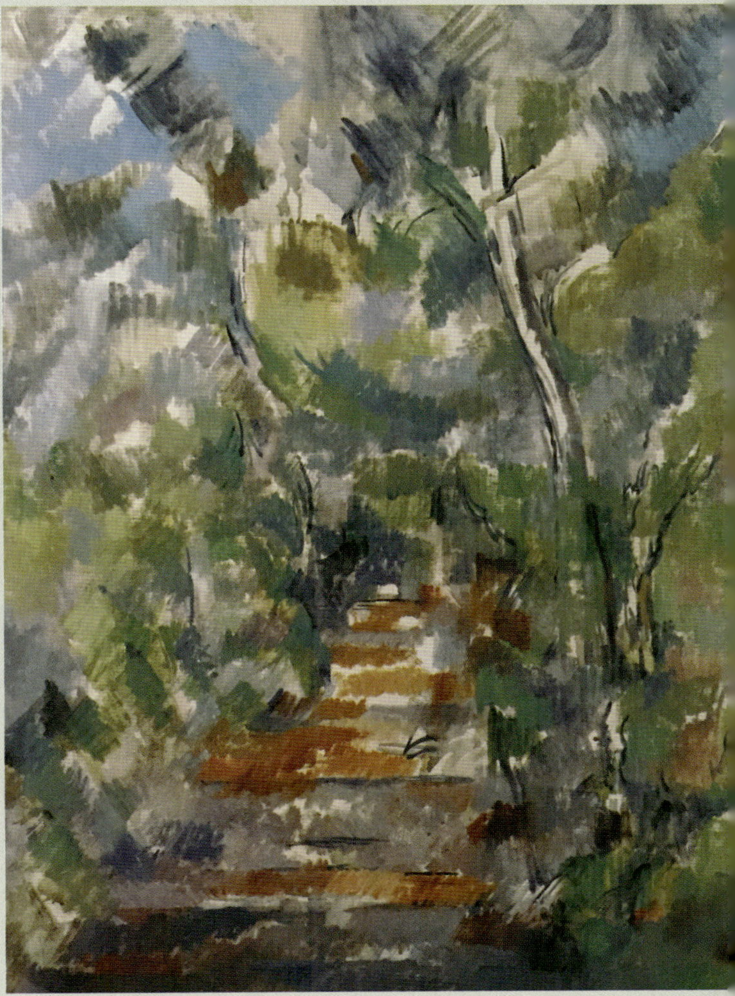

保罗·塞尚《林中风景》(*Forest Scene*), 1900—1902 年，现藏于贝耶勒基金会。

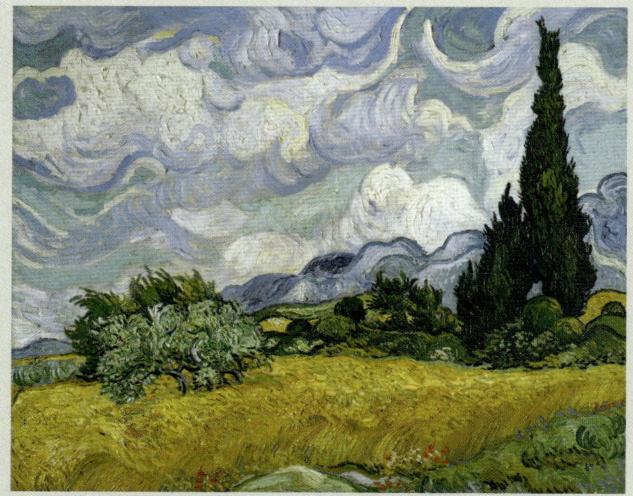

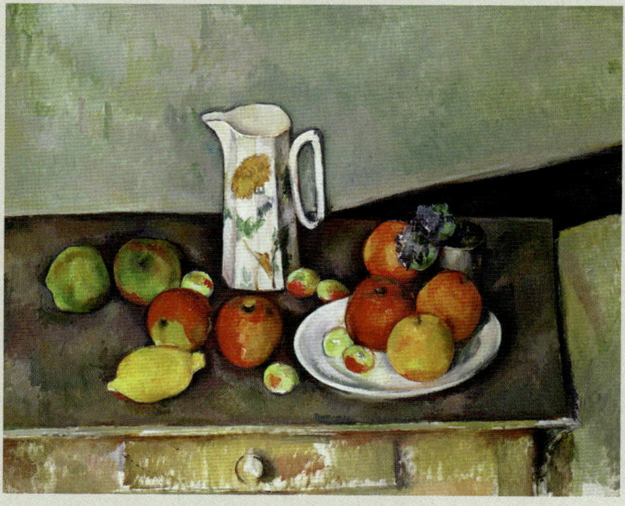

上图：梵高《麦田中的柏树》(*Wheat Field with Cypresses*)，1889 年，现藏于英国国家美术馆；下图：保罗·塞尚《有牛奶瓶与水果的静物》(*Still Life with Milkjug and Fruit*)，1886—1890 年，现藏于挪威国家美术馆；右页：保罗·塞尚《加尔达纳村庄》(*The Village of Gardanne*)，1885—1886 年，现藏于美国布鲁克林博物馆。

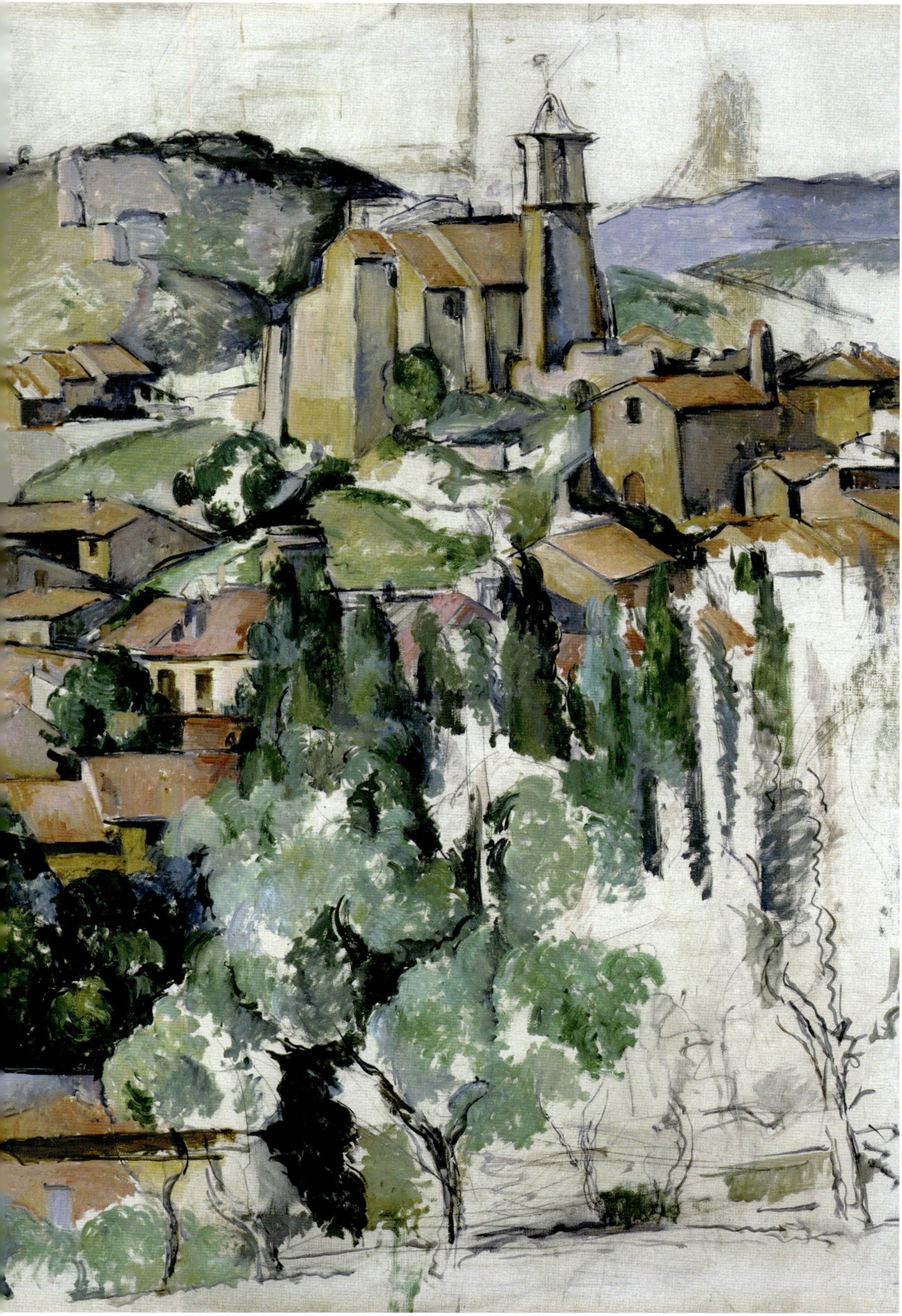

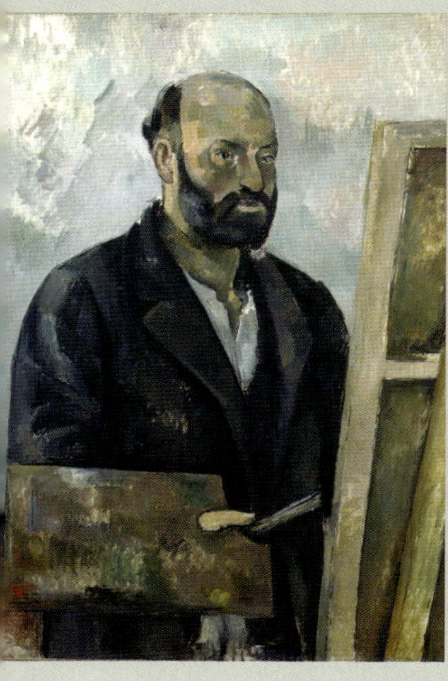

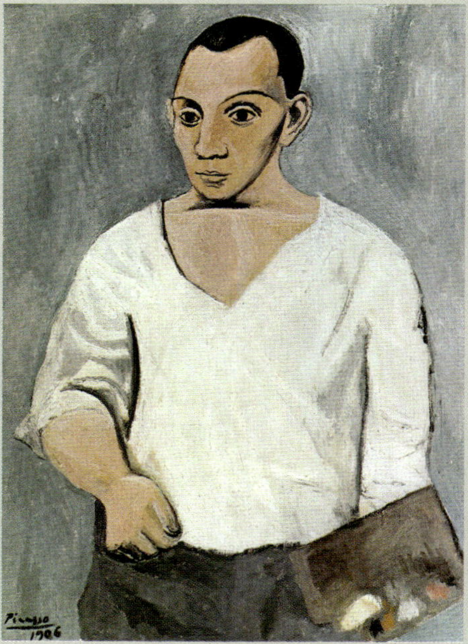

左图：保罗·塞尚《举调色板的自画像》(*Self Portrait With Palette*)，1890 年，现藏于瑞士比尔勒基金会；右图：毕加索《举调色板的自画像》(*Self Portrait With Palette*)，1906 年，现藏于美国费城艺术博物馆；右页左图：毕加索《拿面具的滑稽演员》(*Pierrot with a Mask*)，1918，私人收藏；右页右图：保罗·塞尚《丑角与喜剧演员》(*Pierot and Harlequin*)，1888 年，现藏于俄罗斯普希金博物馆。

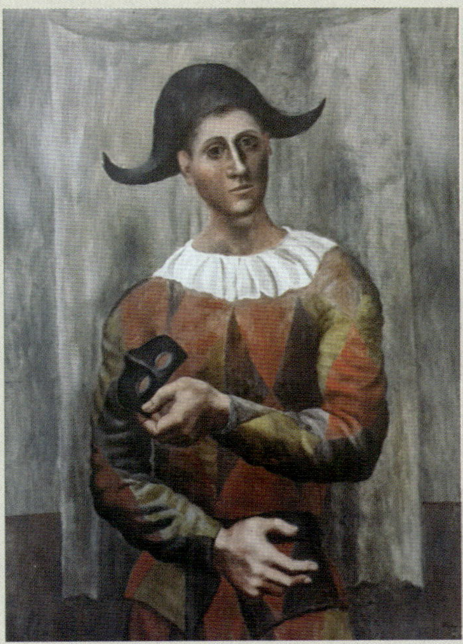

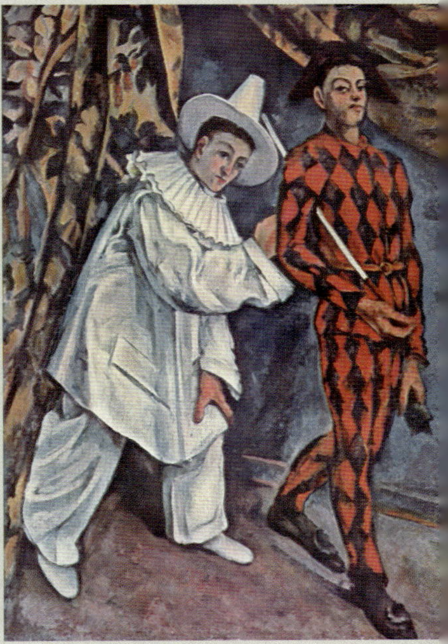

导演谢梦茜，心思细，本事大。我随口提到的什么，十之七八她都搜到资料，植入影像。本集提到古代画家的颜料装在猪尿泡里，她竟找到原型图片，使我头一回领教油画祖宗使用的家当；她还找到了生产锡管颜料的年代和发明者，原来是个美国佬。更有不少我想都没想到的资料，她也顺手查获，编入节目，猛一显现，活见鬼！本集中，梦茜居然找来莫奈与雷诺阿的珍贵片段，是二十世纪初叶法国人为两位长寿的印象派老将拍摄的黑白电影。看着坐在轮椅上用绷带缠紧手指捏住画笔的雷诺阿，看着老头叼着烟凑上脸去，由儿子点燃，随即喷云吐雾……我欢喜大笑，流下泪来。

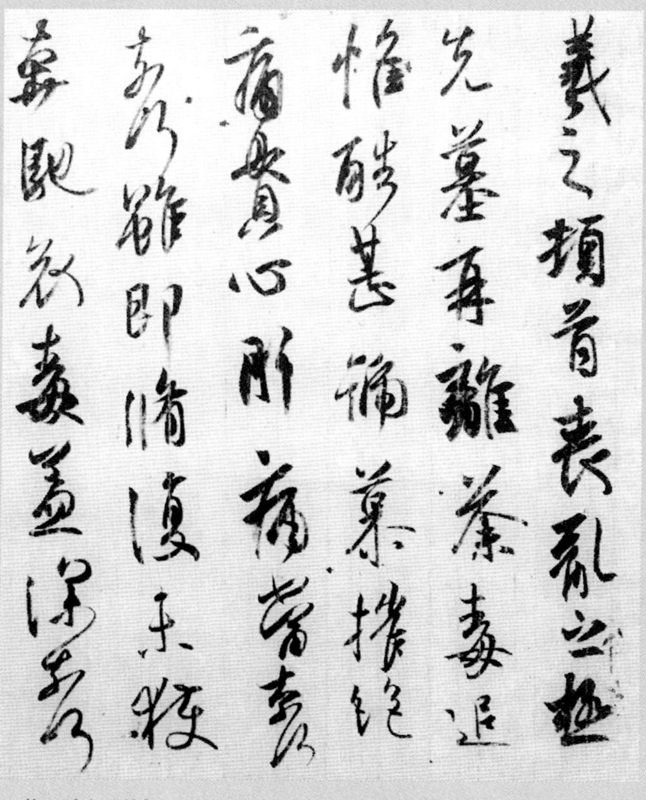

王羲之《丧乱帖》——“书画同源”之说，可能是真的，可能很有理，但我谈画，不喜引用中国画论与书论。瞧着王羲之的字幅，我不想到绘画，瞧着王希孟的图卷，我不想到书法。当然，这是要被书画家嗤笑之事——到这一集，我却由西洋而想到中国，由中国绘画而想到书法了。我能自圆其说么？我的“其说”是什么呢？但这回真的想到了书法。

非正式魅力

未完成的画（下）

上回用了毕加索的话："一幅画挂上墙，就死掉了。"这句话的讯息是：延续几百年的完成标准，化解了。它变成每个画家自己的问题。从此画家有权对自己说：行了，这幅画可以了，或者，他会问自己：这幅画画完了吗？

1910年前后，毕加索为美国女士斯坦（Gertrude Stein）画了一幅肖像，现在挂在大都会博物馆——岔开去，斯坦夫人嫌毕加索画得不像，毕加索随口说了一句著名的话："太太，没关系，你会慢慢像这幅画。"——这幅画画了多少遍？我看过资料：一百一十次。

去年读英国人马丁·盖福特（Martin Gayford）写的《蓝围巾男人》（*Man with a Blue Scarf*），这个家伙给弗洛伊德（Lucian Freud）当了半年多模特儿，其间老头说了一句老实话，我以为回应了毕加索的意思，他说：每幅画接近完成时，他最拿不准的事，就是他该不该罢手，他无法肯定，这幅画是否画完了。

天哪，伦勃朗、普桑、大卫、安格尔，根本不会这样想。他们非常明确怎样才算完成，而弗洛伊德是二战后分量最重的具象画家，他反复刻画的量感是毕沙罗的几十倍。他画个巨胖的裸女躺在沙发上，足足画了十一个月。他这么大本事，这么强悍，居然不确定究竟画完没画完，这可是二十世纪的命题。

现在再看梵高这幅画。有一条非常肯定：根本没画完。没画完的原因，也非常肯定：梵高刚学画——问题又回到一开头：这样子没画完，凭什么就算好？！真抱歉，我还是没法回答。不过，巧极了，就是这位弗洛伊德说：

梵高没有一幅画是不好的。

真解气啊！那些没画完的画——没有一幅是不好的！大家要知道，二十世纪顶牛逼的大师，都对神经病梵高服得要命，而且懂得他。毕加索说："希腊人，罗马人，文艺复兴人，都根据共同的规则画画，从梵高开始，每个人必须是他自己的太阳。"

自己的太阳，就是自己定规则。画什么，怎么画，怎样才算画完，你自己做主，自己掂量——接下来，我可以引述我老师吴作人先生的两句话。

我在美院混了两年，吴先生只来过一次，坐了半小时，临走笑眯眯扔下两句客气话："你们要知道什么时候停下来。要知道画，也要知道不画！"几十年过去了，我还是做不到吴先生的规劝。但我扯淡扯到现在，有点明白他的意思了：

他这"不画"的观念，一半来自二十世纪欧洲绘画——他去比利时留学时，现代主义已经确立，传统绘画完美的关闭系统，已经过时，"未完成"的概念被接受——但是吴先生的另一半意思，来自他的血脉，来自古老的中国绘画与书法。

中国工笔画和西洋画一样，怎样才叫做画完，自古有一套严密的程序、规则。可是上千年前，中国出现了世界各国没有的画家群体：文人画家。照西洋人的解读，文人画家是业余画家。

那次谈论《千里江山图》，我曾说，中国美术史最好看最矜贵的画，是工笔重彩画。这说法有点偏激，实在是针对文人画说的，因为文人画地位太高，话语权太大，现代中国人，还有洋人，说起中国画就是文人画，也太偏了。可是相对严密的西洋画，中国文人很早确立了截然不同的绘画态度，什么态度呢？

绘画中的一切，都是假的，不要当真。绘画只是绘画。画画的心情比那幅画重要，无所谓画完不画完，逸笔草草，恰到好处，才是绘画的真谛，笔、墨、纸、水，是性灵的游戏，是无穷的享受。

这样一种意识、态度，西方人差不多要到十九世纪中叶，才醒过来。在印象派同期和后期，雕刻家马约尔（Aristide Maillol）、布尔德尔（Antoine Bourdelle）开始专注泥土和石头的量感，音乐家圣桑、德彪西（Claude Debussy）开始玩弄音色与音符，诗人波德莱尔（Charles Baudelaire）、马拉美（Stéphane Mallarmé），还有稍后的兰波，斟酌字词。晚年德加写了十四行诗请教马拉美，说，我有许多意象没写出来，马拉美对他说："亲爱的，诗不是意象，而是字词。"

向来刻薄的德加只好对马拉美说："老兄，我在你面前丢丑了。"——哎哟！所谓平仄、押韵、对仗、字词，是我们唐宋诗人早就精熟的老把戏啊！

为什么中国出现这种绘画意识？理论说法很多：道家思想、老庄传统、佛家、禅宗、诗词、养生术、隐居文化、应酬文化，等等等等。中国的文官制度成熟太早，文人画家大部分是各级官员，不愁衣食，是一群高贵的闲人，拿着朝廷俸禄，干着西方自由画家的勾当。这伙人把官员，包括下野退隐的官员，加上僧侣出家人的那么一种生活态度，带进绘画。画画不再是订件，而是所谓消遣、寄托、酬酢的手段，是自我标榜的另一重身份，清雅，淡泊，出世。宋末元初的两位大画家，赵孟頫、钱选，有个著名的对话：

> 赵子昂问钱舜举曰："如何是士夫画？"舜举答曰："戾家画也。"子昂曰："然。余观唐之王维，宋之李成、郭熙、李伯时，皆高尚士夫所画，与物传神、尽其妙也。近世作士夫画者，谬甚也。"

在古籍中，这段话有好几个版本。其中几个词颇有争议："戾家画"，又同"隶家画"，有人坚称是文人画，有人认为是专业画。赵孟頫应答的那个"然"字，后人的解读也不同，甚至相反。中国画论，是聪明透顶的语焉不详，以上对话五六个版本，各持一理，但大意不难揣测，就是：

"高尚士夫"，指有学问的官，他们画起画来追求"与物传神、尽其妙也"。但南宋以来越画越不行了，"谬甚也"！使赵孟頫很生气。

赵孟頫，即赵子昂，高干。他降了元人，出仕做官，被人非议。钱选，即钱舜举，据信是专业画家。赵钱二位的画，我都喜欢，略微偏爱钱选，因为我"自己雇自己"，又没文化，不算"高尚士夫"。我引述这番话，是要说，中国画所谓"传神"，所谓"尽其妙也"，虽然很难解释，可是，文人画水墨画的核心价值观，就是神啊，妙啊，无所谓画完不画完，画完，那是画工的事情。

我还要引申那个"隶"字。这个字，泛指中国的书法——"书画同源"，也是跟西洋人说不清的道理。我此刻强拉了书法说事，是把"未完成"这句话转化为另一个词："非正式"。西洋规矩，非正式的作品当然低于正式作品，可是在中国书法史上，顶顶被推崇的几份书帖极品，全是非正式的，未完成的，当初就是草稿——陆机《平复帖》、王羲之《十七帖》、颜真卿《祭侄文稿》，此后再无超越。

书论有两句话："碑不如告，告不如书。"意思是说，论书写的滋味，石刻的碑文不如墨写的文件，墨写的文件，不如私信的草稿。这是中国书法的最高境界。这种境界，西洋人并非不懂，虽然英语法语找不出相应的词语，可是，欧美现代后现代大量杰作，都是神而明之，妙不可言。

每一种艺术，对应不同的语言。通常，我不喜欢借中国画论评说西画，可是，硬要解释梵高这幅小画的好，只能是这八个字："逸笔草草，恰到好处。"或者借赵孟頫四个字："尽其妙也。"

节目开头说：我不注意答案，留心问题。可是中国语言的妙，既不是答案，也不是问题——怎样才算"恰到"？如何才是"好处"？很抱歉，我仍然说不出来。

好了。我的胡扯应该停了。提醒大家：所谓"未完成"，所谓"打开的作品"，是早就过时的绘画革命——所有革命，遗患无穷：除了若干天才，自从"未完成"的概念被接受，被发扬，逾百年间，全世界画家猖狂起来，画了无数糊涂乱抹，未完成的画。"尽其妙也"这类漂亮话，同样遗患无穷：赵孟頫要是看见当代中国人几千万张"逸笔草草"的水墨画，王羲之要是看到如今泛滥无忌的书法，何止是"谬甚也"！

所以，最后一条：你是高尚士夫还是自由职业？你在户外画完还是回家琢磨？你的画画完了，还是没画完？总之，不论你属于哪一类，如果你不是赵孟頫、钱选，不是梵高、塞尚，我这三期节目就等于胡说、白说——我愿推翻以上所有论点。

2015年5月20日

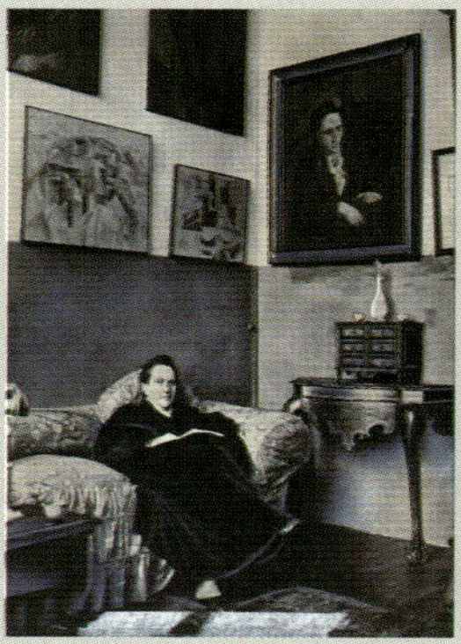

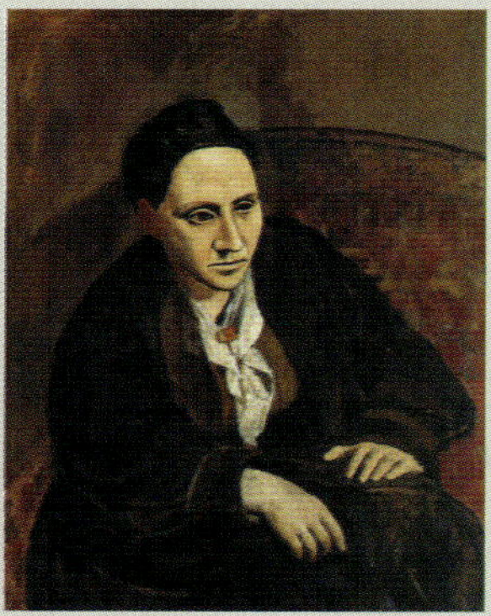

左图：格特鲁德·斯坦与毕加索为她画的肖像；右图：毕加索《格特鲁德·斯坦像》（*Portrait of Gertrude Stein*），1906 年。

若干有钱有眼的美国人，曾是印象派持续的援救者，早期现代主义画家如毕加索，也得其惠助。美法间有过近两百年的好缘分。被斩首的路易十六曾力主援助新生的美国，革命后，法国铸造了自由女神像，远赠纽约。那时的法国人不会想到，日后他们最骄傲的一群穷画家，时时盼着美国的雇主。美国各大美术馆挂满了法国绘画。塞尚、雷诺阿分量最重的晚期作品，在费城；杜尚的全部画作，也在费城——现在的巴黎人讨厌美国人，美国人则仍然惦记巴黎。不过，如斯坦这样居停巴黎、高尚其事的美国人，如今在巴黎和美国，都绝迹了。她是个幸运而精明的买家，也是个好作家。伍迪·艾伦曾以梦游式的手法，拍摄了她与海明威等一伙作家的巴黎传奇。不知他是钦羡那时的巴黎，还是钦羡那时得以混在巴黎的美国人。

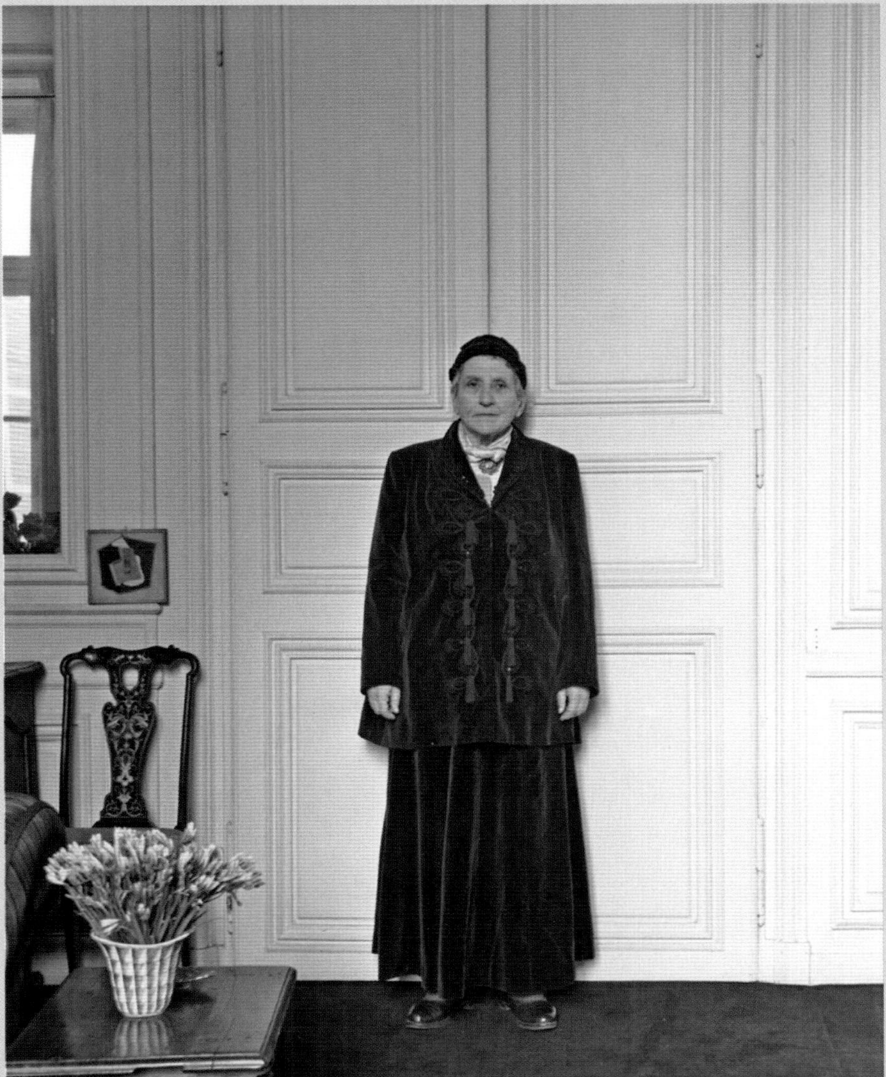

格特鲁德·斯坦。

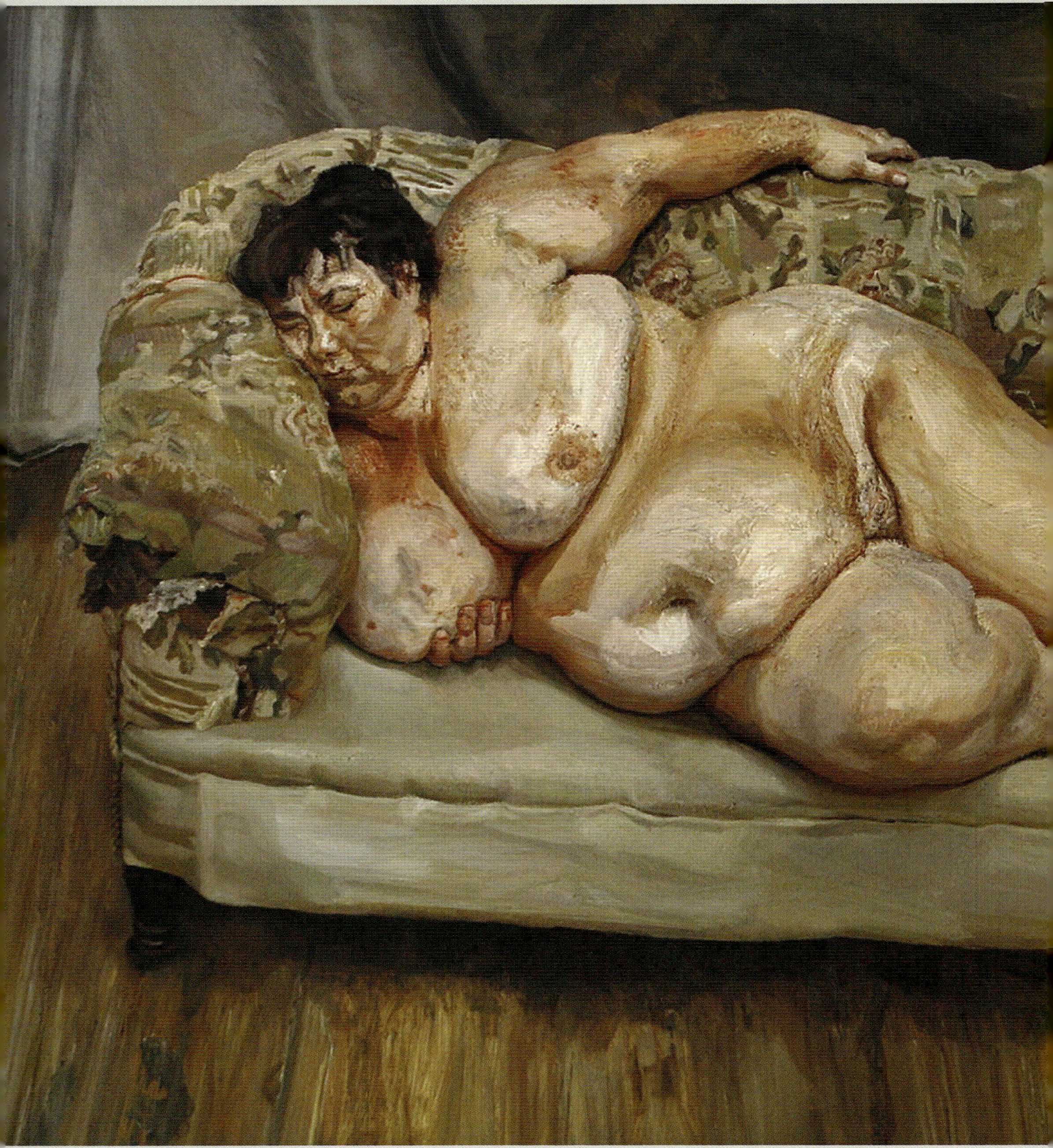

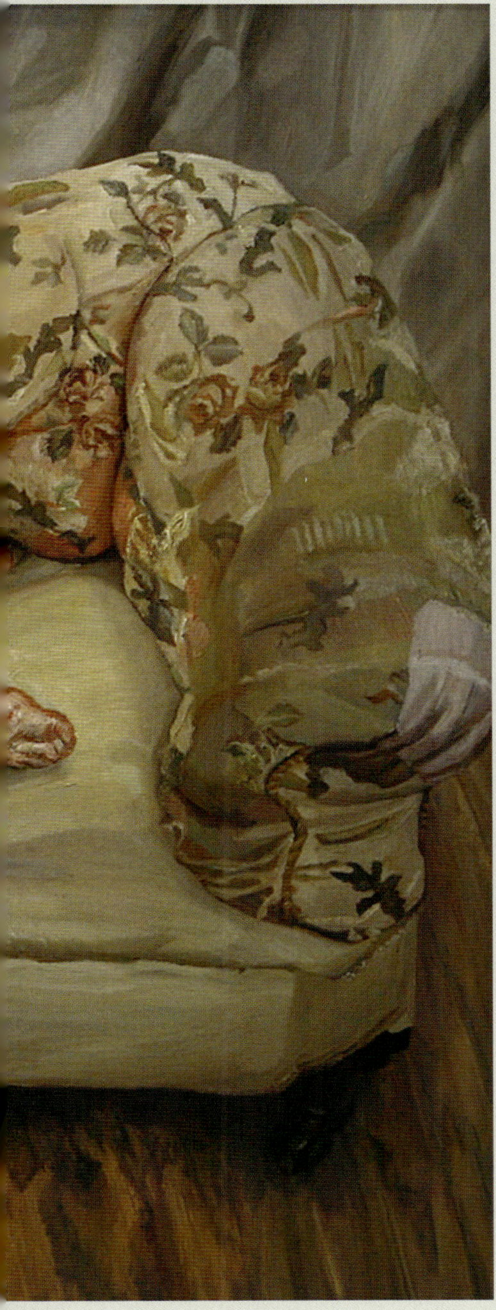

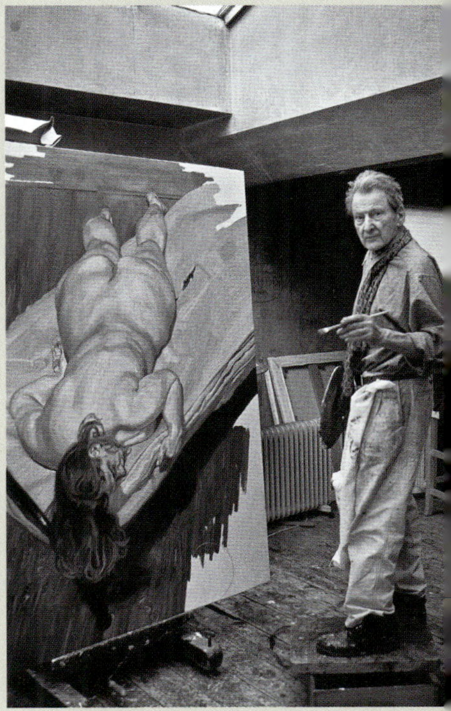

左图：卢西安·弗洛伊德《沉睡的救济金管理人》(*Benefits Supervisor Sleeping*)，1994 年；右图：卢西安·弗洛伊德。

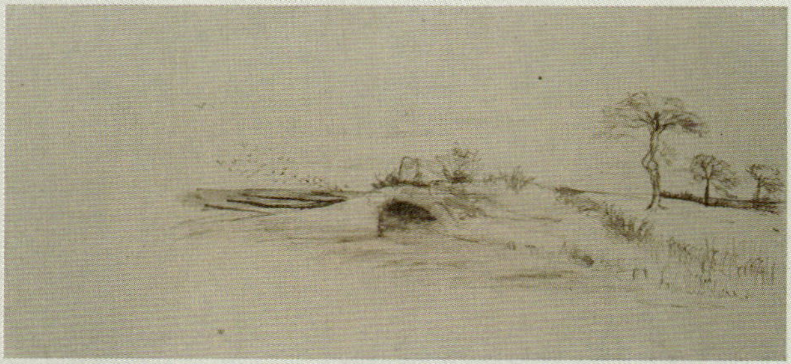

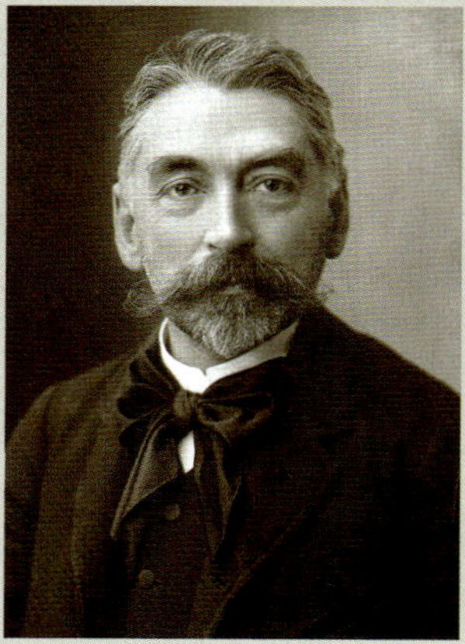

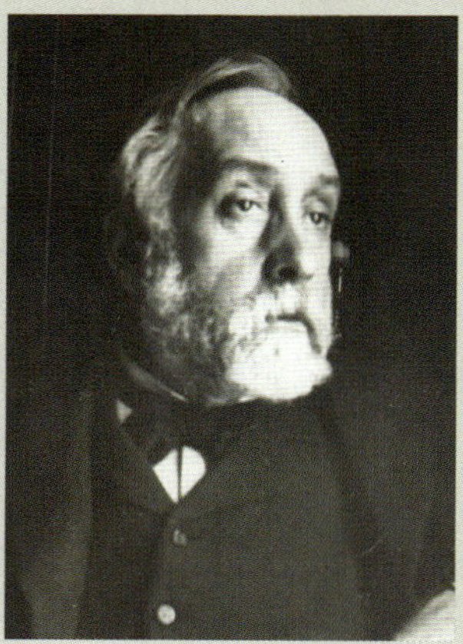

上图：梵高《麦比拉洞》(*The Cave of Machpelah*)，1877 年，现藏于荷兰梵高博物馆；下左图：诗人马拉美；下右图：晚年德加。他写了十四行诗请教马拉美，说，我有许多意象没写出来，马拉美对他说："亲爱的，诗不是意象，而是字词。"向来刻薄的德加答道："老兄，我在你面前丢丑了。"

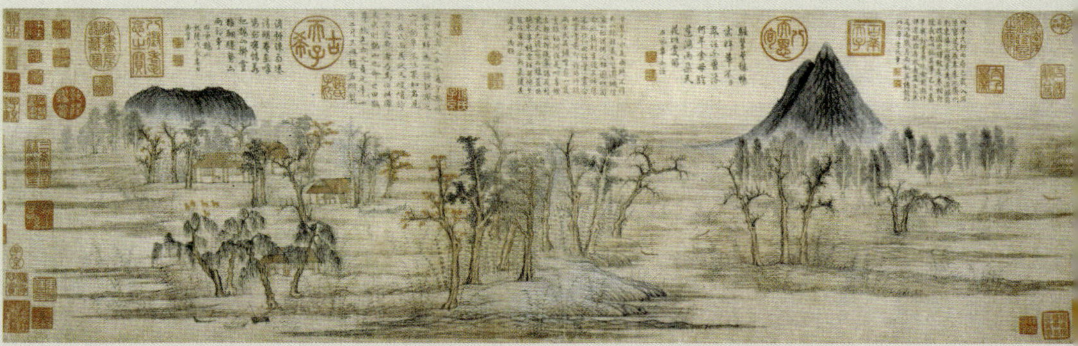

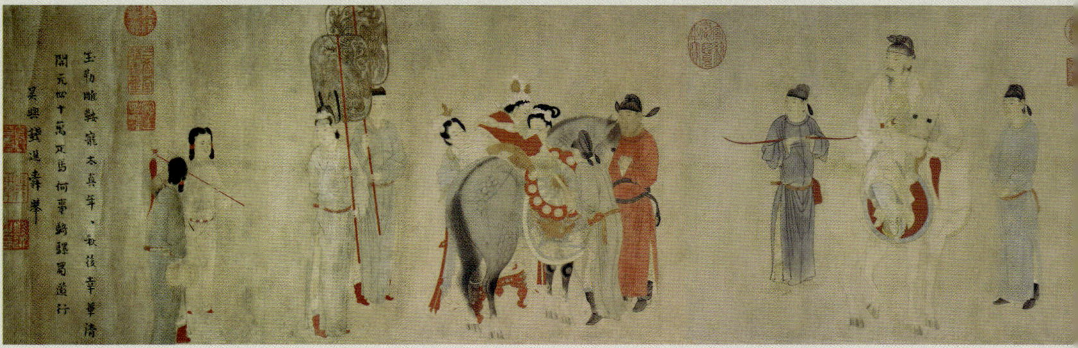

上图：赵孟頫《鹊华秋色图》，1295 年，现藏于台北故宫博物院；
下图：钱选《杨贵妃上马图》，现藏于美国弗利尔美术馆。

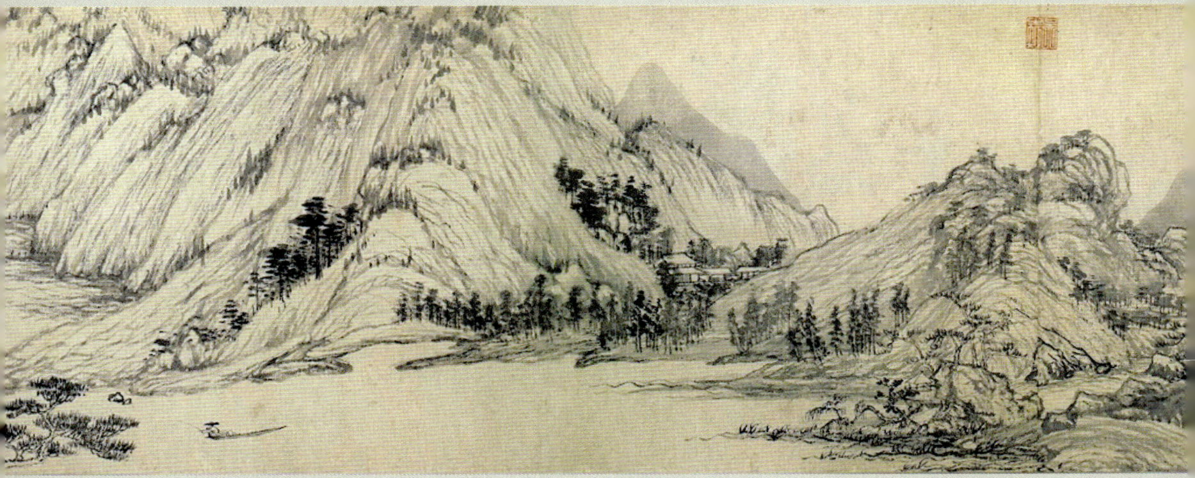

黄公望《富春山居图》局部，现藏于台北故宫博物院。

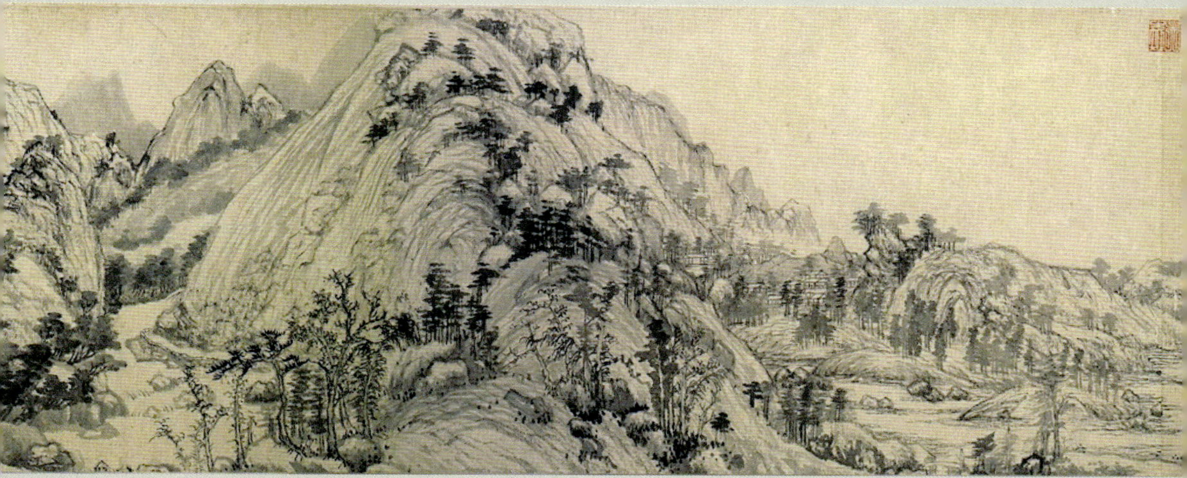

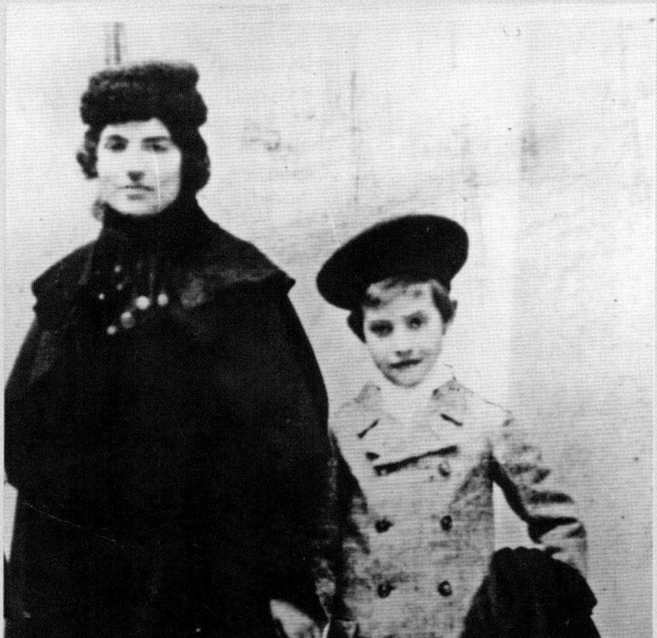

瓦拉东母子，1894 年。

瓦拉东母子

上回说，一幅画不画完，或者，没完没了地画，是印象派带来的大转折。从此，绘画管不住了，越来越多的画法和风格纷纷出笼。头号大虫，当然是毕加索和马蒂斯，还有一位勃拉克。他们公然宣称塞尚梵高对他们的决定性影响。同时呢，好比水浒梁山，一群活蹦乱跳的土匪跟上来，不是大画家，也不是小画家，我能记得的是：德朗（André Derain）、马尔凯（Albert Marquet）、卢梭（Henri Rousseau）、维亚尔（Édouard Vuillard）、勃纳尔（Pierre Bonnard）、基斯林（Moise Kisling）、弗拉芒克（Maurice de Vlaminck）、郁特里罗、旅居巴黎的东洋人藤田嗣治（Tsuguharu Foujita），还有一位女画家，就是今天要讲的苏珊娜·瓦拉东（Suzanne Valadon）。

真叫做“前人种树，后人乘凉”。印象派要和沙龙集团斗，和好几代传统旧眼光斗，苦死了。二十世纪初，公众总算不再为难画家，这帮小土匪就顾自己画得开心。他们大致聚在蒙巴纳斯和蒙马特高地一带混，后来被笼统称为“巴黎画派”。你去美术馆看，一过印象派专馆，这帮人的画面立刻在历史的墙面上花枝招展，花样百出。

我顶喜欢其中的三个人，他们被几条大虫的光芒遮掩了，不太被谈起：一位是德朗，一位是马尔凯，一位，就是苏珊娜·瓦拉东。

德朗，水泡眼，一张很凶的脸，巴尔蒂斯（Balthus）画过他，穿个大睡袍，占领时期，不得已，他和德军有些瓜葛，名誉受损。他是横跨野兽派立体派的首席大将，有些作品比毕加索马蒂斯更耐看。马尔凯，斯文君子，集印象派大成，同样是画河滩啊、花园啊、巴黎街头啊，莫奈、雷诺阿，像是战斗的论文，到马尔凯就是散文诗，三言两语，懒洋洋。欧洲美术馆不容易找到马尔凯，倒是在彼得堡和莫斯科藏有好几件精品，潇洒透顶，远比莫奈画得好——话说回来，没有印象派打前阵，马尔凯的潇洒，无从谈起。海明威（Ernest Hemingway）说过一句有点残忍的实话，大意是："前辈的毕生写作，不过换来后辈的几行。"

说来惭愧，我几乎不知道瓦拉东的来历和生平。我只弄到一本她的画册，法文，一句不懂。不记得哪里看到的文字，说她出身贫苦，做过裁缝，当过舞女，做过马戏团的小飞人……十七岁后，德加、雷诺阿、罗特列克（Toulouse-Lautrec）都画过她。传奇来了：当这位小模特休息时，就在纸上涂抹，德加瞧见了，很认真对她说，苏珊娜，你有天赋，好好画下去。于是就有了日后的瓦拉东——注意啊，她可从未上过考前班和美院附中，更别提什么大本和大专的破学历。

我喜欢瓦拉东什么呢？喜欢她纯真的野性。

印象派一路下来，好几位画家野性毕露——莫奈的野性是胆气旺，塞尚的野性是伟大的鲁莽，高更呢，居然逃去孤岛画画，染了性病，死掉了，罗特列克的野性，部分来自残疾，毕加索的野性，那是西班牙式的魔性……这些被释放的野性正好是那一世代顶顶可怕的创造力，密集引发历史性突破，每种野性带出一项风格，一家门派，一组观念。

瓦拉东的野性，其实是她茁壮的雌性。在一群狂人脚边，她的画谈不上创造，学学这个，学学那个，可是据说除了高更，她自称从不受别人的影响。大家知道，在她的时代还没有“女性艺术”这一说，她画画全凭本色，未必知道自己的野性，这才有魅力啊，好比路边的野菊——我们常说法国人优雅，其实法国的男孩女孩鲁得很，你要领教，就去看特吕弗（François Truffaut）的《四百击》（*The 400 Blows*），路易·马勒（Louis Malle）的《再见童年》（*Goodbye, Children*），还有九十年代哪位导演的《小偷》（*The Thief*）。巴黎街头高峰拥堵，我曾亲眼看见有个美少女居然腾出双手，不扶车把，在自行车脚蹬上直立着，奋勇踩踏，穿梭前进，简直险象环生。我瞧着神旺，心里想：这个民族出了十五岁的圣女贞德，率军抗敌，看来不是吹牛。

瓦拉东有两个女长辈，一位是被马奈再三描绘的莫里索（Berthe Morisot，少女瓦拉东就曾给她当过模特），一位是旅居巴黎的美国人卡萨特（Mary Cassatt）。她俩的终生实践对准马奈、德加，亦步亦趋，力度和浓度到底有限。瓦拉东后来居上，远远超过她们。我们对比这三位画家画的母与子，瓦拉东显然更有生趣，更动人。文艺复兴和巴洛克宗教画，挤满了肉嘟嘟的婴儿，到了莫里索和卡萨特，转成现代家庭的小宝贝，到瓦拉东笔下，不折不扣就是亲生骨肉了。

瓦拉东画过很多裸体画，原作富丽、浓郁，无与伦比。据理论家说，西欧所有女体画投射着男性欲念的目光。1918年左右吧，有个英勇的早期女权分子冲进伦敦国家画廊，朝着委拉斯凯兹《躺着的维纳斯》（*The Toilet of Venus*），在她脖子上划了几刀。当然，画面马上被老师傅补得天衣无缝，但不知道这把刀是要刺穿维纳斯的皮肉呢，还是男性的目光——好了，现在瓦拉东给出一个珍贵的机会，一个美术史罕见的案例：女人看女人的肉体，而且亲手画，究竟如何——

在英语中，“裸体”、“袒露”，是两个概念。不论宗教、神话、爱欲、情色，所有男画家描绘的女裸体都被赋予艺术的名义，或高雅，或淫秽，被各种理由和语境重新诠释，流露程度不同的欲念。十六七世纪被再三描绘的《入浴的苏珊娜》(*Susanna at Her Bath*)，是男性在场的目光，马奈的《奥林匹亚》(*Olympia*)，横躺的裸女直视男性——可是，瓦拉东的女模特想必是亲属、朋友，是熟人之间的双向目光。换句话说，她画的不是“裸体画”，而是有个女子在她跟前躺着坐着，没穿衣服，或者用内衣打扮起来，就像女生宿舍或已婚女人的日常相对，毫不尴尬，也不亲密，更不暧昧，因为，很简单，没有男人在场——这时，一种动物性的、真正属于肉体的景观出现了，连男性的目光也变得雌性，变成瓦拉东，被她引进自己的卧房。

可是瓦拉东显然不想到这些。她要像她佩服的男画家那样，画出牛逼的裸体画，那是当年流行的风尚。高更的笔法在她手里变得更密集、更感性，德加画裸女的冷漠感，在瓦拉东画中变为闺中女子对自己的身体，尤其是，被一个女画家描绘身体时，自然而然的 fantasy。奇怪的是，瓦拉东同时做到了两件事：一是自觉的，被文化诱发的：“看啊，我的画多么精彩！”一是不自觉的，为本能所驱使，但同样兴奋：“看哪！这条腿多好看啊！”情形好比哪位女生羡慕地瞧着同伴的身材和皮肤那样。

不消说，男人的目光随时搜索好看的女子，我问过女子，爱不爱看大街上标致的男人，回答是：其实，女人更注意好身材、会打扮的女人。是这样吗？在绘画中，在人眼观看的无数理由和神秘中，女性肉体之所以是女性的肉体，确实需要女性目光的中介与翻译，就这一层，以我见的女裸体画，没人超过瓦拉东。

潘玉良，此刻我想起了同样出身青楼的民国女画家。她也画过许多女裸体。她刚到巴黎时，瓦拉东还活着，我相信，瓦拉东一定鼓舞了潘玉良。

瓦拉东画的男裸体，更是一绝。在画史中，女画家描述的男裸体，十分有限，瓦拉东又给了几乎是唯一的机会，让我们领教男性身体上的女性目光——是的，男画家笔下的女体，是泛爱和欲念的符号，被各种女体所吸引，瓦拉东的目光呢，却是有所归依，有名有姓，倾注单一的爱意，这种爱，带着有点幼稚的，但无比真心的英雄崇拜，不仅仅是妻子和情人的目光，同时，好比女儿对父兄、母亲对儿孙的目光——中年后，瓦拉东爱上了他的儿子的朋友——这目光有欲念吗？我不想妄断。八十年代以来，欧美前卫女性艺术家描述男裸体、描述性，太猖狂、太直白了，那是刻意渲染的女性意识，男爷们，譬如我，也会不好意思看——而瓦拉东瞧着脱光的男人，是一股子理所当然的亲昵。我真是又感动，又纳闷：她的画，她画中透露的气息，好像她根本不想到自己是个艺术家。她画洗澡的男孩，画赤裸的男人，那种忙活劲，那种好心意，就像任何勤快的女人在家帮小孩和丈夫洗澡擦身一样。

不过，据我观察，那几位男性裸体很可能是同一位男子。这是美术史常有的事。伦勃朗、鲁本斯（Peter Paul Rubens）、克拉纳赫（Lucas Cranach），还有好几位名家，几乎总是描绘妻子的身体，而且化身为好几个，挤在一幅画面上。可见十九世纪前欧洲人雇一位女裸体模特，也不容易——而瓦拉东描绘的男裸体（假如那就是他的爱人）被她引向现实之外：那是浪漫主义的，甚至巴洛克式的梦境（早年塞尚也做过同样可笑的事），在梦境中，这位裸男忽而是史前期的亚当，忽而是森林中撞见浴女的猎人，忽而在海边打鱼……但在近乎滑稽地戏仿欧洲传统时，瓦拉东仍然证明自己是新世纪的画家：她学不会像古人那样美化男英雄，她仍然用写生之眼、女人的目光，描绘这位裸男瘦嶙嶙的怂样，好像他正在走向浴缸，或者，走近爱人的床笫。

好了，说半天，瓦拉东的野性是什么呢？我所谓野性，是指她本色，她就是个小裁缝、小舞女、街巷的女子，浑身“家庭妇女性”。诸位知道她的宠物

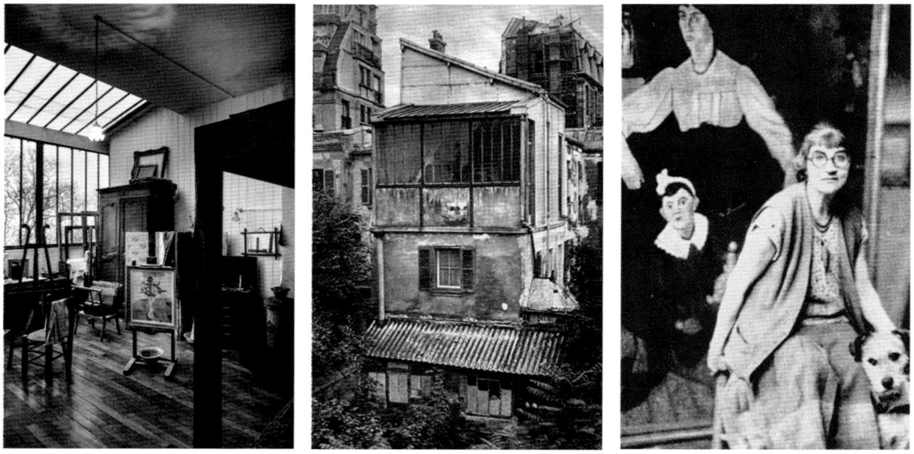

左、中图：瓦拉东在巴黎的画室；右图：晚年瓦拉东在自己的画前。

是什么吗？是一只山羊，她不满意的画，就让山羊去啃吃——莫里索和卡萨特是新兴的女流，二战迄今的欧美女画家，是充分自觉的知识女性。可是，瓦拉东从未试图用艺术修饰自己，相反，除了画男人时她会变成所谓“她者”，只要画小女童、大姑娘、老太婆，她不是那个站在画架边的主宰者，而是画中的每个女人。

瓦拉东的时代真是迷人的时代：塞尚是头倔驴，梵高是个疯子，罗特列克是个侏儒，高更是个怪人，瓦拉东呢，讨生活的穷姑娘。十九世纪之前，这样的角色当不成画家，更难出头，可是，二十世纪的自由巴黎野草丛生，野花乱开，成全了好多文明的边缘人。

瓦拉东的静物风景画，也画得妙极了。她的静物有高更式的拙朴，她看风景，有塞尚的理知。有时，她比高更塞尚还要好，因为没有风格的自觉和野心，她像瞧着脱光的女人和男人那样，整个地顺从她的目光、她的对象，当绘画只剩下感性，只凭一颗心，就会画出这般单纯透顶的画。

瓦拉东死于1938年，送葬的人群中，有毕加索和德朗——事情没完。另一个单纯透顶的天才画家，郁特里罗，是从瓦拉东肚子里钻出来的：瞧这个可怜兮兮的男孩，翘着小鸡鸡——我们每个人小时候都这样毫不羞耻在澡盆边上瞎磨蹭啊——光屁股男孩长大后，穿上衣服，画遍了蒙马特高地的大街小巷。而且，又是一绝，你别以为他支着画架跑去那里写生，二十世纪初，巴黎有了早期的彩色都市明信片，这个家伙就是对着明信片，糊涂乱抹，留下巴黎旧街最传神、最忧郁、最好玩的肖像。据说，他的丰富的白色，影响了我们的吴冠中先生。

时间不够了。顺便一提：我不知瓦拉东酒量如何，但在她画中一再出现的老妇，她的贫苦的妈妈，是个酗酒人，也许隔代遗传吧，郁特里罗天生嗜酒。他七十岁那年，巴黎画派的哥们儿为他举办个展，开幕了，到处找不到他，于是奔向酒馆——再顺便一说，我喜欢郁特里罗的模样，我小时候的上海弄堂有不少这样的老脸，沉沦了，穷了，可是喝点老酒，几粒花生米，一脸无所谓——好了，老酒鬼被人拖过来，他睁开醉眼，瞧着展厅，问道：

这是谁的展览啊？

2015年6月16日写在乌镇

导演梦茜牛刀小试，给第七集掺和了莫奈、雷诺阿的短片，到这一集，因我随口说及法国少年的“鲁”，她便擅自选用了特吕弗《四百击》男童玩闹的片段。此后好几集插播影片，《局部》变得好玩起来。梦茜原是纪录片导演，不知会参与谈绘画的节目，更不知我久已将绘画的闲扯，扯向电影。我也不知《局部》将会插播电影片段，更不知插播后，非但无伤，反使绘画的谈论愈发出趣，成为绘画的佐证或反证——直到节目全部做完，我才明白，影像统摄了所有表达。在移动的影像中，绘画不再是绘画，而成为影像，影像中的电影片段，又该怎样形容呢？总之，这是我从未有过的经验。

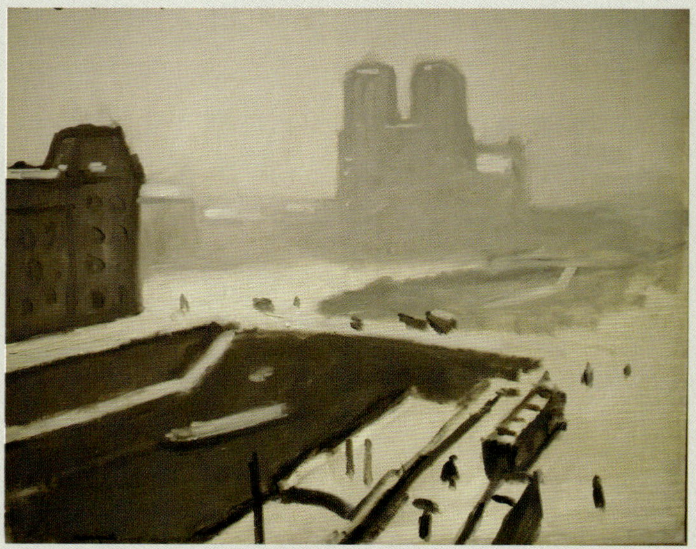

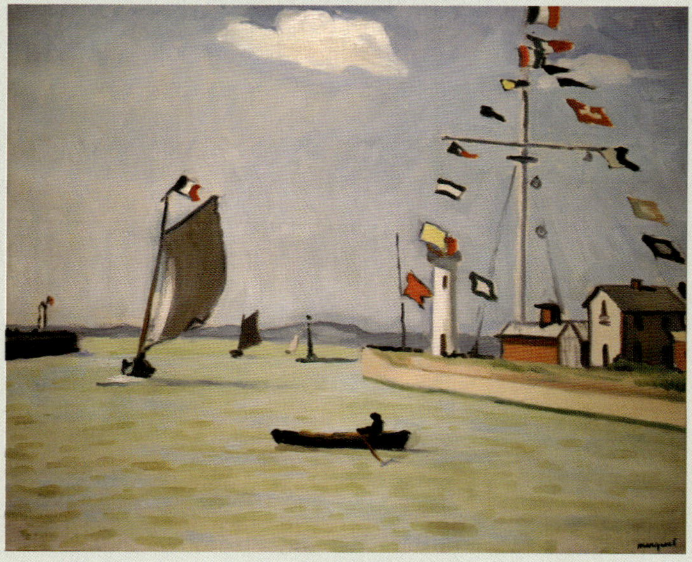

上图：马尔凯《冬天的巴黎圣母院》（*Notre-Dame in Winter*），1908 年，现藏于俄罗斯普希金博物馆；下图：马尔凯《翁弗勒尔港口》（*The Port in Honfleur*），1911 年，现藏于俄罗斯普希金博物馆。

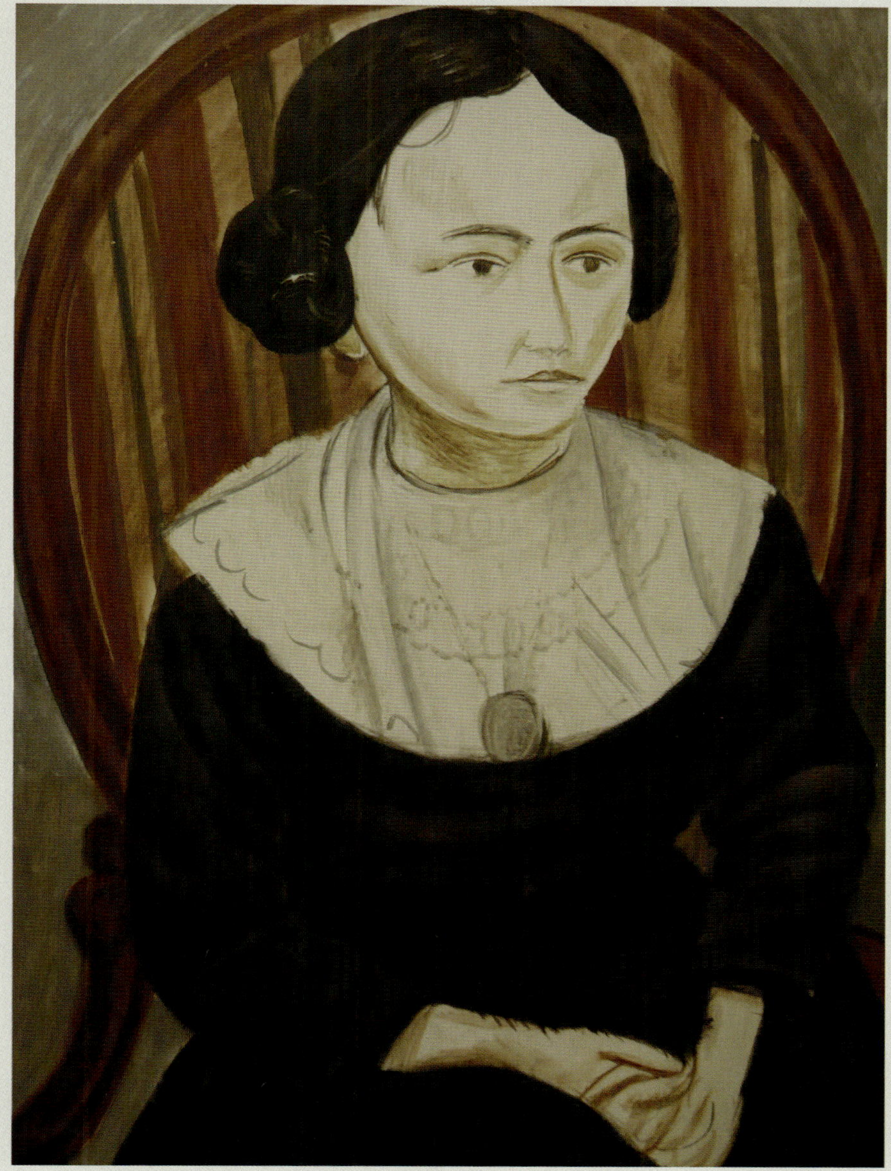

德朗《黑衣女孩》(*Girl in Black*)，1913 年，现藏于俄罗斯冬宫博物馆。

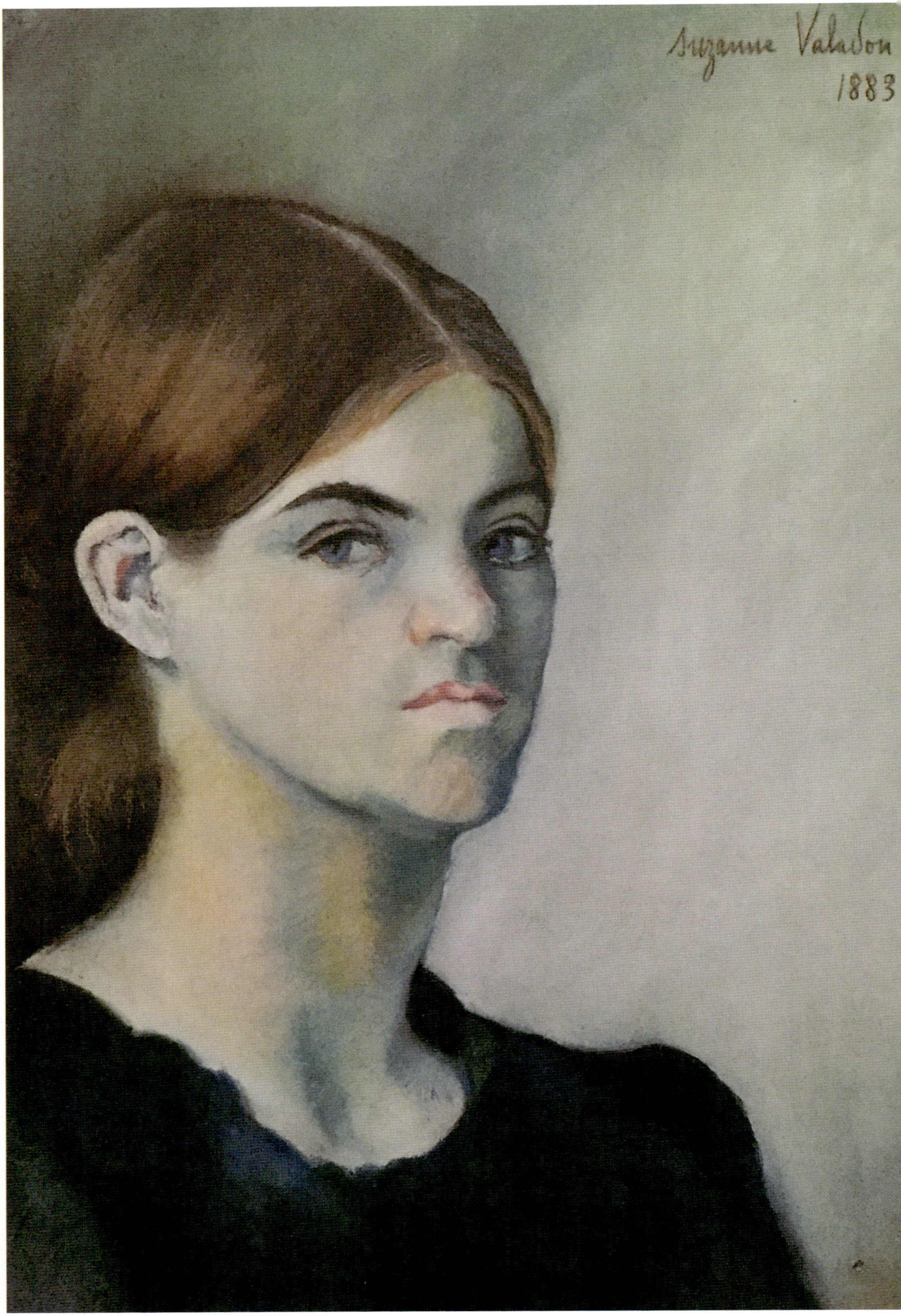
Suzanne Valadon
1883

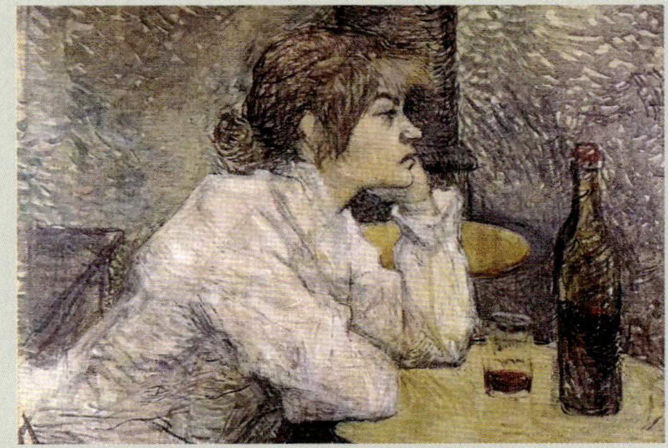

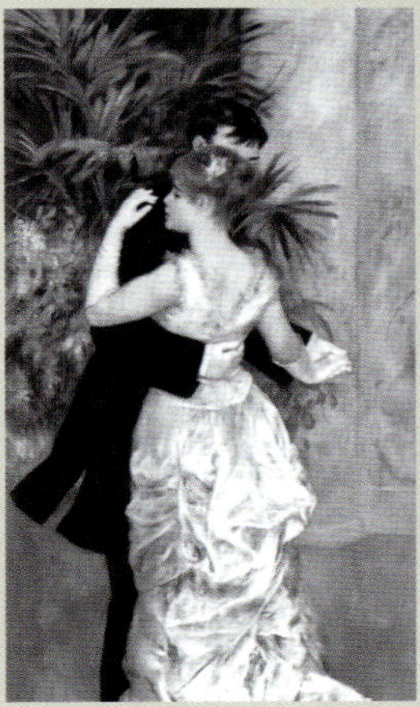

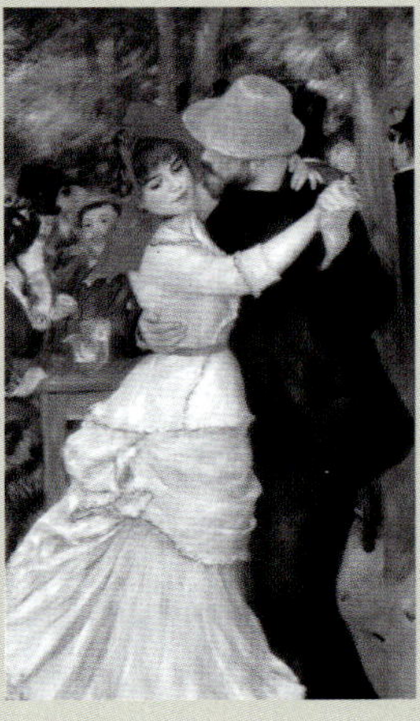

左页，少女瓦拉东《自画像》(*Self-Portrait*)，1883年，现藏于法国国立现代艺术美术馆；右页，上图：罗特列克《苏珊娜·瓦拉东》(*Portrait of Suzanne Valadon*)，1888年，现藏于美国哈佛大学福格艺术博物馆；下左图：雷诺阿《城市之舞》(*Dance in City*)，1883年，现藏于法国奥赛博物馆；下右图：雷诺阿《布吉瓦尔舞蹈》(*Dance at Bougival*)，1883年，现藏于波士顿美术馆。这两幅中的女子，都是瓦拉东。

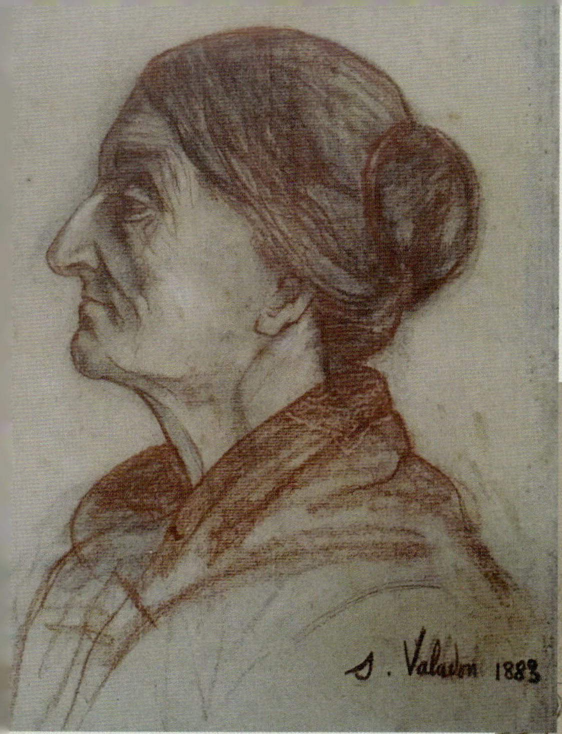

瓦拉东素描一组。

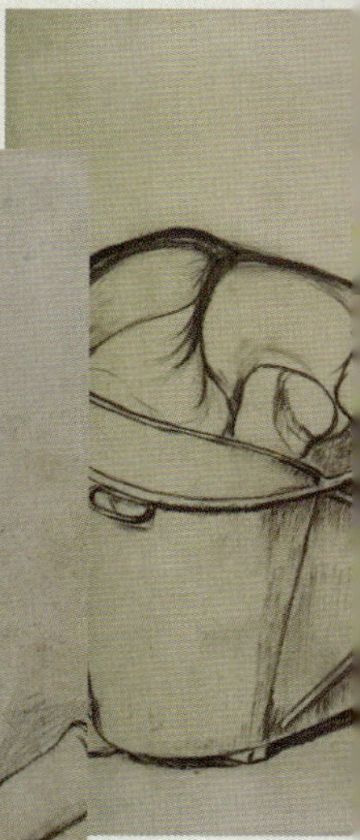

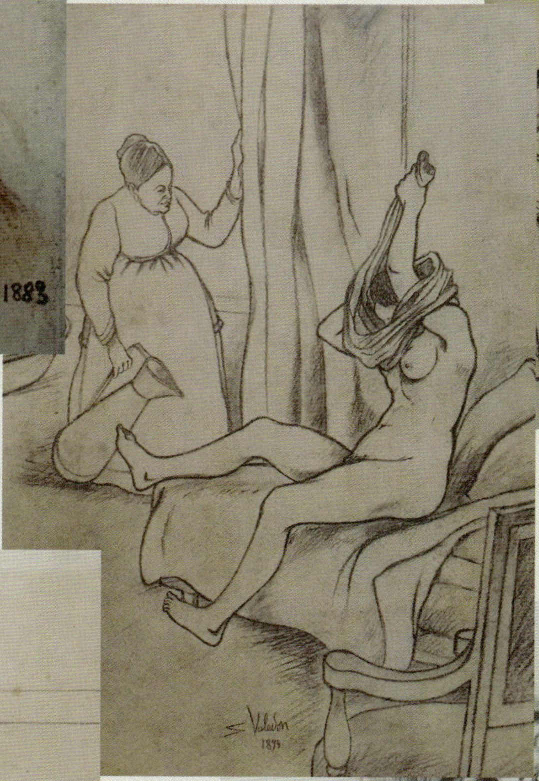

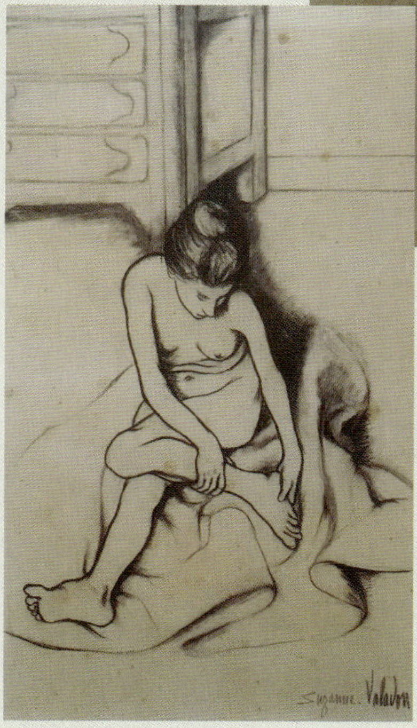

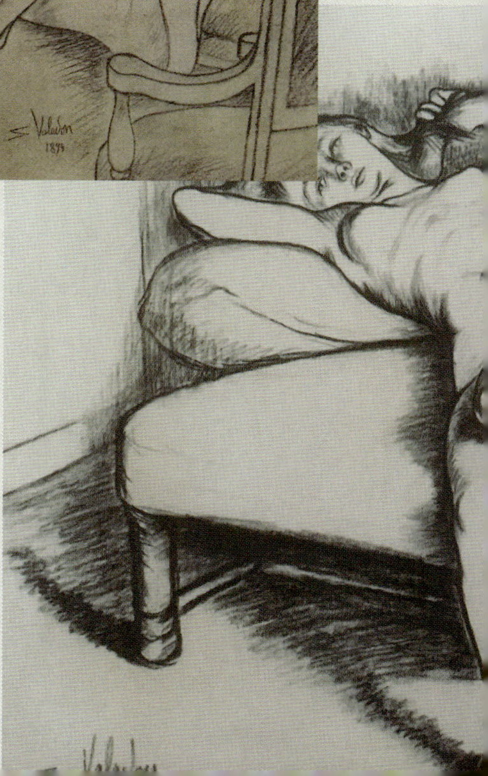

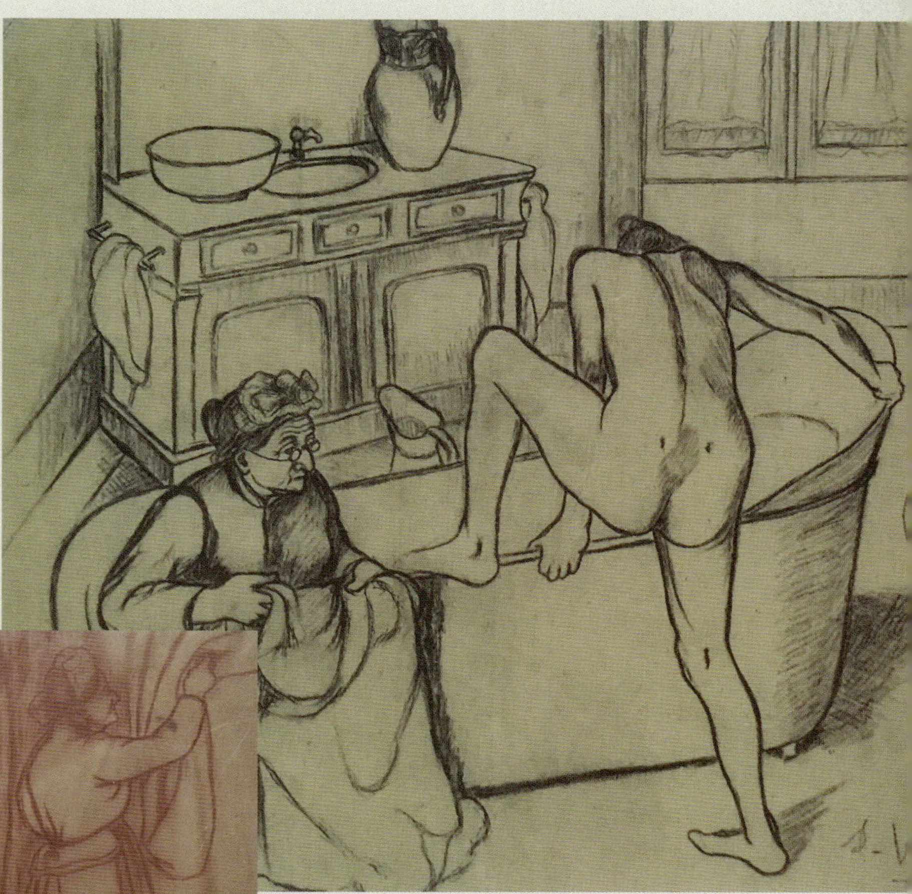

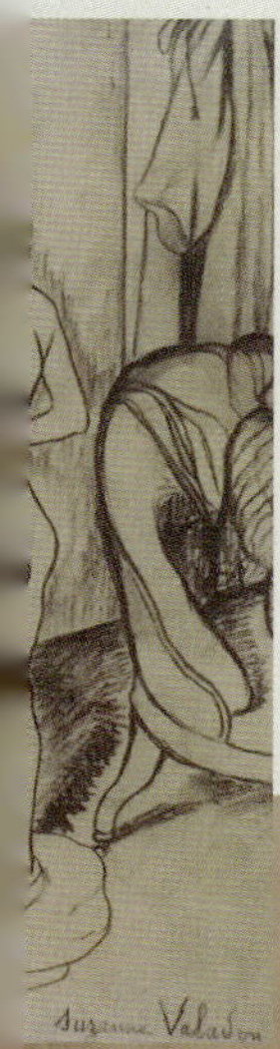
Suzanne Valadon

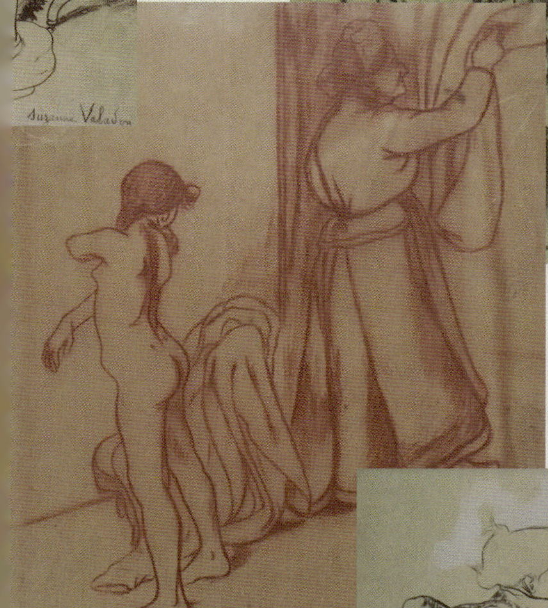

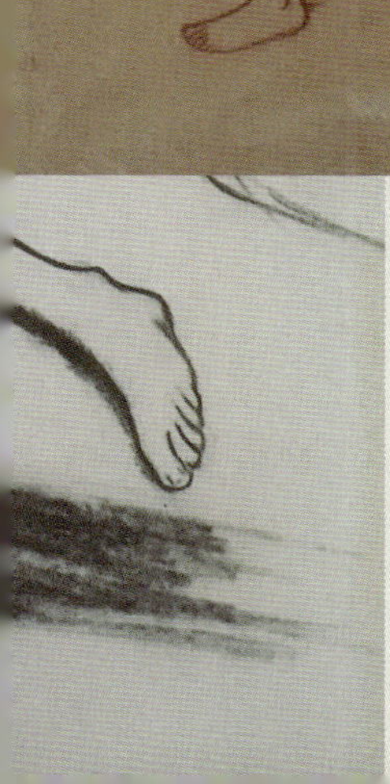

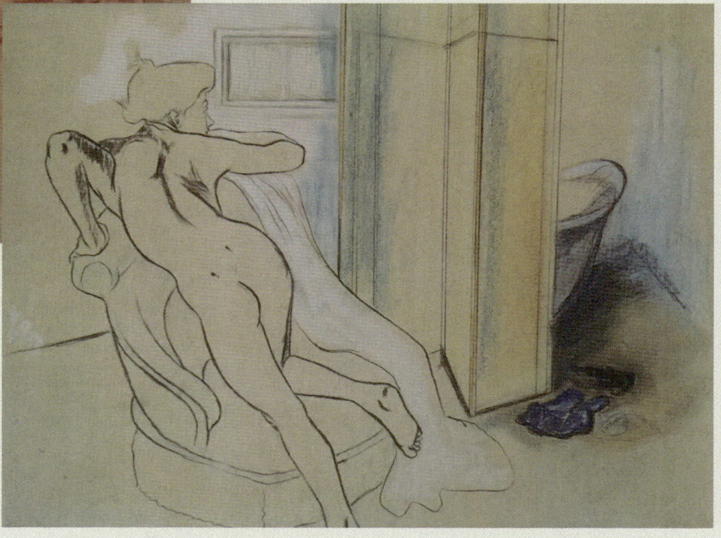

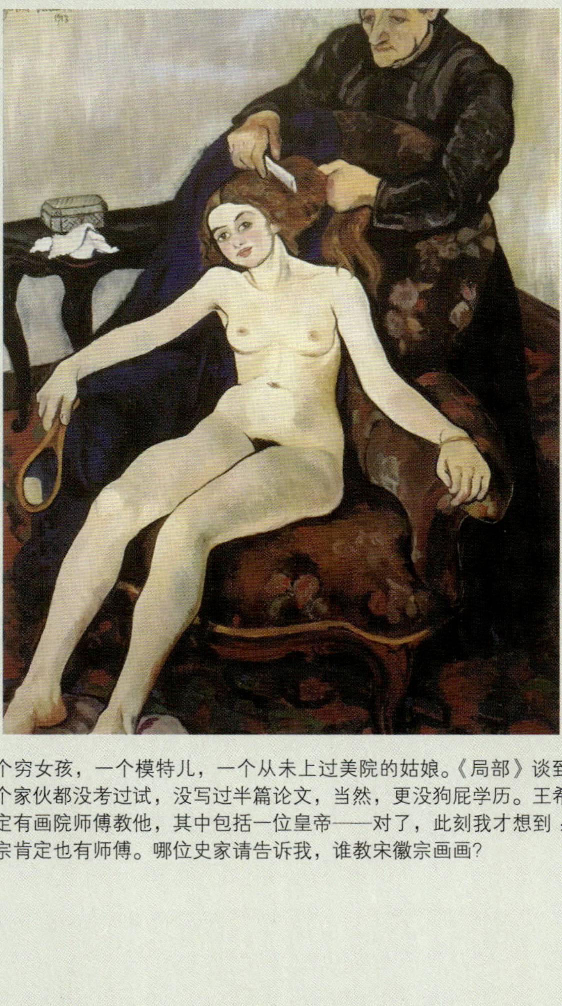

一个穷女孩，一个模特儿，一个从未上过美院的姑娘。《局部》谈到的每个家伙都没考过试，没写过半篇论文，当然，更没狗屁学历。王希孟肯定有画院师傅教他，其中包括一位皇帝——对了，此刻我才想到：宋徽宗肯定也有师傅。哪位史家请告诉我，谁教宋徽宗画画？

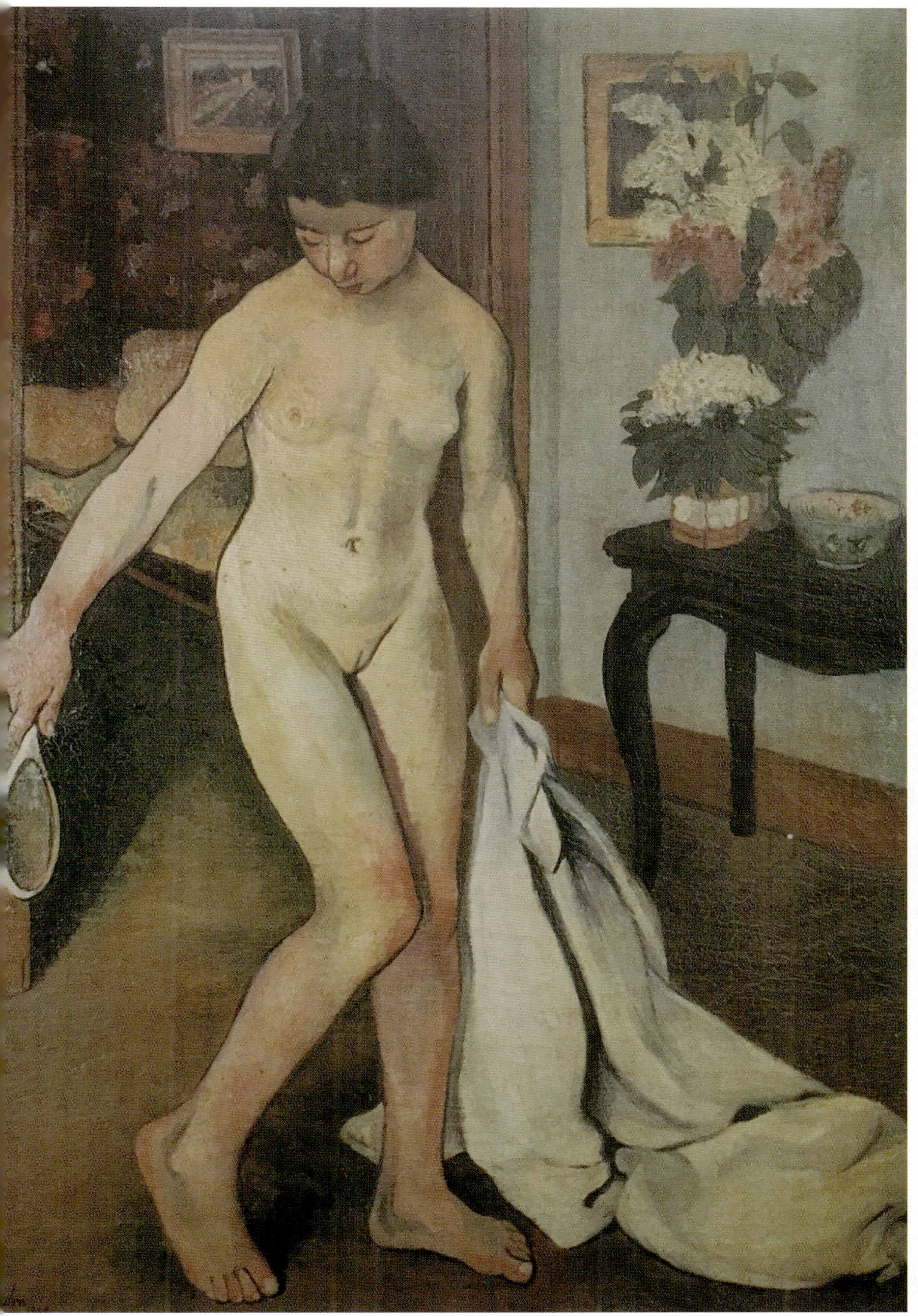

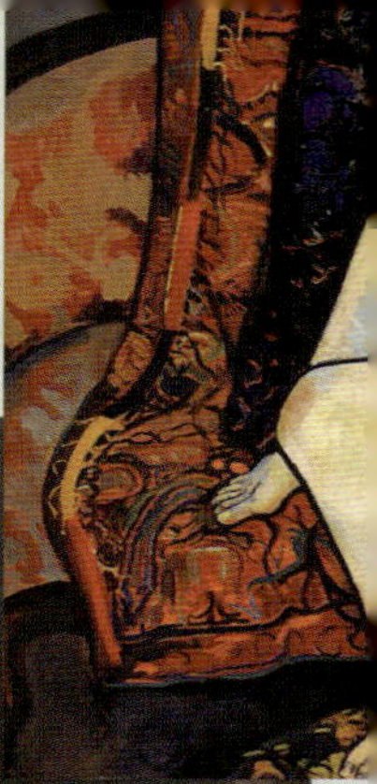

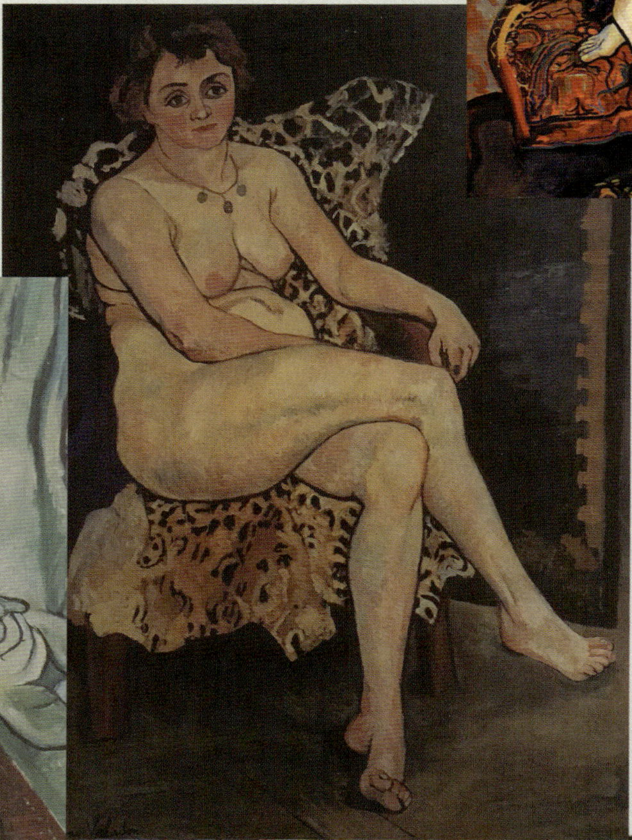

瓦拉东油画女裸体一组。

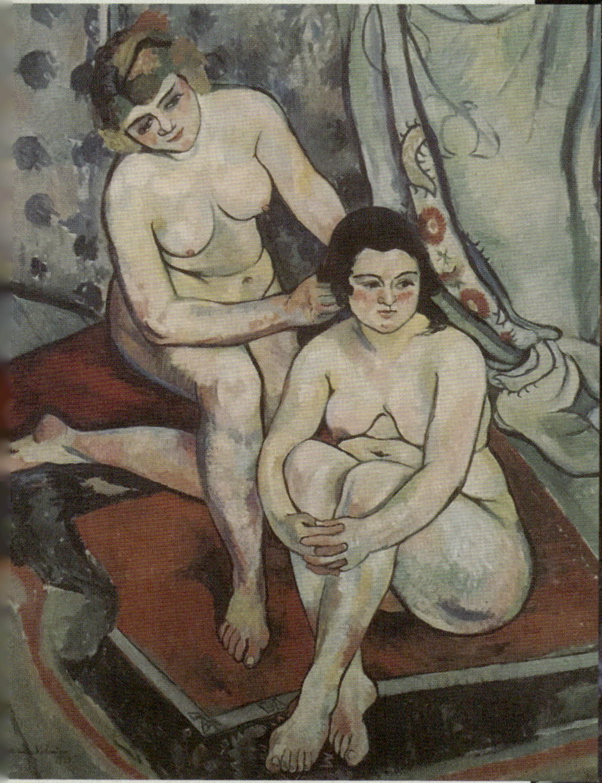

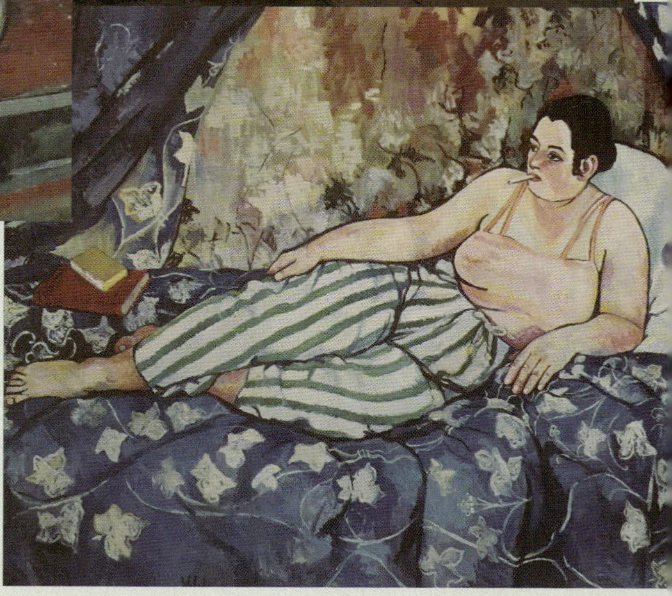

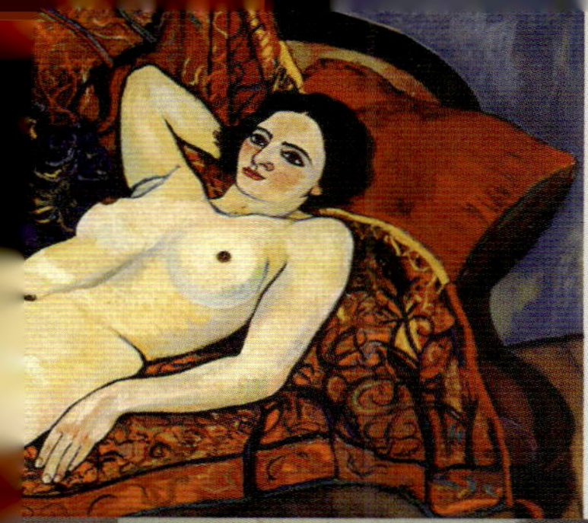

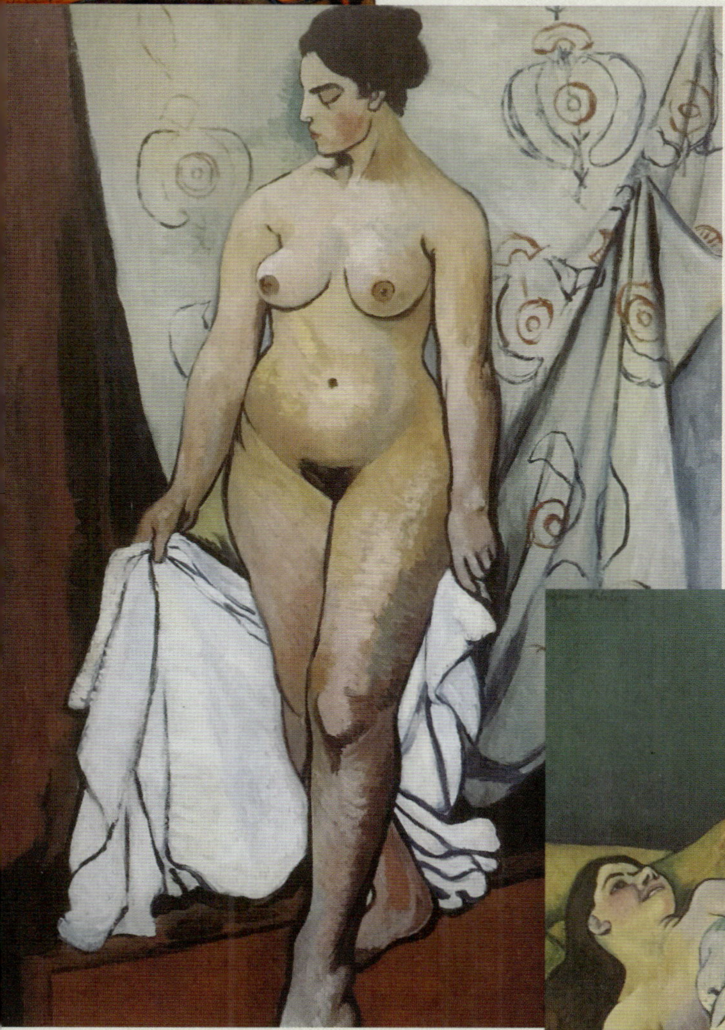

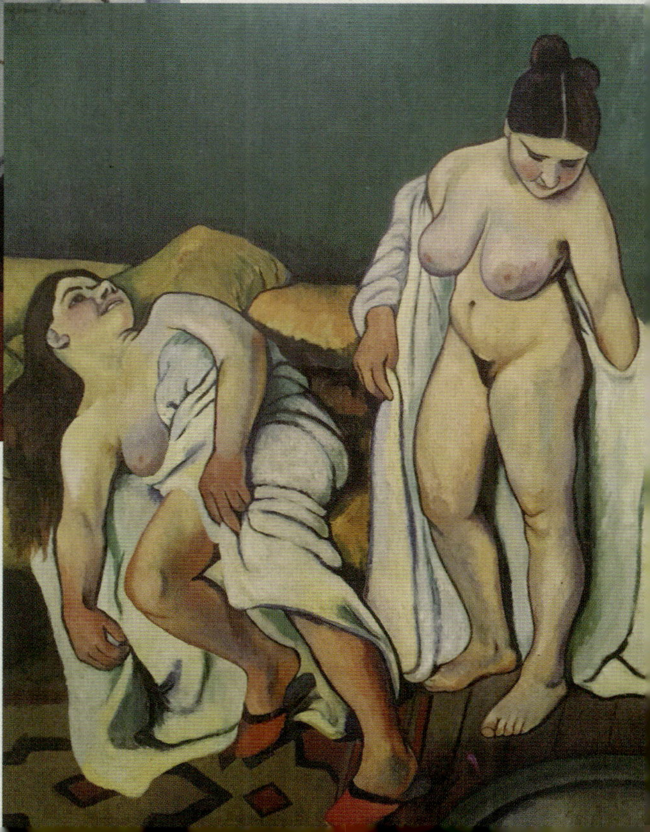

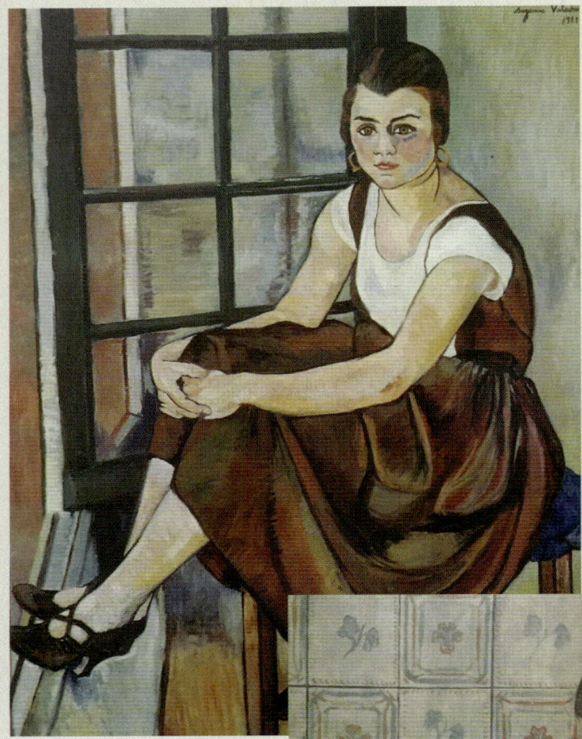

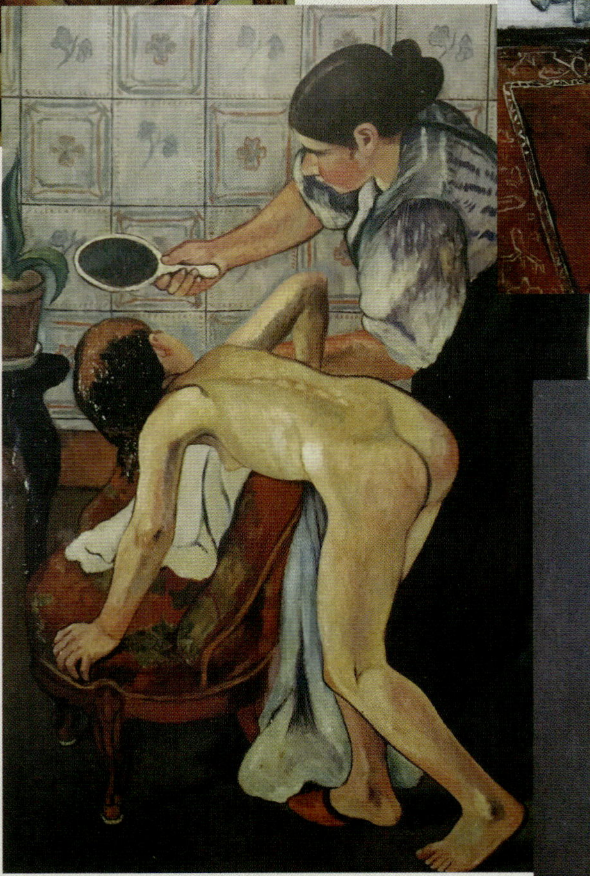

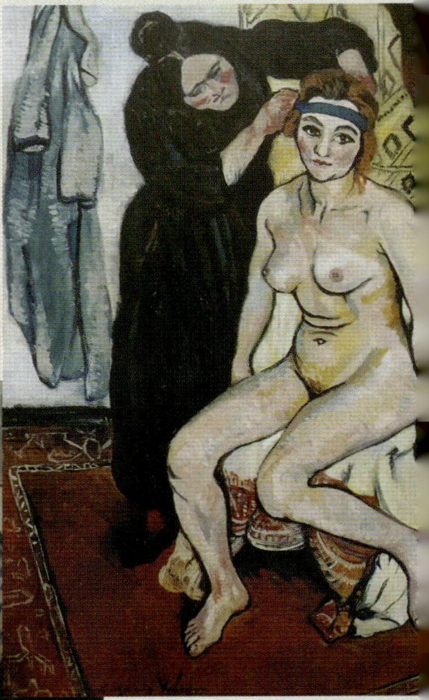

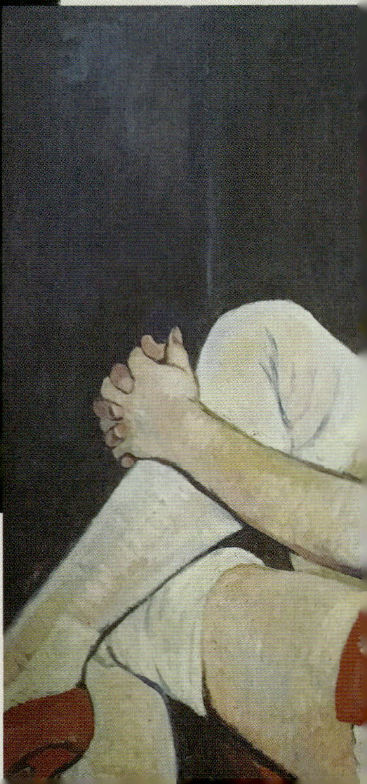

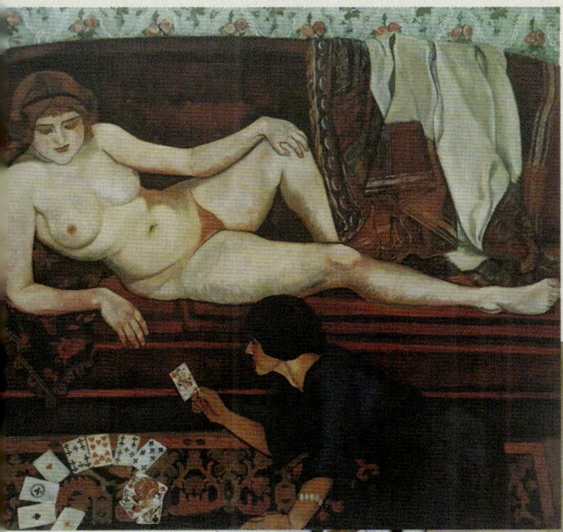

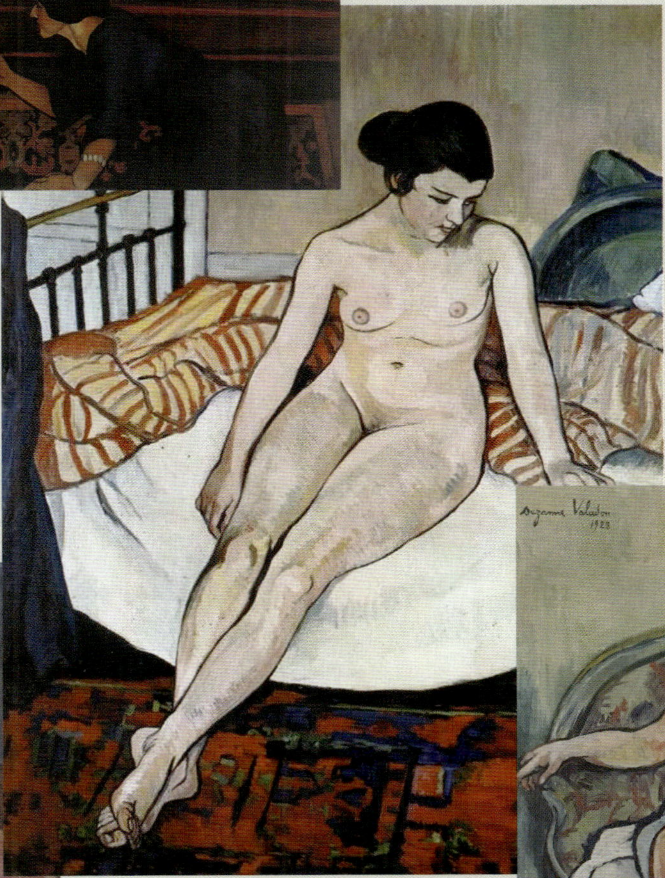

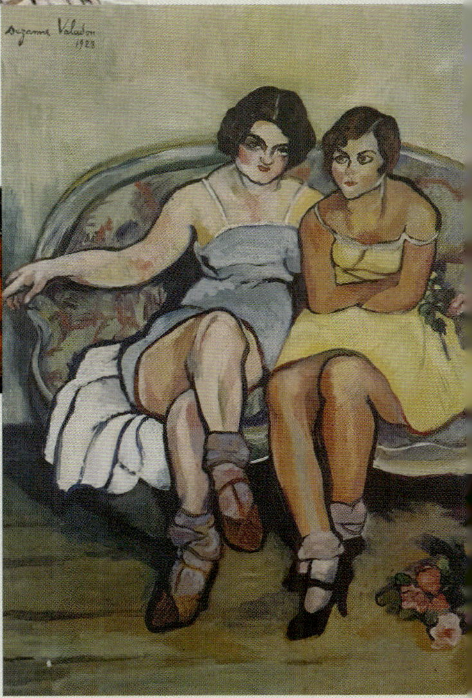

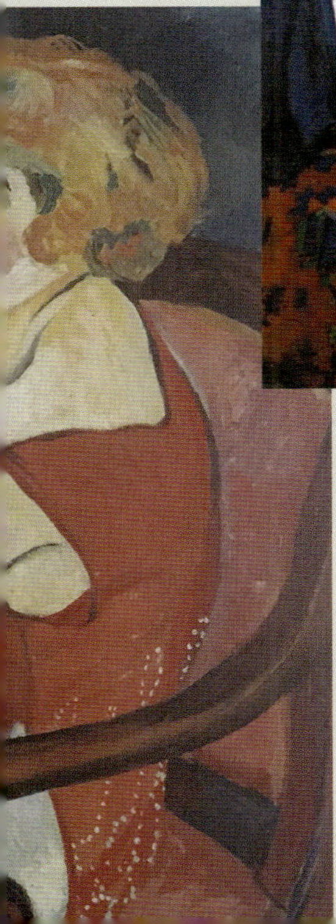

瓦拉东油画女裸体与女子肖像一组。

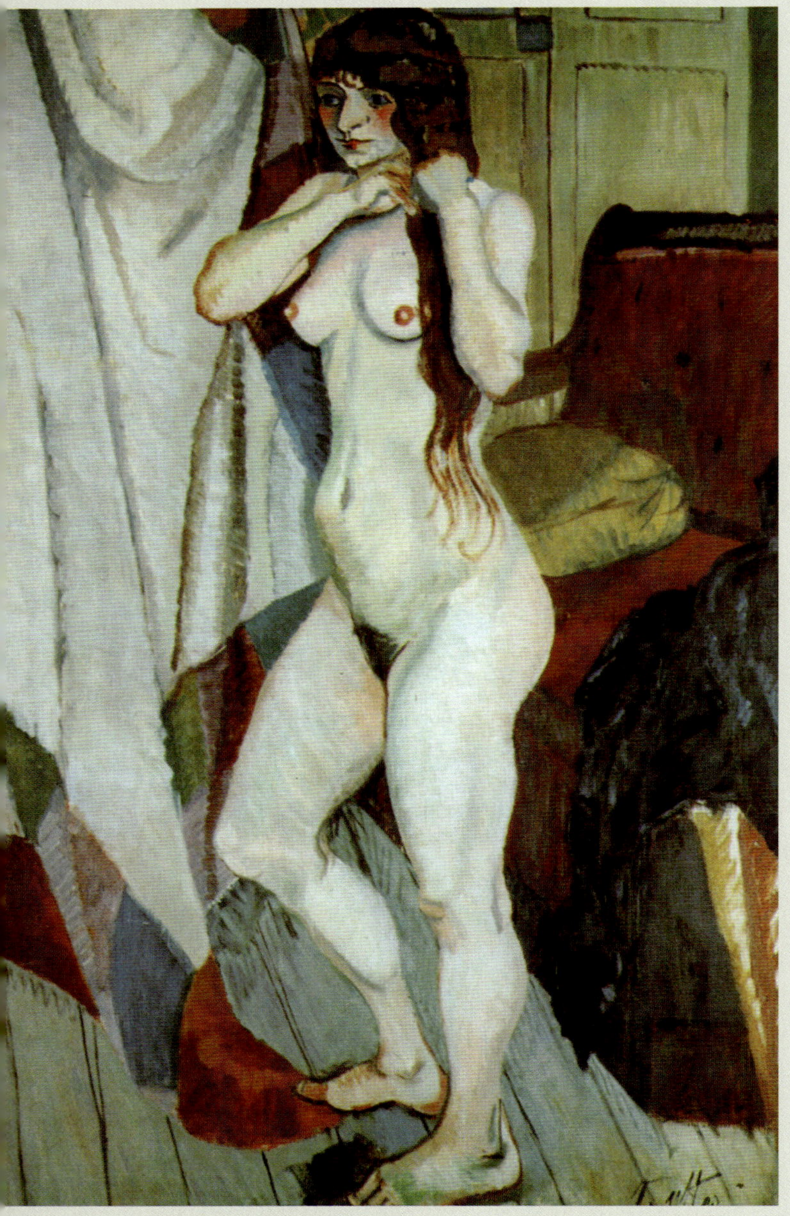

安德烈·尤特尔（André utter）笔下的裸体瓦拉东，一换手，一换性别，这幅画就变成男性眼中的女裸体。

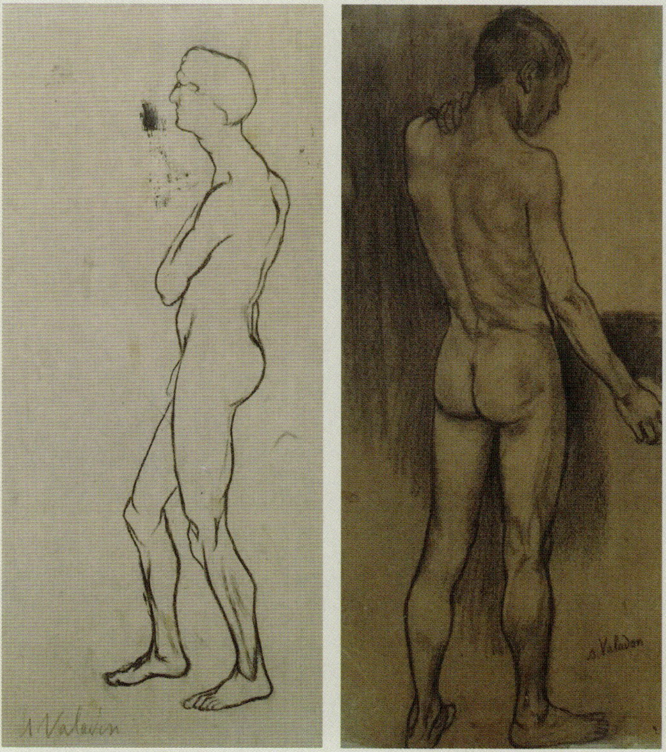

瓦拉东笔下的裸体尤特尔。

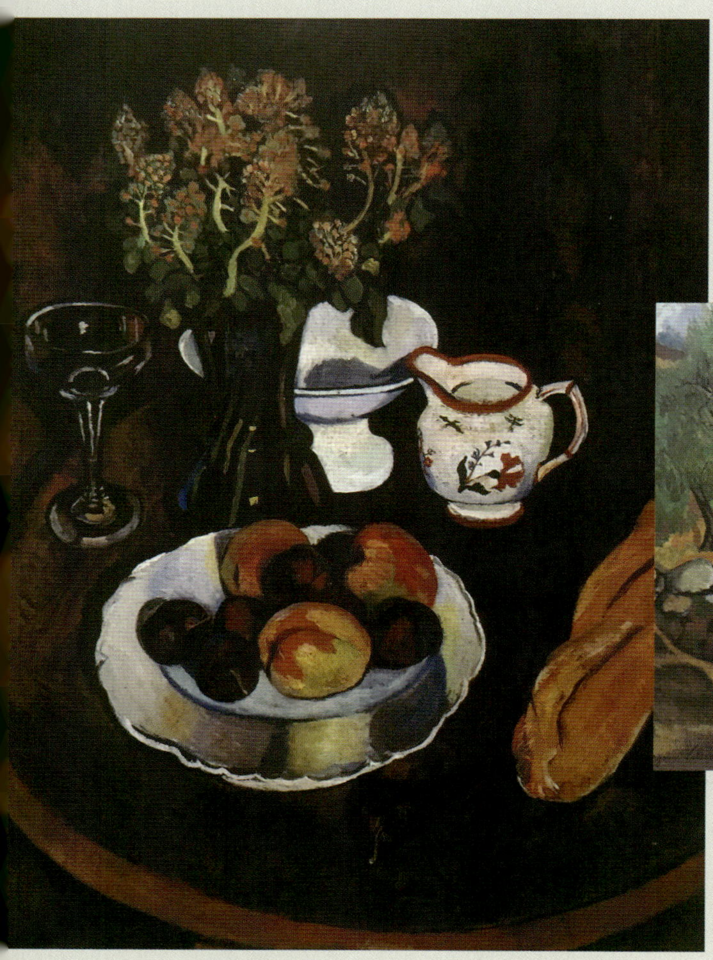

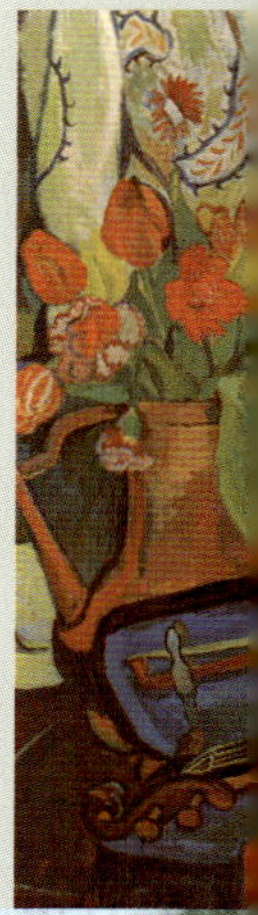

瓦拉东风景画、静物画一组。

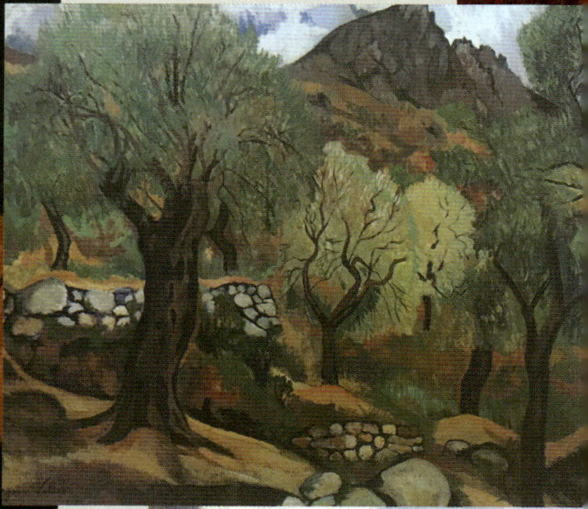

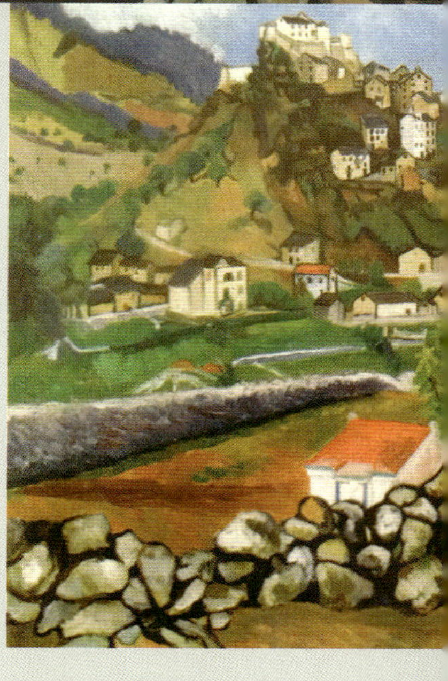

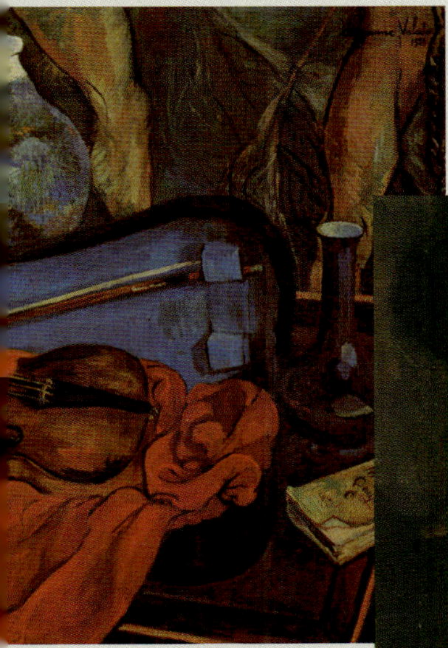

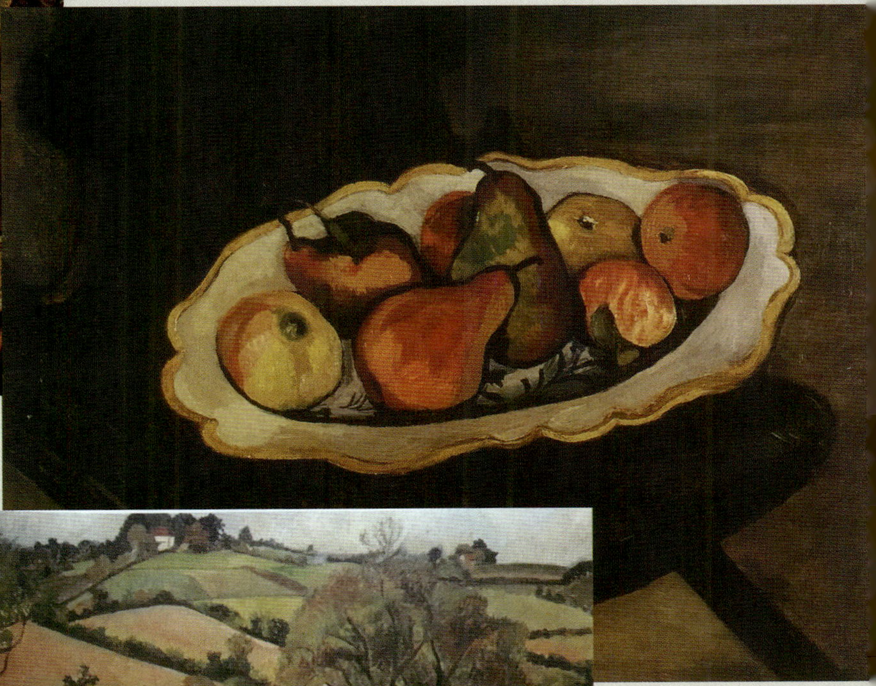

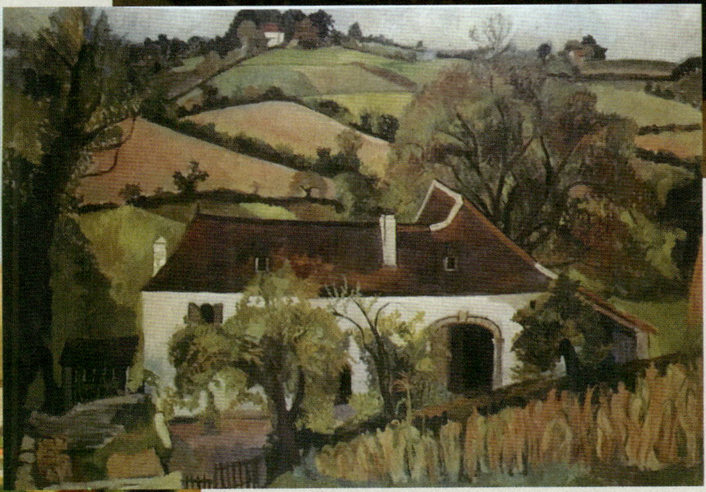

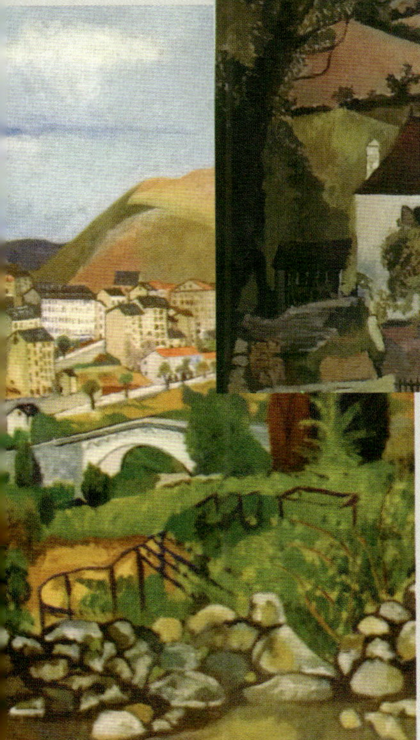

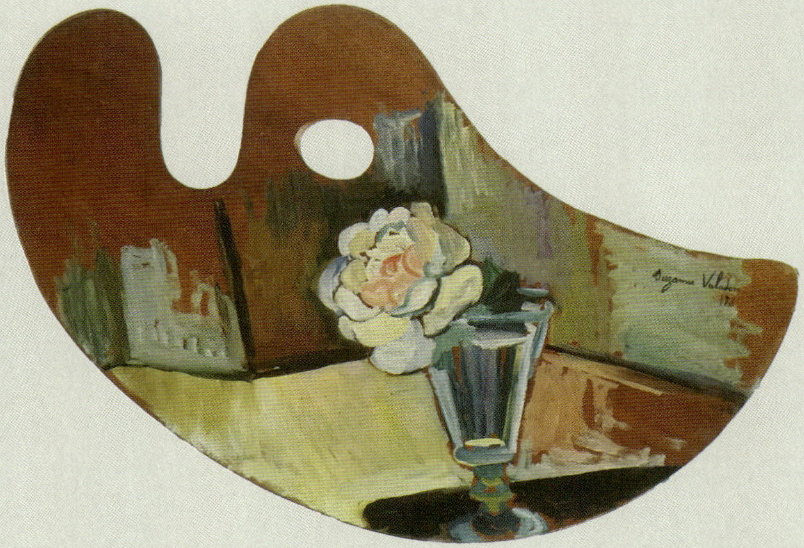

瓦拉东的调色板。

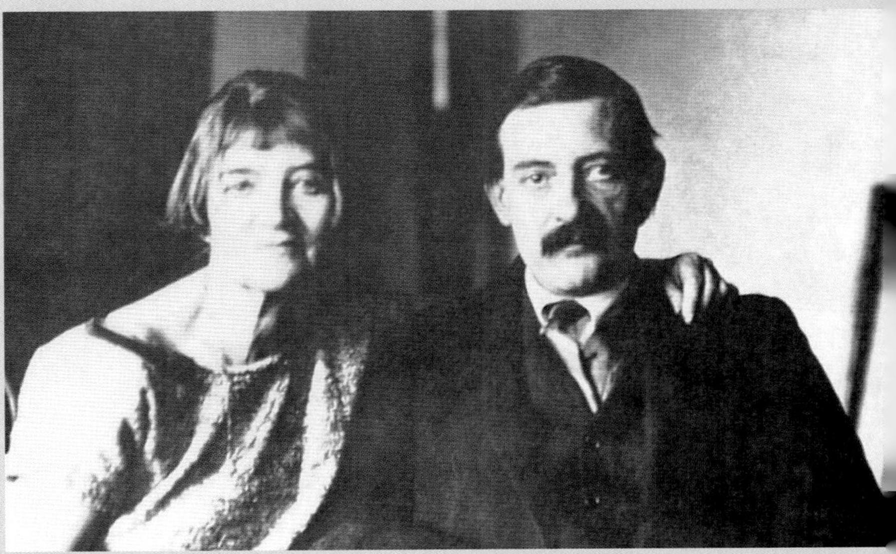

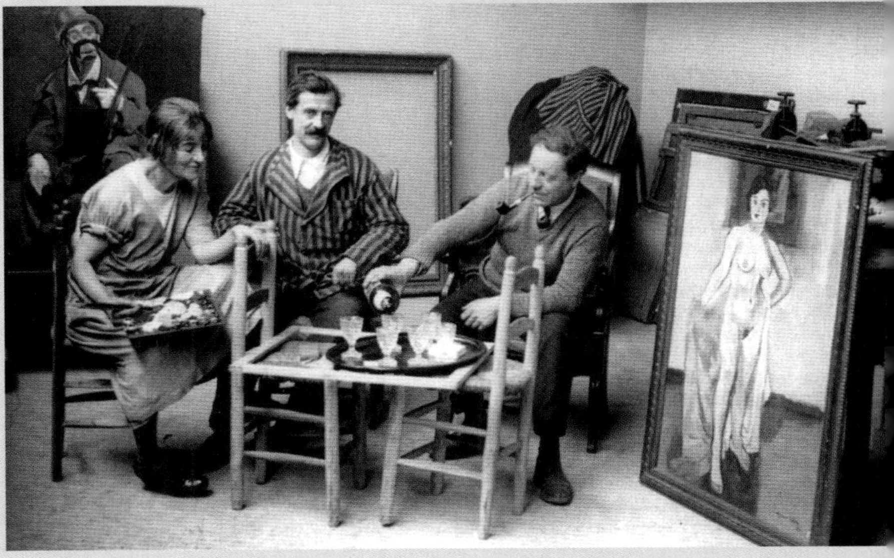

上图：瓦拉东与郁特里罗；下图从左至右：瓦拉东、郁特里罗、安德烈·尤特尔。

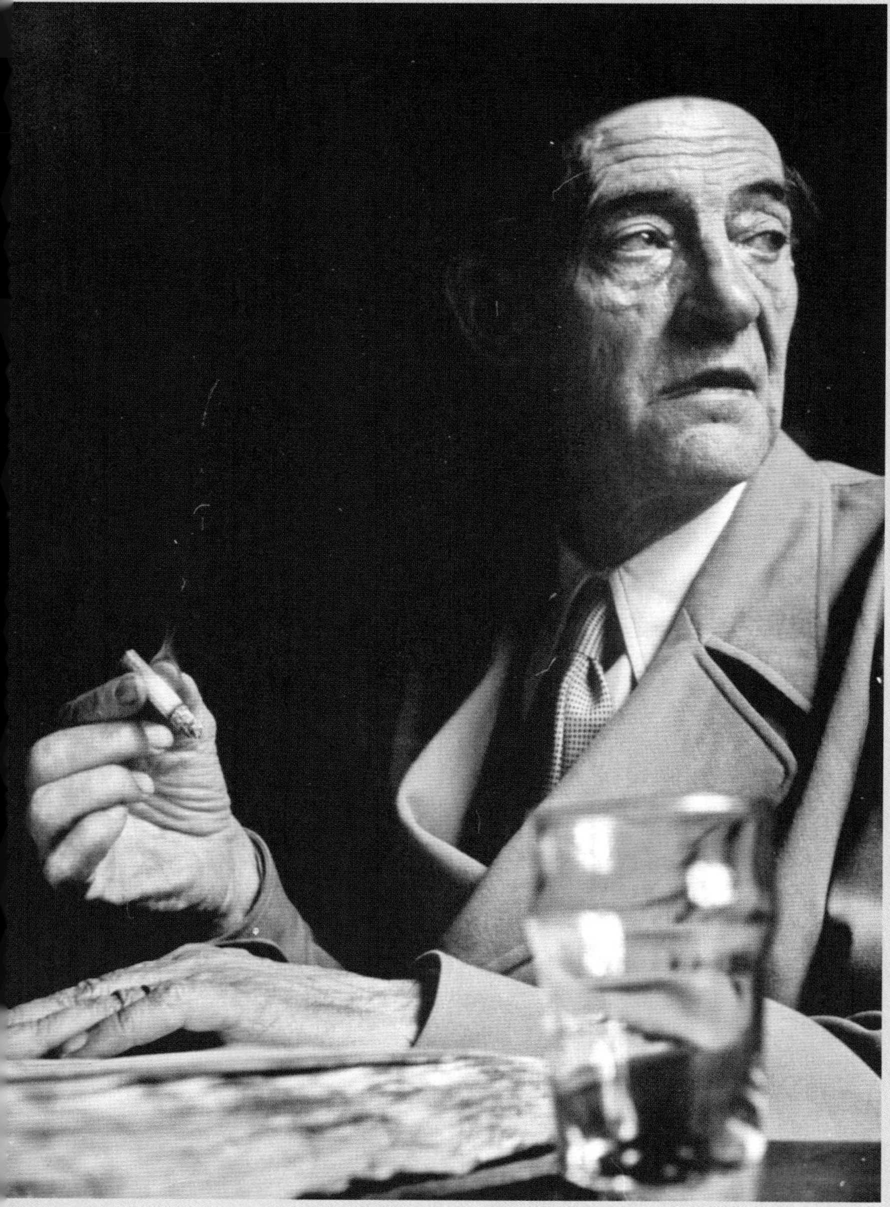

左页：晚年郁特里罗。右页：素描中的男孩郁特里罗。哪位画家能有位画家妈妈为他留下这等珍贵的记忆？当时画中的光屁股小男孩，一点不知道。这是母亲的记忆，这也是我见过的绘画中最动人的男孩。

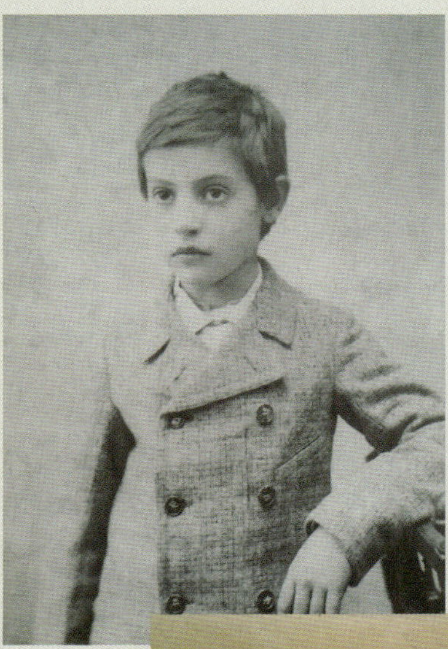

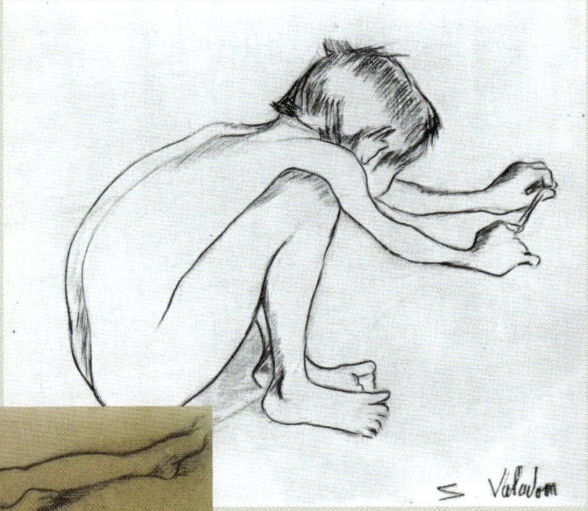

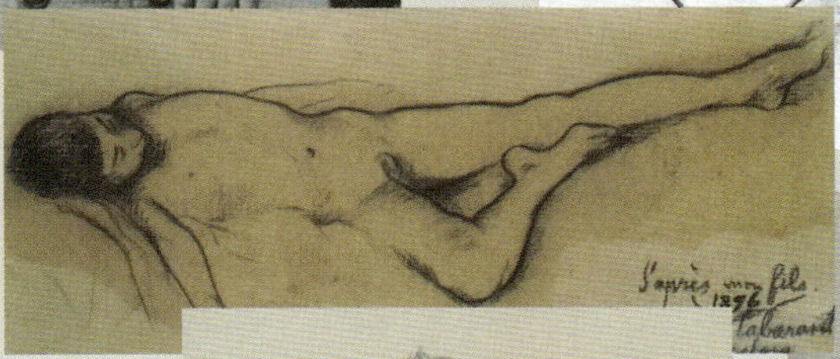

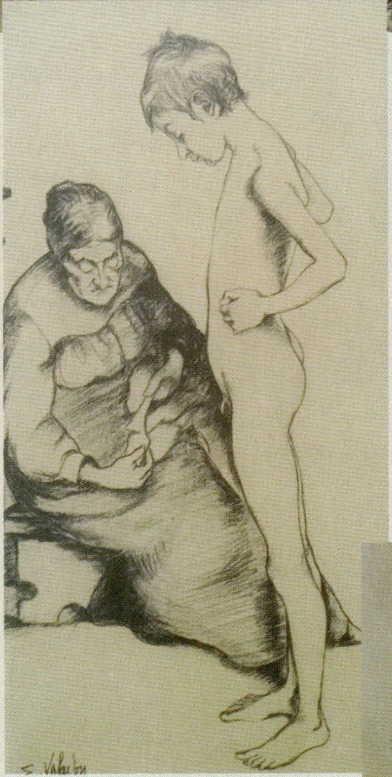

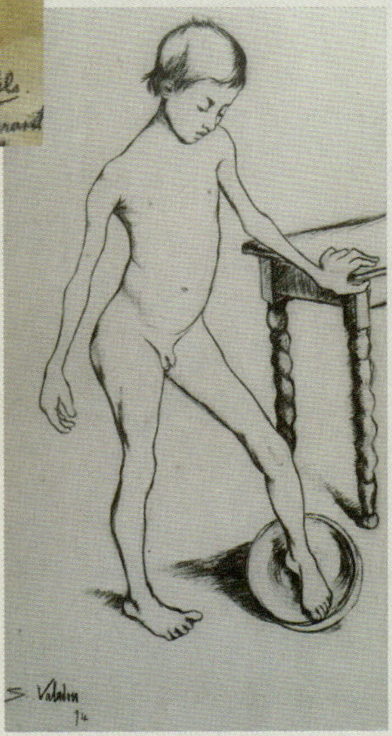

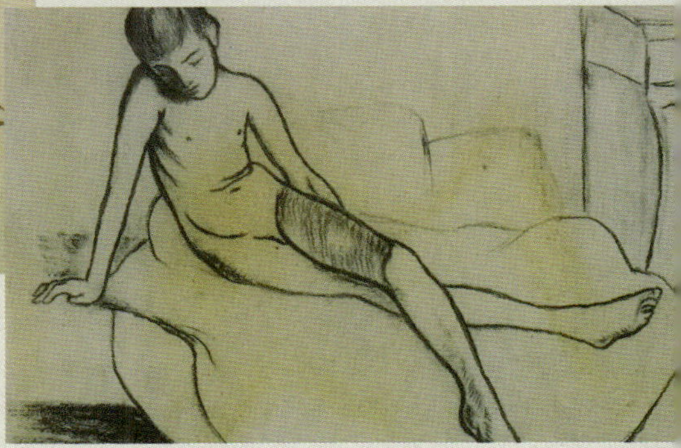

童年郁特里罗。

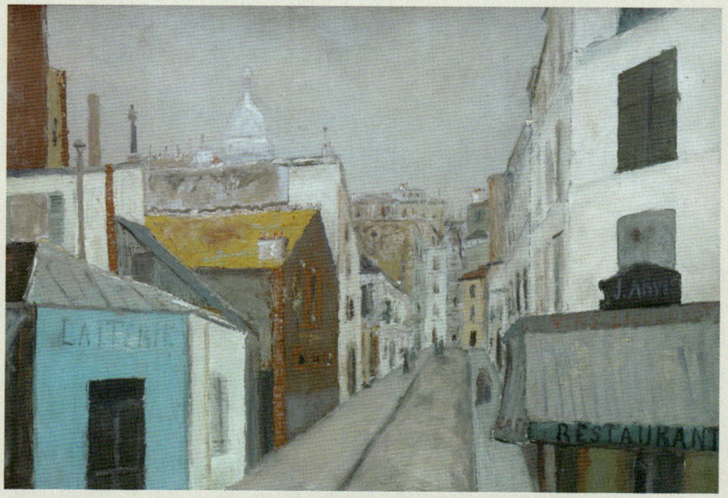

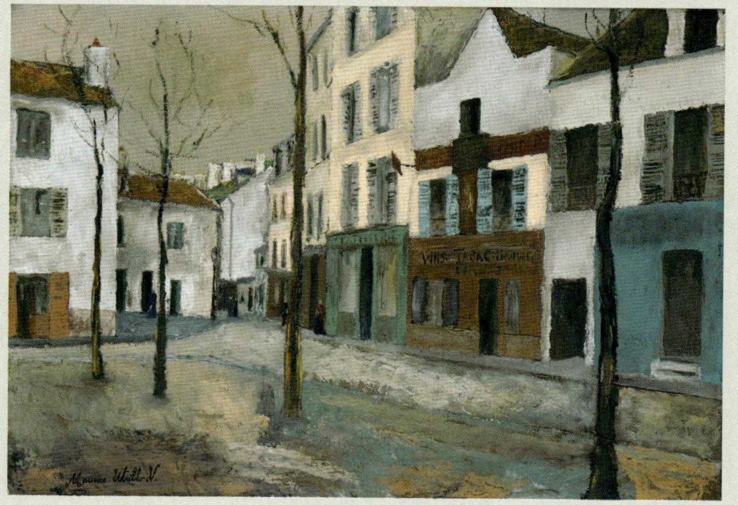

左页，上图：郁特里罗《可唐巷》（*Le Passage Cottin*），1910 年，现藏于英国泰特美术馆；下图：郁特里罗《小丘广场》（*Le Place du Tertre*），1910 年，现藏于英国泰特美术馆。右页：郁特里罗《德·拉·巴尔骑士路》（*Rue de Chevalier de la Barre*），1950 年，私人收藏——八十年代初到纽约，麦迪逊大道和五十七街画廊，常能见到郁特里罗的画，玻璃窗内摆着，标价出售，有几幅实在好看极了。三十多年后，我在北京寓所的电梯间遇到门对门的邻居，对我说：他买了一幅郁特里罗挂在家。某日拜访，果然，郁特里罗——不过此事非关郁特里罗，而是关于中国的改革、中国的开放。

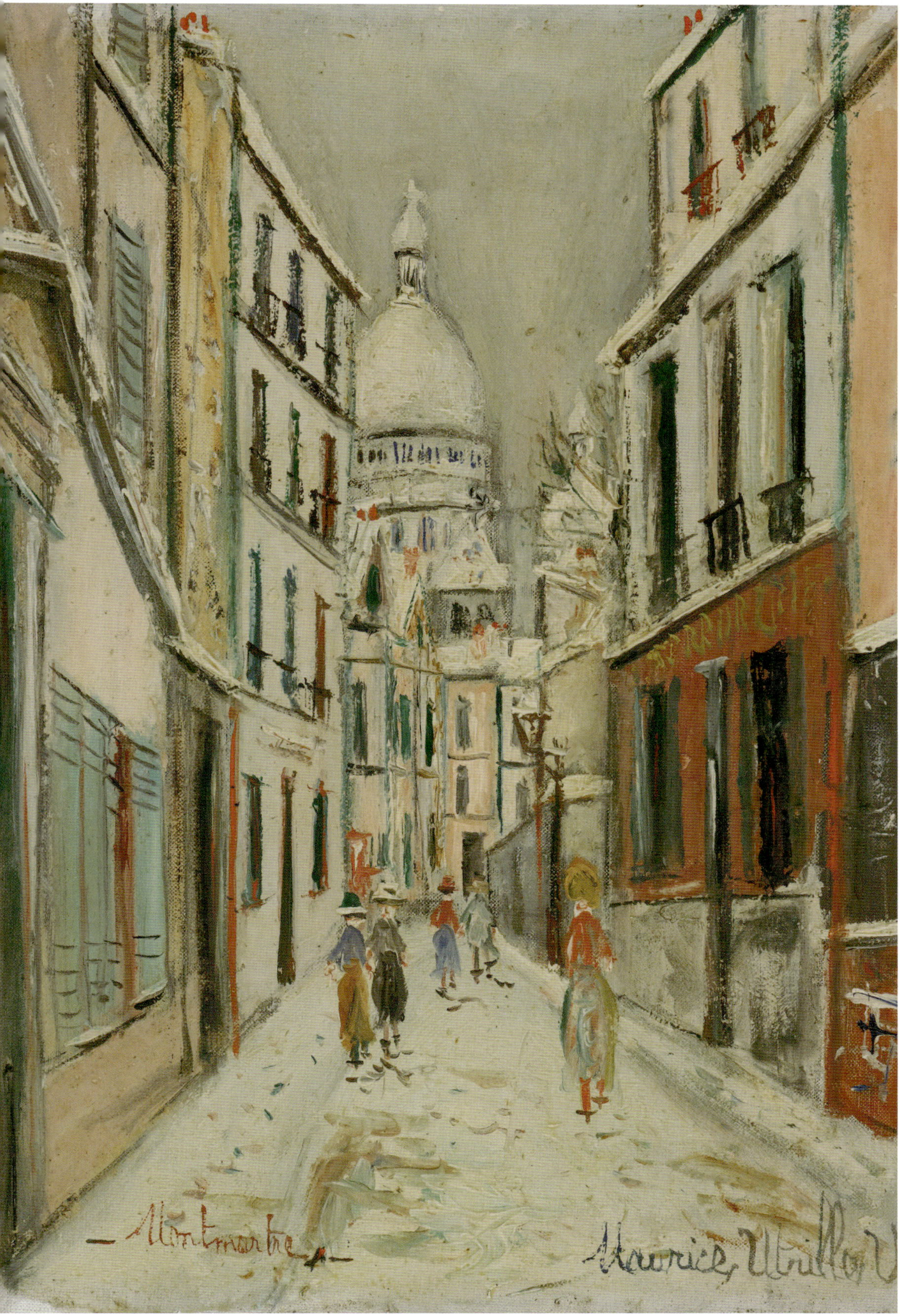
Montmartre
Maurice Utrillo V

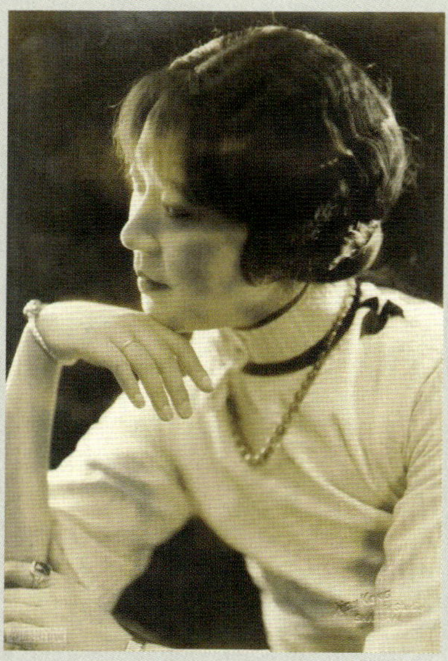

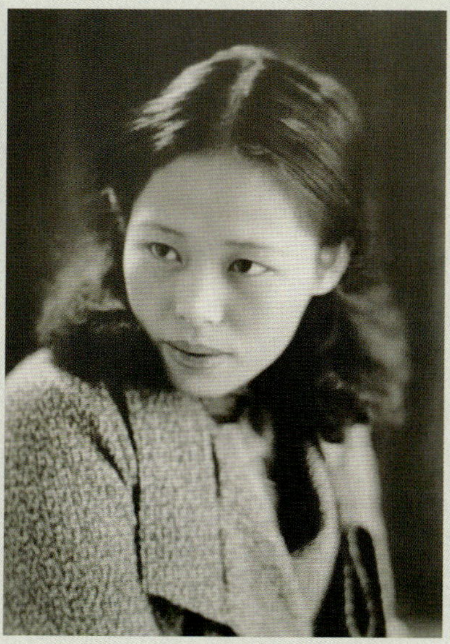

左图：关紫兰；右图：丘堤。

民国女画家

上回谈瓦拉东，说着说着，忽然觉得观点、态度、字眼，都要小心，这档节目要是在纽约播，九句说对，一句说错，可就踩了政治正确的底线，且等挨批、道歉，甚至上法庭。

在女权主义的批评词语里，政治正确的说法，不是“女画家”，而是“女性画家”。谈早先的女画家，也得拿女权思想套回去，细细阐发性别文化的历史语境，对男人的世界，多少有所指控，重点是，最好你就是女性，如果是个男的，你得好好想想，再开口。

一百多年前，西洋女性画家不是没有，但很稀罕。莫里索和卡萨特是资产阶级淑女，瓦拉东是下层妇女——以民主文化论，名家出身越往下层走，越说明时代进步——以我的无知，直到二战前，欧洲女画家像瓦拉东那般浓郁而本色的绘画，找不到第二个。珂勒惠支倒是和她同代，但不画油画，而是，力气很大，晚年弄起雕塑来，她儿子死于一战，她做了系列大雕塑，深沉刚正，分量也很重。所以九十年代她被发掘重视，恐怕和女权意识的成熟壮大有关系。

但我可能又在胡说了，不足为信的。

二十年代的乔治娅·欧姬芙（Georgia O'Keeffe），被美国人尊为女性艺术的祖母，美国人编的所谓"世界"美术史，俨然有她的份。恕我斗胆，我不喜欢她的画，但喜欢她的模样，很大气。她丈夫是现代摄影大佬，名字有点长，此刻忘了，妻以夫贵，他为欧姬芙拍过一组著名的黑白照片，有肖像、有裸体，还专门拍了她的长手指。晚年欧姬芙躲在新墨西哥州旷野里，现在，她的故居成了当地旅游点了。

这几位英雌活在"前女权时代"，对当时萌芽的女权文化不知是不自觉、半自觉，还是全自觉，照现在的说法，都是女性文化的"先驱"。不过，据我记得，十七世纪意大利女画家阿特米西亚（Artemisia Gentileschi）才是老资格先驱。四百年后，上世纪九十年代，这位太祖母级别的画家被重新关注，苏珊·桑塔格专门写了追忆文章，回肠荡气，好像跟她认识。大都会美术馆为她举办了大个展，其中有一幅和卡拉瓦乔（Caravaggio）相似，画一个女子皱着眉头正在使劲割男人的脑袋，鲜血往外喷。

二战以来，欧美女艺术家越来越多，出挑者，个个厉害。我最喜欢两位，一位是美国人奇奇·史密斯（Kiki Smith），我的并置作品画过她的雕塑。一位是南斯拉夫裔行为艺术家玛瑞娜·阿布拉莫维奇（Marina Abramovic），八十年代，她和德国男友乌雷（Ulay）合作一件作品，题曰《情人—长城》（*The Great Wall Walk*）。玛瑞娜从山海关出发，自东向西，乌雷从嘉峪关出发，由西向东，全程徒步，长达三个月，最后相约会合二郎山。再后来，两人分手了。几年前，玛瑞娜在纽约现代美术馆又做了一件作品：数千名观众排着队，被邀请与她对坐，对视，不发一言。忽然，二十多年不见的乌雷坐下来。玛瑞娜眼眶湿了。乌雷隔桌握她的手。她噙着泪水，微笑了。两个老去的恋人。几分钟后，乌雷起身离开，让位给其他等候的人。

说真的，当我佩服哪个女艺术家，恨不得变成女子，为什么呢？因为有种念头、气质，唯女子才有。所以，再斗胆说个意思：过去的女画家未必意识到“女权”，她们的本意，其实要想画得像周围的男画家那么牛逼。女画家最微妙最迷人的特质，是什么呢？当她妄想自己也是男画家，这时，女性特质出来了，正如英气勃勃的女子忽然穿上男装那样。

这又是男性目光吧，一不留神，犯忌了。但我真的认识一位七〇后北京女孩，名叫黎薇，仿真雕塑做得棒极了，思路、规模，非比寻常，她剃个男孩发型，通身男装，脚蹬旧军靴，大步流星地走。

“不让须眉”、“女子丈夫”，中国人常拿这类屁话奉承女性，其实呢，主语还是“须眉”、还是“丈夫”，分明借此抬举爷们，哪里是尊重女性！绘画，如正义之事，贵在大胆，论义无反顾，论舍命奉献，女杰的胆气远胜男子。想想中外女烈士，令人气绝，投降变节的男人肯定多过女生。同样道理，论手巧，超级裁缝、厨子、设计家、化妆师，却是男人的天下。所以情形应该一反，咱们要对手巧的男流说：哎呀，您真是“不让粉黛”、“男子太太”呀！

总之，造物主故意留了许多伏笔、余地，让人类自己解码、自己折腾——说半天，我对女画家怎么看呢？贡布里希说：“没有艺术史这回事，只有艺术家。”我的引申是：没有男画家，也没有女画家，只有好画家——你以为人家乐意在画家前加个“女”字吗？瓦拉东胜于许多男画家，不因她是女性，她的禀赋、优胜、魅力，专属“瓦拉东”——但这么说仍然有问题：瓦拉东真的是女人：她在她的时代或许劣势吧，在我看，却是令我妒忌的优势。

中国最有名的女画家，是元初赵孟頫的夫人管道升。明朝文徵明的玄孙女文淑，清初秦淮名妓马守真和顾眉，史册也还提一笔，不过琉璃厂铺天盖地的国画画册中，不易找到她们。如今中国的女艺术家越来越多，美院史论专业的女生更是成群结队，望不到边。今天，我要讲讲我顶佩服的两位英雌，一位，是留学日本的上海女子关紫兰，一位，是民国决澜社主将庞薰琹的妻子，丘堤先生。

民国时期的女豪杰，数不完。短短三十来年，民国女画家数量超过以往几千年。头一批留学西洋的男画家，声名太大，掩盖了留日的一支，其中，陈抱一、关良、关紫兰，顶有才气。关紫兰，上海女子，真正大家闺秀、绝代佳人，前些年我买到她一帧黑白原版照片，大家看看，这还不是她最美丽的留影——我二话不说，先来称她美丽，已是男性目光，但我实在不是以貌取人。前次说及的潘玉良，不美，我也欢喜，因为那是古人之相，望之起敬。而关紫兰美到这份气质，不赞美，便是罪过，瓦拉东瞧见，德加、雷诺阿瞧见，谅必无可奈何，惊为天人。

可是你瞧关紫兰的画，就忘了她相貌。她下笔的胆气和瓦拉东有一拼，且是纯然天生，比起刘海粟的霸悍，半点不刻意、不夸张，比起同样有胆气的陈抱一，犹有过之，徐悲鸿、林风眠、吕斯百、吴作人，单是论胆气，论概括力，论率性豪放，论天纵其才，依我看，都比不过关紫兰。1998年纽约古根海姆现代美术馆举办中华文明五千年展，特辟中国二十世纪绘画馆，留法留日十几位老前辈忽然现身纽约，虽是如雷贯耳，我扫视一过，显得学生腔了，出馆后想想，其中最夺人的画，竟是关紫兰。

关紫兰的画，又好在闺中的女气，明艳而娴静，此后及今的中国油画，再也不见，原因很简单，“大家闺秀”绝迹了。话说日本昭和年代的油画——他们叫做“洋画”——正好是学巴黎画派，出了安井曾太郎（Sōtarō Yasui）、小出楢重（Narashige Koide）、梅原龙三郎（Ryuzaburo Umehara）等等，远比中国留法一代画得更恳切、更入味，可是到底东洋气，任他怎么弄，梦不见中原汉家入骨的斯文、历史的大气。关紫兰不过是画画人像风景，不必谈什么气质修养：她的画，就是她照片上这个人。

当然，她的画不折不扣民国气。民国女流的装扮和发型，既是江南的妩

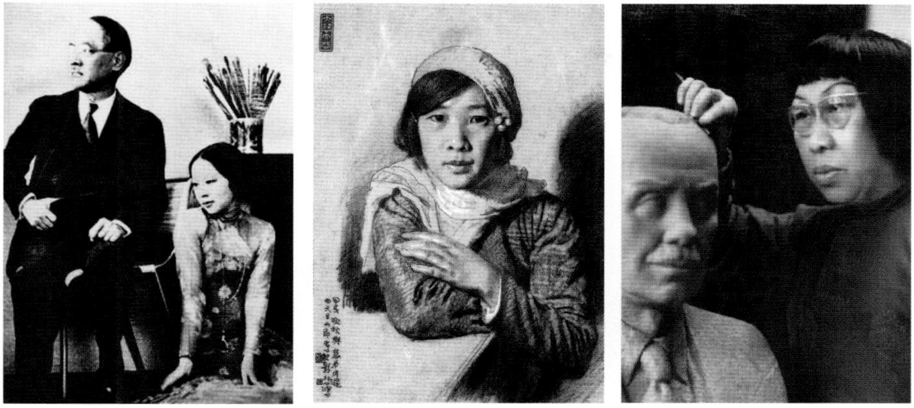

民国画家——左图：陈友仁与张荔英；中图：孙多慈；右图：潘玉良。

媚，又学英法一战前后的淑女相，此后没有了，民国富家女子做书生、弄体育、画写生、闹革命，一股子率性与天真，此后，更没有了。留日的陈抱一，盛年夭折，关良是老好人，寿数长，但四九年后不敢画他野兽派一路，去弄水墨戏剧人物画。关紫兰哪里去了呢？我年轻时根本不知道美术界有这么个奇女子，后来听说她大隐隐于市，不画画了，我见过她“文革”后的照片，穿着人民装，老来仍是动人，莹然浅笑，不见苦相。十年前拍卖行出现她的画，起价二十来万，谁识货呢，居然流拍了。

再说丘堤先生。对照关紫兰的东洋影响，她的路数便是西洋当时的前卫，受夫婿庞薰琹带回一战前后的法国理念影响，略有立体派的意思。她的静物画，以我所见，中国第一。好在哪里呢？同样是花呀，瓶子呀，衬布呀，丘先生懂得避俗，出手简静，她的画不比瓦拉东好，但比瓦拉东高；第二是素心，这话不好解，有如清蒸菜，她的优雅，是人优雅；第三，见“物性”，这句话，又分两层，一是摆件的物性，不修饰，不渲染，是物体的恰如其分，也是对物体的敬意和爱意，一是懂得善用材料的物性，丘先生敷色、行笔、起止、收束，始终不温不火，处处浓淡得宜，这不单是本事，温良恭俭让，入了画道，就是这等境界。第四呢，她的气息也是民国透顶，自发，自在，自如，自适，而且自尊。五十年代后女油画家群起，才子很不少，都画革命画，一股子革命气。丘先生画画毫无意图，虽然，在她的年代，她这样画画，才是绘画的真革命。

她的画和巴黎画派一起展览，似有巴黎的微风来，再以我的幻觉，隐约之间，还有不可觉察的佛气，弘一法师看见，不知作何感想。就画论画，弘一不及丘堤。

民国画家，圈子和门派蛮清楚，同是三十年代出道，丘堤和关紫兰似乎毫无交集。但她俩的命运相近似，都在五十年代后销声匿迹，丘先生走得早。她家三代女性都画画，女儿庞涛，是中央美院资深教授，她的外孙女林延，是我同学，可是他们家有教养，并不说起。我完全不知道庞涛的母亲、林延的外婆，是这样一位女高士。九十年代，林延与母亲和外婆在纽约办了小小的展览，我一看，没有话说。

我喜欢静物画，但不会画，我喜欢风景画，也不会画。展览中有丘先生一幅小风景，显然是在自家窗口画阳台对面的人家和杨柳，实在清新如初，好像就是那个上午。这幅画画在 1945 年抗战胜利后，庞薰琹丘堤两口子回到了上海，想必心情大好——我呆呆地看着，想念早已失去的上海的表情。

2015 年 6 月 19 日写在乌镇

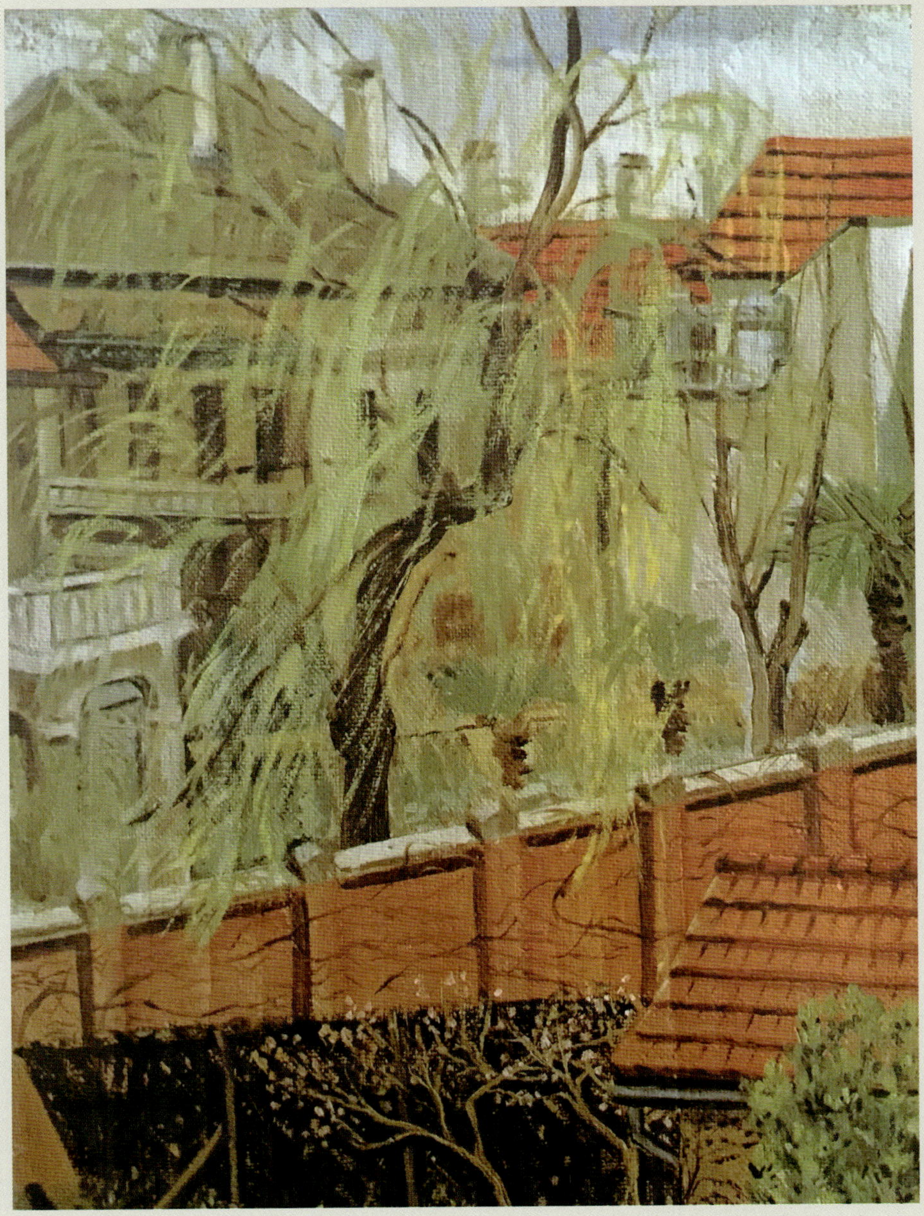

丘堤《窗外》，1947 年。

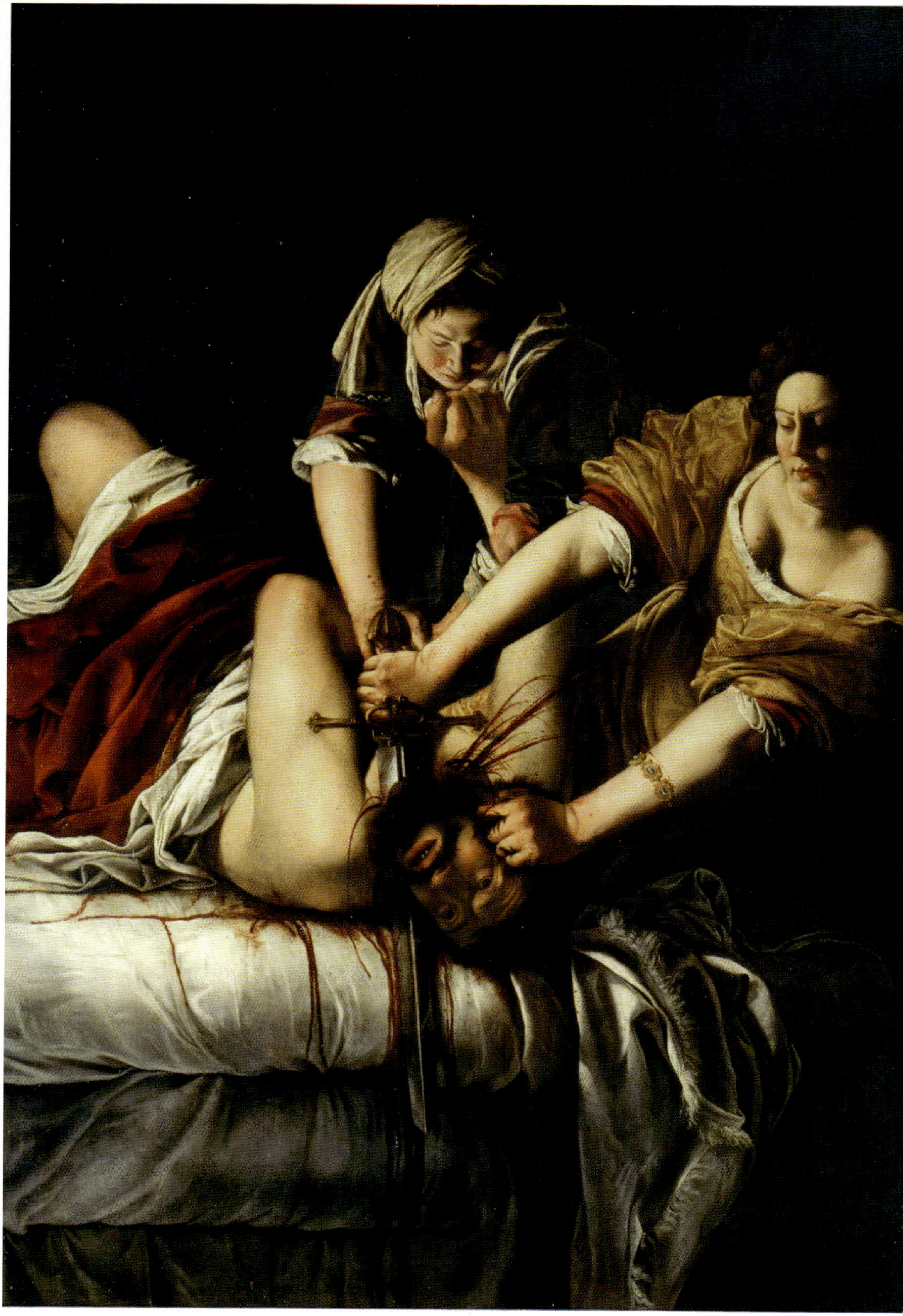

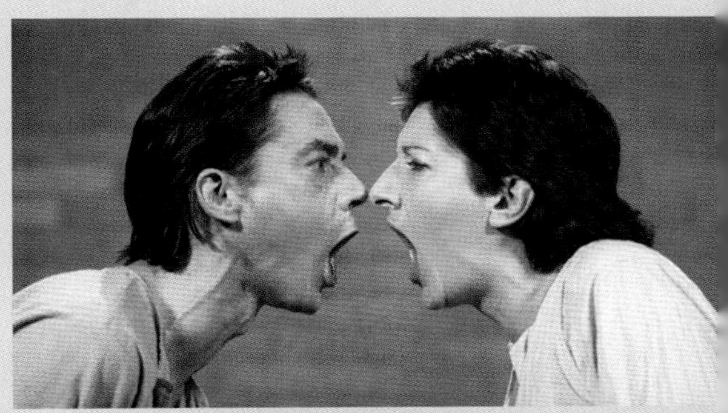

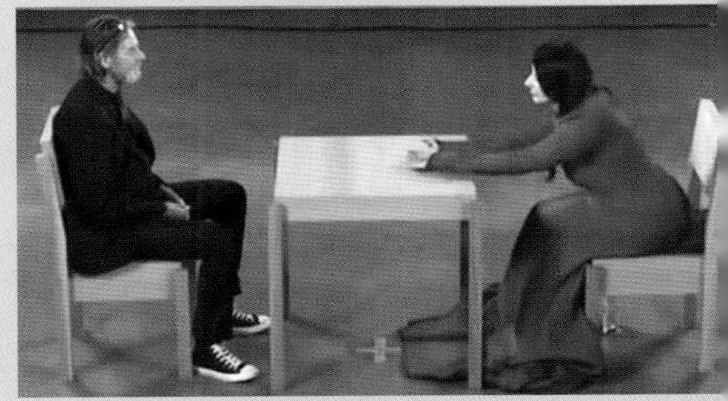

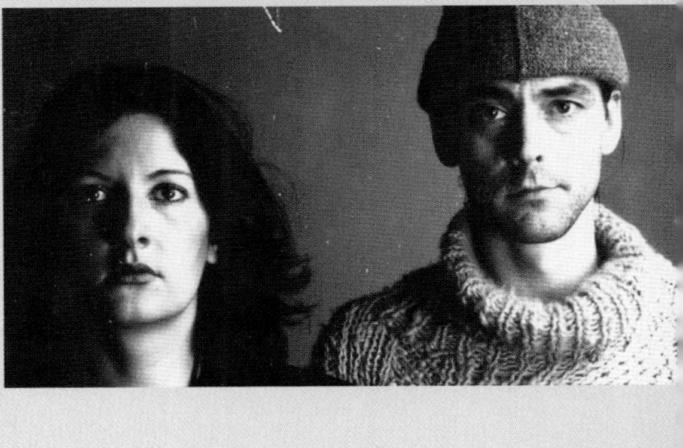

左页：阿特米西亚《朱迪思和霍洛芬斯》（*Judith and Holofernes*），1620—1621年，现藏于意大利乌菲兹美术馆；
右页：玛瑞娜与乌雷。
玛瑞娜和乌雷当众和解，我记得是乌雷先行伸手，结果看了梦茜插播的现场录像，倒是玛瑞娜先伸手，乌雷于是释怀傻笑，趋前一握。我写稿子不参考资料，单凭记忆，记忆不是资料，常出错。十六集中许多引述都有错误和盲点，谢谢梦茜找来资料，以正视听。

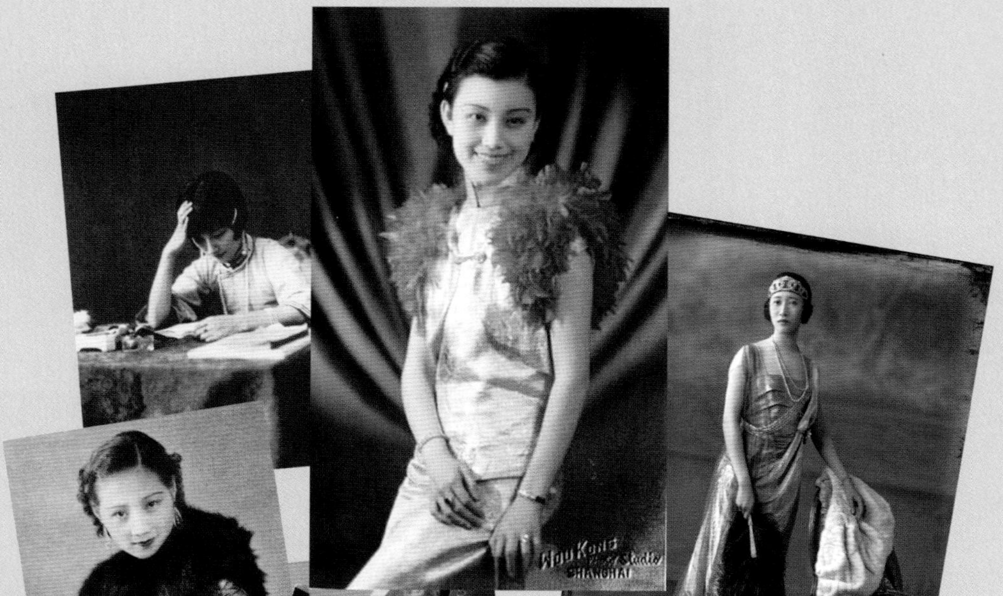

民国女子照片一组。

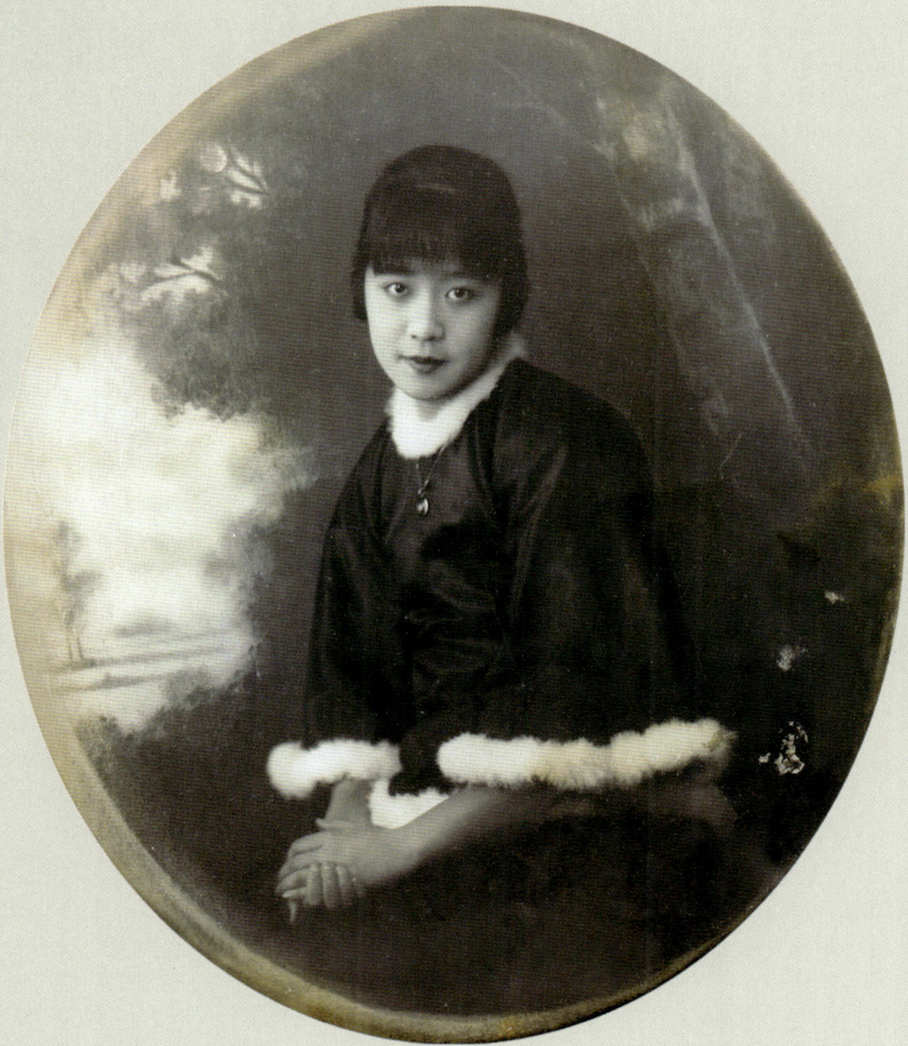

关紫兰（摄于三十年代）。

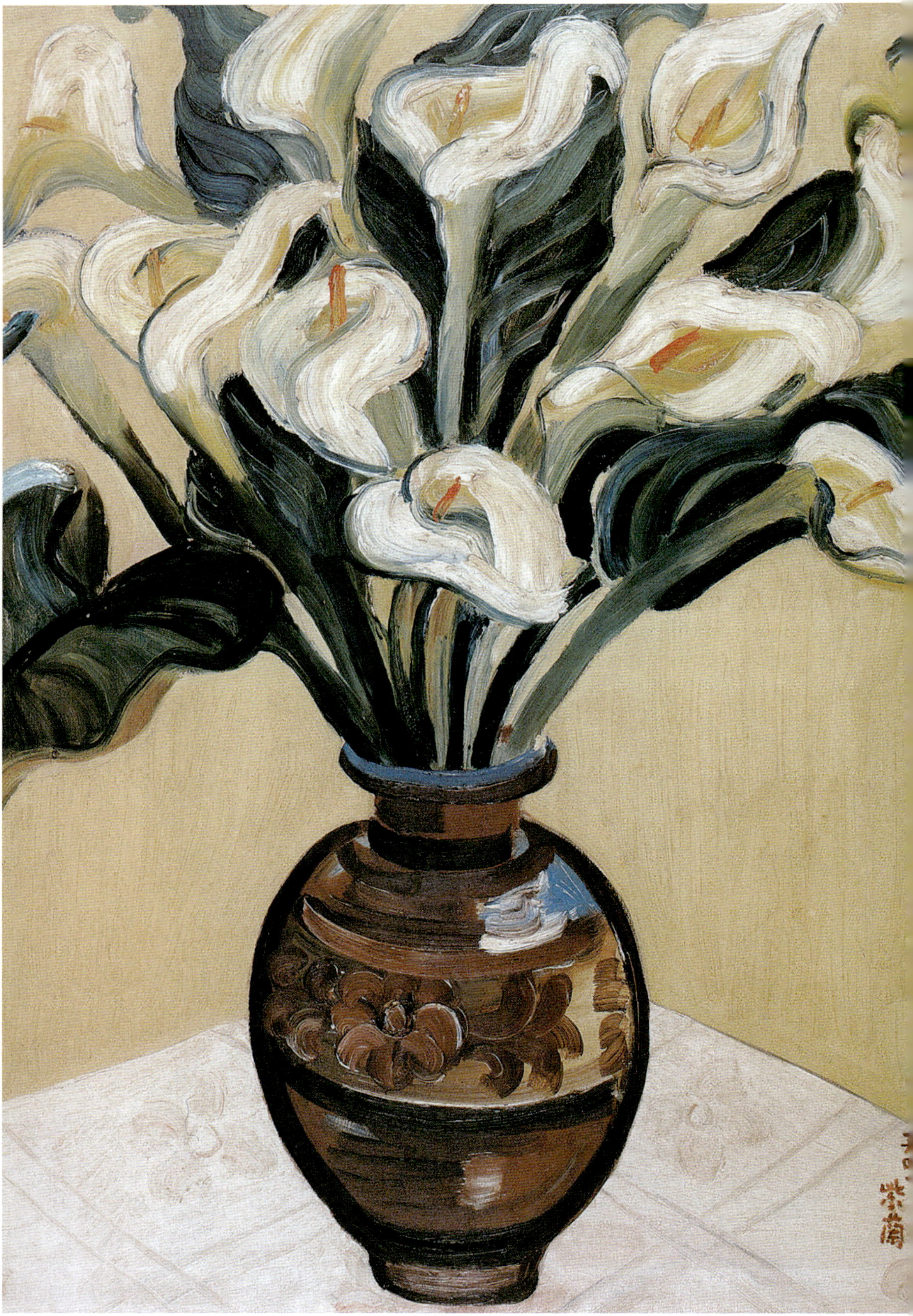
崇蘭

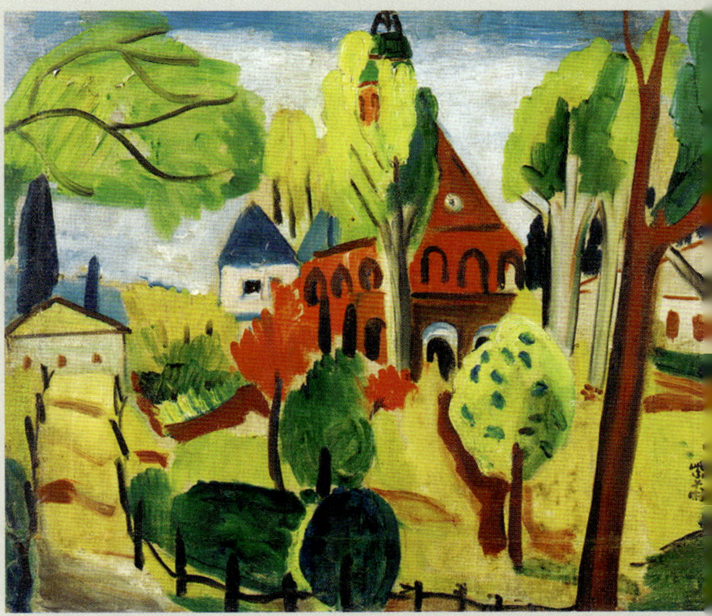

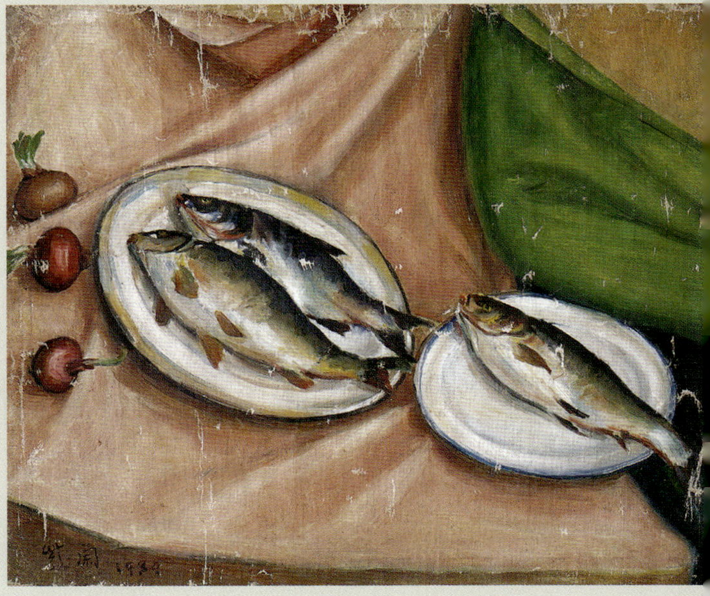

左页：关紫兰《慈姑花》，1941 年；
右页，上图：关紫兰，《静安公园》，1942 年；下图：关紫兰，《静物》，1939 年。关紫兰身后，迄今没有一本专册面世。网上寻获这几幅，固然不差，我在拍卖行与朋友处见过不下二十余件关紫兰原作，远为精彩，可惜无由觅得。关美人若是见到本集图片，会委屈的。但她中岁弃画，不著一笔，想来是个决断而透彻的人。

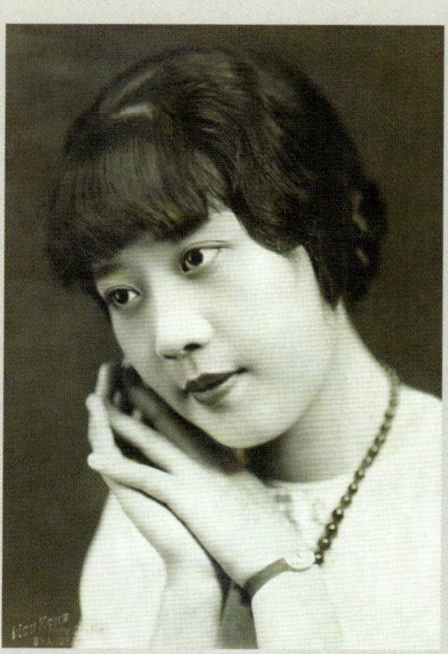

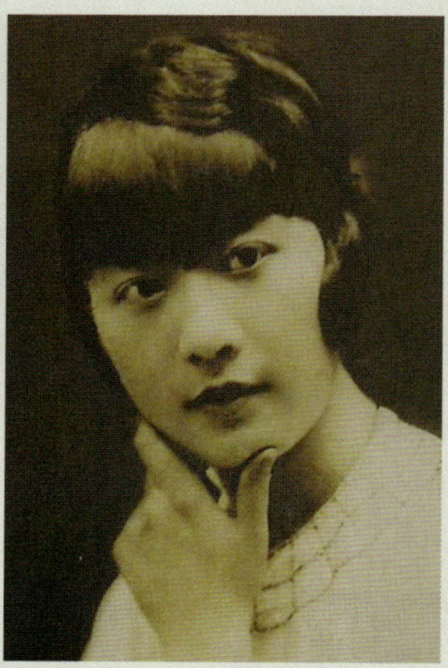

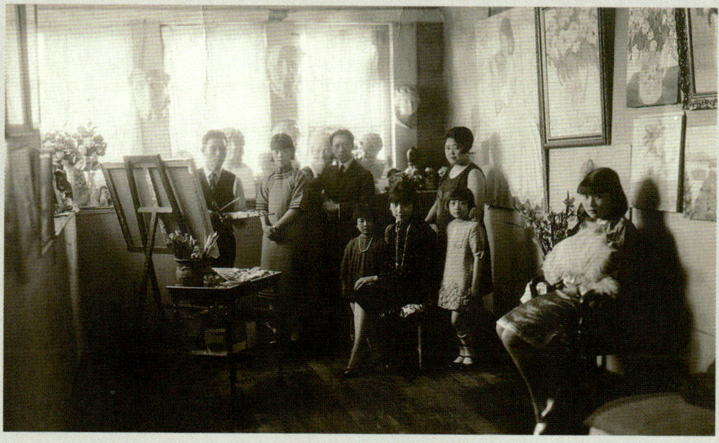

左页，上图：关紫兰；下图：关紫兰、陈抱一、丁衍庸合影；
右页：关紫兰《少女像》，1929 年。

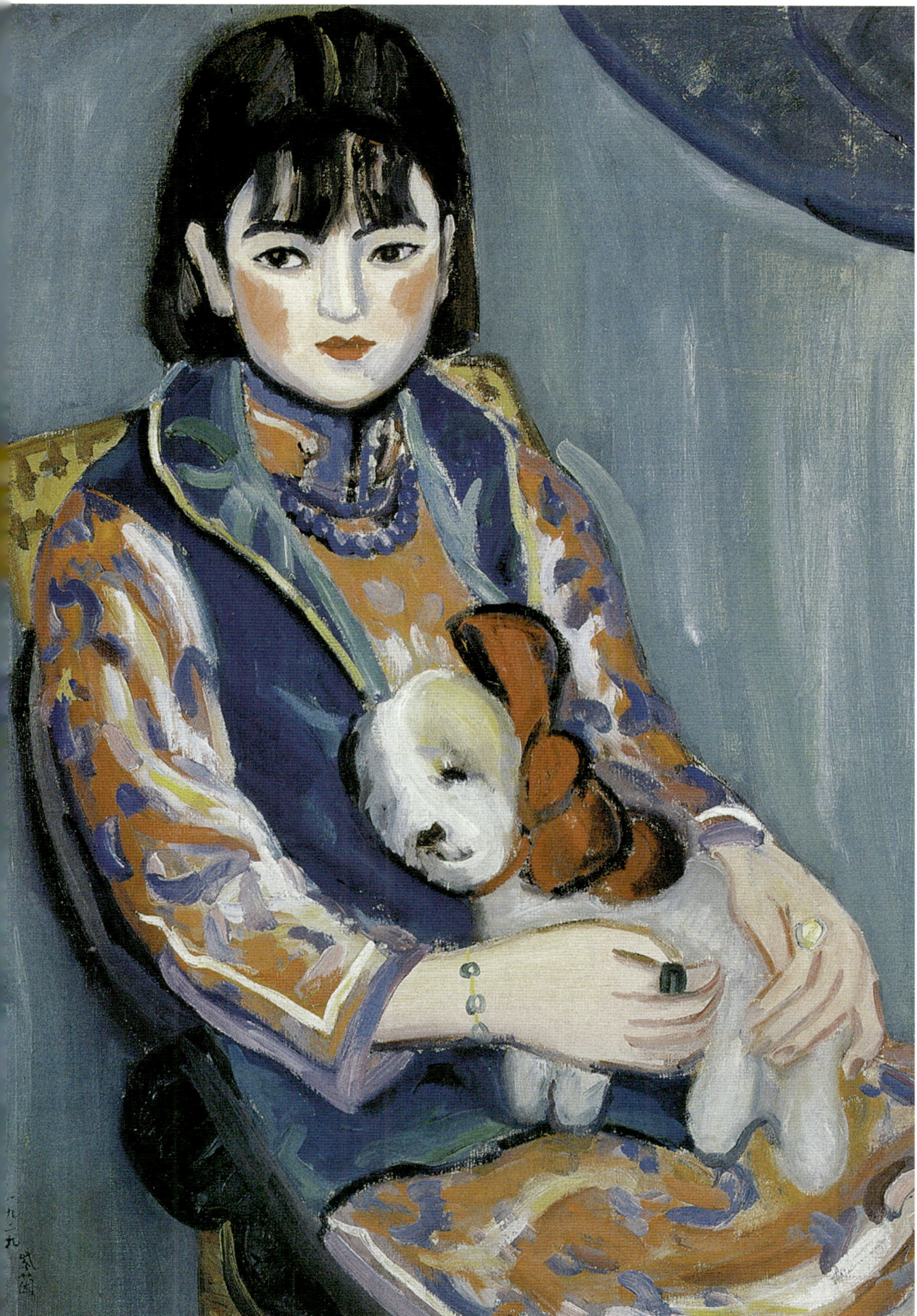
一九二九

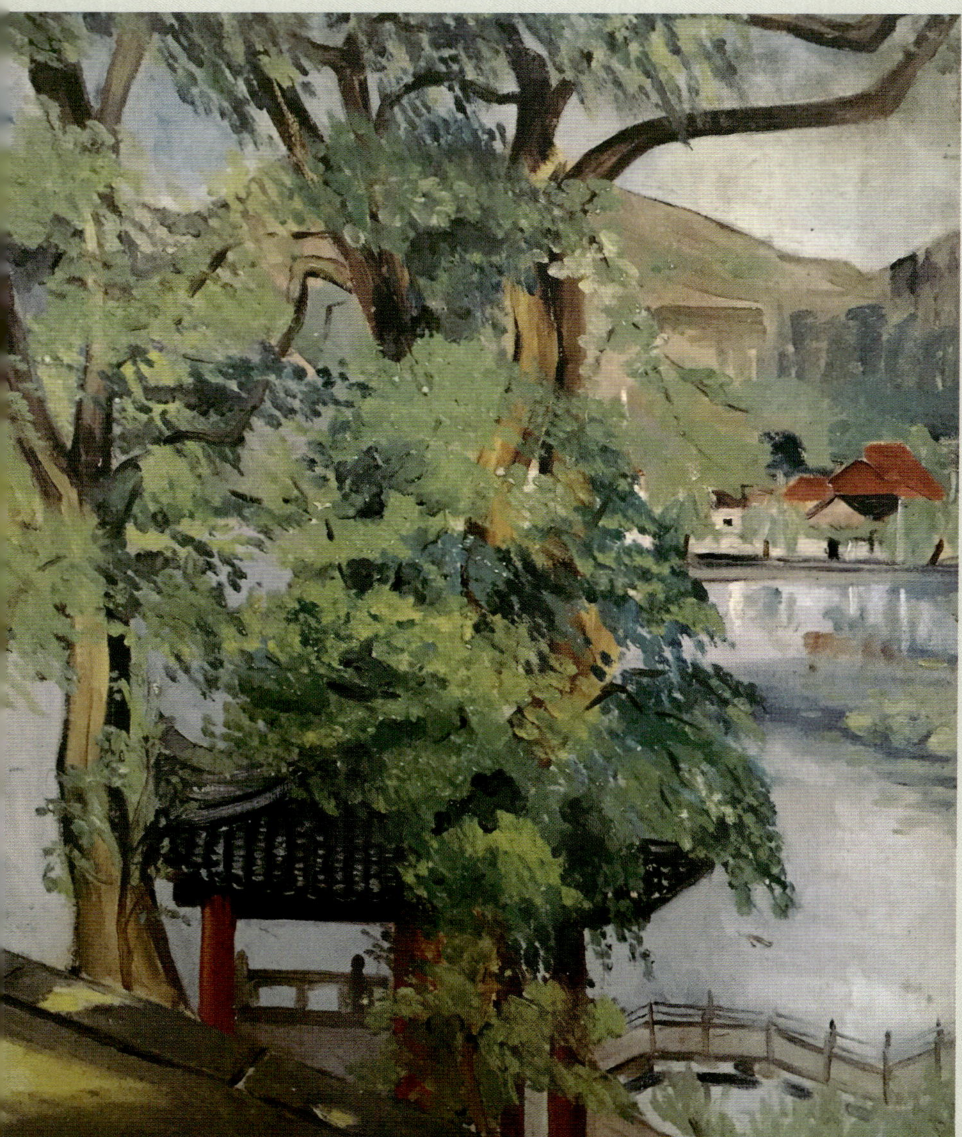

丘堤《西湖平湖秋月》，1946 年。

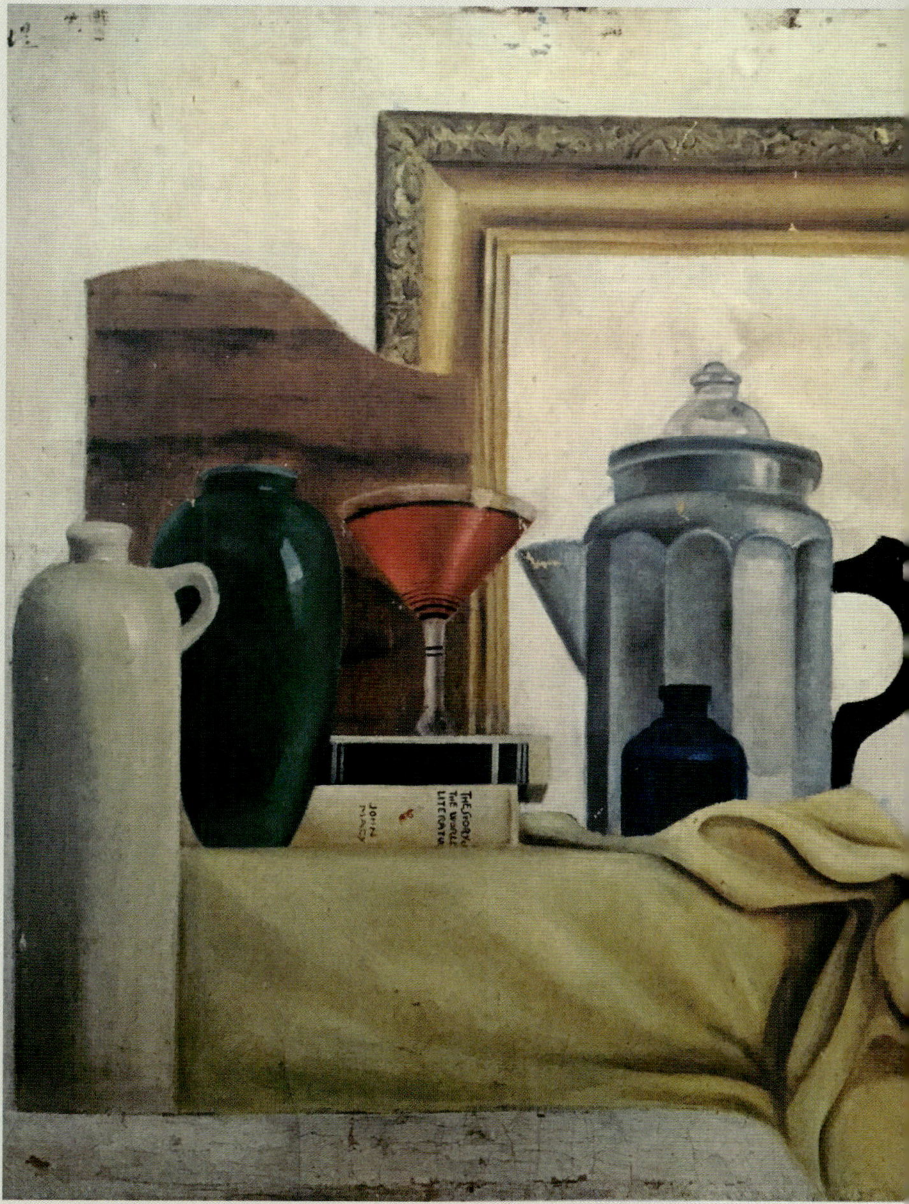

丘堤《咖啡壶与酒杯》，1931 年。

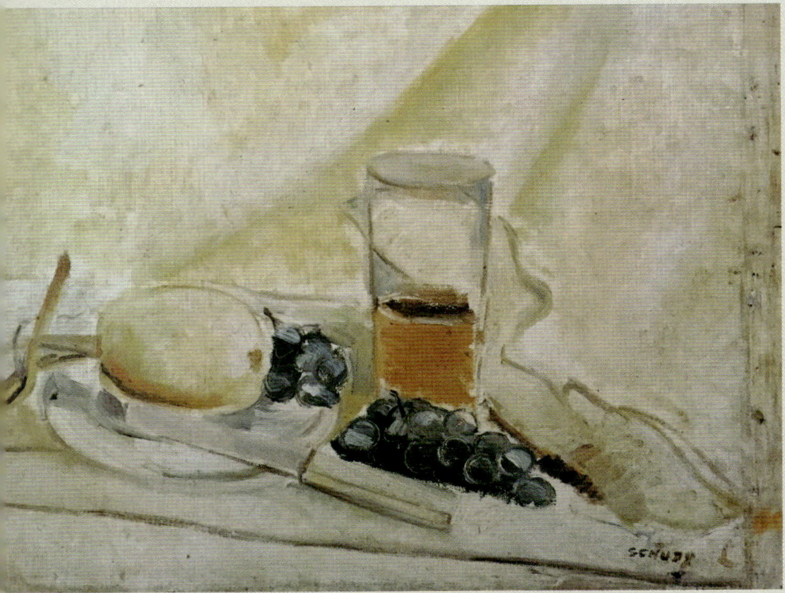

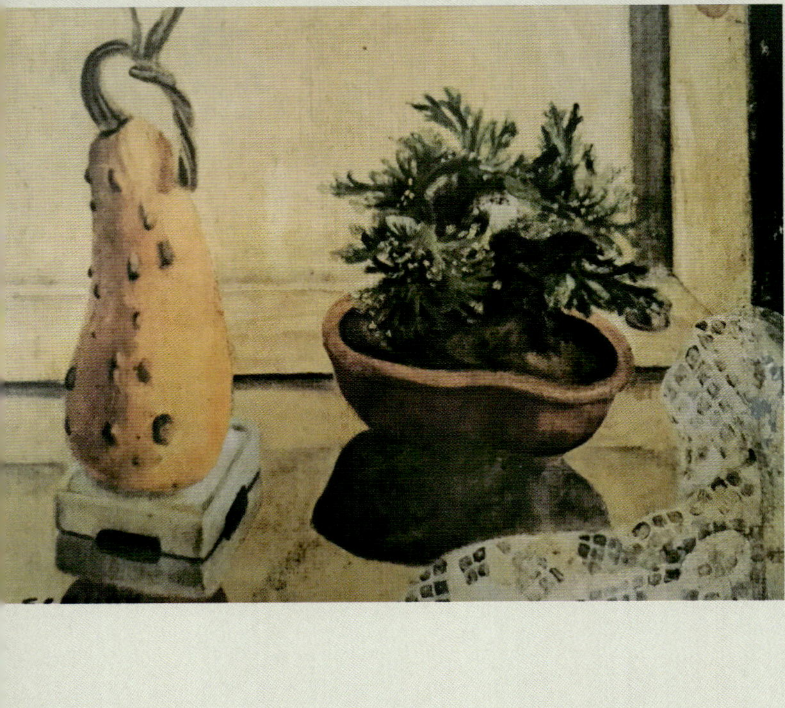

上图：丘堤《静物》，约 1928—1929 年；
下图：丘堤《静物》，约 1928—1929 年。

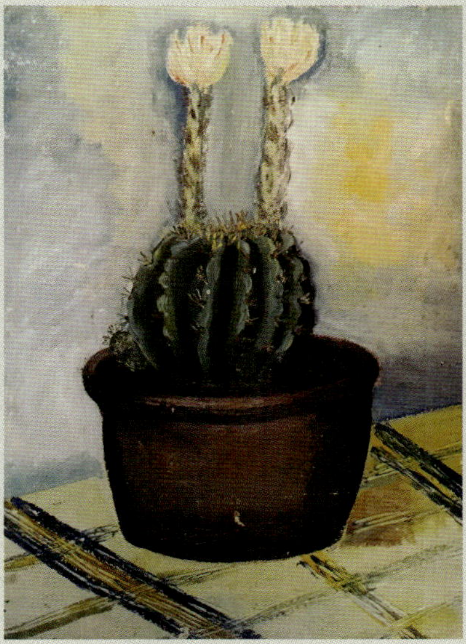
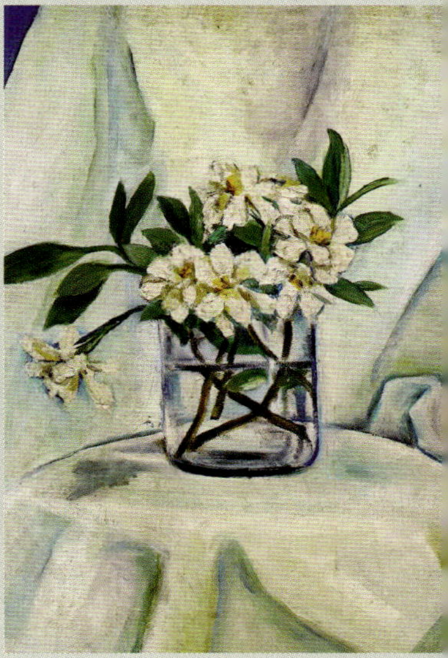

左图：丘堤《仙人球花》，1939 年；
右图：丘堤《栀子花》，1941 年。

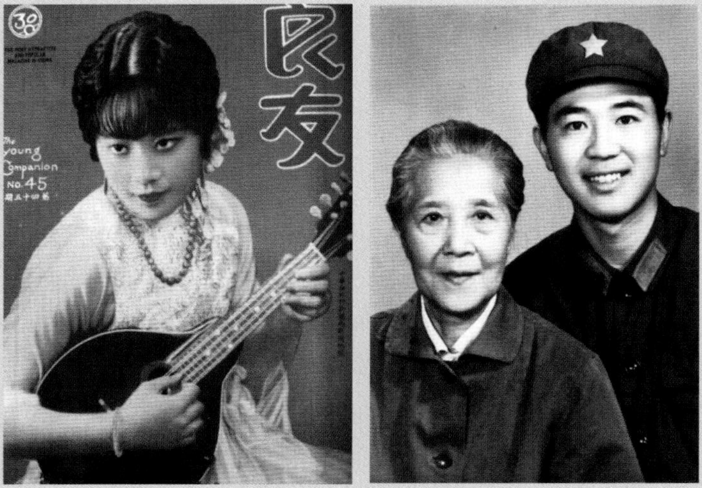

左图：《良友》封面关紫兰。右图：晚年关紫兰。

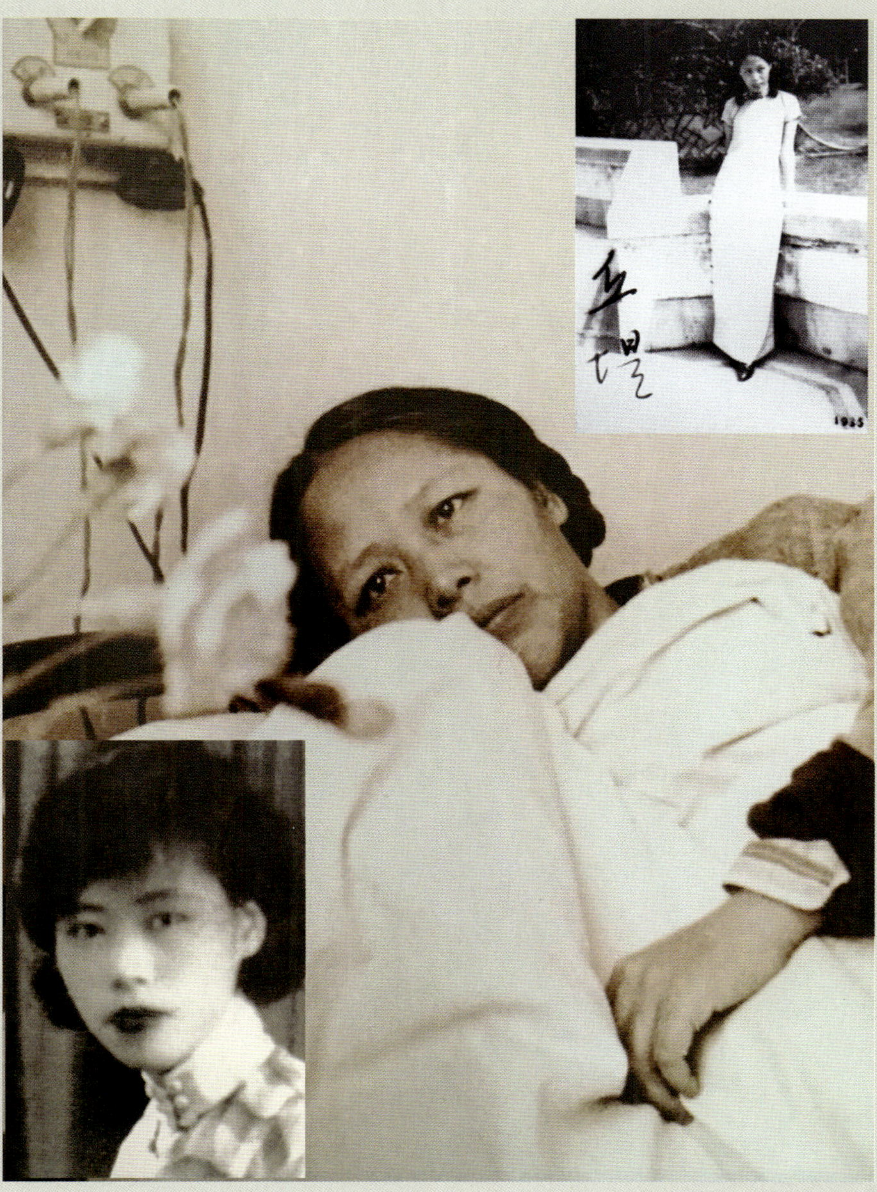

晚年在医院中的丘堤（右上角、左下角：青年丘堤）——老同学林延说，她外婆仅余十来件作品，前些年在北京展览，汇聚成册，我有幸得到一本，选了几幅，用在这里，可惜印刷品效果完全失去原作的气息。

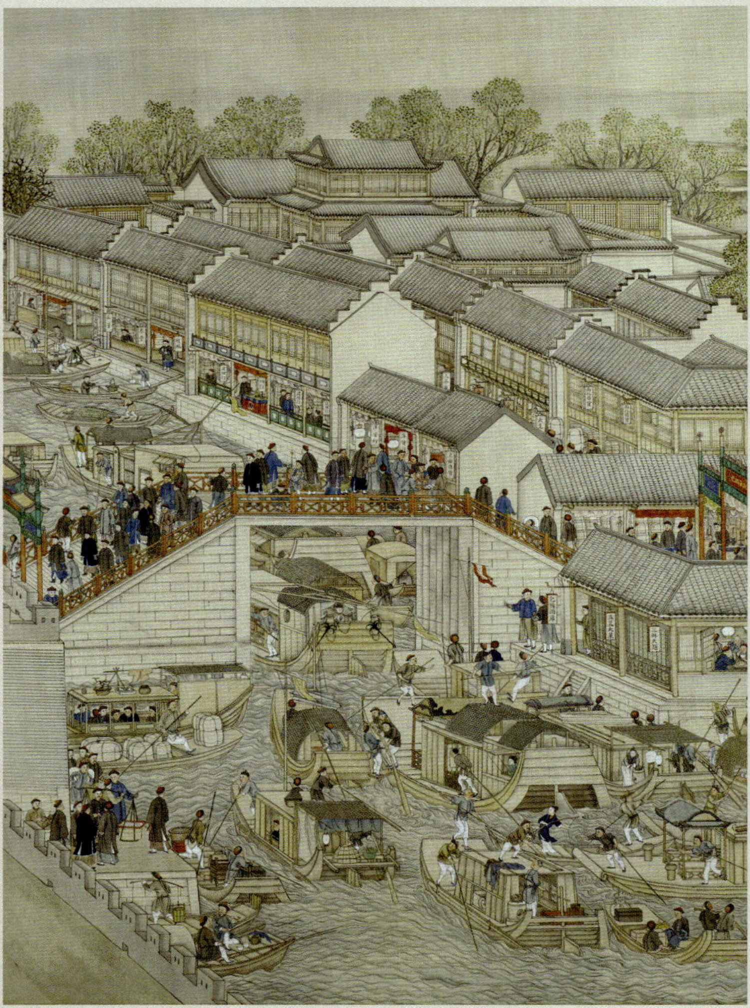

徐扬等《乾隆南巡图》局部，1751年，现藏于中国国家博物馆——因是在乌镇忙不开身，《局部》团队南来。拍完后，我请求弄个乌镇的航拍，试与《南巡图》重叠，此外，请梦茜先播放一组南巡图局部，伴以宫廷击鼓，然后再出片头——仅这一回，我事先干涉了她的工作——承蒙她认真试了。剪出后，一听鼓声，便即神旺，到片尾，眼见乌镇的屋瓦河道忽而与南巡图市景一次次交相叠化，如幻似真。其时我正叼着烟看，看到这一段，不料抽抽搭搭哭起来——后来又偷偷重看了好几回，每到这一段，莫名所以，百感交集。

徐扬的功德

前面十集都在我的画室胡说，大家看厌了，我也拍厌了，今天换一个景别，诸位看看，能不能认出是哪里。

下面我要推荐的徐扬，大家也不知道的，恐怕画国画的专家也没几位留心他。以下还是我的坏习惯：先从别人那里兜过来。

西洋画家而留心东方的绘画，据我所知，有两位，一位是憨人梵高，他到巴黎开眼界时，英法德国的殖民文化和“东方学”正当兴盛，从亚洲弄去好多艺术品。梵高不晓得动了哪根筋，对日本浮世绘大为倾倒，一五一十临摹，还规规矩矩描摹画里的中国字，他这样做，不晓得是不是西洋画史的第一个人。

所以难怪，日本人不弄到梵高的画，不肯罢休。

另一位，是仍然健在的英国画家大卫·霍克尼（David Hockney），今年佩斯画廊在北京 798 分部为他晚年风景画举办大展。“文革”刚结束，他和美国的安迪·沃霍尔一样，跑来北京，东张西望。他写过一本书，竭力赞赏中国长卷画，说，那是文艺复兴透视法之外，另一种伟大的视觉文化，叫做“移动观看”——或换个词：“散点透视”——他自己因此弄了“发明”：对着一片景致拍了无数局部照片，然后拼起来，变为全景。我初看很佩服，后来不喜欢了。为什么呢？恕我说句傲慢的话：那是西洋人的小聪明，属于器械思维。

所谓“移动观看”，是指古代中国人的看画方式：双手握着长卷，右掌一边卷拢，左掌一边展开，看一部分，叫一声好：这是全世界独一无二的观赏方式，它不是出于如今随口乱说的“形式感”，而是为了逐段欣赏，所谓“移步换景”，此之谓也。如今中外美术馆把长卷画整个儿摊开，放在加长的柜子里，一目了然，尽收眼底，好像很体面，其实大错：那不是长卷画的功能，也不是长卷画的初衷。

但也难怪，今日的展示方式全是西洋学来的，返回古代中国，你得是个皇帝、大臣、富豪，这才家里藏着长卷，没事儿取出来慢慢看。乾隆爷独霸故宫的三希堂，专门赏看手卷画，还在无数晋唐宋元的珍贵画卷写满他的九流书法，盖上三希堂印章——如今，要是允许故宫每天几万观众轮流等候，人人两手捏着《千里江山图》仔细瞧，这幅古画，可就完蛋了。

霍克尼的影像也是一张一张拍，仿佛“散点透视”，但那是故意的，来自概念——他手里仍然只有一架照相机，当年王希孟站在山顶上，不得了，等于是一千架照相机同时拍，然后，全部画下来。这种“看法”，有个词，叫做“旷观”，通俗地说，就是杜甫的“一览众山小”，什么什么都看在眼里，而且呢，什么什么都画出来。《千里江山图》就是最佳例子。

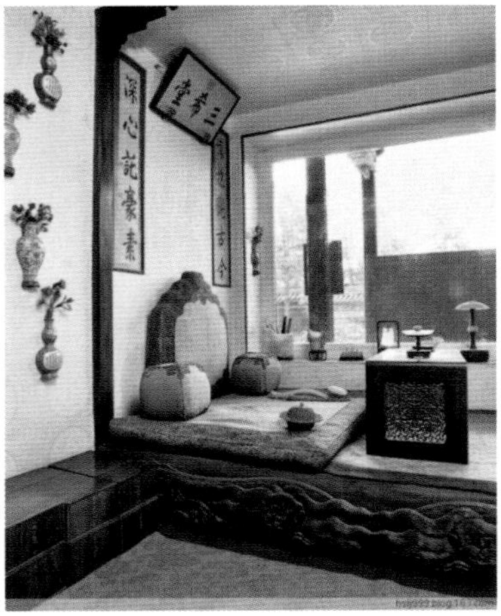
故宫三希堂。

这是文艺复兴人不懂的事情。霍克尼，确实说出了中国长卷画的命根子：“移动观看”，但他的命根子是什么呢，他是西洋人，他的开口奶是透视法。固然，透视法绝对了不起，但是照西洋人自己的说法，透视法背后的哲学是：以我为主，我站在这里，看出去，每样东西逐渐远了，小下去了，消失了，同时，世间万物，为了我，朝我的眼睛聚拢过来。

关于西洋透视法，关于中国人的散点透视，简直千古奇案，麻烦大了，理论家有无数争议和说法，我再多嘴，三天讲不完。简单说，文艺复兴前的西洋绘画，也是散点透视，那是所有文明区域早期绘画的通例；而中国山水画的许多杰作，也处处闪现透视法，最佳例子，还是《千里江山图》，你仔细琢磨其中的局部，和照相机远小近大的原理，一模一样。

所以任何道理不可说死，不能截然。西洋人，东方人，各有各的大聪明，各有各的小盲点。

咱们今天要说的长卷，是《康熙南巡图》和《乾隆南巡图》——话到这里，真羞愧：我是一会儿巴齐耶怎样，一会儿瓦拉东怎样，说起老祖宗，却是结结巴巴，闹不清——譬如我对宫廷长卷的作者，王石谷，宋骏业，尤其是才华横溢的徐扬，一无所知。文人画话语权忒大，宫廷画家很难留名，北京故宫藏着不少长卷画，《班师凯旋图》啊，《皇族大婚图》啊，几乎不展示，顶多选几个画面，弄成喷绘，作为橱窗里实物展示的背景。总之，明清宫廷画家是被长期贬低，处于画史边缘的一群工匠，怎么办呢？姑且直接谈画。本集援引的图例，以我偏爱的徐扬为代表，当然，这些大画还有不少无名的助手，我选徐扬，等于向全体宫廷画师致敬。

在没有照片和电影的时代，宫廷画卷就是现代的大型文献纪录片，所谓“普天之下，莫非王土”，所谓“帝祚永存”、“吾土吾民”，就是长卷画的大主题。了不起在哪里呢——画长卷画的徐扬，既是总导演、总策划、总制作，又来亲撰剧本，亲自布置每个场景、扮演每个角色——我头一回在大都会美术馆见到《康熙南巡图》，惊呆了，这一头走到那一头，瞪着眼珠，看、看、看、看、看，不知如何是好。这么大的野心、本事，这样从容的描绘、叙述，谁说我们没有写实传统？大家不要忘了，康熙乾隆年间，曹雪芹也在闷头干着同样伟大的事情：好几个家族，几百号人物，无数房子和花园，规模之庞大、篇幅之冗长，他都能手到擒来，历历如见，这是清朝人的大本事。

不消说，《南巡图》的伟大记忆来自唐宋，最知名，是王希孟的同事张择端。《清明上河图》的不同摹本据说多达三十几种，分布海内外，到了明代，仇英还画过《清明上河图》的彩色临本。

这些画不必我说，巨细无遗、精彩纷呈，长卷画本身，就是没完没了的叙述。我的节目叫做《局部》，其实直到这次我才截取局部，做了 PS。然后给大家看。且看这长卷的分段切片：街巷密布，百业兴隆，阡陌纵横，晓雾初散，家家户户开始了一天的营生，虽然今朝御驾亲临，皇恩浩荡，百官列队跪迎，全城为之惊动，可是你看全画的角角落落，庶民万姓的安居乐业，历历在眼，开店的，运货的，唱戏的，杂耍的，逛街的，砍柴回来的，出门下田的……我每次看这等超级长卷画，总是看到眼珠快要掉出来，还是看不全。西洋人的交响乐算得层次复杂，极尽铺张，要是勃拉姆斯、瓦格纳（Richard Wagner）、马勒（Gustav Mahler）、布鲁克纳（Anton Bruckner）都来看看我们的长卷画，恐怕会增加十倍以上的复调和乐器。

我年轻时画过连环画，一幅纸画满二三十人，已经得意到满地打滚，连环画大师贺友直老先生受《清明上河图》影响，最擅长描绘密密麻麻的街市人物，过手的小人，怕有好几万，他也一定佩服徐扬——徐扬难道是上帝吗？他的“旷观”永远是个谜：他一定随行左右，全程目睹圣上南巡，可是他只有一双眼睛，两条腿，再怎么“忽而在后，忽焉在前”，也难首尾相顾，把握浩浩荡荡的仪仗队如何行进，便是他两脚一蹬，飞起来，俯瞰全城，也不可能记住透迤几公里长的人群，更不可能像今天的电子地图那样，将焦距锁定全城的每个角落。

他是怎样做到的呢？只有一个回答：全凭想象，全靠默写，关键，再加一条，就是我们被谆谆教导的创作原则：深入生活，熟悉生活，而且呢，他一定反复温习过毛主席的教导：源于生活，高于生活——对了，大家快看，皇家马队行经的路旁站着许多大象，披金戴银，列队恭候。我读过一篇文章，说是由宫廷驯象师专门调教从云南运来的大象，到了清末，朝政荒败而财政枯竭，大象没人管了，一个个倒下去，少下来，到了民国，剩下几头，大概给了北京动物园吧。

整个清代的绘画是被贬低的，“四王”（王时敏、王鉴、王翚、王原祁）老是挨批，宫廷画则不在议论之内。放在大历史看，你要比唐宋的宏大富厚，比元明的雅驯闳丽，确实，清代的文人画、宫廷画、工匠画，是能用得上柔弱、萎靡、繁琐、艳俗这类形容词。康乾盛世，却是华夏历朝难得一见的承平期，长达一百五十年，世界史亦属罕见。所谓柔弱萎靡，以我的偏见，也是绘画的一种好看，文明趋于烂熟，都不免如此，法国的洛可可艺术，就是例子。西洋绘画史有雄奇阔大，也有柔媚细巧，这才彰显美术史的富有而完备，同样道理，有唐宋，有明清，也才算得是千年延绵的华夏美术史。

存世的中国长卷画，从东晋顾恺之到逾千年后的徐扬一辈，中国绘画的气数，实在好长好长。只谈鸦片战争后的晚清，固然令人气短，此前的清朝，文学艺术的进步、开拓，也是可圈可点。老同学万青力曾有专书叫做《并非衰落的百年》，详细分析清代的美术，很有说服力。我格外看重徐扬这伙人，是不愿偏重绘画的所谓艺术性，而是绘画的媒体功能——中国古人看到《千里江山图》，真的相信太平世界，欧洲古人看到《死亡的胜利》，真的相信地狱和天堂。那年月没有照片，没有电影，没有手机，看到这些画，该是多么震惊，好比我们看电影。现代人太傲慢，但今天我们要是离不开电影和视频，就该明白，古人也离不开绘画。

当然，我所谓古人，是指皇亲国戚、朝廷百官。他们一节节展开《南巡图》，必定豪情万丈，不但重温了自己的盛典和威仪，也想起一路迎候的子民。小百姓要是也能看到《南巡图》，不但膝盖一软，将要跪下来叫声“吾皇万岁”，而且呢，分明认出了自己的城郭和家家户户，认出他们自己——问题来了：那时的人民，也就是图画中街头巷尾的小百姓，根本没资格看到宫廷长卷画，单说这一层，时代果然是进步了。

此刻我在乌镇。乌镇虽然是重建的，修旧如旧，但是每年有将近七百万人民，多半是青年人，坐着火车和飞机，络绎“南巡”，重温旧梦，什么旧梦呢？所以问题还没完。今日的小百姓，总算有资格观赏《南巡图》，可是当年康熙爷、乾隆爷视察过的那个繁华江南，那个千家万户张灯结彩的江南，早已面目全非，差不多拆光了。

没关系。徐扬的画好好的还在。他知道几百年后他所俯瞰的城郭将要消失吗？他知不知道人民将会看到他的画？我想不出徐扬的模样，我真想认识这位雄心勃勃而心细如发的人。每次瞧着南巡图，我会看见这位苏州人低着脑袋，一笔一笔勾着瓦片啊、河水啊、树叶啊，还有满街奔跑的小百姓——谢谢徐扬！谢谢宫廷画院的师徒们！他们早已为我们留下了历史的记忆。

2015年7月10日

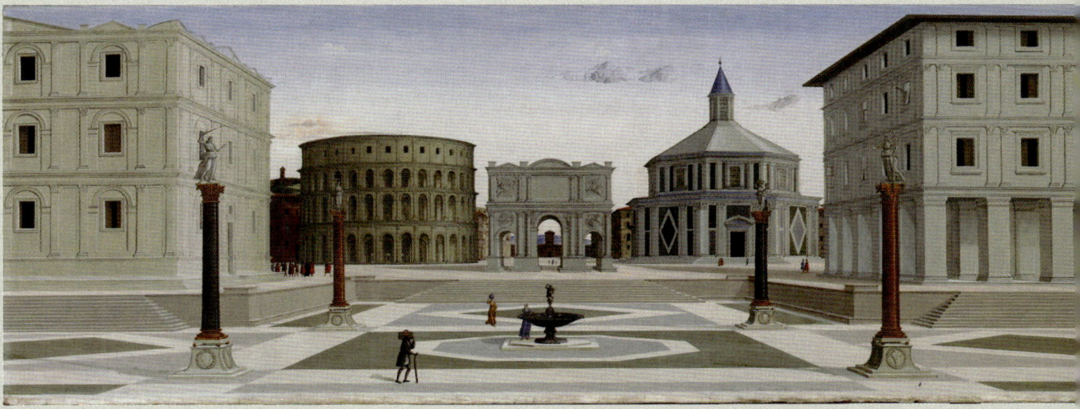

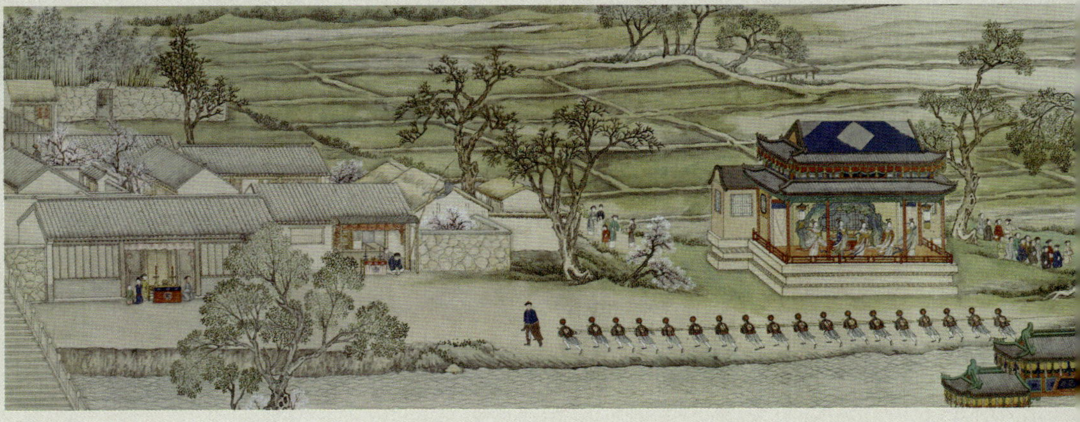

上图是十五世纪意大利人弗拉·卡尼维尔（Fra Carnevale）的《理想城市》（*The Ideal City*，1480 年，现藏于美国巴尔的摩沃尔特斯艺术博物馆），是当时最完美体现透视法的经典，世界美术史无数次引用这幅画；下图是徐扬《乾隆南巡图》局部，完美贯穿了中国人的“移动观看”，但是不要说在“世界”上，就是在中国，也没人知道，没人在乎——大卫·霍克尼大肆赞美中国长卷画之后，说，西方人甚至不愿意看到中国呈现了这等伟大的观看方式。

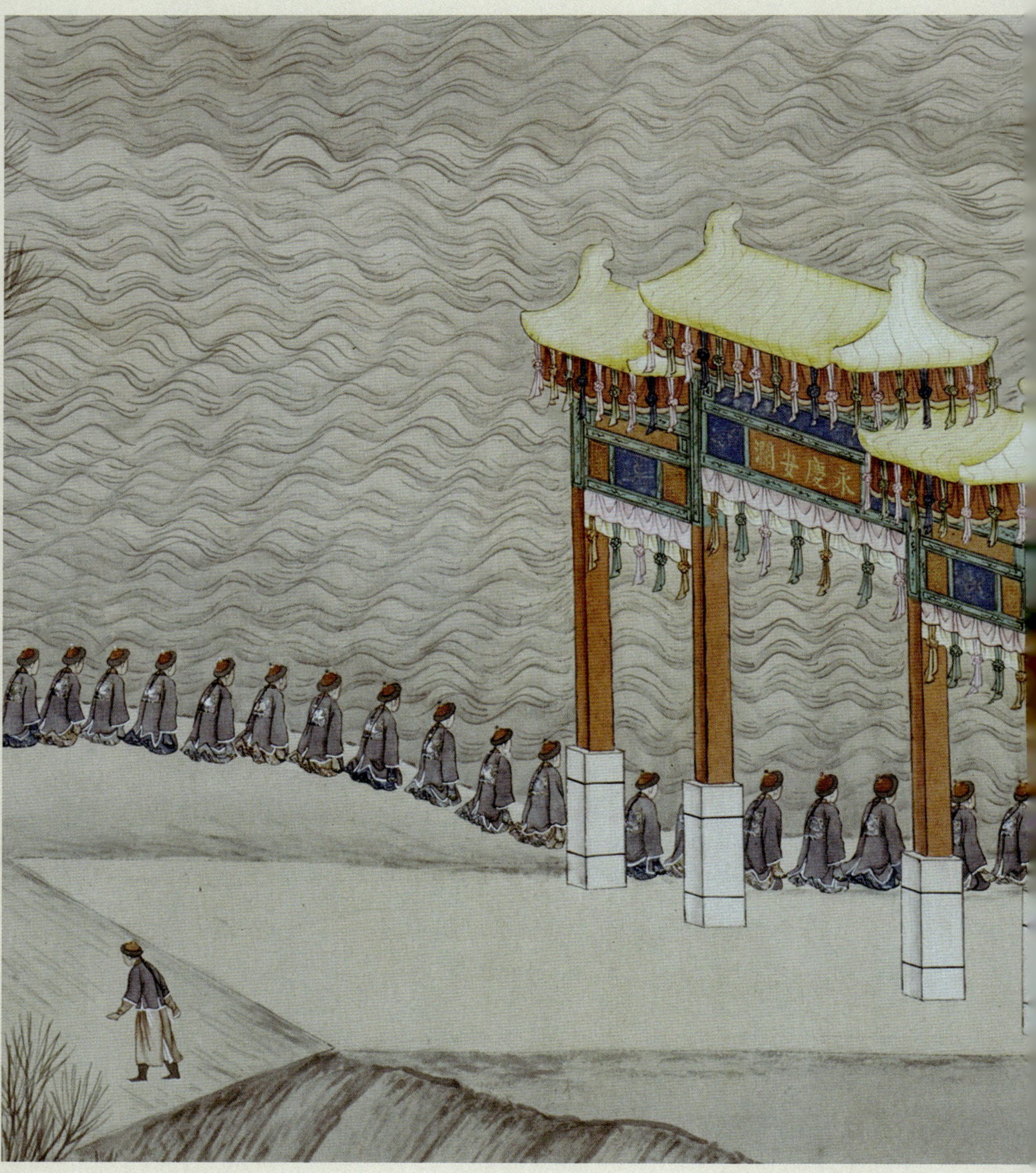
永慶安瀾

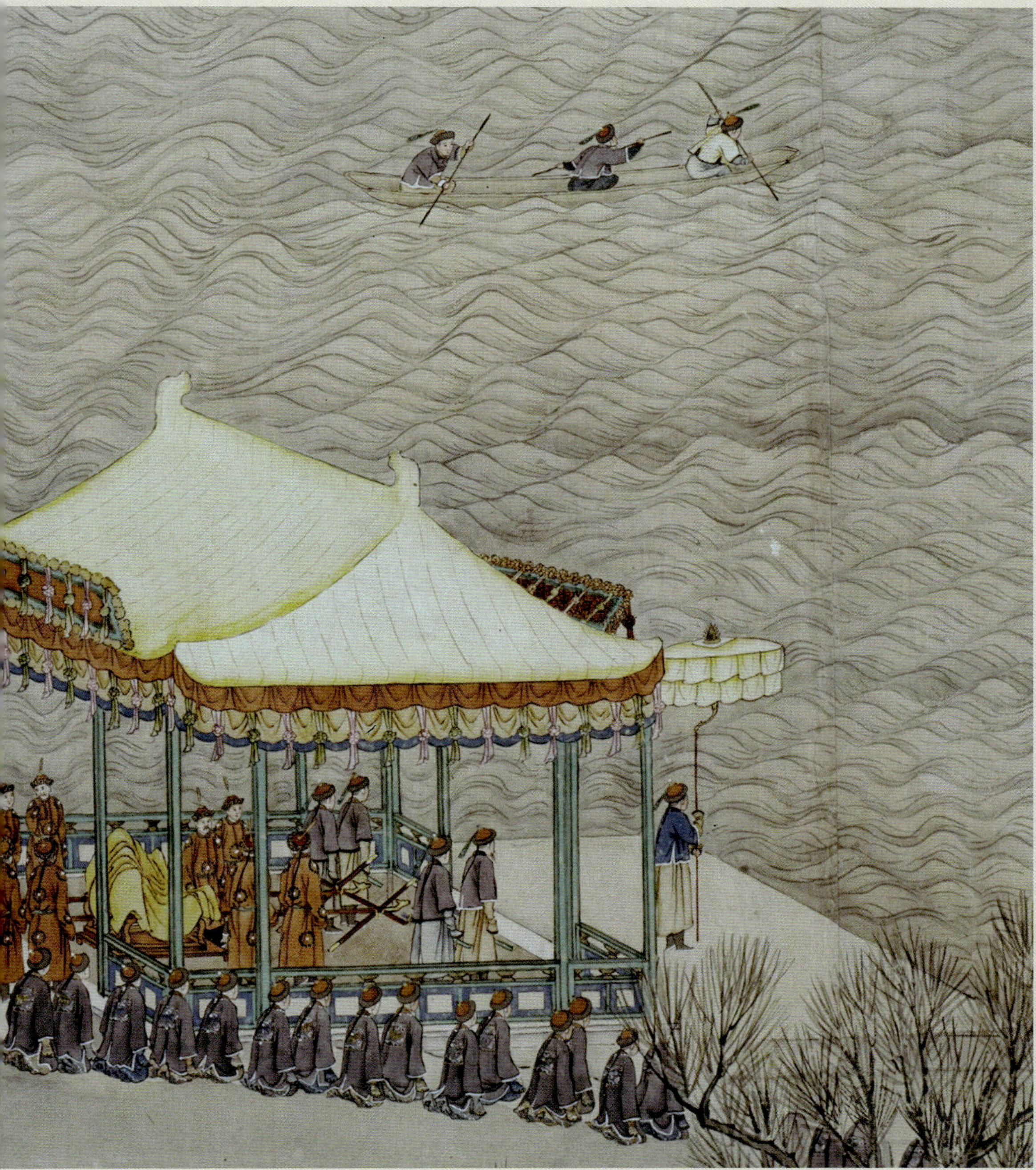

跪迎圣上的官员（静态），趋前接驾的小艇（动态），徐扬懂啊。南巡图无数小小局部，布满曹雪芹与托尔斯泰式的细节与场面感。瞧这恭谨肃穆的一瞬，微风掠岸：近侍握举的华盖，皇上落座的龙椅，都已凛然就位了。

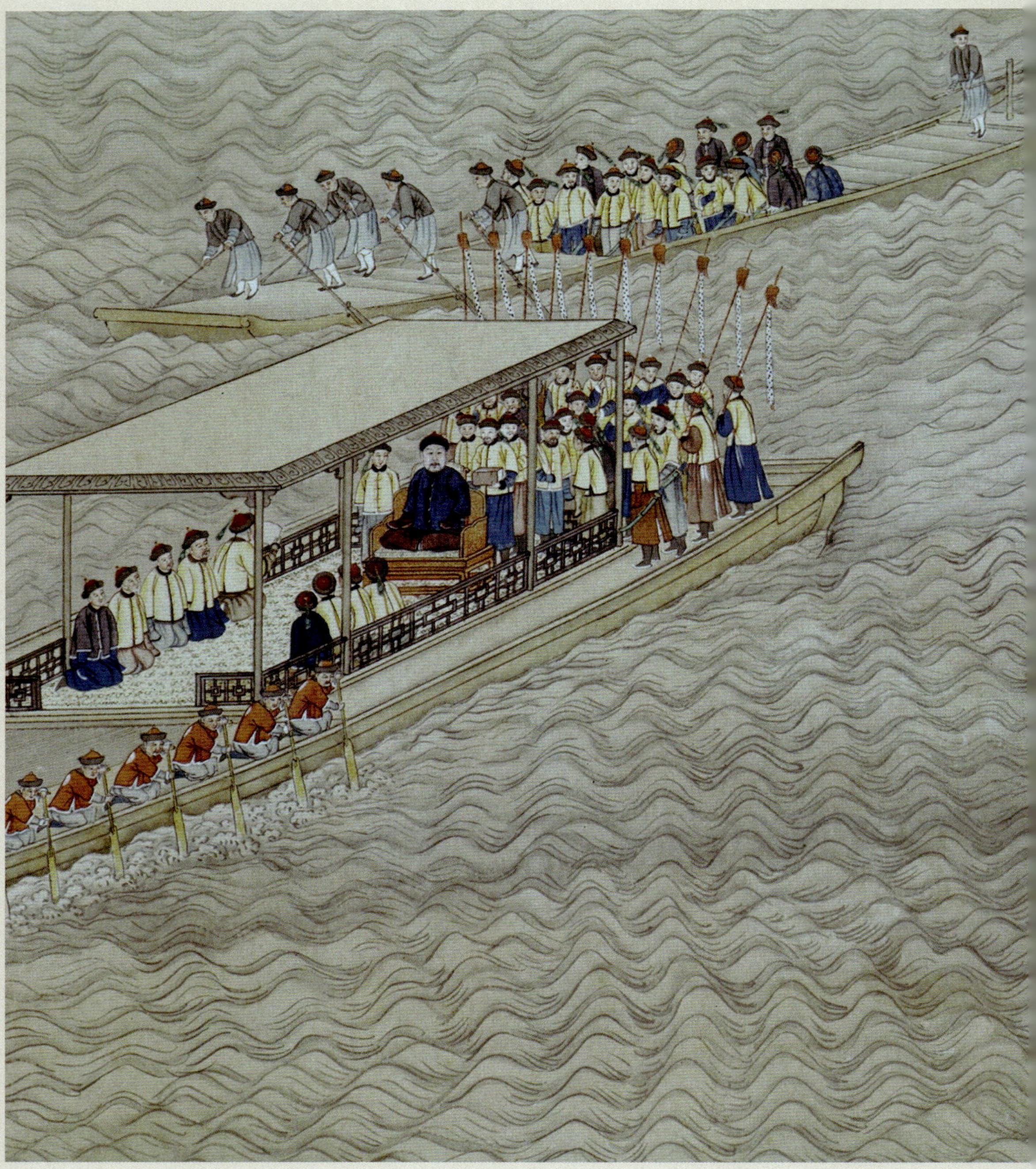

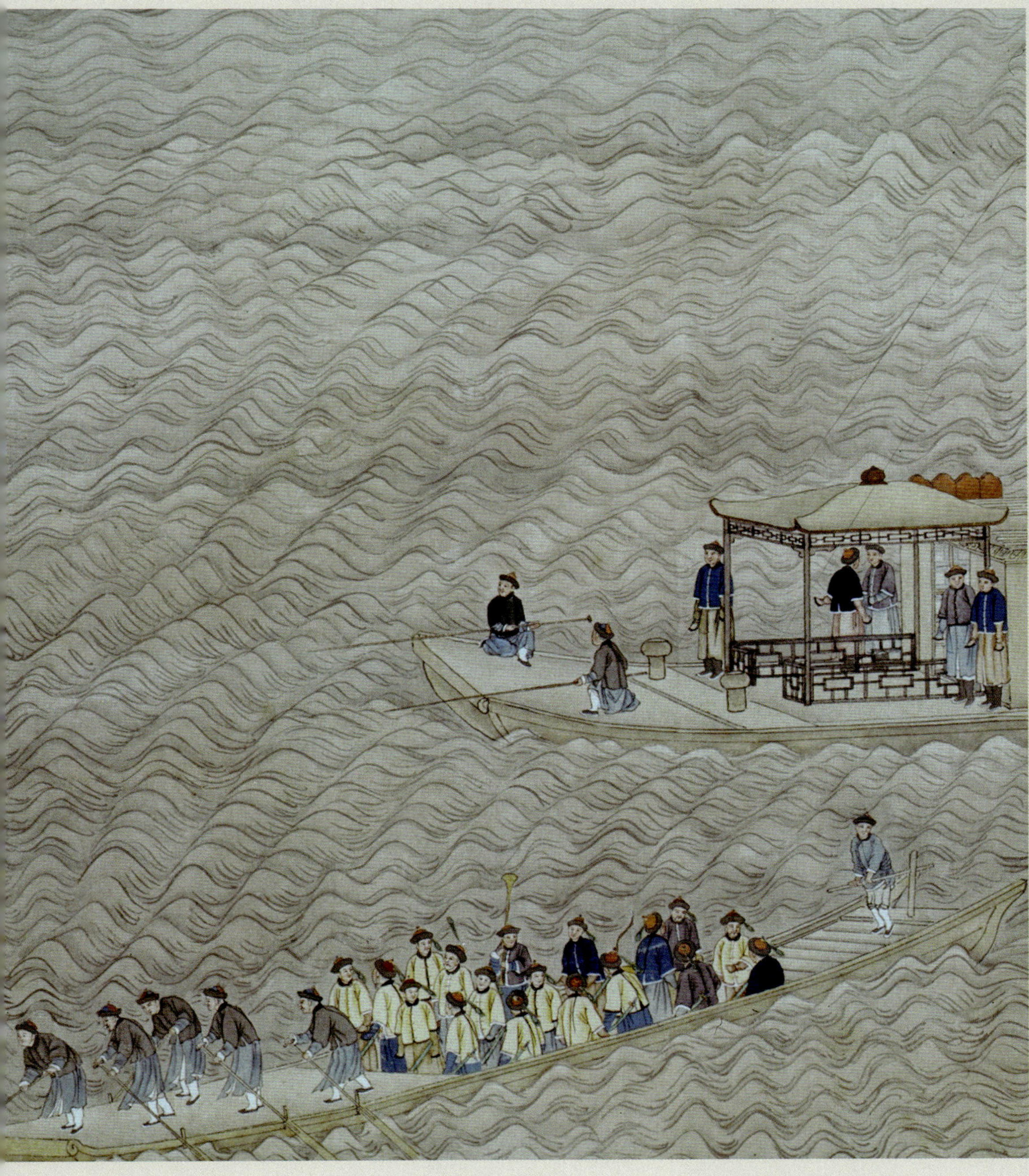

徐扬将乾隆全身肿胀一倍，既可能是宫廷画规矩，也为长卷画所需：画中百千人物大抵小于一寸，若按寻常比例描绘国君，混入人群，难以辨识。瞧这围合行进的船队，庄严从容，波澜不惊，远近布列的人员似乎不见惶然畏惧的集体神情，而呈“当然如此”的详确之感，一如徐扬的通篇描绘，详确而当然。

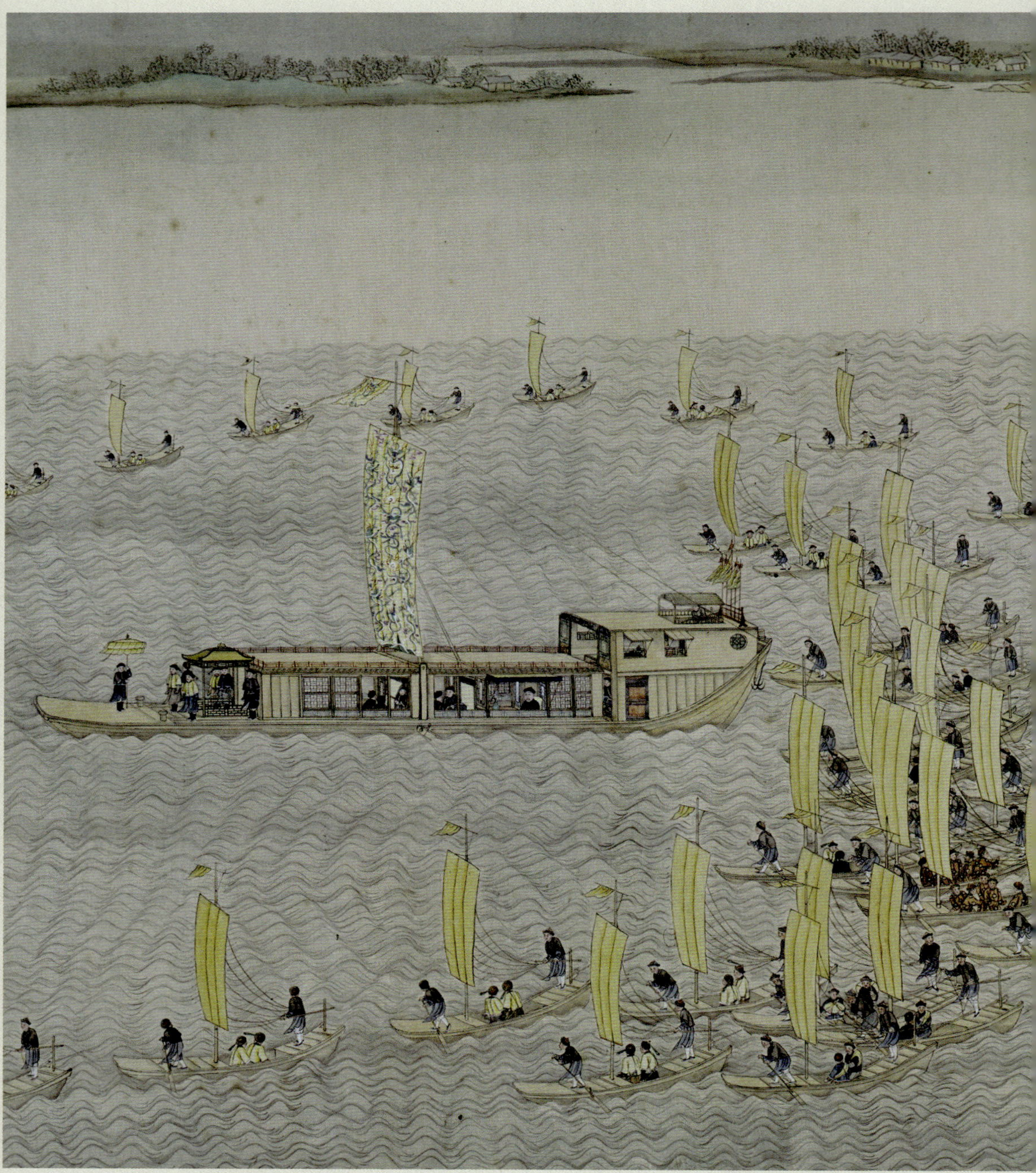

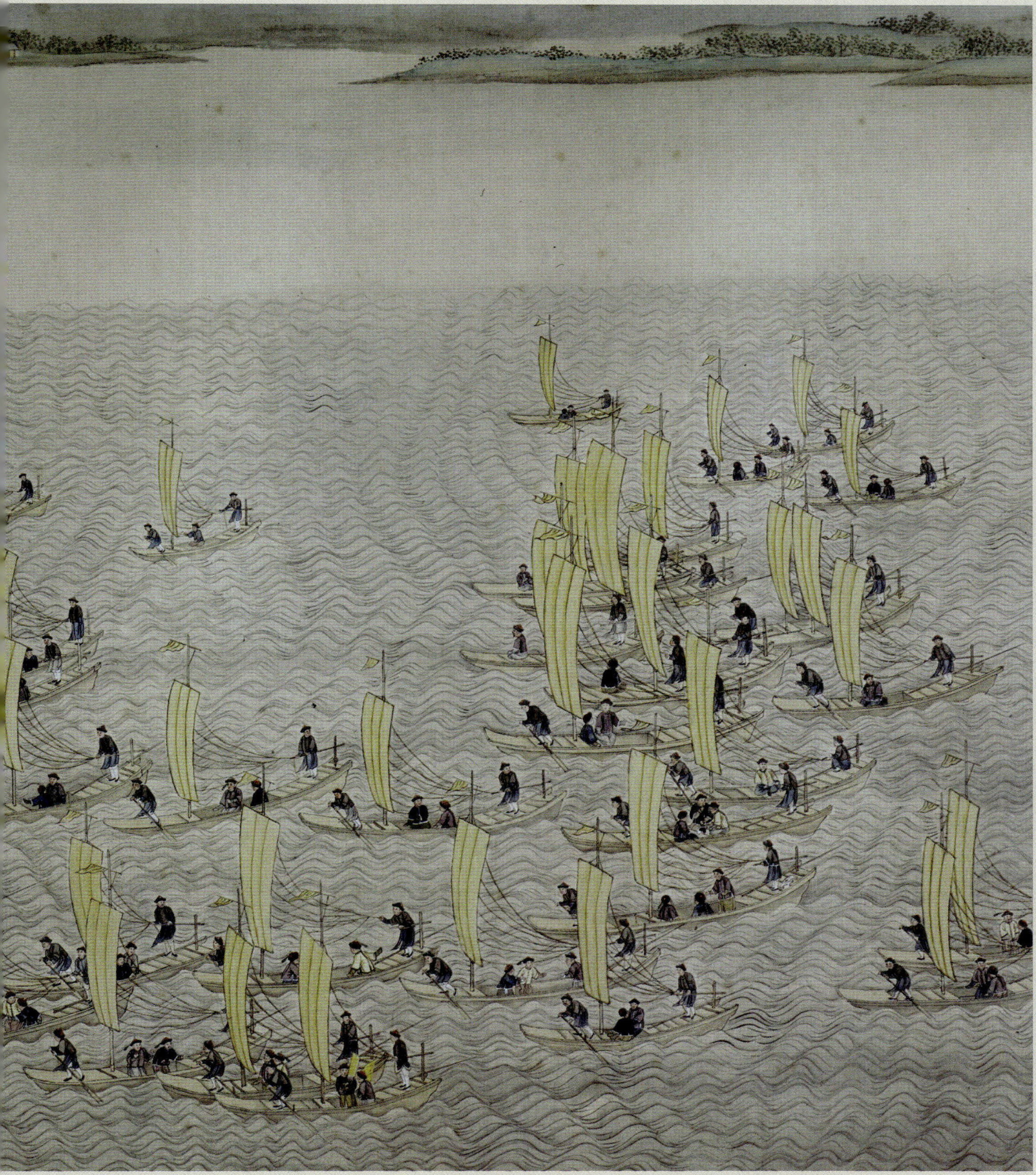

这实在是电影画面了，辽远空阔，浩浩荡荡。泱泱船队宛若缓缓移动的摇镜头，又似乎正当停格的一瞬。徐扬全凭记忆描绘南巡图，不可能写生，更没照片帮助他——何等自信而丰富的记忆！当他一笔笔画出心中的场面，多么兴致勃勃，多么入神啊。

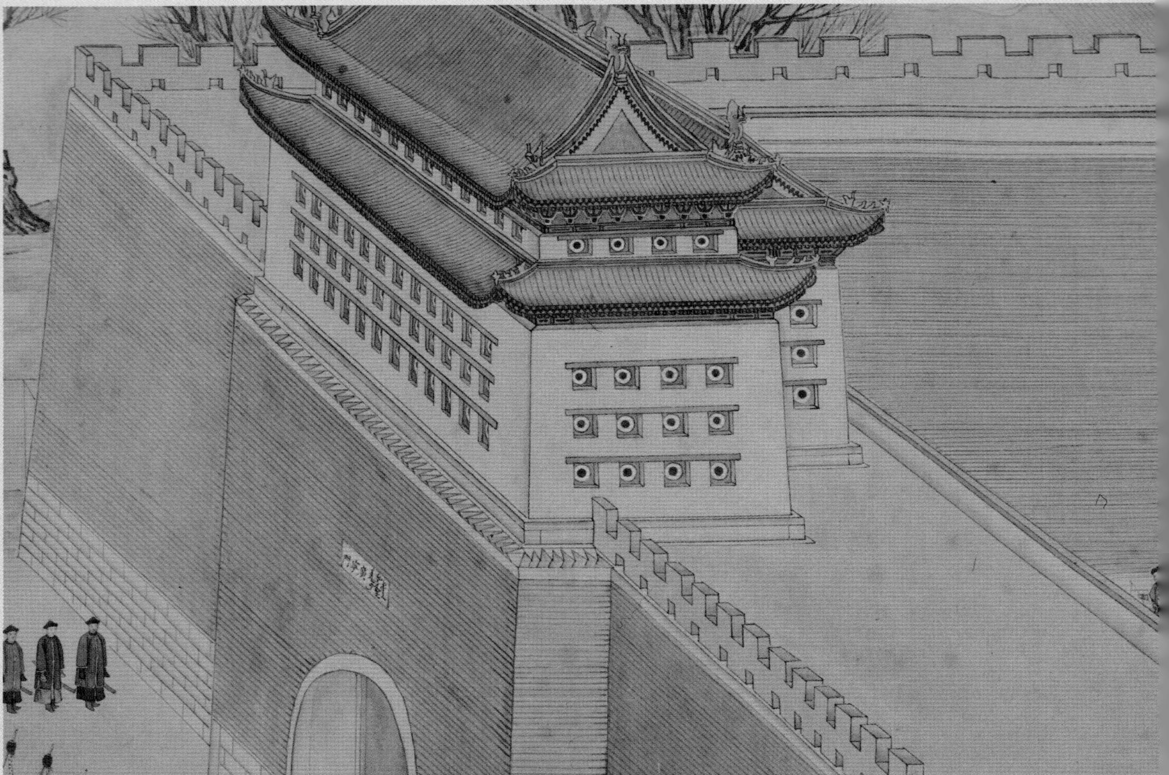

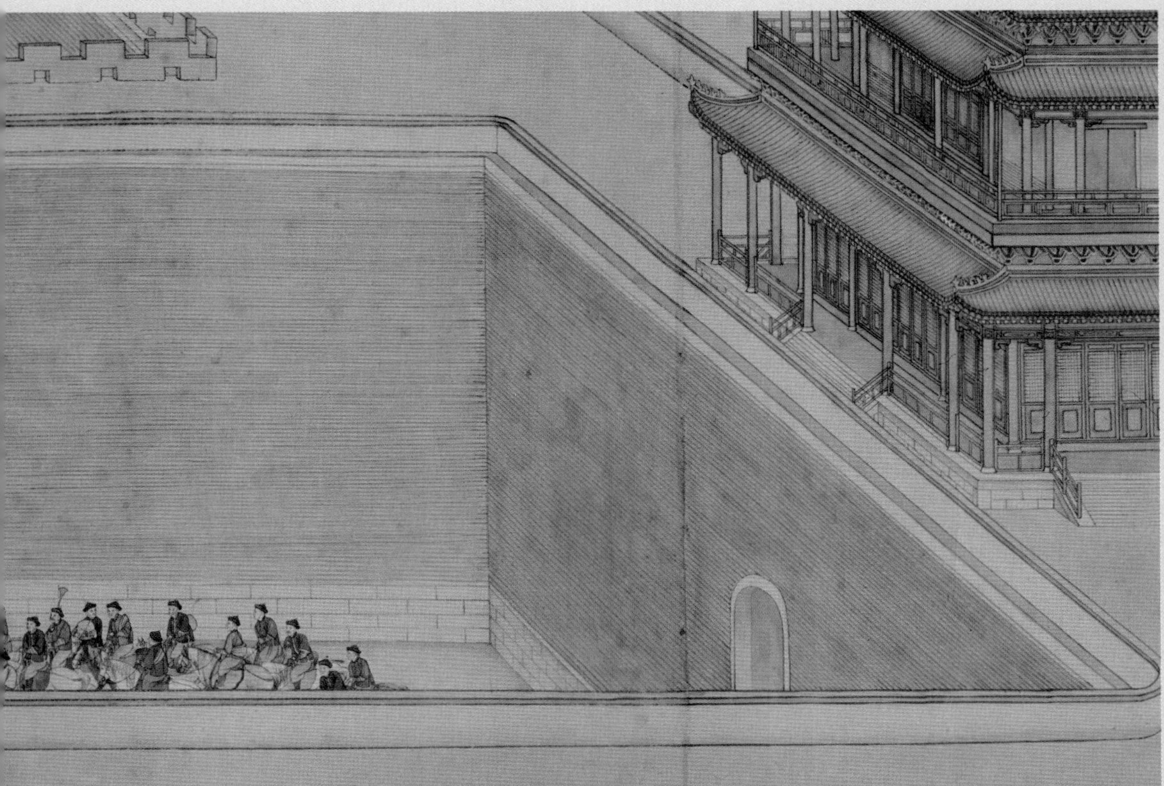

徐扬绝对没在长镜头洞眼中瞭望过百米之外的景别，但他准确无误画出了长镜头所见。中西古画多取俯瞰式画面，画家个个像是低空翱翔的飞行员。这一被城楼中断的行列多么好看。徐扬应是主画师，负责画人，也统领全构图，另有小师傅专门勾画建筑——那时没有摩天大楼，倘若写生这一场面，须得站在哪里往下俯瞰？每个画工清清楚楚在心中下载了所有建筑的所有立面，下笔之际，全凭记忆。

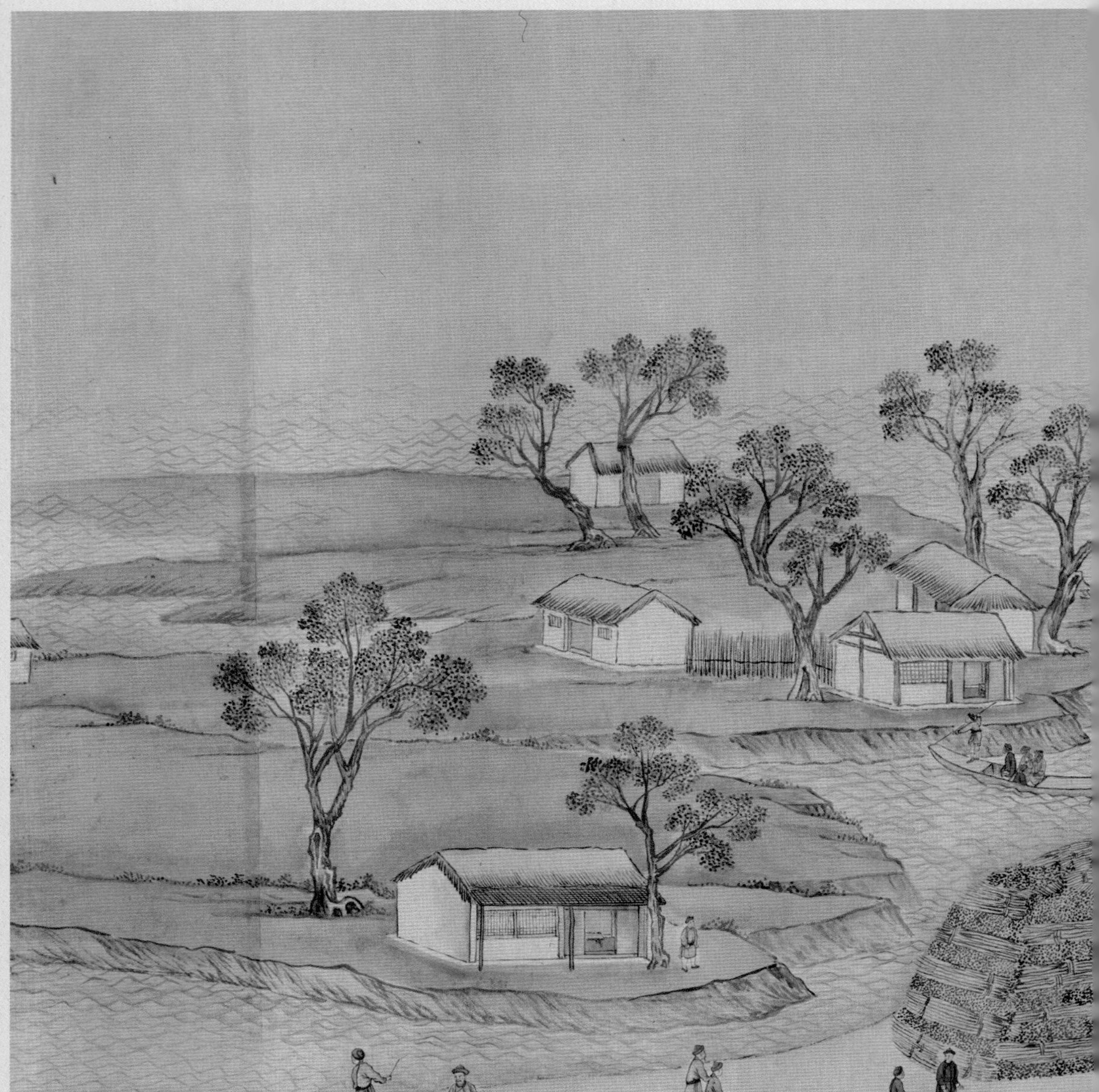

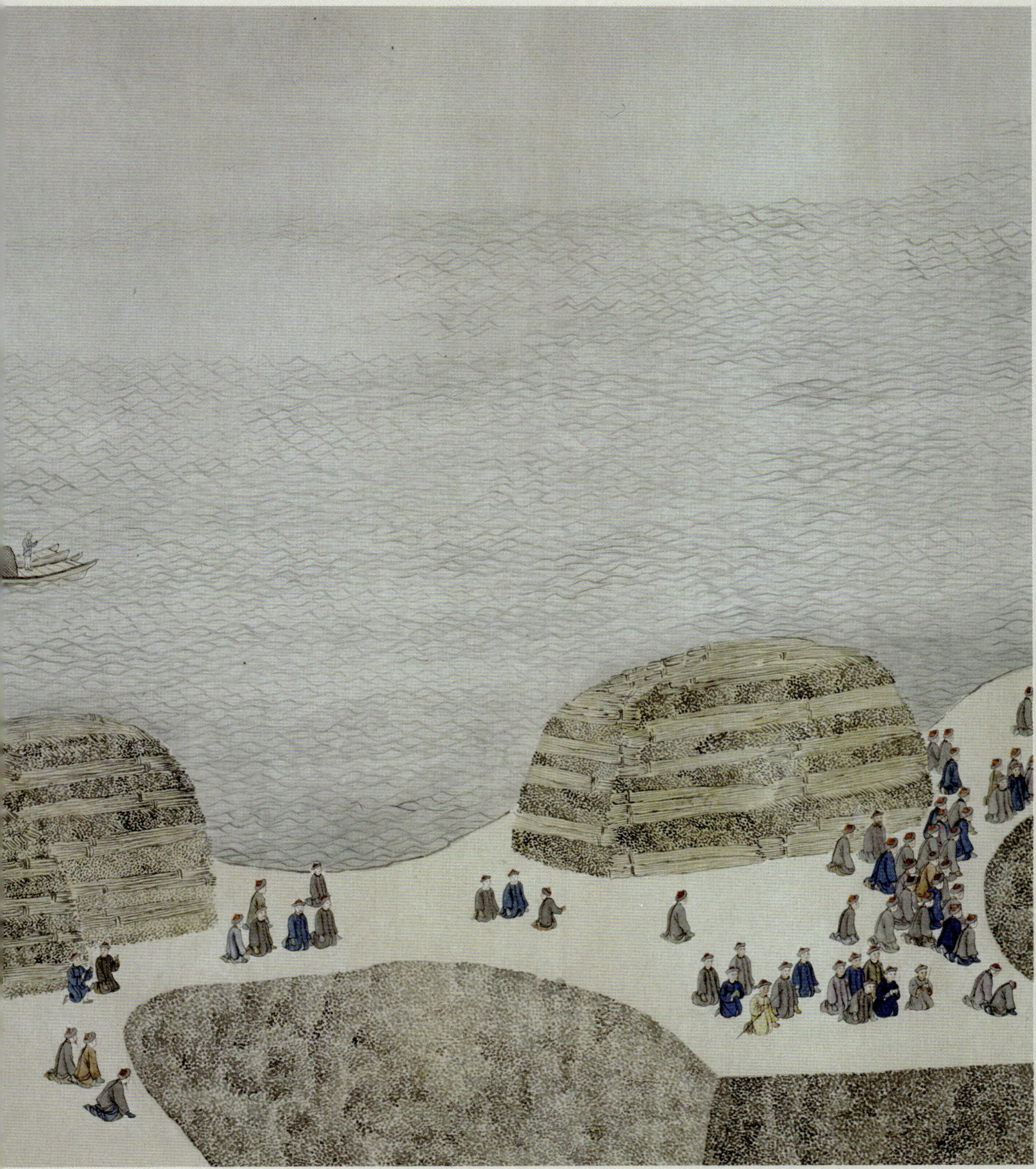

近时我的案头把戏，是在电脑上切割画面。长卷淹没了无数精彩透顶的局部，切出来，便是许许多多优美的单篇，譬如这幅——文人画中的山川，是文人（其实是文官）的自我投射，徐扬笔下的视野，则是朝廷的疆域、盛世的版图、百姓的田园。他的“国家意识”与“人民性”，质朴、平实、均衡，入于画中，廓然大气，而在我的江南记忆中，倍感亲切。

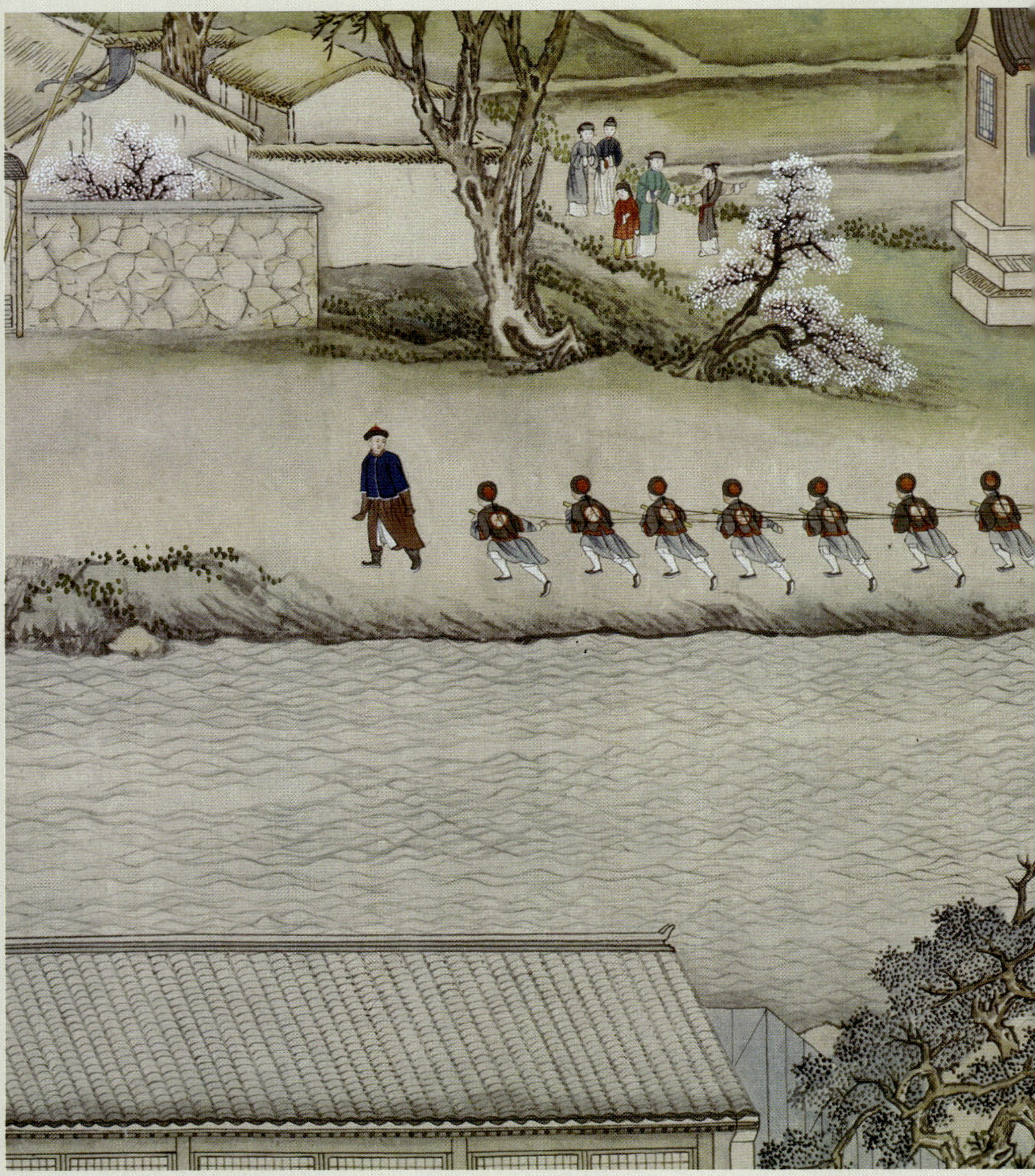

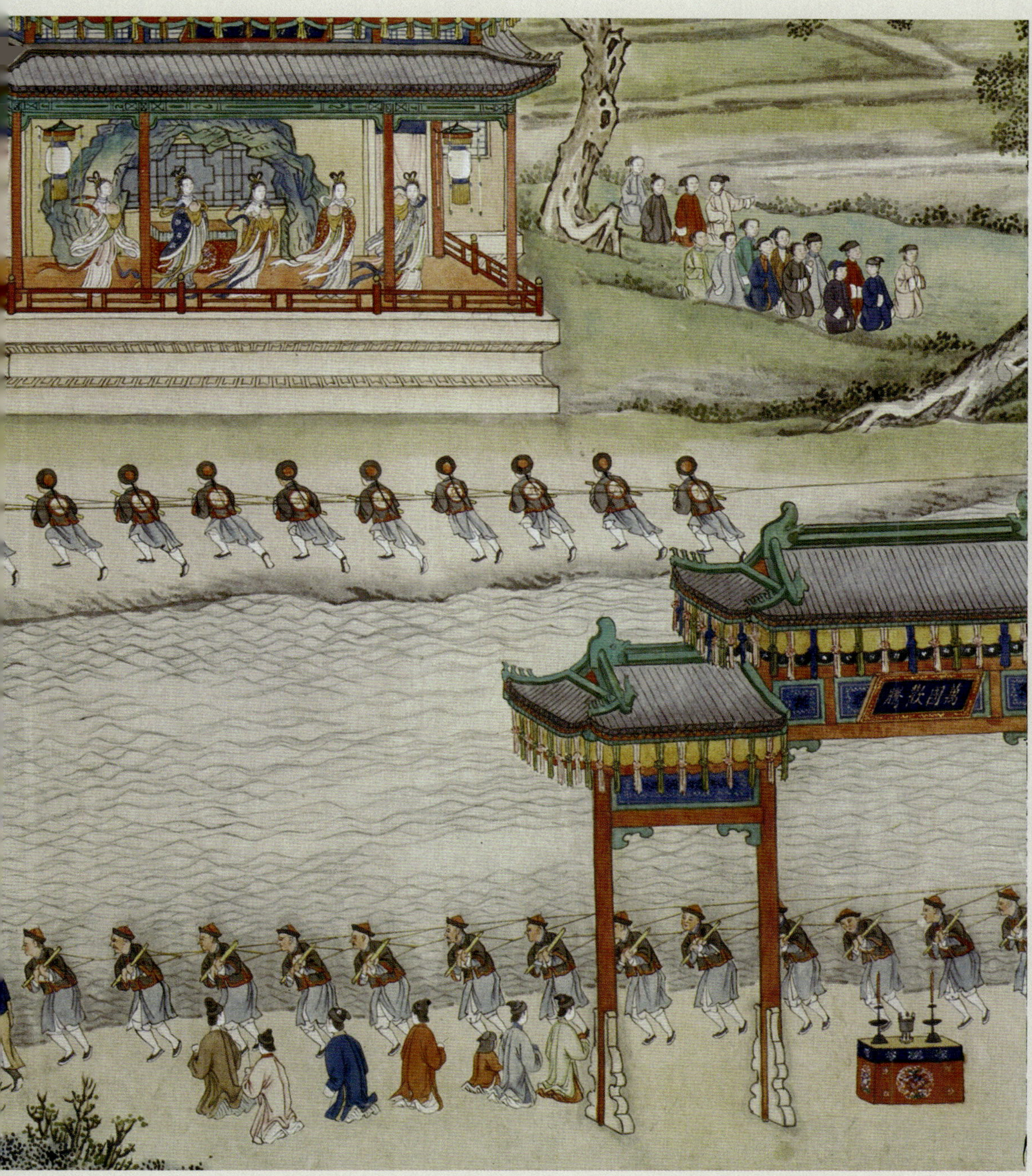

列宾的《伏尔加河上的纤夫》，是多情的意识形态，但很真实；百年前西方摄影家拍摄的扬子江纤夫——个个衣不遮体，甚至全裸——是无情的意识形态，更真实。徐扬笔下这伙可爱到令人发笑的纤夫，不消说，还是意识形态。真实吗？徐扬不会说谎。他绝对是在粉饰太平，但他是诚实的艺术家。纤夫，加上此岸的结彩牌楼、对岸的戏台舞娘，还有相率跪倒的两岸民妇，我愿相信这是徐扬亲眼所见，一如他相信他所眼见的太平盛世，千真万确。

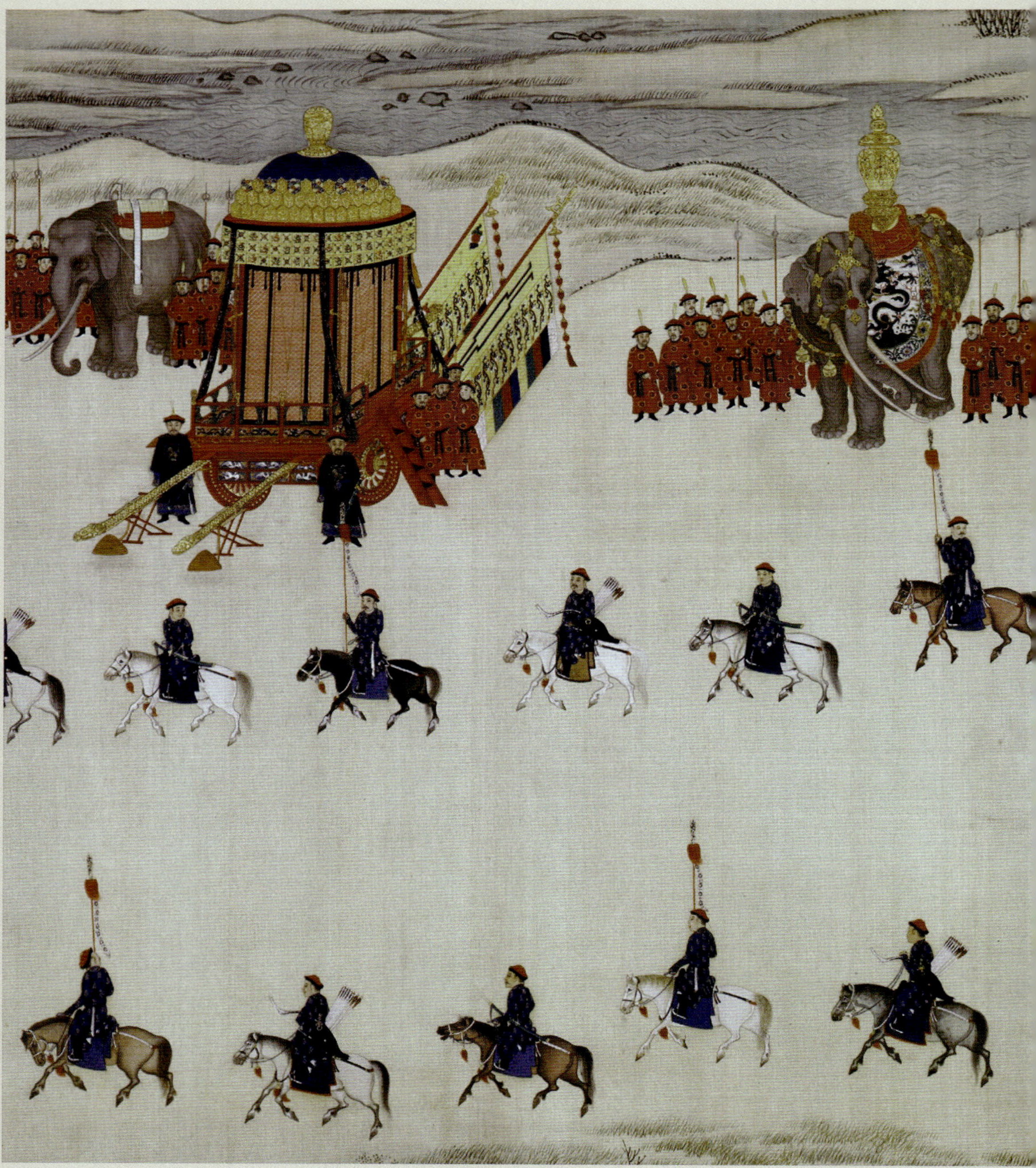

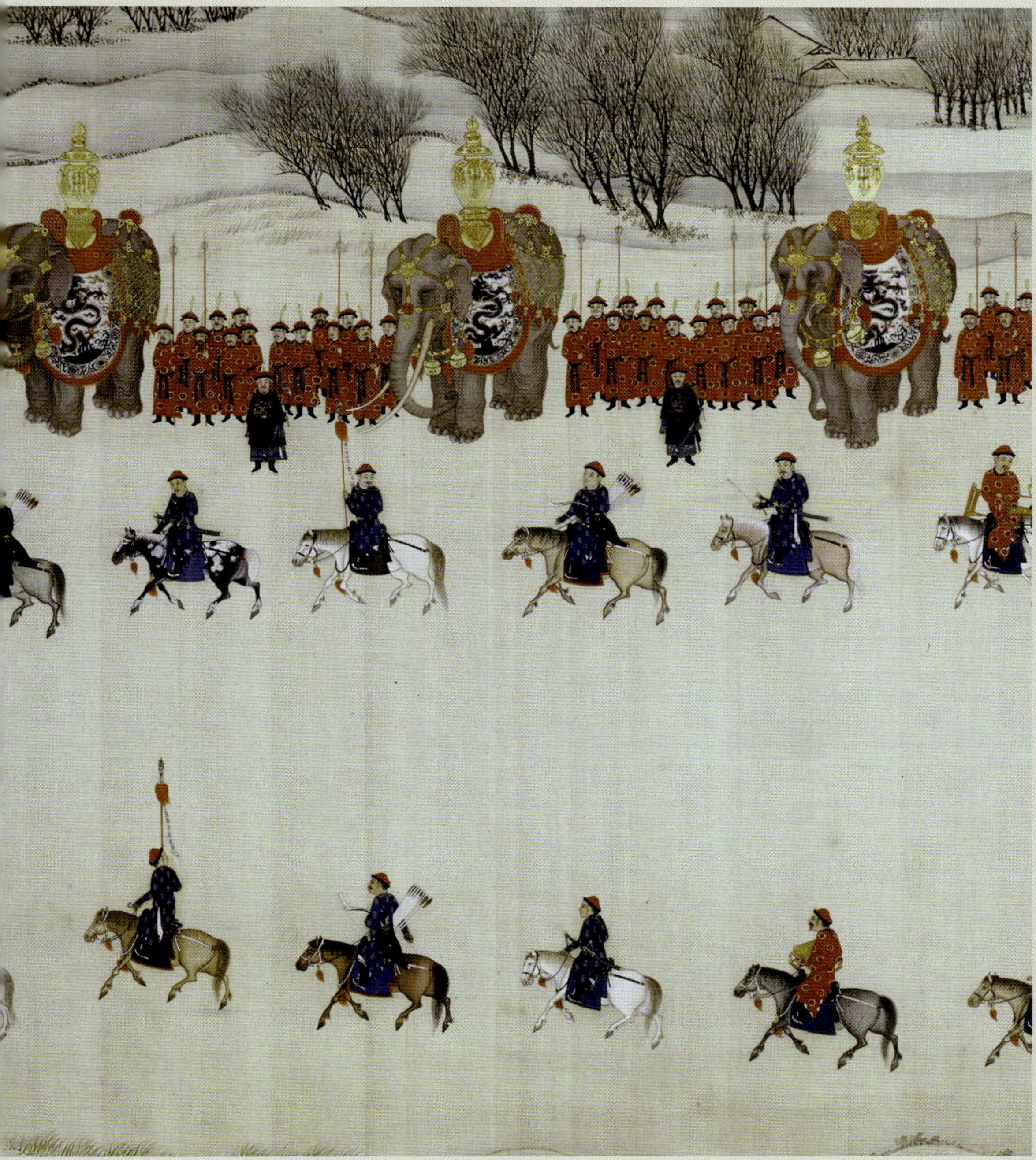

官兵、大象、礼车、走卒……反正我辈不可能见到这等场面了。在导演的动画处理中，他们个个动了起来，滑稽而俨然。小时候要能见到，一定巴望我也骑在马上，或站在大象边。在拍摄清廷的连续剧中，紫禁城酷吏面目凶残，呜鞭恫吓，在真正的清廷绘画中，徐扬使我相信，皇家的典仪固然威严，然而喜气，《南巡图》的总表情，便是弥漫全画的喜气，倘若画家心中发苦，竭力编造，绝对画不出来。

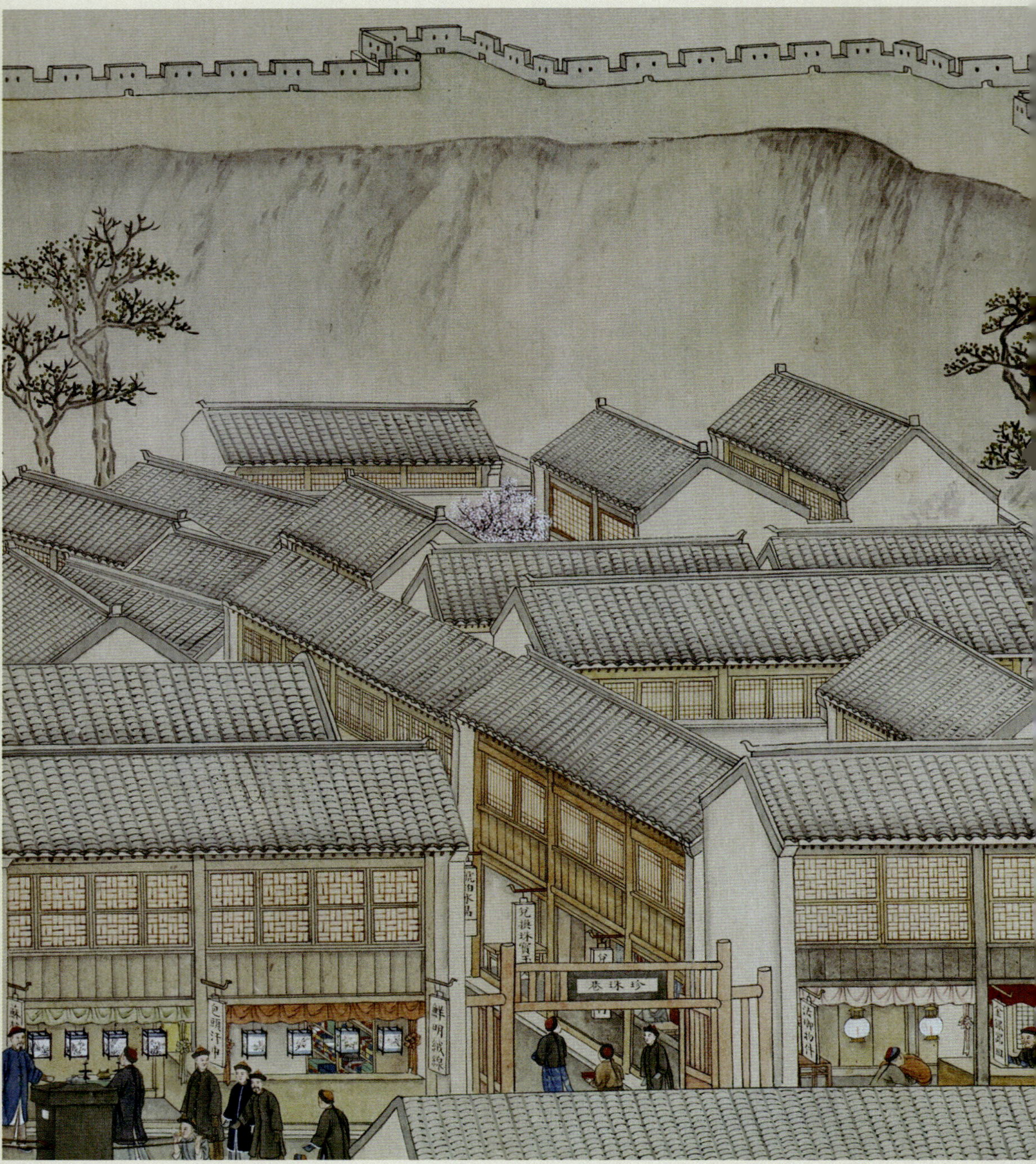
珍珠巷
兌換珠寶
包頭汗巾
鮮明絨線

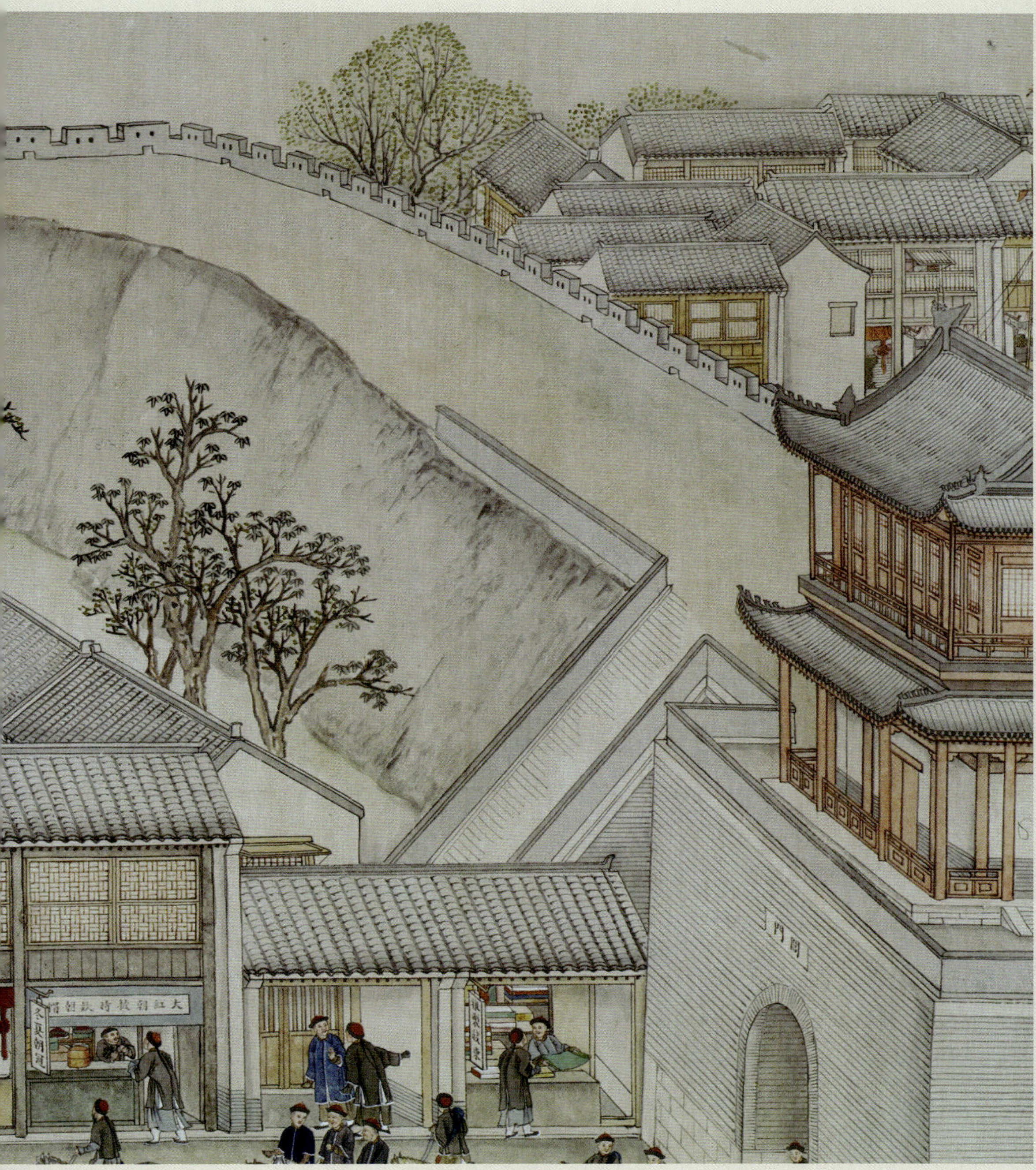
冬夏朝冠
閶門

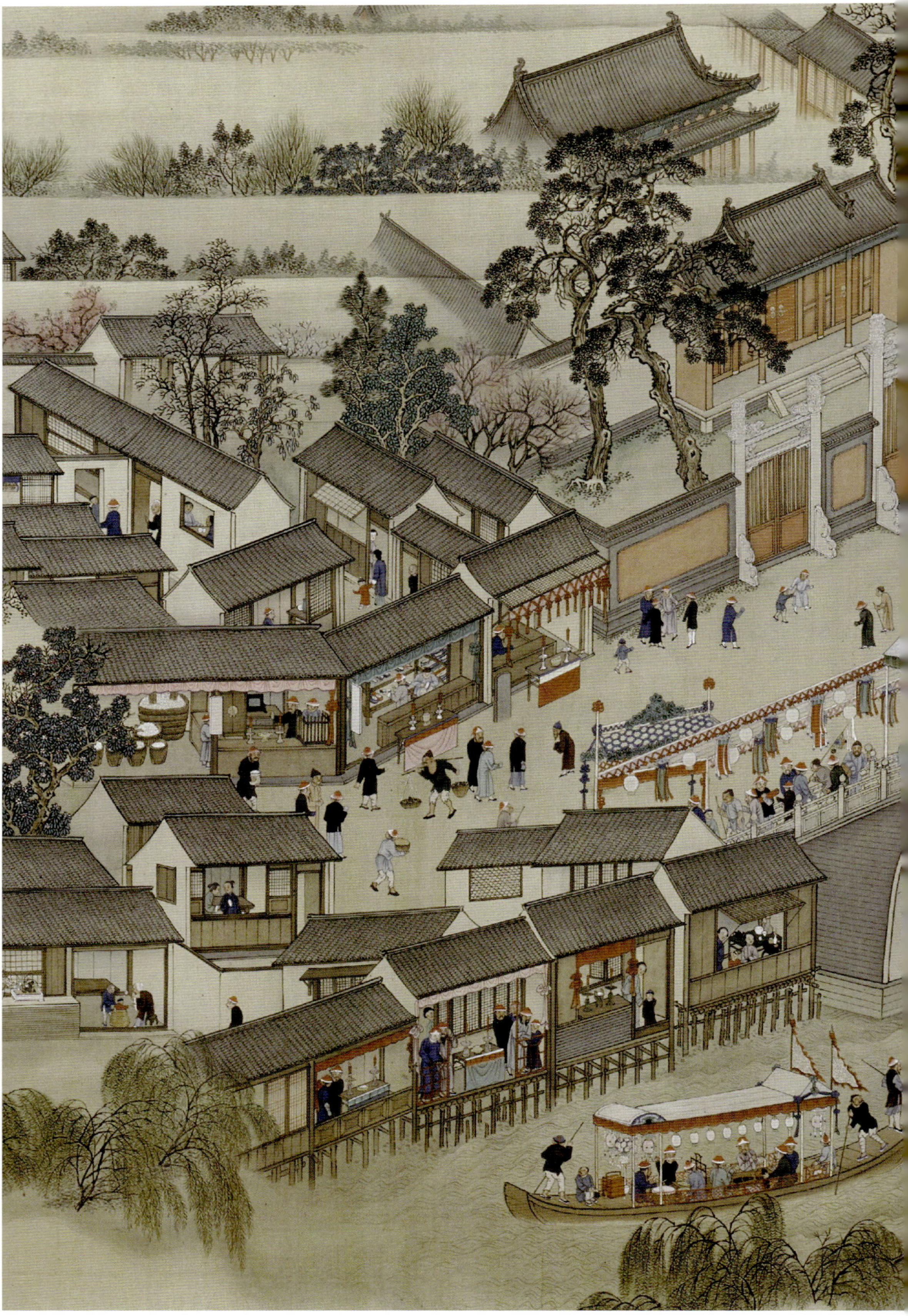

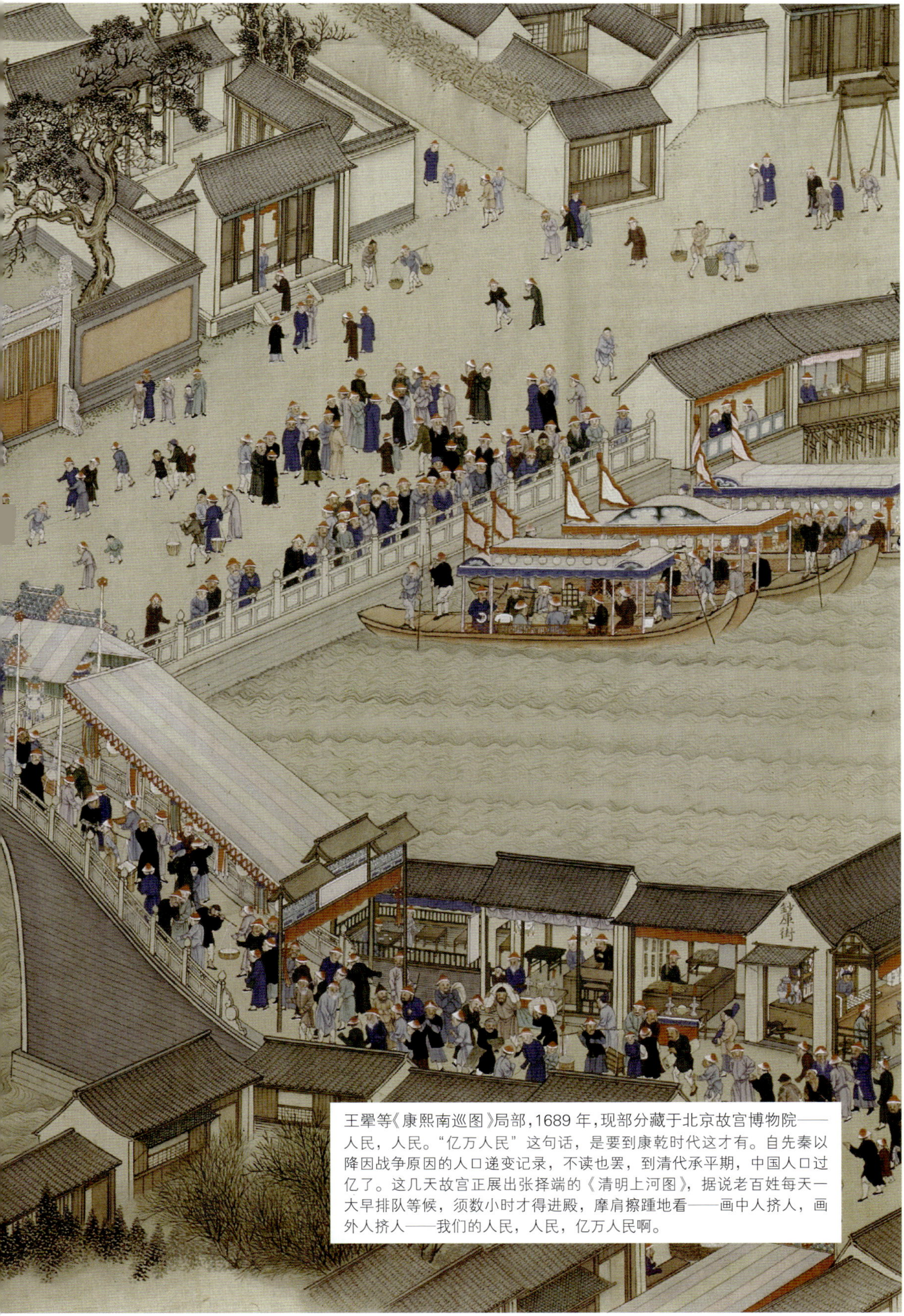

王翚等《康熙南巡图》局部，1689 年，现部分藏于北京故宫博物院——人民，人民。“亿万人民”这句话，是要到康乾时代这才有。自先秦以降因战争原因的人口递变记录，不读也罢，到清代承平期，中国人口过亿了。这几天故宫正展出张择端的《清明上河图》，据说老百姓每天一大早排队等候，须数小时才得进殿，摩肩擦踵地看——画中人挤人，画外人挤人——我们的人民，人民，亿万人民啊。

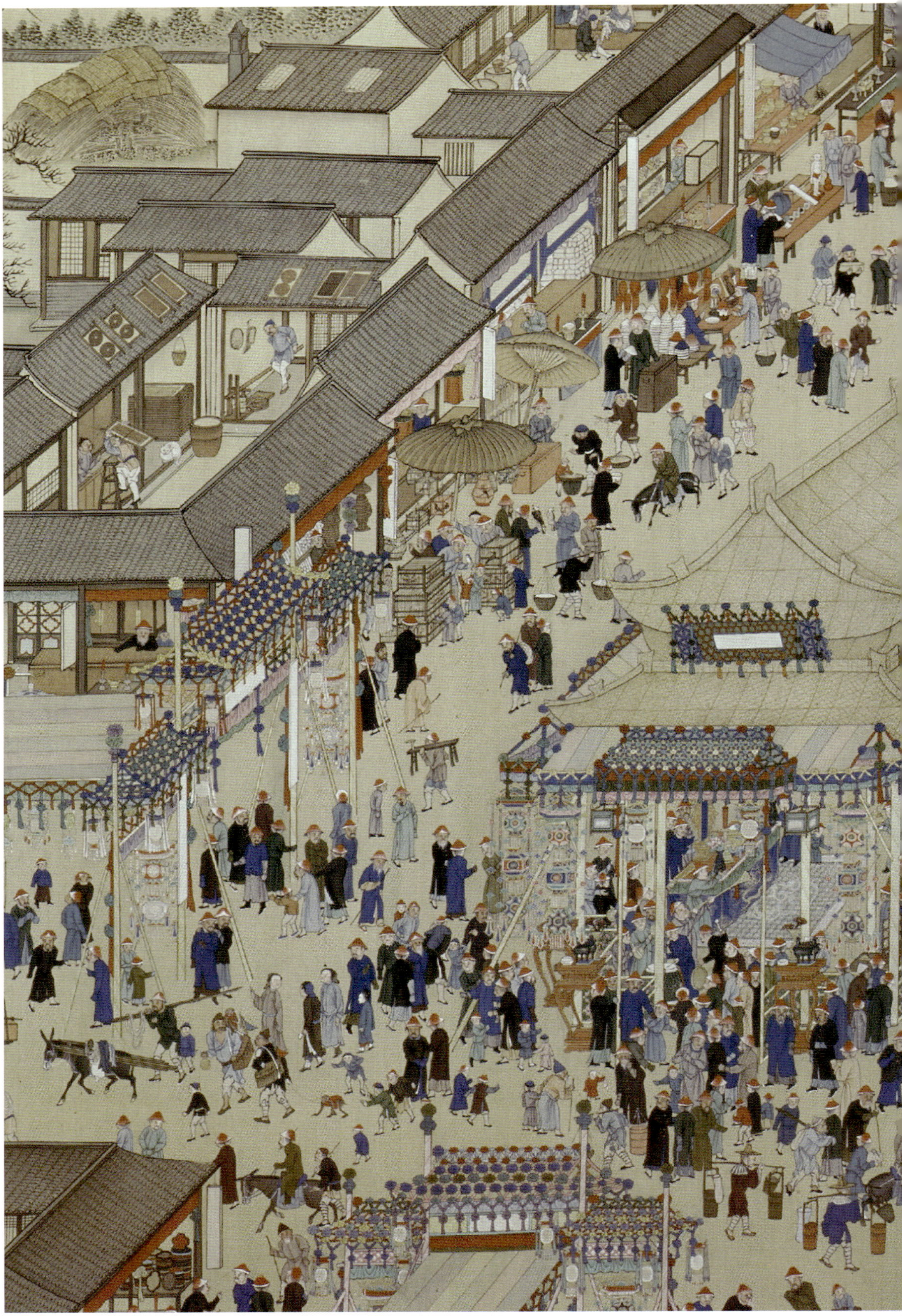

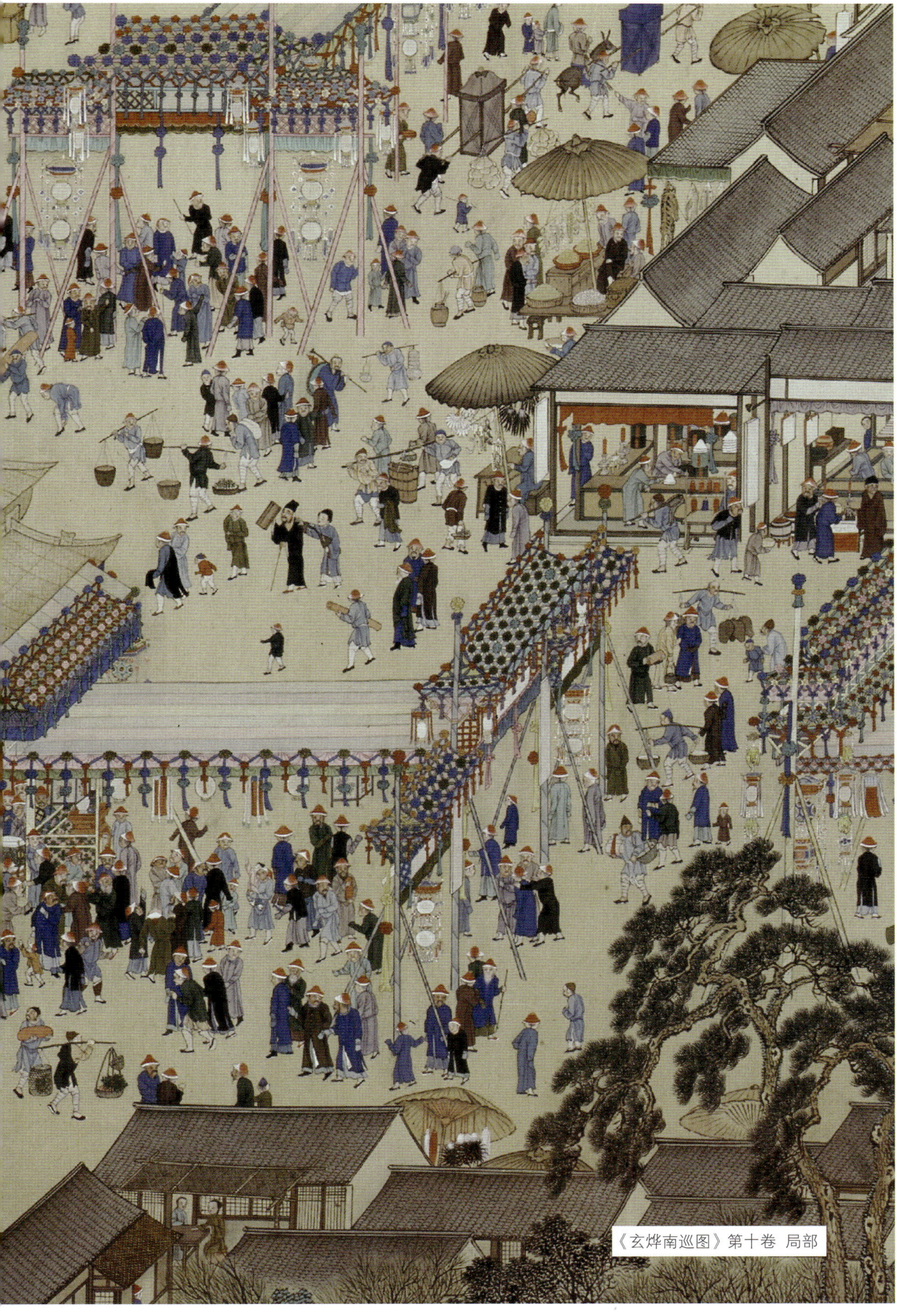
《玄烨南巡图》第十卷 局部

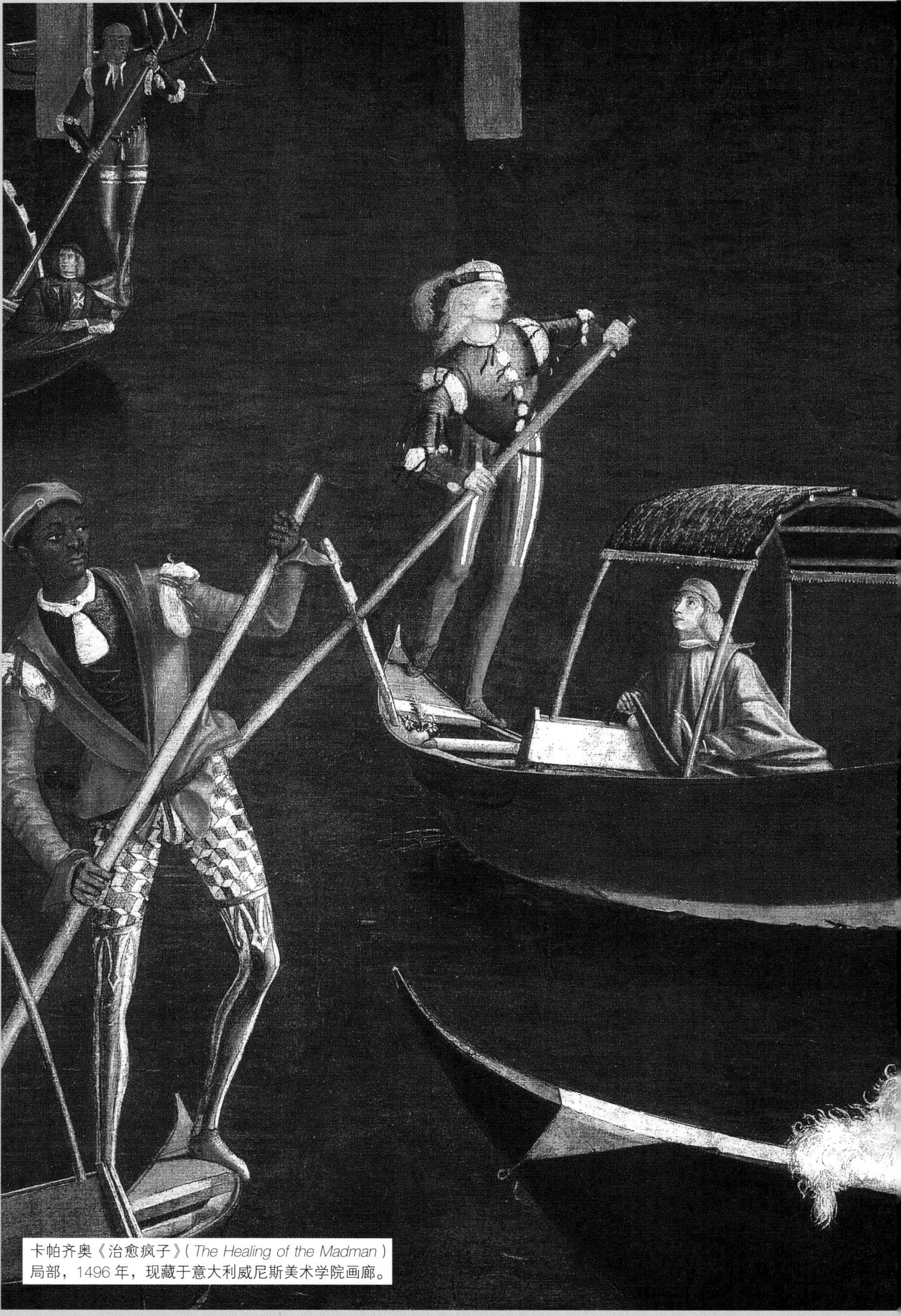

卡帕齐奥《治愈疯子》（*The Healing of the Madman*）局部，1496 年，现藏于意大利威尼斯美术学院画廊。

讯息与景别

上回说，中国画史通常看不起徐扬，他的宫廷同事郎世宁，倒是享有声誉。这位意大利画家为皇帝和嫔妃画了不少肖像，半生供奉朝廷，死后和利玛窦、汤若望几位传教士葬在同一个墓园，就在北京阜成门外——徐扬的墓在哪里？希望知情的专家告诉我。

乾隆南巡的苏州，后来号称“东方威尼斯”。去年我在苏州办展览，拼命找“威尼斯”，可是找不到。今天我们去真的威尼斯看看十五世纪的画家，其中有位卡帕齐奥（Vittore Carpaccio），比徐扬的命运好一点，美术馆设有他的专厅。我在里面盘亘好久，看来看去，气得胃疼，可是我对他也是一无所知，除了他的画。

威尼斯画派顶有名的大匠师，当然是提香（Titian）和丁托列托（Tintoretto）。他俩的前辈，贝利尼（Gentile Bellini）、卡帕齐奥，另有一种大好。除了画宗教故事，他们和徐扬干着相似的勾当，就是描绘水城的盛典。贝利尼有幅巨作，画着一大群中东打扮的老男人正在围观行刑，有北方油画的刚正，也有威尼斯的沉着绚丽。卡帕齐奥的画，人物更多，散在中景和远景。他

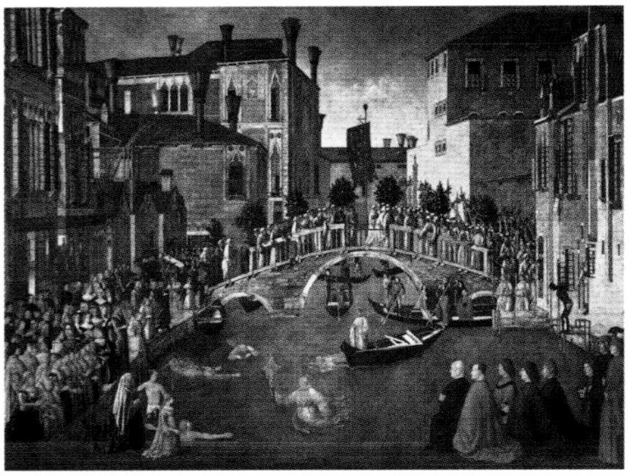

真蒂莱·贝利尼《圣洛伦佐桥十字架的奇迹》(*Miracle of the Cross at the Bridge of S. Lorenzo*)，1500年，现藏于意大利威尼斯美术学院画廊。

是个精力弥漫的家伙，主要是，眼睛不肯安分。他总是越过故事主角的肩头，张望远处正在走动的人。我不知画中典故，但他分明给我瞧见了当年人声喧哗的威尼斯：公子、少爷、帅哥、小流氓、野孩子，还有无数来自近东的人——那个年代，威尼斯船队已经和近东人大做生意了。

从前的各国王朝，都会雇佣画家描绘丰功伟业、礼仪大典，而繁华的场面总要铺张。中国人一早发明了长卷画，最长的篇幅长达一百多米，单是论人物多，场面大，西洋人弄不过《南巡图》。不过长卷画里的小小人，顶多半寸，几笔一勾，便是一人，西洋画求真求实，卡帕齐奥画男子长腿的花袜子，至少一两天，那番工夫，徐扬早已画完了几十个几百个小小人。

西洋画玩不开长卷画式的横向铺张，就玩纵深。到了出现透视法，可就玩儿疯了。你去看教堂大壁画，全是无限纵深，要么向高处纵深，要么向远处纵深——说到“远”字，中国画所谓平远深远，等于长焦距，一眼看到几千米外，西洋画的纵深等于广角镜，近处拼命弄大，远处存心变小。丁托列托玩透视法，算是一绝，史家大书特书，你去看威尼斯市政厅的丁托列托天顶画，无数裸体飞翔翻滚，像是人肉的盛宴，然后被耶和华的漩涡统统卷入天堂了。

卡帕齐奥不玩人肉漩涡。在他的世代，他呼应的是锡耶纳地区的国际哥特艺术，远接北方佛兰德斯绘画的世俗性，与佛罗伦萨画派叙述主线的人文理念，反倒相异。卡帕齐奥目睹的威尼斯，锦绣繁华，人人热衷于打扮、时髦、外表、排场，一闹排场，便有数不清的细节。佛罗伦萨画派是有选择的观看，导向所谓“人文主义”，威尼斯画家似乎不设目光的立场，眼睛很忙。卡帕齐奥不愿漏掉被他瞧见的人，老是两眼开小差。他喜欢在中景、远景、这里、那里，描绘不相干的场面和人物——你看，廊柱空隙中，年轻船夫的俊美背影斜出来；庄重的礼仪正在举行，远处的闲人却在游荡玩耍；一头雄狮走向拔腿逃跑的僧侣，远景中，其他僧侣也正四散躲避……如果不画这些次要的讯息，主题不受影响，可是有意无意的闲笔、闲人，动起来，大家不觉得画面更有活趣，更有看头吗？

这才是真的透视，简直接近中国人的“旷观”：《南巡图》整个长卷，不知有多少别的人群、别的忙碌、别的精彩，除了皇帝和官兵，日光下的一切，仍在生机勃勃地发生。

现在我要端出我的妄想，开始胡说了。为什么是胡说呢？因为每次细读卡帕齐奥，我的念头也会开小差，老是想到伟大的意大利电影。在贝托鲁奇（Bernardo Bertolucci），特别是费里尼（Federico Fellini）那里，充满迷人的“中景”和“远景”，到处是次要的讯息。

我不是要讲述电影，而是强调“观看的欲望”。一部电影，一幅画，是看画家和导演如何诱导观众的目光，这是视觉艺术的命根子。婴儿睁眼，人生开始了，人之将死，用目光和世界告别。我曾目击“文革”中有个将被枪毙的人绑出去游街，群众蜂拥跟随，只见他脑袋给狠狠摁住了，仍然斜着眼，左看右看，那是他最后的权利。鲁迅描写阿Q绑赴刑场的一路张望，实在经典：死到临头啦，看什么看！但在满大街人群中，阿Q居然认出了他曾单相思的女人，名叫吴妈。

对了，托尔斯泰（Leo Tolstoy）的安娜·卡列尼娜将要去卧轨，她在马车上不停往路边看，同时，满脑子胡思乱想。

胡扯这些，什么意思呢？意思是说：观看本能无比顽强，理性管不住目光，眼睛不听脑袋——在阿Q和安娜的最后时刻，脑袋发出警告：我命休矣！可是眼睛不知道，只顾东张西望。

这跟画画什么关系呢？大有关系。我们永远在谈论艺术的所谓“思想”、“主题”、“手法”，很少追究“观看”，我们总是说：啊，画得多好啊！可是绘画的核心机密不全在画法，画史的每次突破，其实起于观看：莫奈看见了逆光，梵高看见了向日葵，塞尚看见了物体的边缘，而十五世纪的这位卡帕齐奥，忽然看见了远处走动的人。

这有什么了不起呢？谁都看见啊！没错。可是在文学中，你看见，而且写出来，是跨出一大步，在绘画中，你看见，而且画出来，也跨出一大步。厕所里的劝告牌，“上前一小步，文明一大步”，没人理睬，这两句话，正好讲述艺术史。

据电影史专家说，从美国导演威尔斯（Orson Welles）的《公民凯恩》（*Citizen Kane*）开始，主要景别之外，摄影机收入了更多的讯息，带来新的电影语法。譬如两个人在窗内讲话，窗外正发生惊人的事——可能是谋杀，我记不清了——这一招，正是观看的意志：是啊，一切同时发生，为什么摄影机非要始终瞄准主角呢？

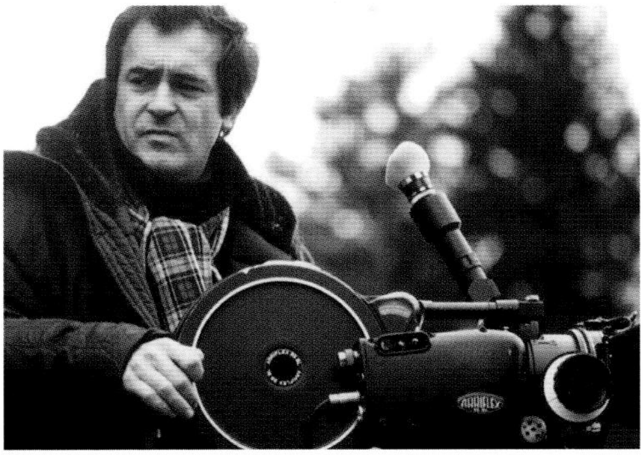
贝托鲁奇。

影像叙述介入大量次要讯息，好像起于“新浪潮”那帮家伙。但是，意大利人似乎最会玩这一套。贝托鲁奇在《一九〇〇》（*1900*）的景别调度，神乎其神。

譬如军队从右侧进来了，左侧走出对抗的农民，镜头持续逼视着，一组人走远了，另一组人忽然已在眼前：那种大面积的紧张和对峙，那种大祸临头而尚未爆发的不祥！只是镜头，只是看。他的另一部《同流者》（*The Conformist*）有组欢快的镜头，一帮子疯狂跳舞的人一个跟一个跳出了画面，在屋子深处的中景，同一群人又跳了回来。当然，贝托鲁奇的前辈，费里尼的《八又二分之一》，可能是处理景别最自由最猖狂的范例，没完没了的景别不断穿插流动，单凭一双眼睛，简直忙不过来。

这和卡帕齐奥有关系吗？请电影专家原谅：我以下的发挥很可能驴唇不对马嘴——我没有证据，也没有理由说，费里尼的影像风格是因为偷看了卡帕齐奥的画（注意，费里尼本人就是很棒的画家），但两位天才的画面和影像——我又要说：像徐扬一样——老是热衷于次要的讯息。为什么呢，因为重要的不是故事，而是场景，诱人的不是情节，而是观看本身。

不消说，欧美各国电影都有精彩的多重景别，俄国人塔可夫斯基（Andrei Tarkovsky）的《安德烈·卢布廖夫》（*Andrei Rublev*）和晚年作品《牺牲》（*The Sacrifice*），费里尼也会佩服。电影和绘画的致命区别，我知道，但我总在梦想二者的血缘关系。这关系，不在画面，不在影像，而是观看的意志，以及，观看的神秘。我愿斗胆假设：所有古代的画面仍然奏效，它以无数不可觉察的方式，潜入后代的作品，包括影像。

接下来要请美术史专家原谅。我一定不会说，除了卡帕齐奥，别的名画不描绘中景与远景，譬如荷兰人勃鲁盖尔（Pieter Bruegel the Elder）的辉煌画面，早就挤满了人，他的大场面接近徐扬的《南巡图》，但那是俯瞰式的“全景画”，来自虚拟的全息状态，并不截然区分景别。而卡帕齐奥到底是十五世纪的威尼斯人，他运用准确意义的透视法，他永远假定你也在场，从你的位置，看出去——啊呀！远处有人闲逛。

可怜我读不懂手中三册卡帕齐奥的画册里，说些什么。但他，比贝利尼，比提香和丁托列托，更敏感于人物缝隙间的远处，更喜欢插入次要的讯息。他画的都是典故，但在故事主线外，他的贪婪的观看，为我们留下了十五世纪的威尼斯，就像徐扬的《南巡图》并非只在歌功颂德，而是为全苏州留下了完整的肖像。

美术史是个巨大的漏斗，太多秘密，被死去的艺术家带走了。我真想知道：是什么使卡帕齐奥的观看有别于他的威尼斯同行？是什么使希腊人罗马人早已萌芽的透视法，被中世纪切断，又在十四世纪的佛罗伦萨人那里复活，弄成观看律令与绘画原理？思想、主题、故事、风格，可以言说，唯独观看，难以言传。譬如卡帕齐奥和王希孟的目光：他俩没功夫啰唆，只顾自己东张西望。

最后，更大的问题跟过来：如果透视法，一种作用于绘画的法则，果然导致摄影和电影，为什么逾千年的“旷观”传统，止步于长卷？王希孟和徐扬不知道透视法，贝托鲁奇和费里尼更不知道徐扬和王希孟。这是人眼的奇迹，还是科技问题？我没读过李约瑟（Joseph Needham）的《中国科学技术史》（*Science and Civilisation in China*），不知其中是否涉及此议？问题是，这本“中国科技史”的作者，还是西洋人。

今天我们不再需要《南巡图》，也不需要卡帕齐奥。媒介会变，然而人人有眼，观看的欲望，不会变。问题又来了：当诸位大导演握着剧本、定了机位，会不会忽而走神，看见远处的闲人？

2015年7月15日写在乌镇

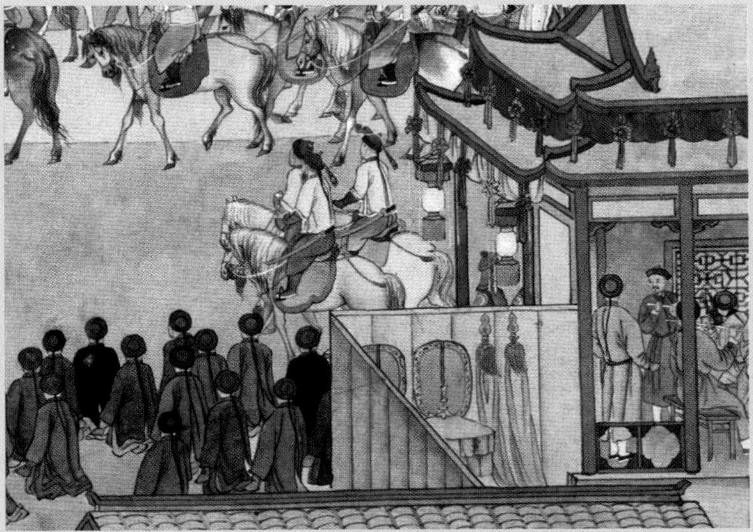

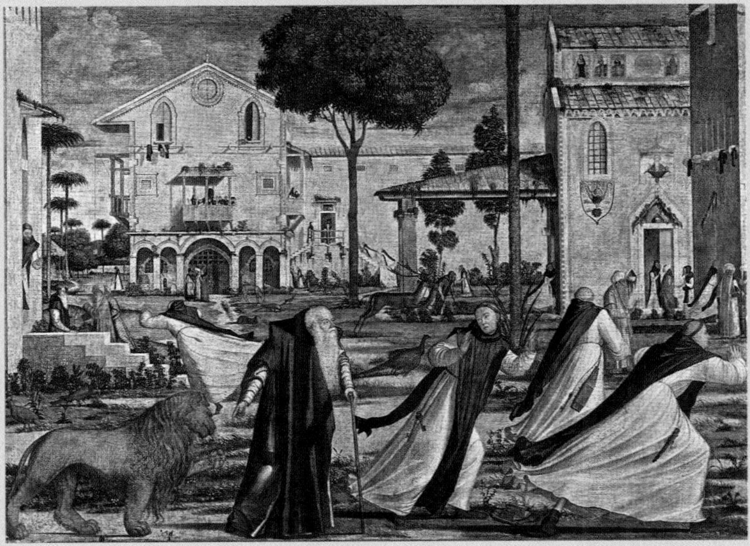

上图：《乾隆南巡图》局部；下图：卡帕齐奥《圣哲罗姆与狮子》（*St. Jerome and Lion*），1502年，现藏于意大利威尼斯圣乔治会堂——下图这幅画，是世界美术史图册时常引用的图例，上图，则从不见于中国美术史专书，更别提游走“世界”。

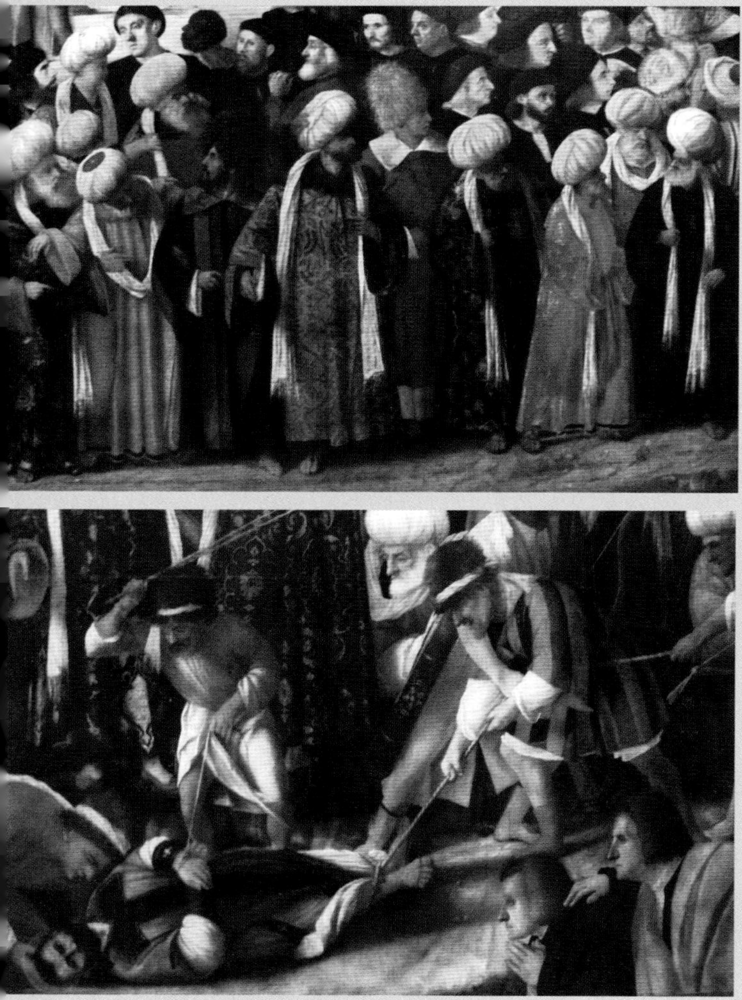

贝利尼《圣马可殉难》(*Martyrdom of San Marco*)局部，1515—1526 年，现藏于意大利威尼斯美术学院画廊——贝利尼的这幅大画，画得绝好，与苏里科夫《女贵族莫洛佐娃》的内容与命运相近似，也是描绘受难与围观，也在西方毫无名气。西欧人有理由看不起苏里科夫，为什么也看轻这幅贝利尼？

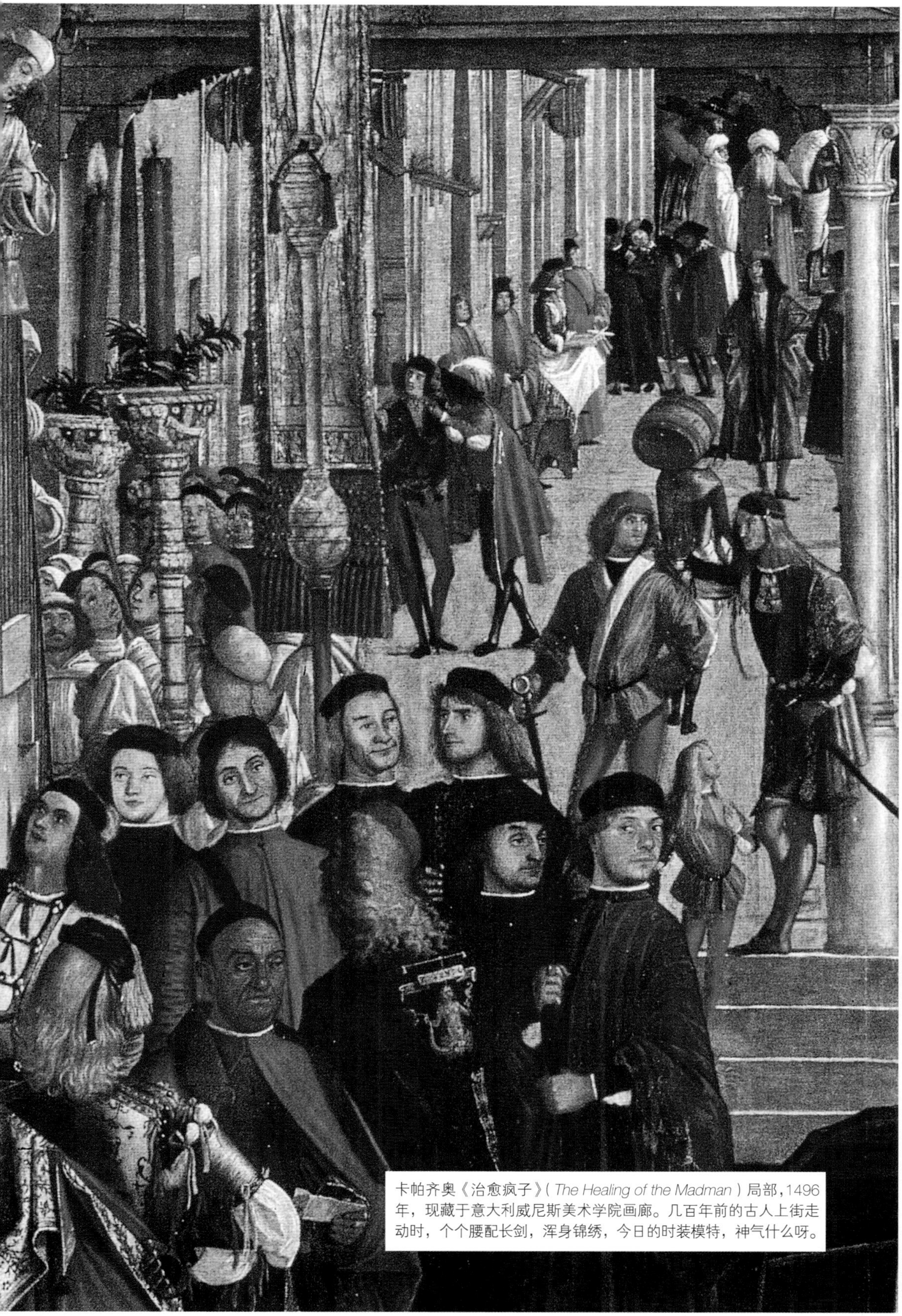

卡帕齐奥《治愈疯子》（*The Healing of the Madman*）局部，1496年，现藏于意大利威尼斯美术学院画廊。几百年前的古人上街走动时，个个腰配长剑，浑身锦绣，今日的时装模特，神气什么呀。

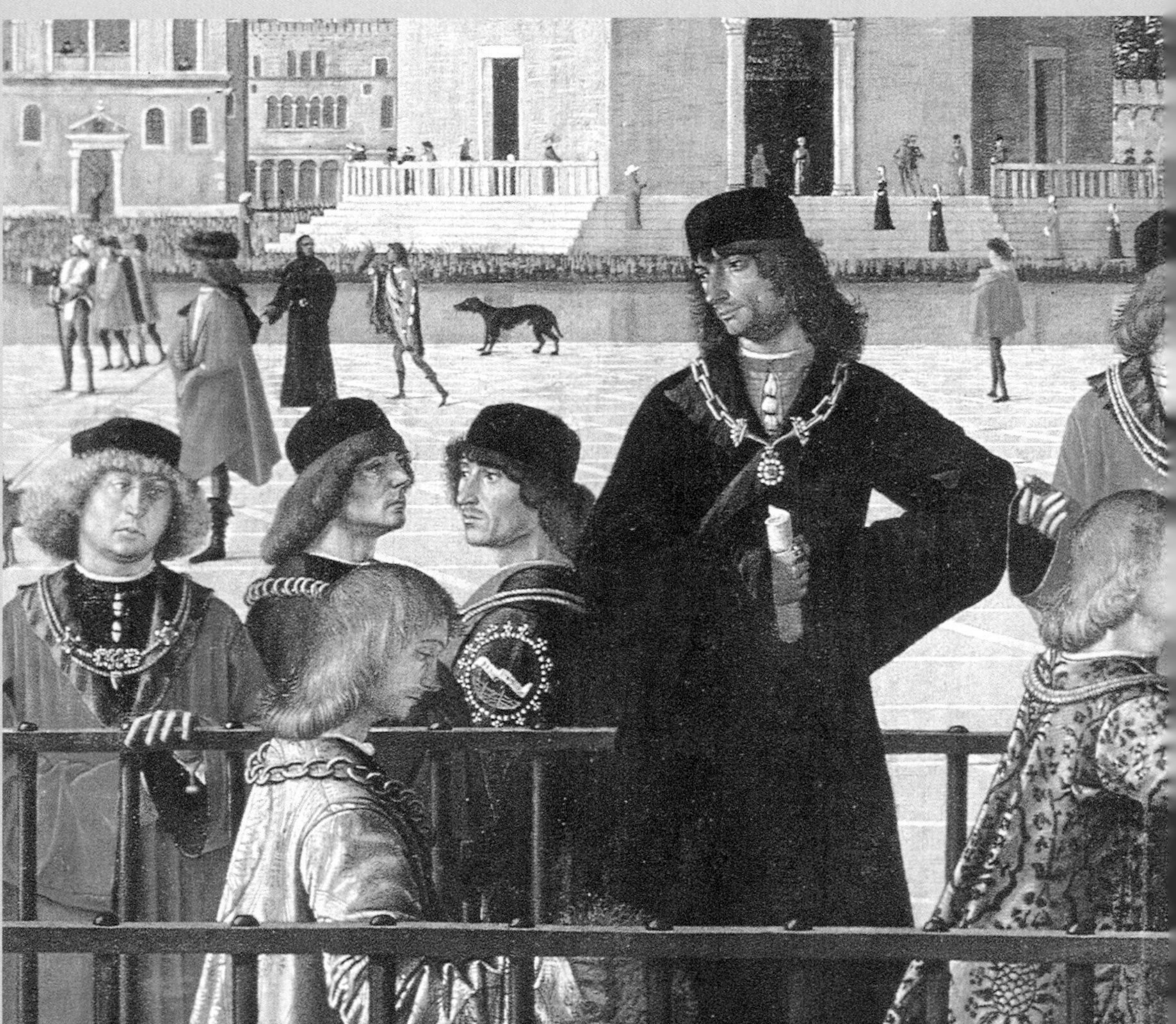

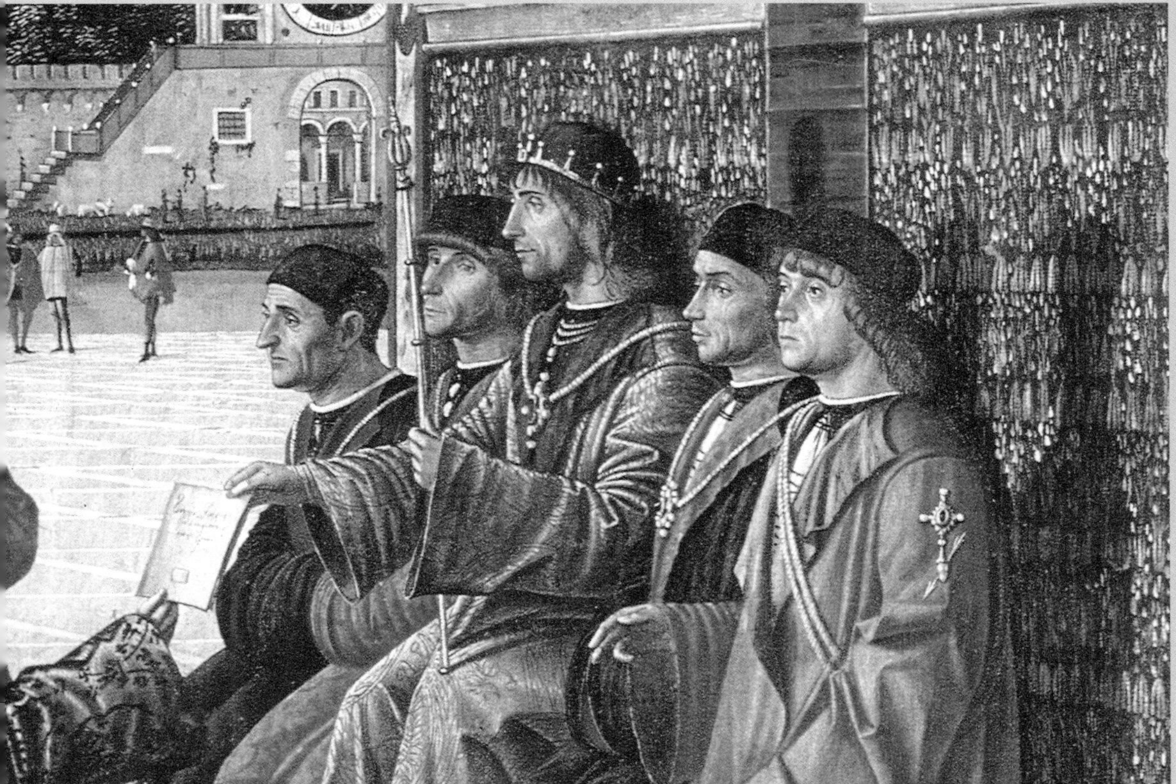

卡帕齐奥《英国使臣到来》(*Arrival of the English Ambassadors*),
1495—1500 年，现藏于意大利威尼斯美术学院画廊。

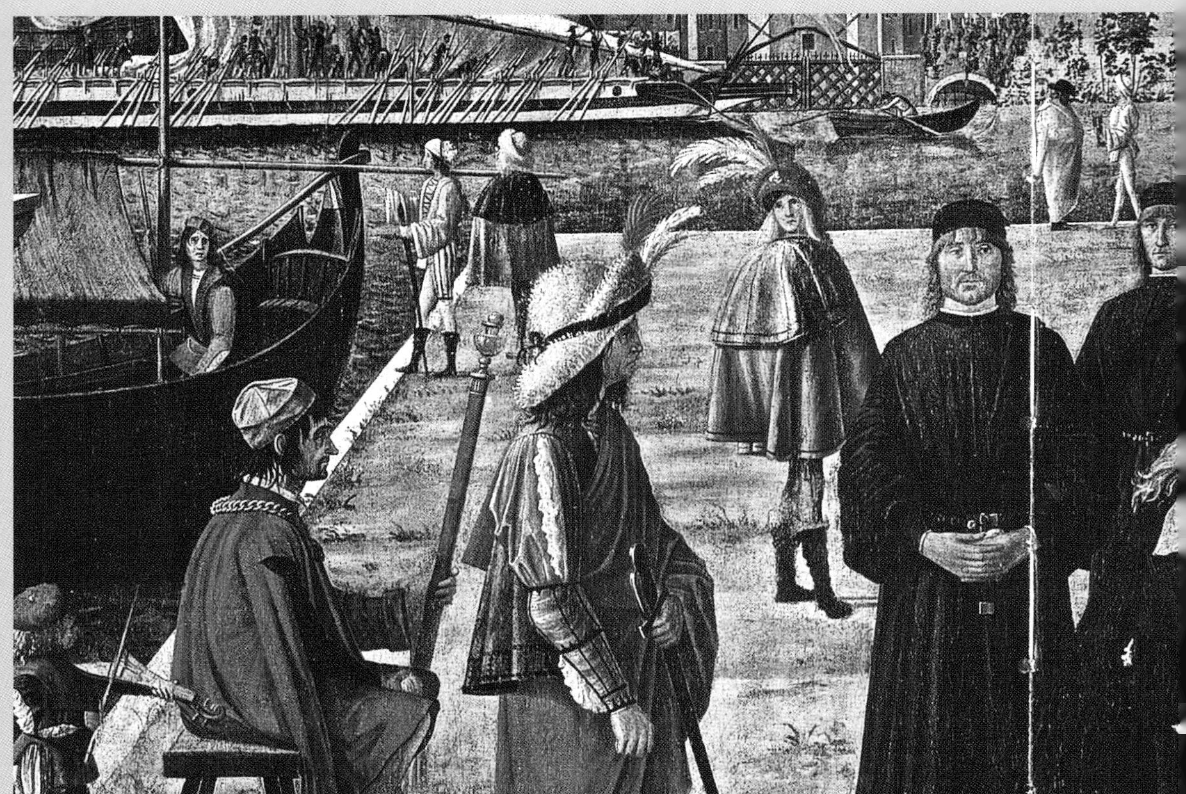

卡帕齐奥《使臣返回英国》(*Ambassadors Return to the English Court*)，1497—1498 年，现藏于意大利威尼斯美术学院画廊。

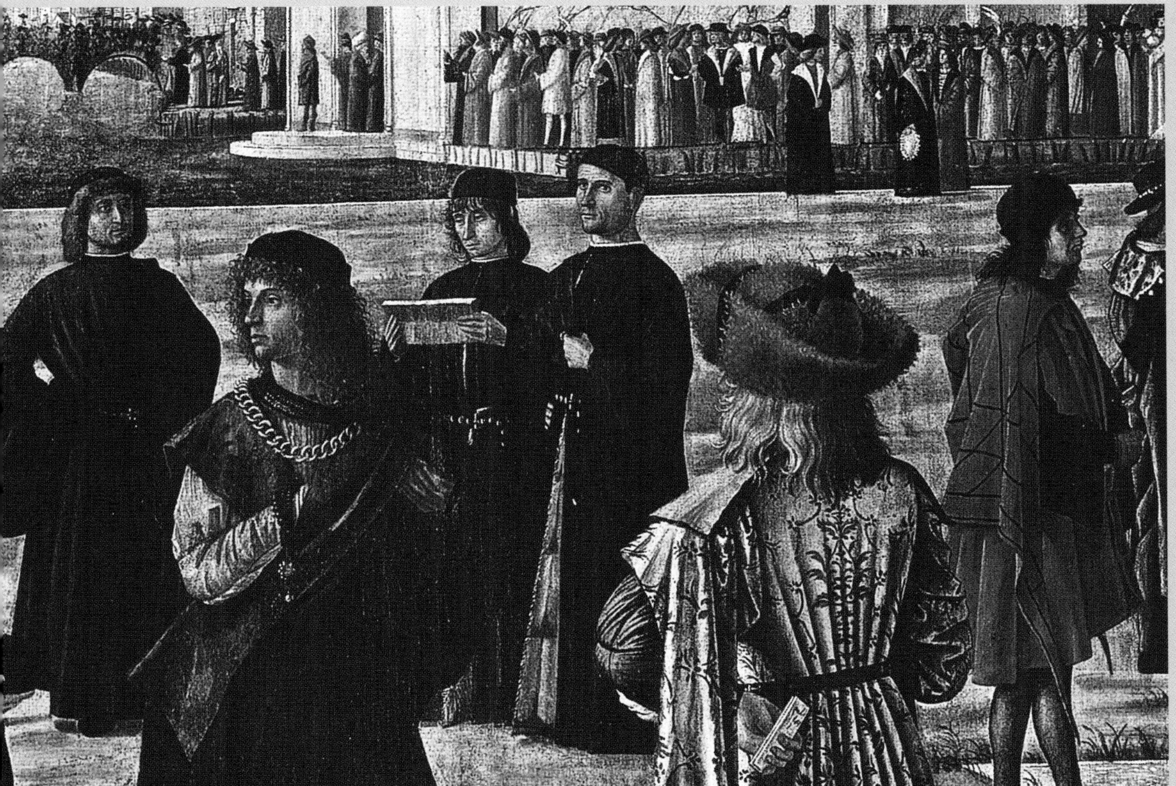

中国人挺身下跪，望之委顿，西洋人趋前屈膝，恭谦而自尊，视觉上似乎更雅、更好看——当然，腿须得修长——中国女子的屈膝礼亦佳，上身略一挫，双手团拢，往腰间虚虚一握，也颇标致而得体，但不知这规矩与姿势起于哪个朝代。《南巡图》中所有女子也和男人一样，成片跪倒，壮观而苦相。卡帕奇奥最美的构局，便是呈三角而立的这三位君子，1989 年初见，竟不知谁是卡帕奇奥。那年，威尼斯学院博物馆甚至没有他的专册出售，2005 年总算有了，而且两本，装帧均极美观。

贝托鲁奇的《一九〇〇》截图四幅。他的
摇镜头、长镜头，处处收入近景与中景。

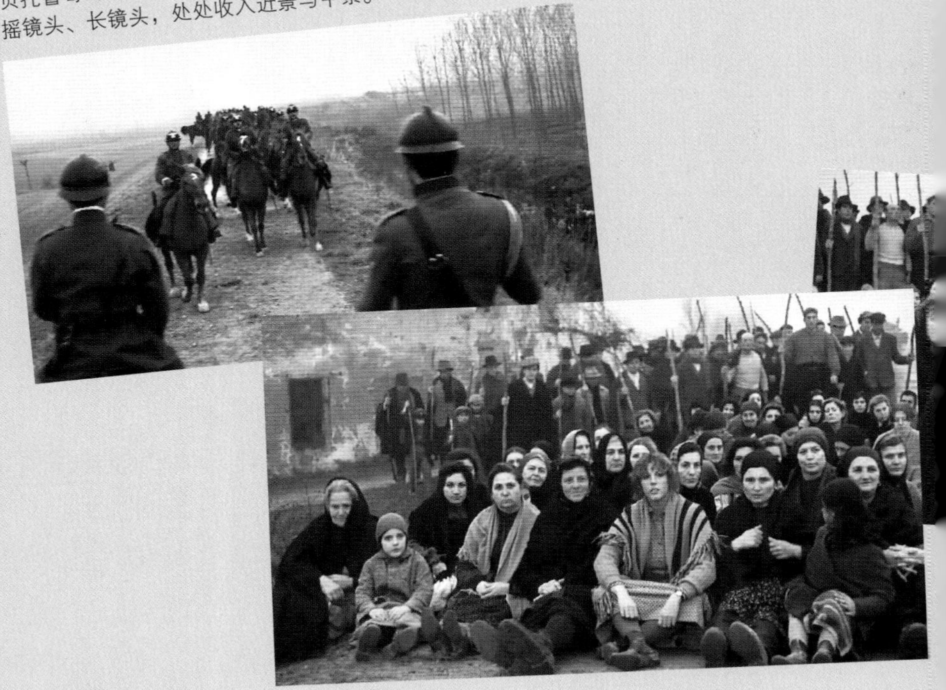

前面几集随口谈到电影，梦茜自作主张，替我找到而插播了。这一集，电影与绘画成了对等的话题，梦茜立即找到《一九〇〇》、《同流者》、《八又二分之一》，端了电脑放给我看，与我确认要哪些片段。一截截地弄着，忽然竟有弄电影的小小快感。唉，要是我在如今八〇后的岁数，画什么画呀，弄电影才是顶对、顶开心的事情。

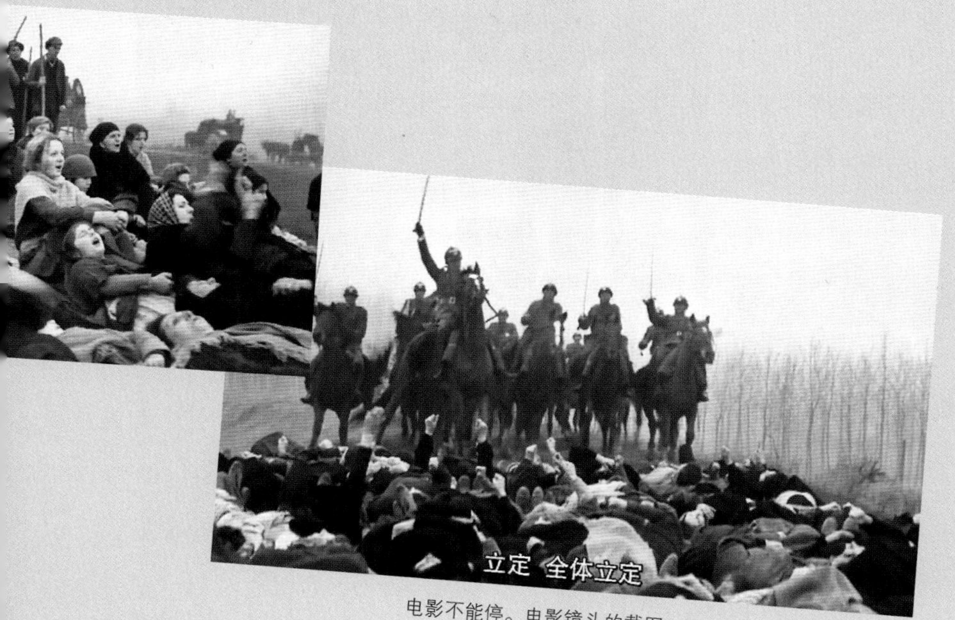

电影不能停。电影镜头的截图，不是电影。
绘画不会动。自从电影使古画的场景动起来，绘画的功能——不是绘画的魅力——就此渐渐丧失。

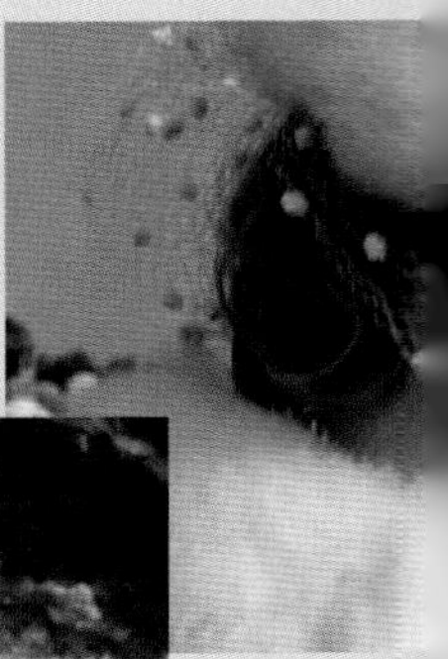

费里尼《八又二分之一》截图。这可能是处理不同景别和流动讯息最为疯狂的一部电影。

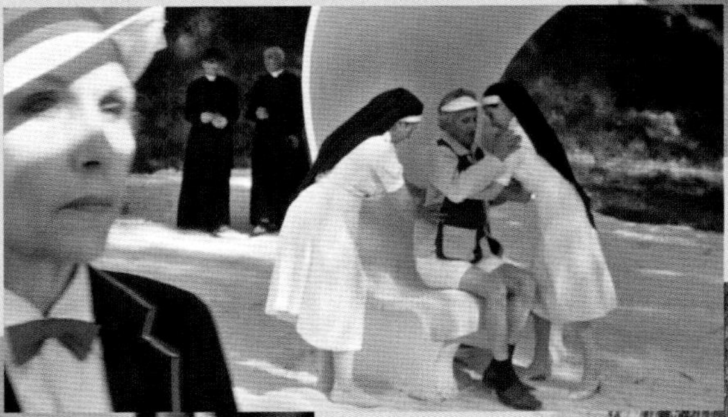

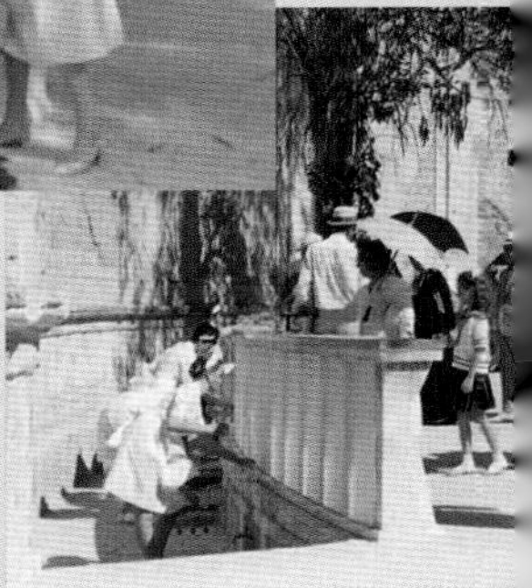

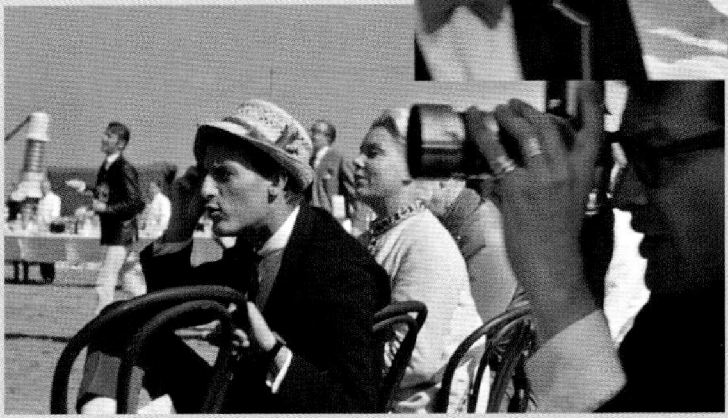

我不是要讲述电影，而是强调“观看的欲望”。一部电影，一幅画，是看画家和导演如何诱导观众的目光。

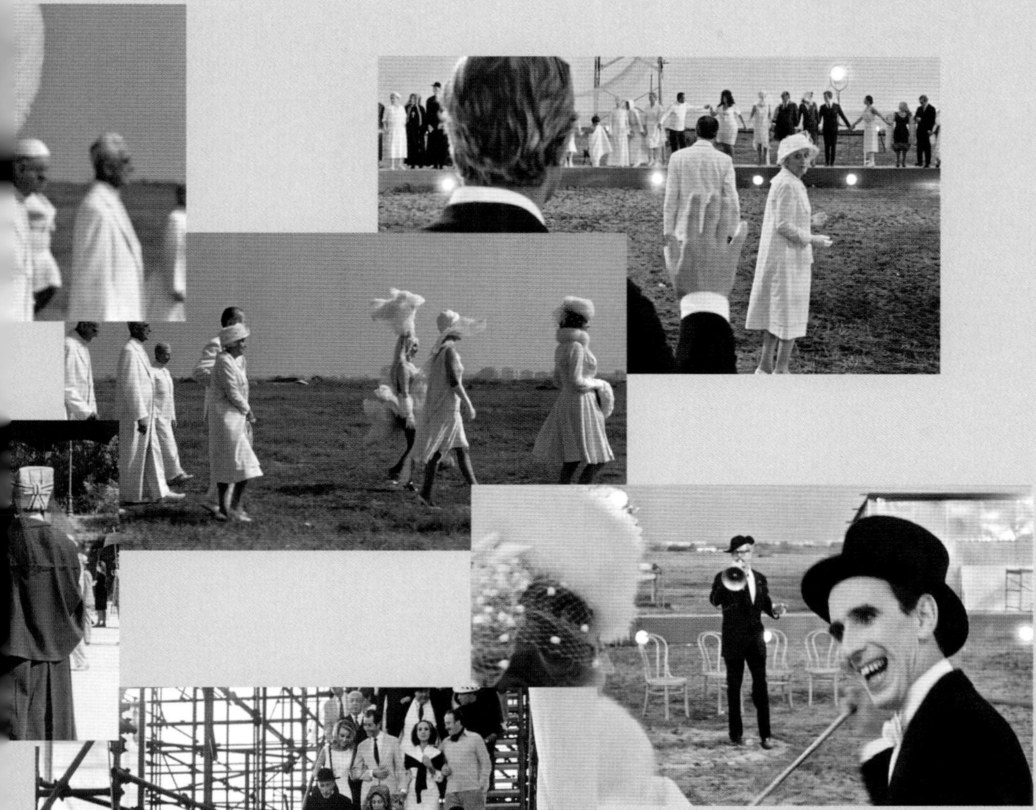

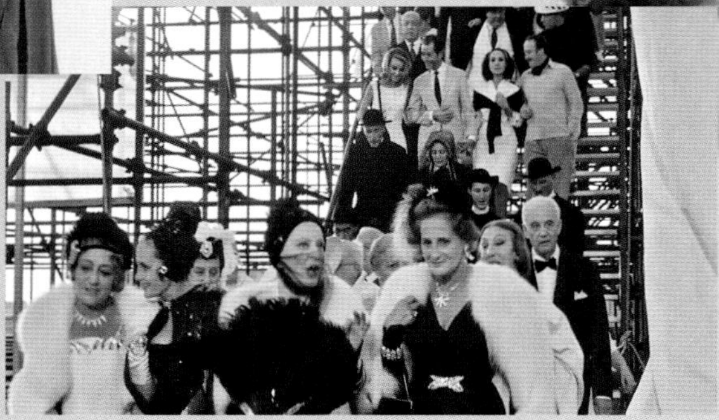

我完全没有证据，也没有理由说，费里尼的影像风格是因为偷看了卡帕齐奥的画（注意，费里尼本人就是很棒的画家），但和我们的徐扬一样，老是热衷于次要的讯息。为什么呢，因为重要的不是故事，而是场景，诱人的不是情节，而是观看本身。

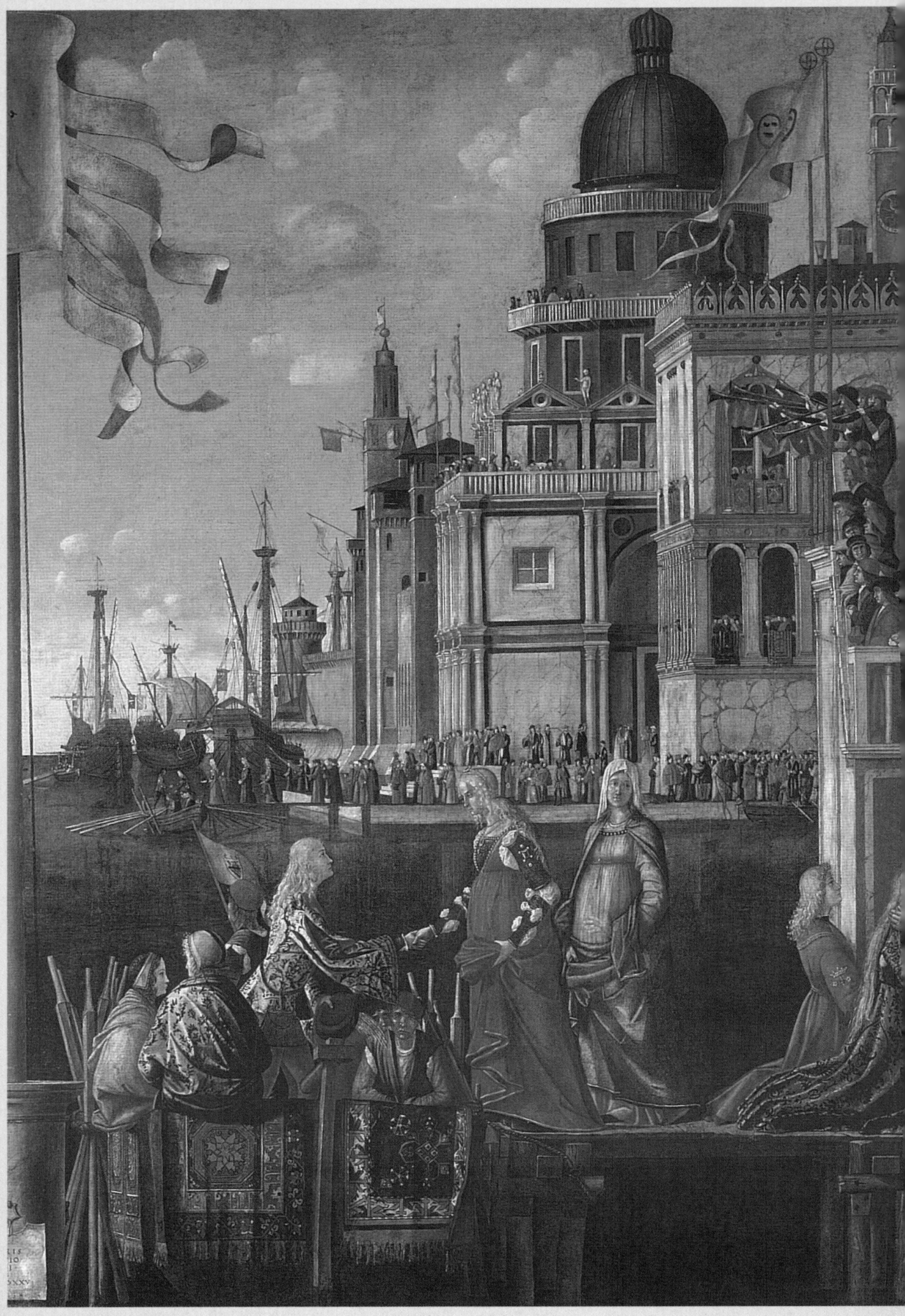

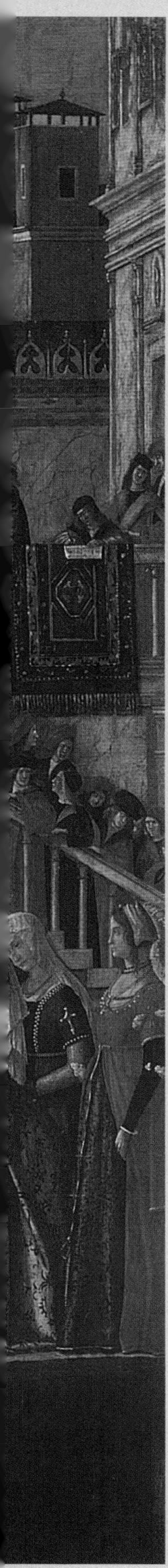

卡帕齐奥《圣厄休拉见到英国王子》(*The Meeting of Ursula and the Prince*) 局部，1497–1498 年，现藏于意大利威尼斯美术学院画廊。

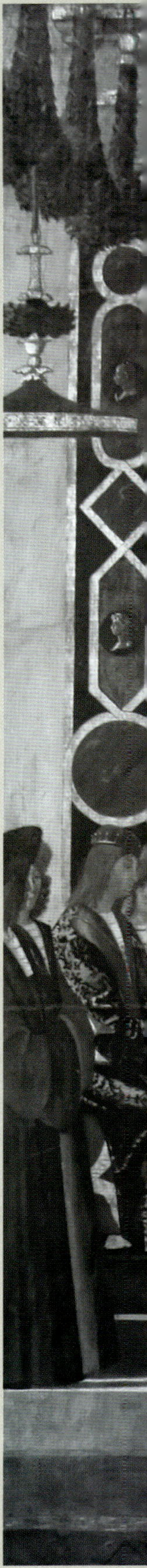

卡帕齐奥《使臣离开》（*The Ambassadors Depart*），1495—1500 年，现藏于意大利威尼斯美术学院画廊。

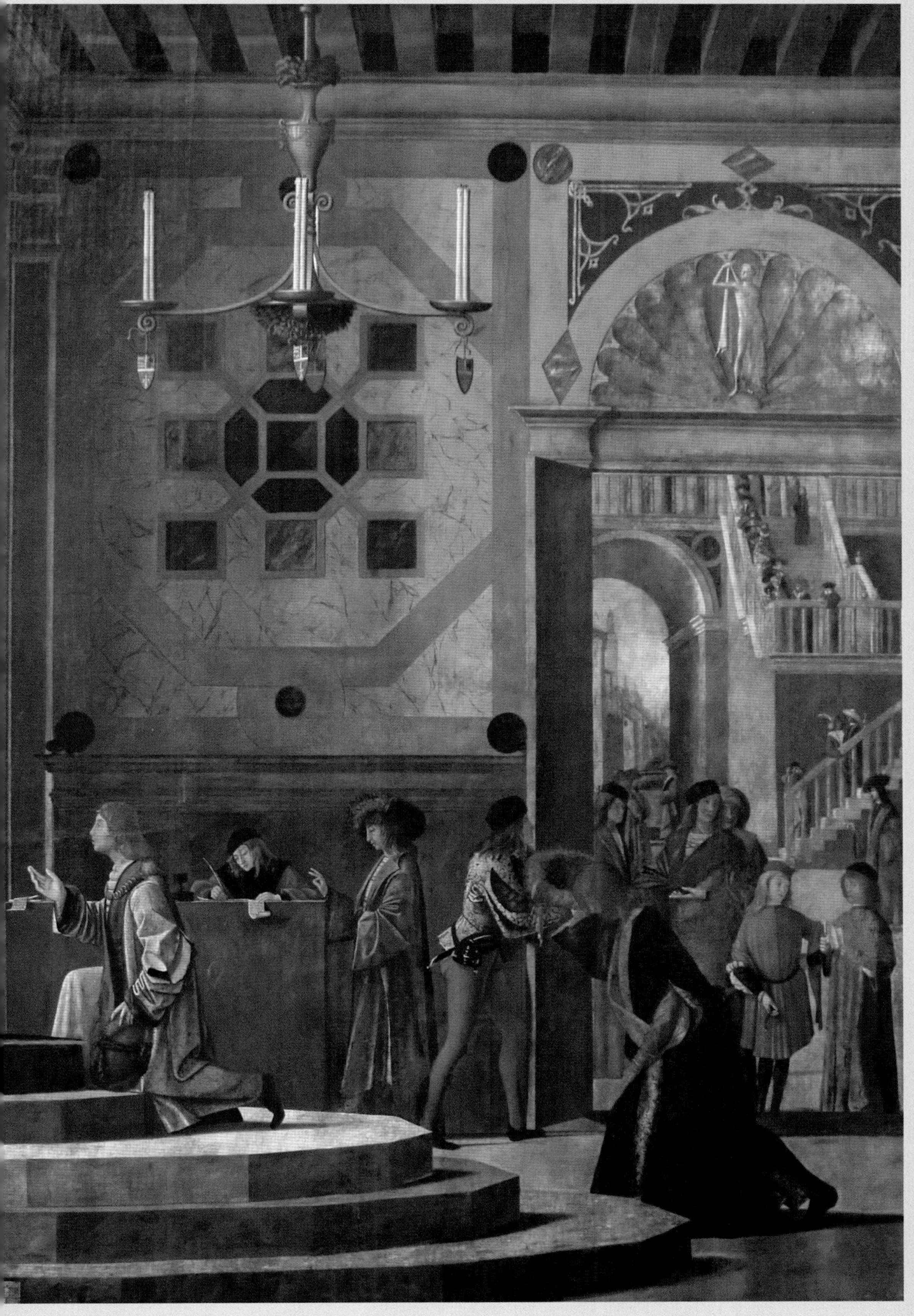

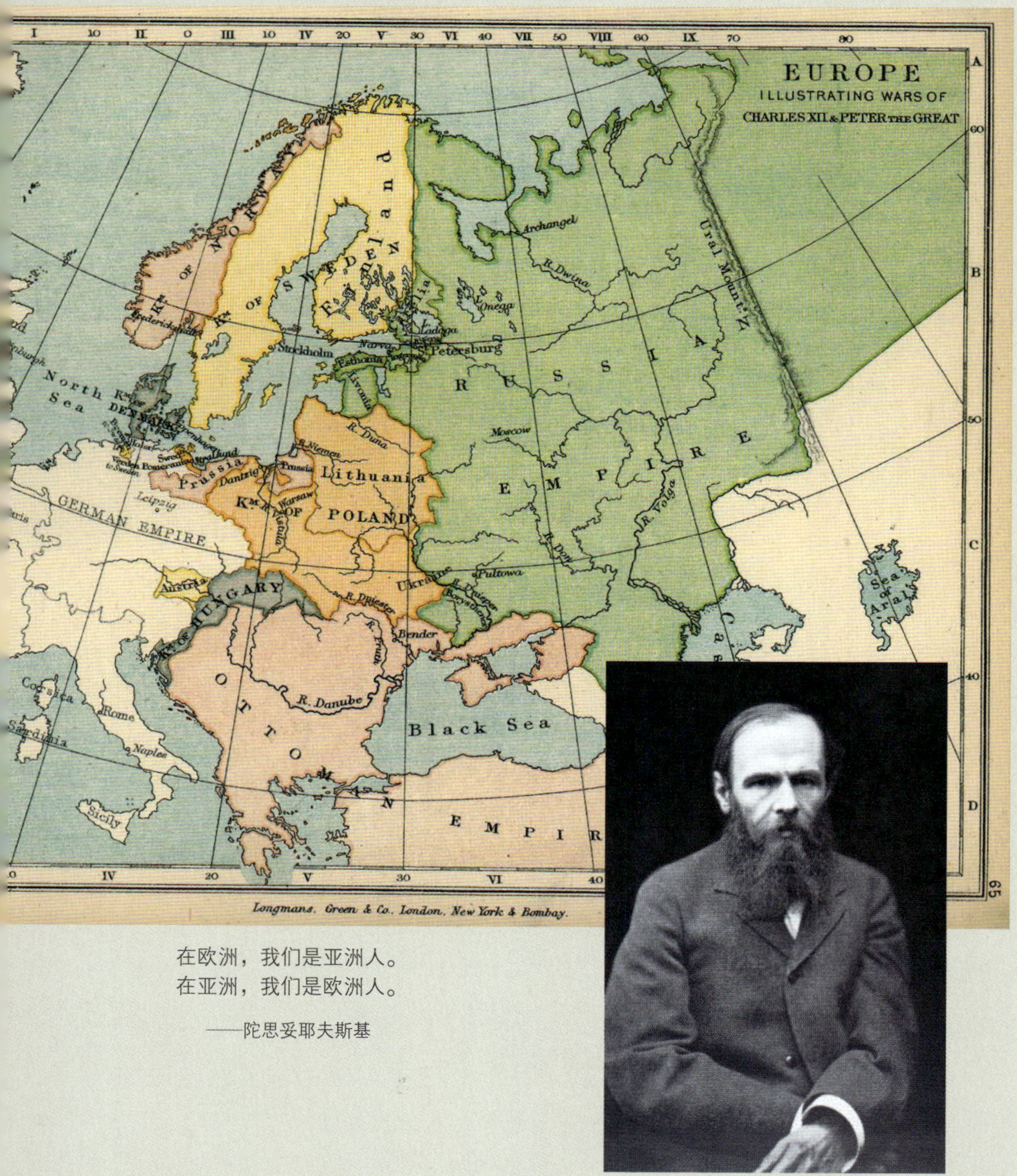

在欧洲，我们是亚洲人。
在亚洲，我们是欧洲人。

——陀思妥耶夫斯基

俄罗斯冤案

今天忍不住要来谈谈俄罗斯画家。四十年前，我们对外国的最高想象，就是叫做“苏联”的那个俄罗斯。那时我正当如今九〇后的岁数，想到列宾（Ilya Repin）和苏里科夫（Vasily Surikov），心里就会抖。这种无限夸大的单一想象，或者说，单一想象的无限夸大，原因很简单，就是长期的封闭。

很久以后我才知道，我们这帮傻逼对苏俄的历史与文化，完全无知，而欧美世界非常了解，其中，当然包括苏俄的艺术。他们高度重视旧俄的文学与音乐，可是对俄罗斯十九世纪绘画，似乎坚持无知，至少，不打算有知。

“在欧洲，我们是亚洲人；在亚洲，我们是欧洲人。”

四十年前，我不会懂得陀思妥耶夫斯基（Fyodor Dostoyevsky）这句话。数百年迄今，俄罗斯与西方的现实关系、心理纠葛，几乎被陀氏道尽了。

去掉古东正教绘画的几百年，西化之后的俄罗斯美术史，不过上百年。自从彼得大帝强行实施脱亚入欧，到十八世纪末，就是乾隆朝，俄罗斯绘画与文学稳步进入十九世纪的黄金时代。稍后，俄国音乐的强劲表现一路强到二十世纪。美国的古典音乐事业差不多由斯拉夫人为其开端，几年前，我有幸参加纽约卡内基音乐厅成立一百二十年盛大纪念专场，聆听俄国乐队演奏德沃夏克（Antonín Dvořák）和里姆斯基–科萨科夫（Nikolai Rimsky-Korsakov）。

俄罗斯文学的跨世纪影响，遍及欧洲和英美，普希金（Alexander Pushkin）、陀思妥耶夫斯基、托尔斯泰、契诃夫（Anton Chekhov），至今是美国文学青年的上等读物。这些名字和几代西欧作家分庭而不抗礼，自成高峰。缺了俄罗斯，整个西方文学是不可想象的。今天的美剧剧本写到这等深刻复杂，人性的洞察、叙述的规模感，要追遥远的根底，部分来自俄罗斯文学散布西欧的影响。

彼得堡列宾美术学院立着两尊铜像，一是列宾，一是苏里科夫。可是除了列宾，旧俄绘画从未走出本土，欧美数百座美术馆号称世界性收藏，俄罗斯绘画不是多少的问题，而是，几乎没有。

美国人弄油画的历史与俄罗斯相当。论画品，他们的萨金特（John Singer Sargent），远不如列宾的弟子谢洛夫（Valentin Serov），美国早期风景画，更是难望列维坦（Isaac Levitan）项背。但美国人把自己的画家填进世界美术史，包括上回谈到的乔治娅·欧姬芙。被恩准进入现代美术史的俄国佬，就我所知，是康定斯基（Wassily Kandinsky）、夏加尔（Marc Chagall）、塔特林（Vladimir Tatlin）、马列维奇（Kazimir Malevich）。西方坚持认为，这几个前卫艺术家的奶妈，是西欧的现代主义。

这就是文化霸权吗？我不愿用这个时髦词。如此一说，先把自己搁在认怂而下风的位置。所谓自知之明，对应知人之明，反之亦然。中国的百年油画，到底小儿科，晋唐宋元早就供在欧美博物馆，炎黄子孙须得知趣，而且安然。古俄罗斯东正教壁画，很壮观，看在拜占庭教堂的墙面，也得让一步。俄罗斯的油画，则比比意大利、法国、荷兰、德国，即便忝为小弟，也还勉强。我早已摆脱苏俄绘画的少年情结，只是看到美国人的早期油画，就替俄国佬不服。俄国佬画画，气粗手笨，像只熊，但和美国画家打照面，气也不喘，一巴掌就能撂倒对方。

苏里科夫的历史画大作，总共七幅。《近卫兵临刑的早晨》(*Morning of Execution of Streltsy*)、《缅希珂夫在贝列佐夫镇》(*Menshikov in Berezov*)、《女贵族莫洛佐娃》(*Boyarynya Morozova*)，现藏莫斯科特列恰科夫美术馆。《攻克雪城》(*Taking a Snow Town*)、《苏沃洛夫率军越过阿尔比斯山》(*Suvorov Crossing the Alps*)、《耶尔马克征服西伯利亚》(*Yermak's conquest of Siberia*)、《斯切潘·拉辛》(*Stepan Razin*)，挂在彼得堡俄罗斯美术馆。

人说一山不容二虎。艺术史呢，好就好在一山总有二虎——至少二虎——苏里科夫之外的另一头虎，当然，是列宾。列宾的《伊凡雷帝》(*Ivan the Terrible Killing His Son*)、《库尔斯克省的祈祷行列》(*Religious Procession in Kursk Province*)、《查波罗什人复信土耳其苏丹王》(*The Zaporozhye Cossacks Replying to the Sultan*)，都画得好透了。我小时候看到印刷品，脑袋要炸开，不知他怎能画出来。可是列宾一比苏里科夫，怎么说呢，不伦不类的比喻，有点像鲁本斯遇到米开朗基罗，米开朗基罗遇到多纳泰罗(Donatello)。说得通俗，类似南人遇到北人，再通俗，等于好猪肉吃过，忽然

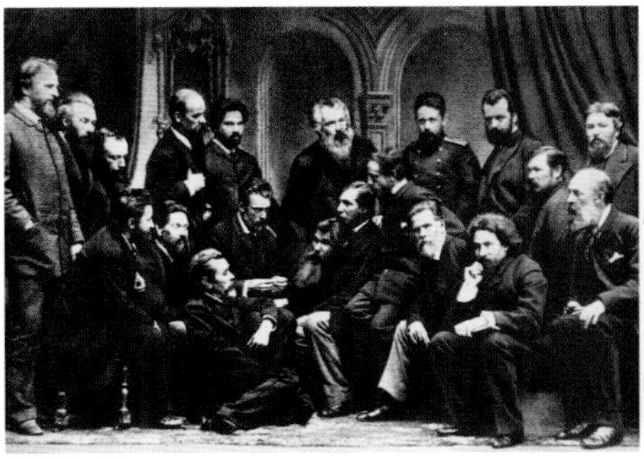

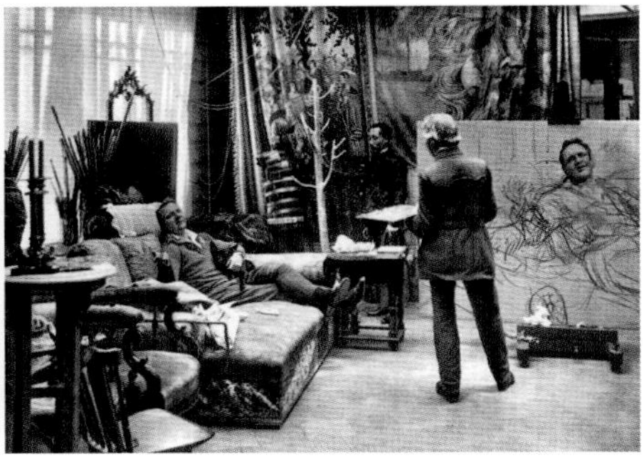

左图：前排右二：列宾，后排左五：苏里科夫；右图：列宾正在画夏里亚宾（Feodor Chaliapin），1914 年。

牛排端上来。

我敬畏苏里科夫，爱列宾。列宾是个有趣的人，瞧着晚辈谢洛夫的潇洒，他叹道：“我们都是猎犬，谢洛夫是灵猩。”但不知他用什么词形容苏里科夫。五十年代中苏要好时，进口电影《苏里科夫》(*Vasiliy Surikov*)，我没看过，至今遗憾，有位长辈告诉我故事内容：苏里科夫中年丧妻，放弃绘画，一年后，列宾不声不响给他寄去颜料，镜头出现苏里科夫摸着干涸的调色板，之后，奋起画出了后半生的大作。

多动人的两头虎啊。谁能找到电子版的《苏里科夫》吗？

苏里科夫是个天生的史诗画家。只要主题沉痛激昂，场面足够大，他就憋劲儿上来。《近卫兵临刑的早晨》，是画彼得大帝改革途中的政变，皇姊妹索菲亚伙同近卫兵谋反，事败，皇亲被锁起来，近卫兵或斩首，或绞死。你看家属们哭成那样，可是近卫兵和彼得大帝怒目对视，不肯相让。八十年代美俄合拍了连续剧《彼得大帝》(*Peter the Great*)，到这一节，是刽子手杀同事杀到手软，彼得大帝夺过斧子，亲自动手，只见大胡子近卫兵挨个儿伸了脑袋，在案板上搁稳了，受皇上一刀，彼得的衬衫，溅满鲜血。

《女贵族莫洛佐娃》事涉东正教改革，其中一项，是画十字的方式由自古沿袭的两指，变为三指。莫洛佐娃代表旧势力，死活不从，被流放。雪橇穿过城镇，莫洛佐娃昂然高举右手，双指并拢，满脸是高贵的挑衅。路边群众全是表情：死硬拥护者是赤足的男女乞丐，也举起并拢的双指，盛装贵妇惊愕哀痛，孩子不解事，像我们小时候跟着看游街那样，好开心，几位得志小人站在边上咧嘴讪笑。左侧那位少年的表情，格外煎熬，他被眼前的场面惊呆了，显然同情莫洛佐娃。这件事早于苏里科夫两百多年吧，我猜，他把自己画进了人群。

每个民族都有伤痛记忆，但每个民族的哀哭、叹息，不一样。先秦故事定了苦味，但有阳刚气，到了《窦娥冤》、《桃花扇》，美是美的，总嫌哀怨。俄罗斯人讲起历史惨剧，居然血气旺盛，同时，忽然温柔。普希金小说《上尉的女儿》（*The Captain's Daughter*）写大土匪布加乔夫推上断头台，大叫一声："乡亲们，饶恕我吧！"只见全场跪倒；托尔斯泰写独眼龙将军库图索夫半夜得知拿破仑率军撤出莫斯科，赶紧走到圣像前，老泪纵横，说："主啊，保佑俄罗斯！"

两百年来，文学和音乐的俄罗斯，打动全世界，可是独独没有俄罗斯绘画，没有苏里科夫。

苏里科夫画的每张脸，足够动人，我所耿耿于怀的是，他的早年作品全都站在失败一方，其中主角，是不折不扣的历史反革命——没有彼得大帝，俄国不会西化而强大，苏里科夫也不会画油画，近卫兵愚忠，不懂事，那是历史的代价和隐痛，可是苏里科夫念念不忘送命的好汉，二十来岁就画了这幅毕业创作。他对女贵族莫洛佐娃的敬意，背后更是俄罗斯人的历史情结，至今仍是大问题，涵括普京总统的施政方略。我将苏里科夫和文学上的陀思妥耶夫斯基、音乐上的穆索尔斯基（Modest Mussorgsky），并列为东正教传统的回响，托尔斯泰、列宾、柴可夫斯基（Pyotr Ilyich Tchaikovsky），则是朝向西欧的意愿，不过话题太大，不展开，我们来看看苏里科夫的画艺。

笨拙、雄强、凝重、璀璨，是苏里科夫的特质。他是刻画表情的天才，然而奇怪，他的魅力，在于艰难而费力地画出一张脸，列宾的娴熟，谢洛夫的洒脱，他做不到。幸亏如此。他比所有俄国同行更耐看。它的色彩是雪地的反光，寒带的绚丽，那位跟着雪橇奔跑的男孩的绣花棉袄，原作实在太好看了，有如宝石。我看过其他东北欧民族的油画，没人像他那样抓住了北国的美。所谓"油画民族化"，曾经是我们油画圈子空喊几十年的梦话，苏里科夫实实在在做到了。

广袤辽阔的俄罗斯！苏里科夫、托尔斯泰，还有苏联导演，最会组构大场面，而其中的每张脸，足够的深度。这一层，我们望尘莫及。《南巡图》中千万个小小人，只是符号，好比蚂蚁。

西方对俄罗斯绘画的批评，通常是指为文学的附庸，不是纯绘画。我认同，但心里不服。欧美极少数学者和艺术家知道列宾和苏里科夫。今年，我与一位英国老学者谈起俄罗斯绘画的委屈，他用两个词概括西方的意见："太叙述"，"太伤感主义"。对吗？我也认同。库尔贝和马奈的画，有场面，甚至画悲剧，但叙述不是主旨，意图不在情感。但我仍然不服——文艺复兴绘画全都是《圣经》的附庸和图解，是人类情感的百科全书，要你恐惧、战栗、爱、神圣，要你看了哭。你能说《鞭打基督》(*Flagellation of Christ*)、《耶稣从十字架上放下》(*Descent from the Cross*)，是"伤感主义"吗？

是的，俄罗斯绘画确实太像小说、戏剧、电影——苏里科夫的一位重孙还是玄孙，就是苏联解体后的大导演——然而叙述性的历史画并不仅仅是俄国风尚，十九世纪下半，二十世纪初，西班牙、意大利、法国、北欧，很多画家孜孜描绘本国的历史、人民、爱国、革命，美学上归属沙龙绘画。这些画在欧洲各国博物馆长期陈列，算是历史的礼貌。那是十九世纪写实传统的强弩之末，勇敢的印象派历史性击败并逐出了沙龙美学。此后，西欧自己的美术史对沙龙绘画，不屑一顾。

然而十九世纪却是俄国文艺的黄金时代，等于他们的唐朝。列宁说，德帝国主义是列强争霸中的迟到的国家，其实，俄罗斯帝国才是真正可怕的迟到者，整个二十世纪，英法德意莫不畏惧这个庞大的帝国。四十年冷战，俄罗斯的一切被隔在铁幕那端。苏联解体后，1998年，纽约P.S.1现代艺术中心举办了斯大林时期的社会现实主义绘画展。2005年，纽约古根海姆现代美术馆举办俄罗斯绘画三百年大展，苏里科夫的《攻克雪城》首次赴美。据我所知，荷兰也曾请来类似的俄罗斯画展。

这是迟到的尊敬。理解苏里科夫一代的语境，早已过去。远在上百年前，西欧尚且尊敬列宾，他于1930年逝世时，被西欧人称为"俄罗斯的灵魂"。我想，诚实的谦逊的列宾应该明白，真的俄罗斯灵魂是苏里科夫，一如俄国文学的魂魄是陀思妥耶夫斯基，而不是伟大的托尔斯泰。

"在欧洲，我们是亚洲人。"这是几代俄国人受不了的心事，苏里科夫为此焦虑吗？他一辈子刻画怒目圆睁的同胞，晚年的《征服西伯利亚》已是俄帝国主义领土扩张的大规模图解，因为："在亚洲，我们是欧洲人。"

我一点不知道苏里科夫的生平和言论，他是头沉默的熊。但我略微了解可爱的列宾。现在把问题缩小吧，以下的故事转向另一对永恒的矛盾、永恒的诱惑——有一次，列宾看到一幅意大利绘画，赞不绝口，说：艺术之所以是艺术，最最重要的是"美"。不久，他看到一幅俄罗斯无名小画，画着贫苦的女孩，老头子哭了，喃喃地说，哎呀，艺术最最重要的是善良和同情。

这也是我的苦恼。当我头一回走进大都会美术馆，立即被西欧经典席卷而淹没，苏俄情结，瞬间融化。三十多年后，2010 年，当我在莫斯科特列恰科夫美术馆远远看见走廊尽头《女贵族莫洛佐娃》被遮挡的一半画面，却给当场吓得半死。

我没料到自己会是这样，很久，这才渐渐恢复常态：那是世界各国的艺术赋予我的常态。我瞧着苏里科夫，心里想：啊，多么土！一个区域画家。一个欧洲文脉之外的天才。在这幅画的隔壁房间，挂满了列宾。

此刻，我仍然不确定如何回应列宾和我自己的苦恼——我喜欢不确定，喜欢这种苦恼——如今我很少想起俄罗斯绘画，就算想起来，其实在怀念我愚蠢的青春。但我比以前更爱苏里科夫。我不会走向他那样的民族主义，但在所谓世界主义艺术观对面，他是一个可敬的麻烦。他根本不在乎西方怎样看他，这种固执的骄傲，过时了，但我有选择地尊敬过时的品德——谈起苏里科夫总有许多话要讲，请诸位原谅，这是我最长的一次讲述。

2015 年 7 月 19 日写在乌镇

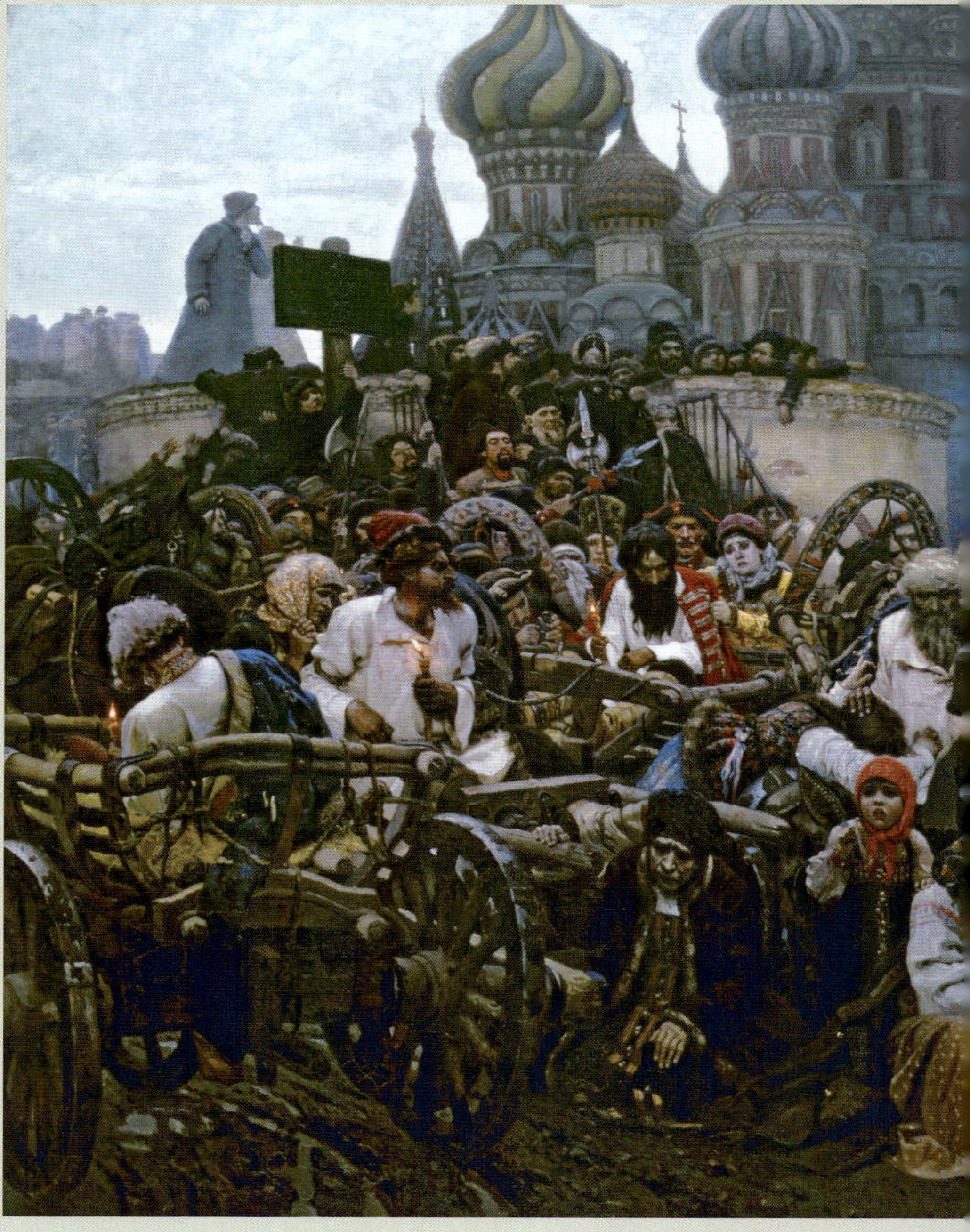

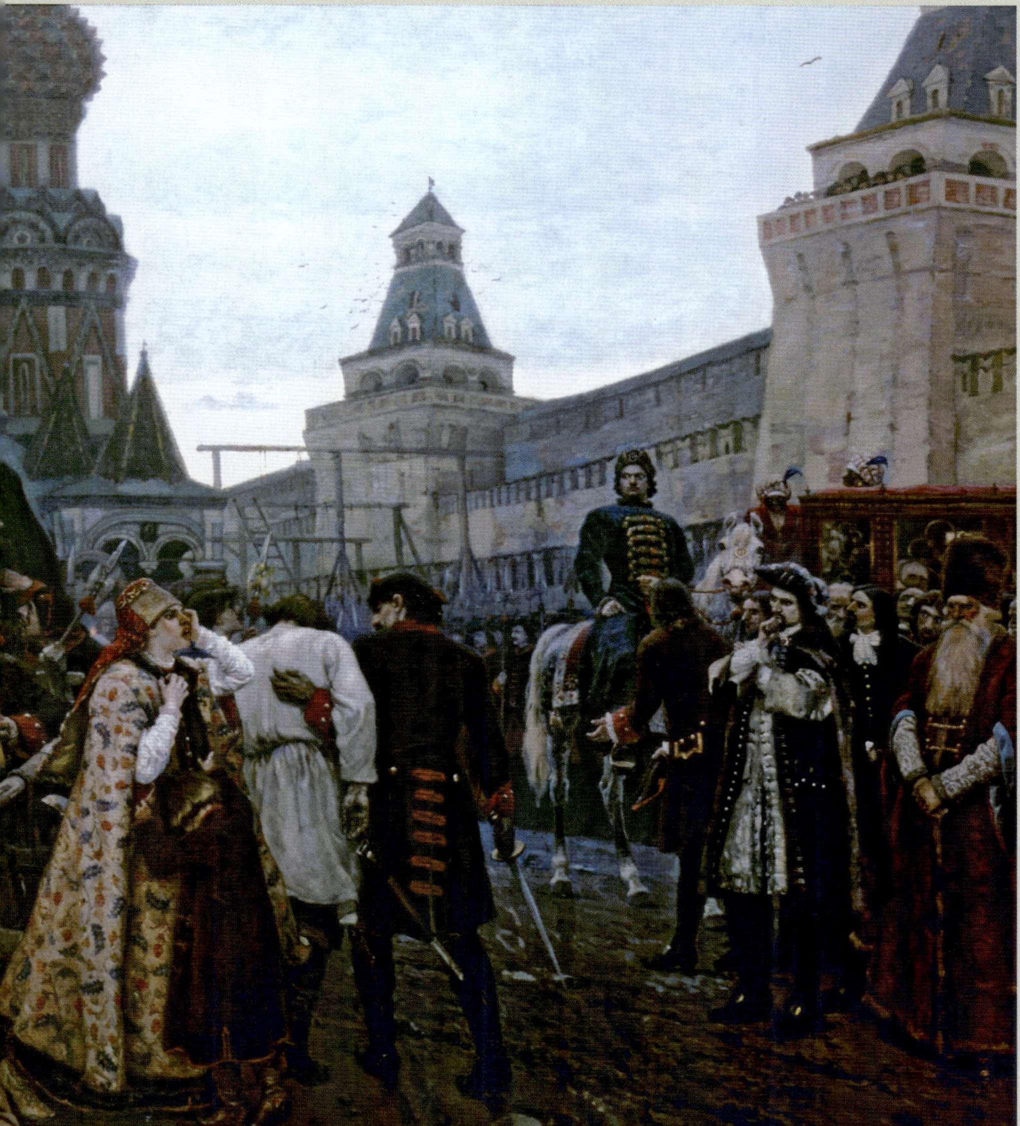

苏里科夫《近卫兵临刑的早晨》——　“谁能找到电子版电影《苏里科夫》吗？”我这么一问，没指望觅得，梦茜一声不响找到了。我一看，百感交集：多土啊，五十年代的苏联水准……梦茜甚至找到了八十年代美俄合拍的《彼得大帝》：彼得强令懦弱的王子亲眼看他下手，头一颗脑袋切下来，王子惊怵，掩嘴呕吐，我忘了这个细节。

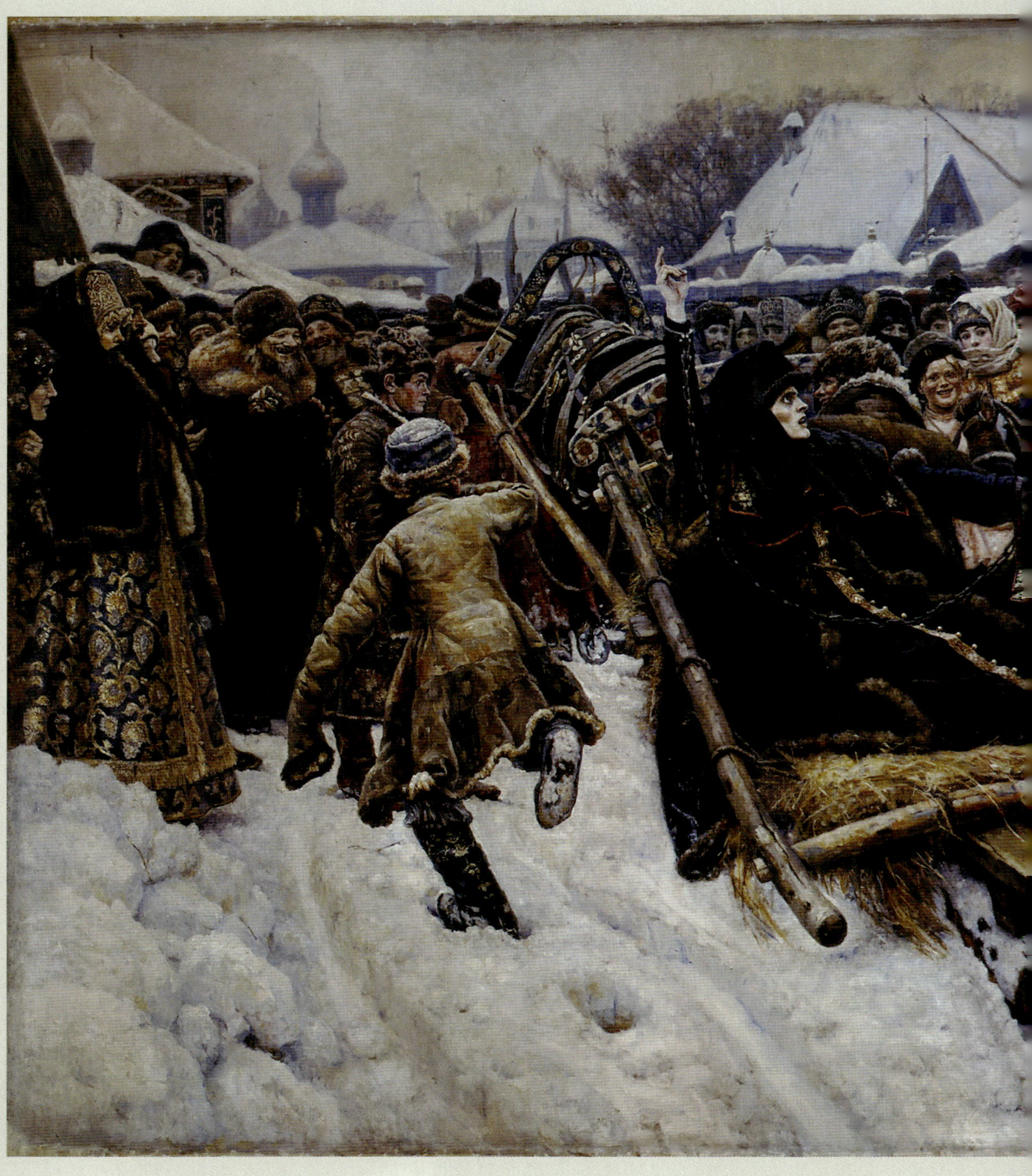

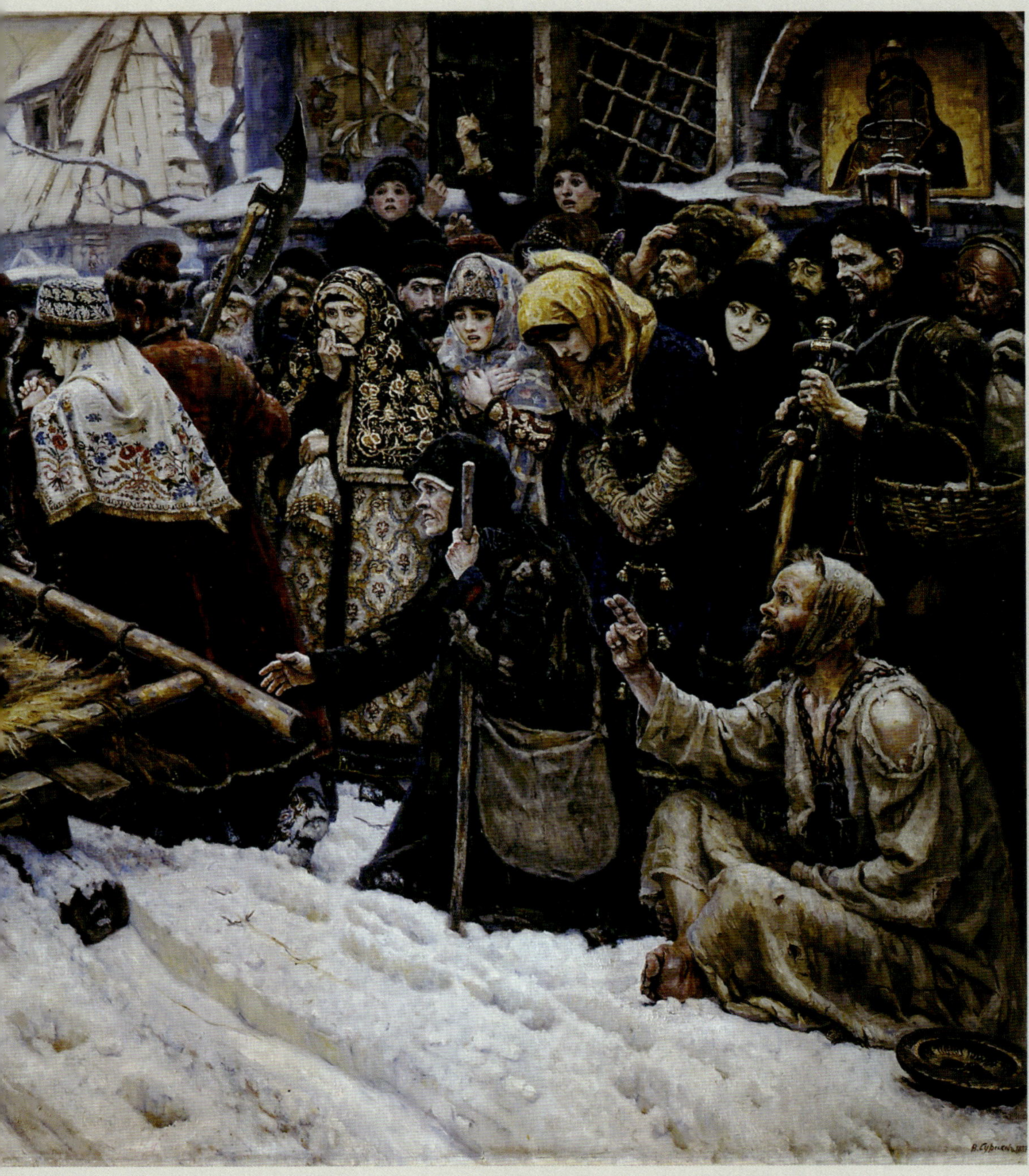

苏里科夫《女贵族莫洛佐娃》——过了三十岁，苏里科夫画出了他这幅最伟大的作品。到了流放地，莫洛佐娃关进地窖，被强令赤身裸体，终至冻饿而死，卫兵曾给她半个苹果，也被处死。

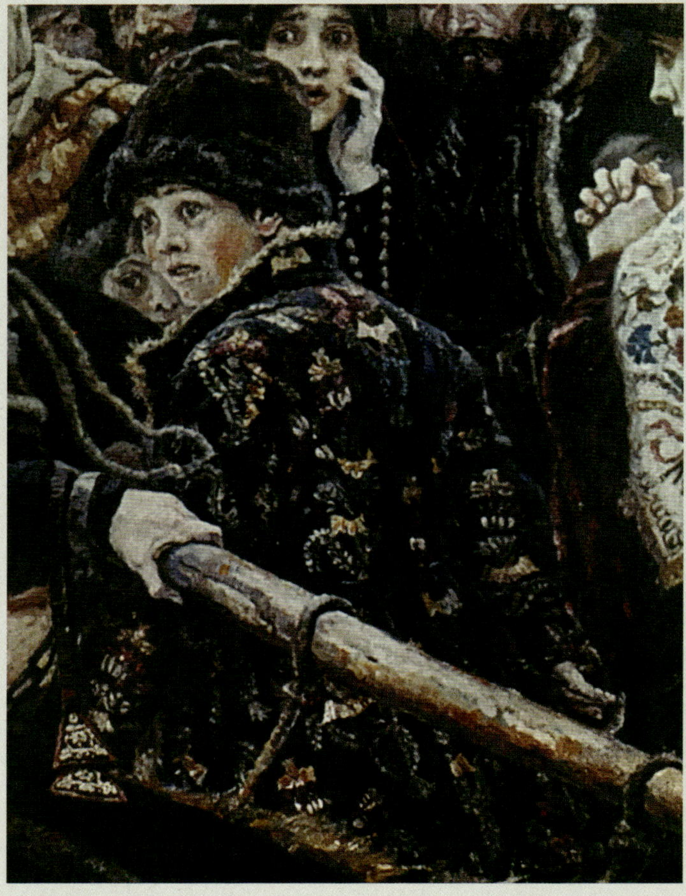

左右页：《女贵族莫洛佐娃》局部——少年时代无数次看这幅画的图片，自以为记熟了每个形象，2010 年终于站在原作跟前，看、看、看……看人物众多的大画，扫视、凝视、远看、近看、再扫视、再凝视、再远看、再近看……你永远不知目光停在哪里，所有部分争抢着，要你注意它，而既有的观看经验，阵脚大乱，同时，当场证明自己懂画的快感——第二天再去，忽然，就像第一次看到，就像昨天根本没看到：我发现了这件花棉袄。仿佛被人一巴掌打过来：怎么可以这等好看？！人唯在发了昏的、完全忘我的片刻，才会画出这等奇迹。而奇迹般的局部，居然在我熟悉的画中，历数十年，才被发现——现在印成了九流图像，一片模糊，读者不得不跟我回到少年时代的印刷品经验。

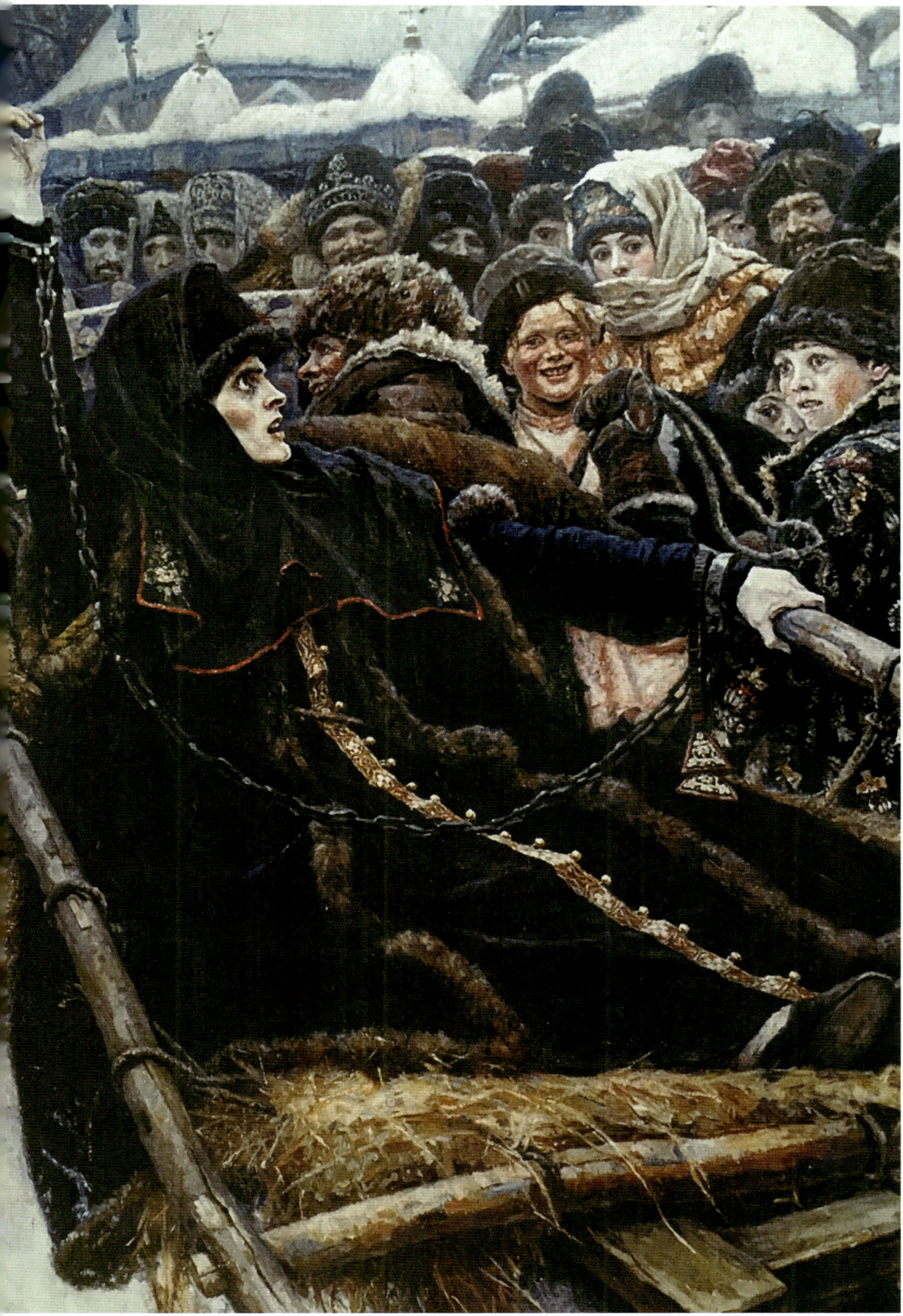

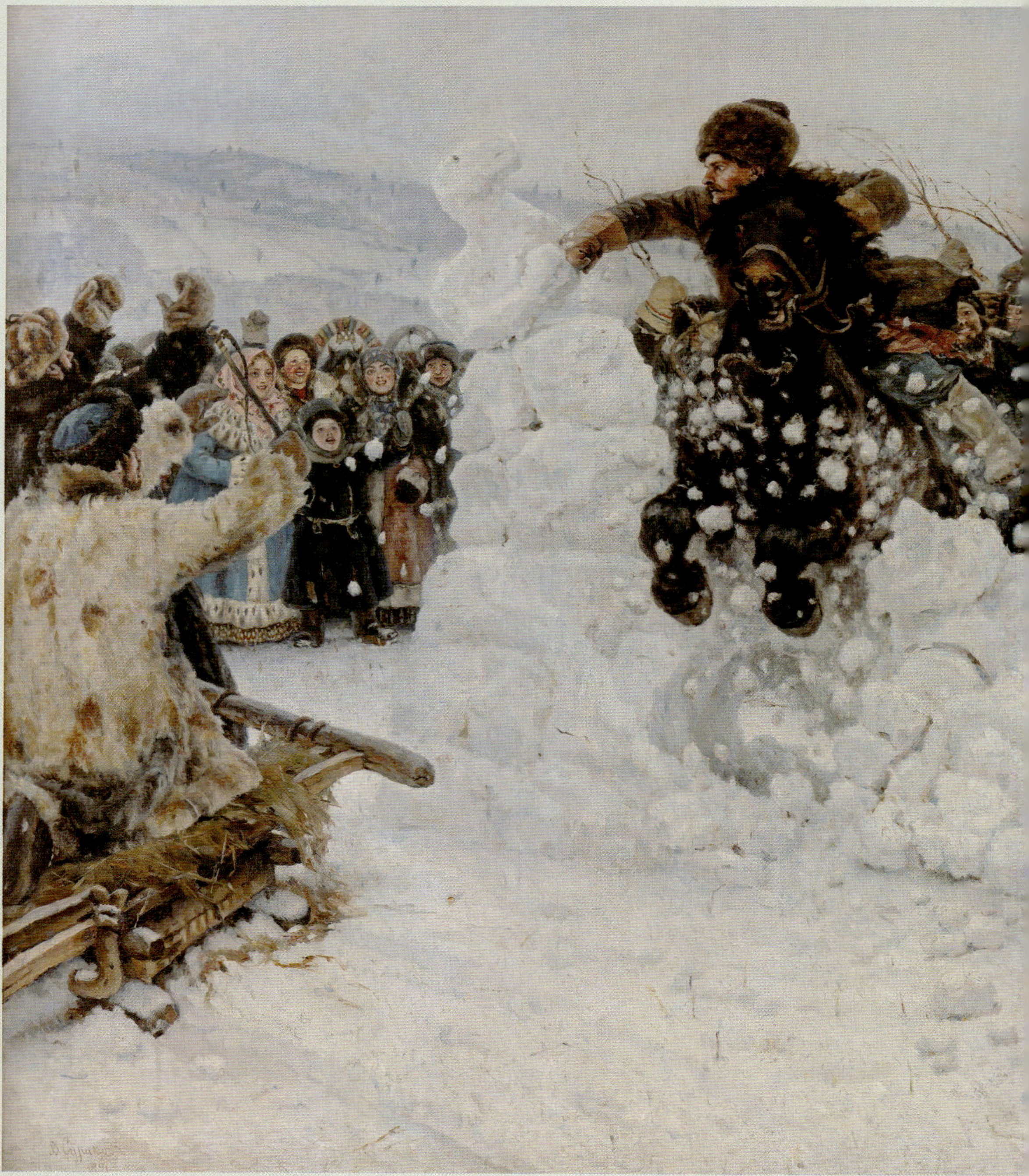

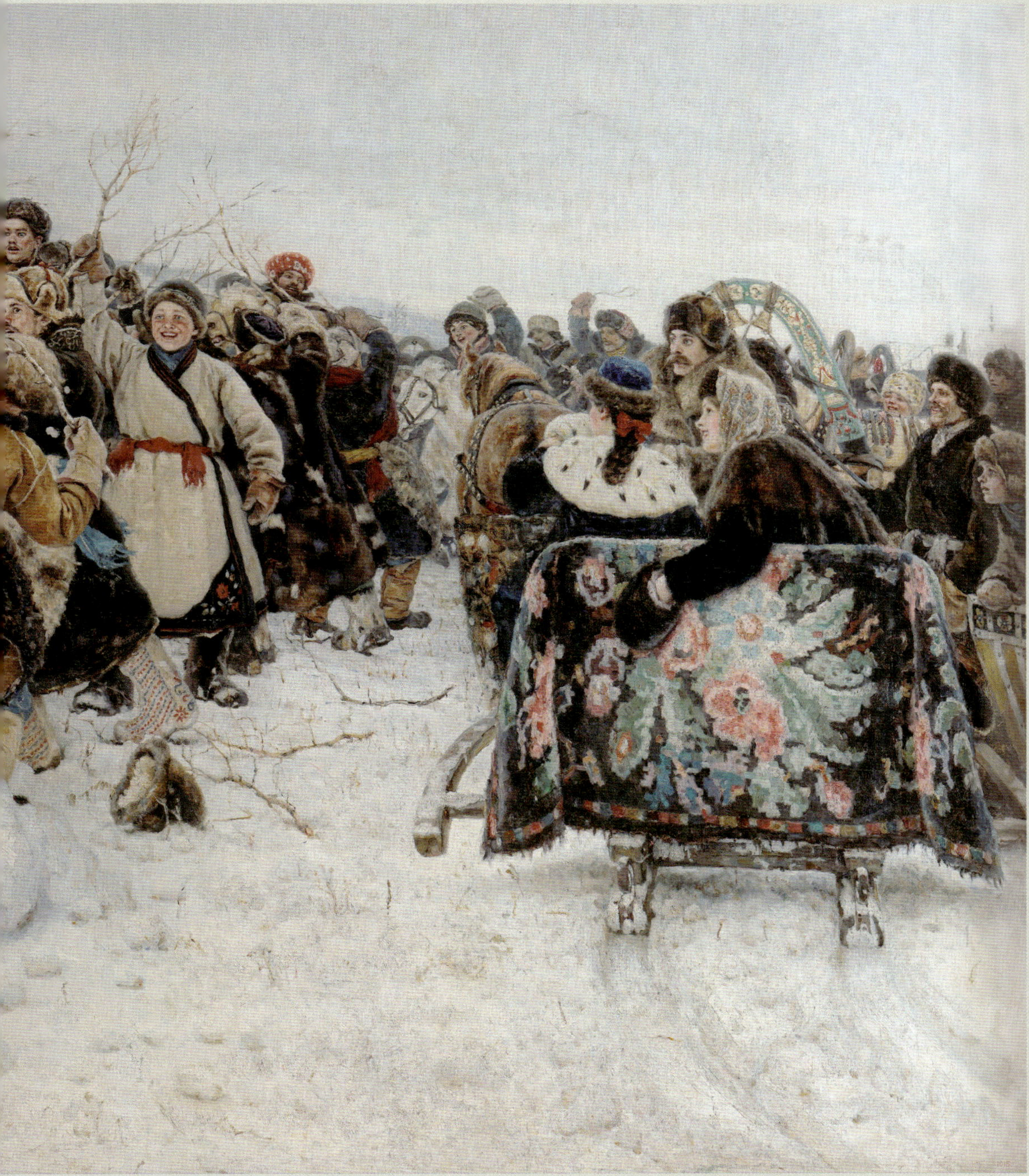

苏里科夫中年丧妻后的第一幅大作《攻克雪城》。2005 年，纽约古根海姆现代美术馆的俄罗斯大展，选了这幅画，算是在西方世界挂了一挂。2010 年，我随油画院同仁去彼得堡临摹，也选了这幅画——唯有俄罗斯博物馆有此苛酷的规定：每天一早到馆临摹，九点开馆前，便须撤离。在清晨的薄明中，我瞧着画中璀璨的色块，每件棉袄的雪地反光，每张冻红的脸，根本临不像。空荡荡的展室内，我们每人被一位俄罗斯大嫂监视着，当我如厕，她也在门外静坐，然后微笑起身，跟我走回画前。

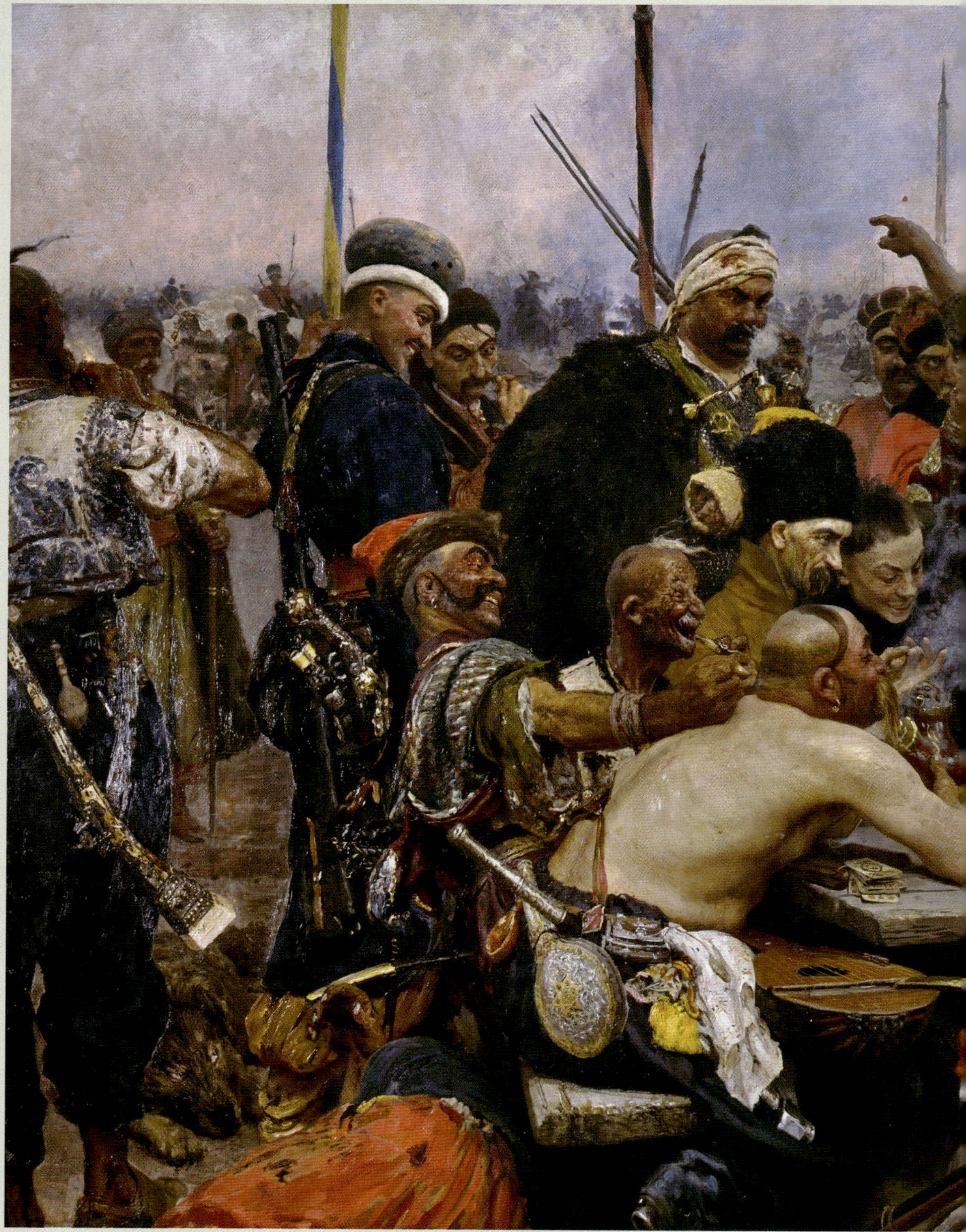

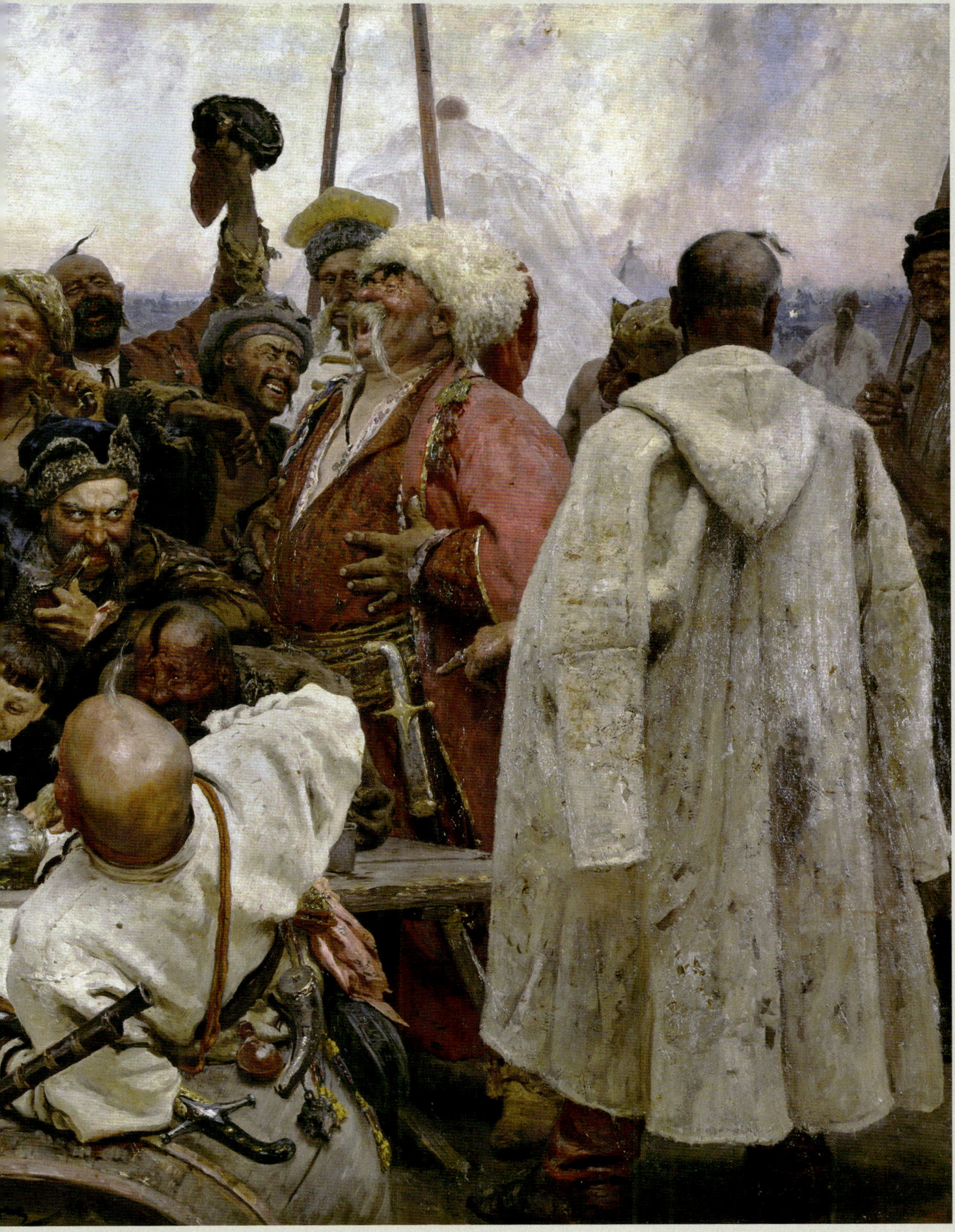

列宾盛年的巨作《查波罗什人复信土耳其苏丹王》——俄国佬和土耳其人，长期叫板。小时候看此画，不明所以，只会跟着这群爆笑的壮汉，兀自傻笑，后来才知道奥斯曼帝国当年的雄强。直到托尔斯泰的时代，土俄还在打仗，安娜·卡列尼娜自杀后，她的情人渥伦斯基决定上阵捐躯，与土耳其人一战。中国与西亚人也曾长期征战。"醉卧沙场君莫笑，古来征战几人回"，"可怜无定河边骨，犹是春闺梦里人"……后者是辜鸿铭反复吟哦的句子。擅以诗句哀叹战争的中国人，从未描绘过哄堂大笑的爱国主义民族主义。

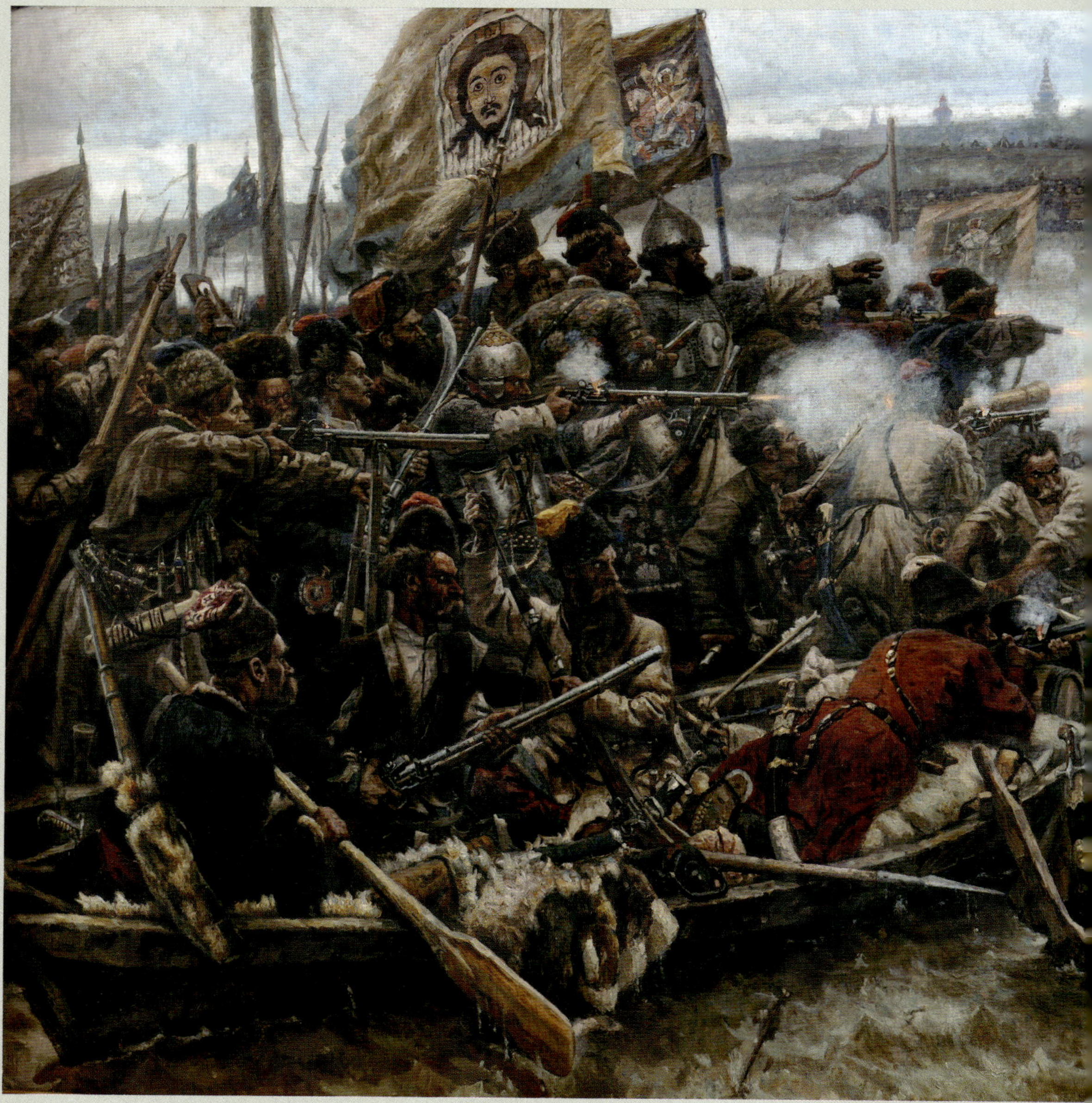

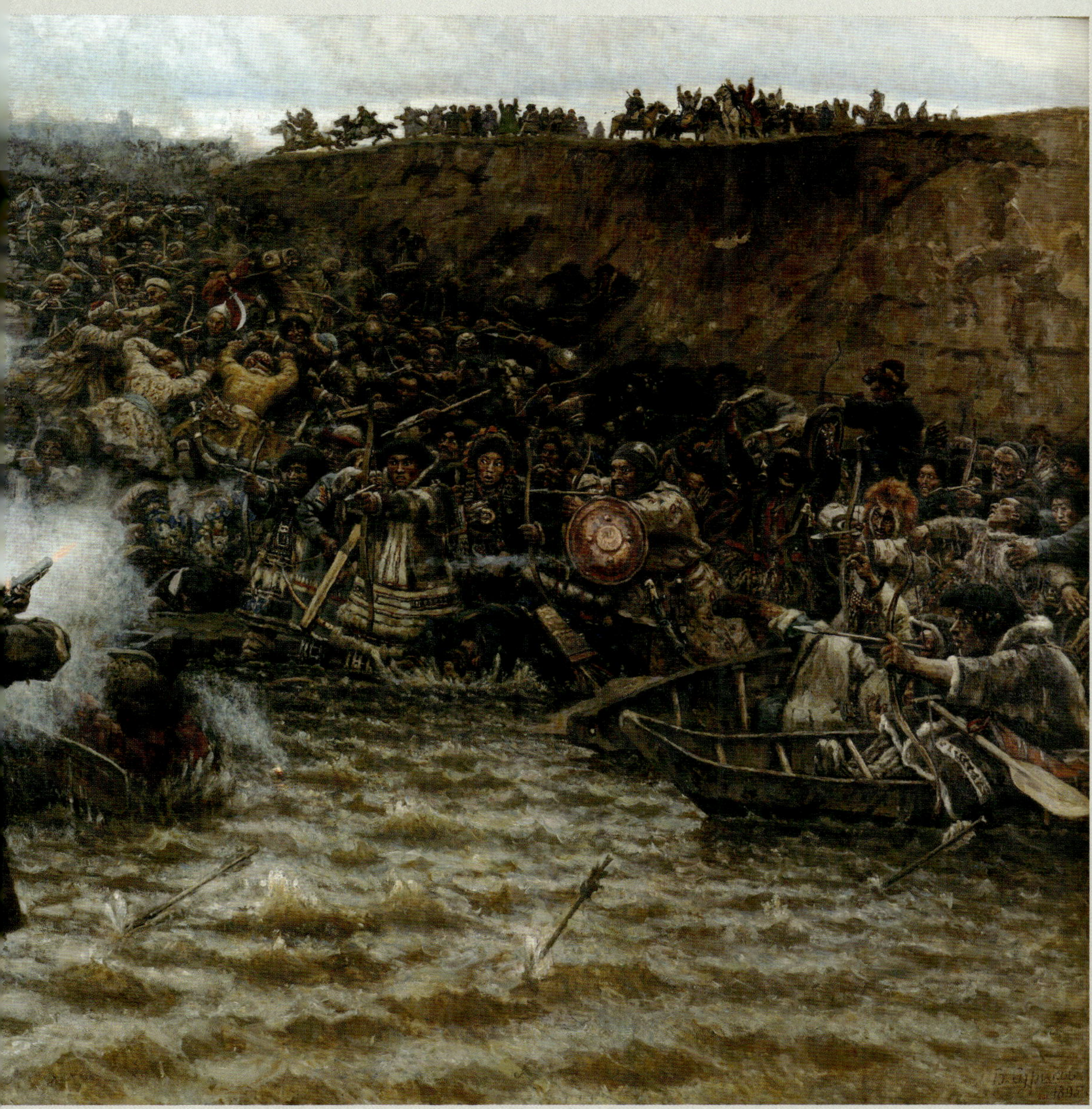

“在亚洲，我们是欧洲人。”——苏里科夫晚年的巨作《耶尔玛克征服西伯利亚》。

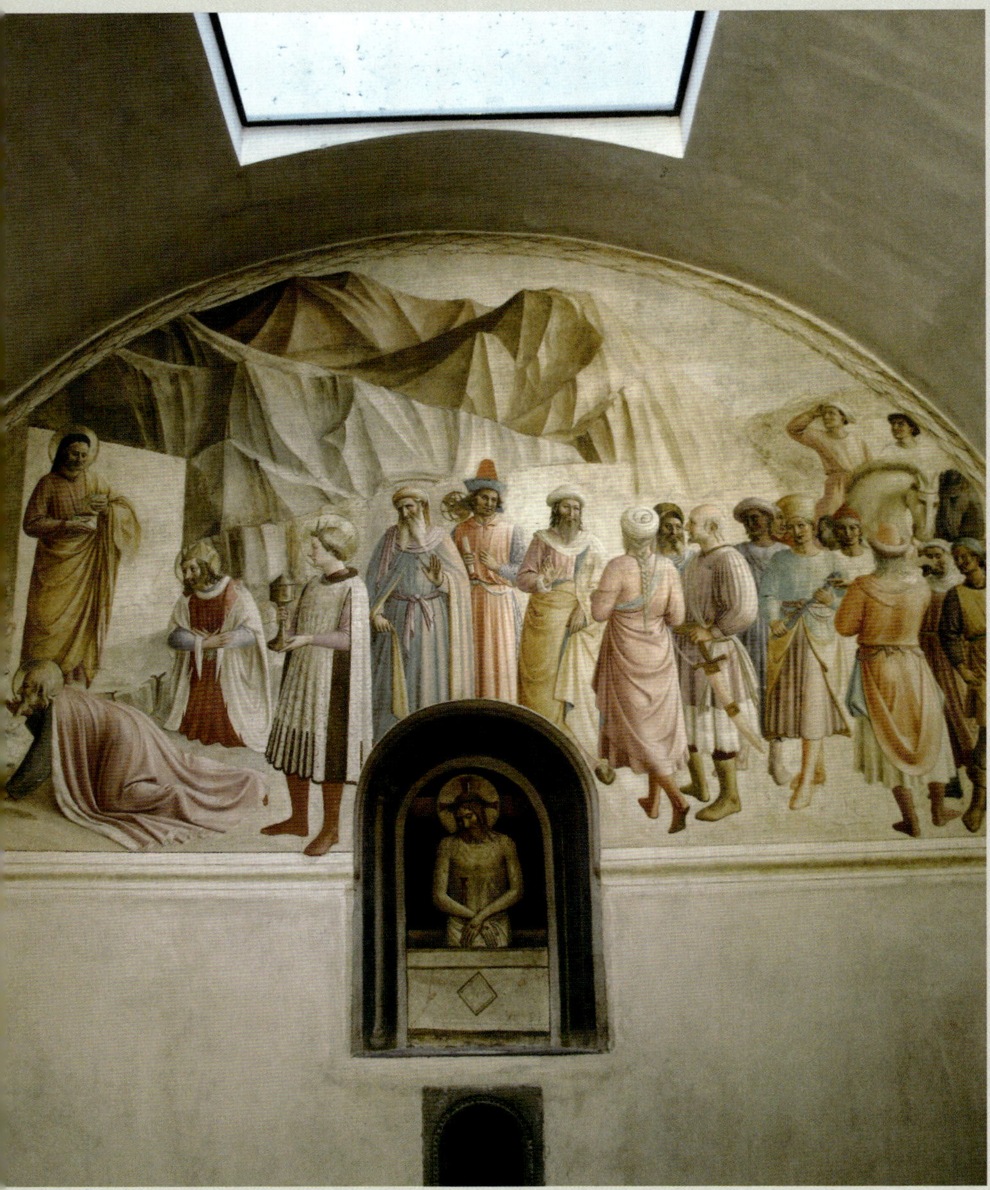

圣马可教堂

上世纪八十年代，纽约重要画廊相继推出意大利“新绘画”翘楚：库奇（Enzo Cucchi）、基亚（Sandro Chia）、克莱门特（Francesco Clemente），人称“三C”。他们和当时德国美国几位新表现主义明星，轰动一时，给主流艺坛带来大错觉、大兴奋：“绘画回归了”。真是这样吗？过了十多年，他们迅速过时了。

但我记住了克莱门特几句话。他说，有两个经验可以判断一幅好画：一，你愿意不断不断看下去；二，你不断看下去，总能发现此前你没注意的什么，总有新的领悟。

这是真的。用心看画的人，会认同这段话。

我喜欢各种各样的画，总是被毫不相干的艺术吸引。当我凝视哪幅画，心里狂喜，爱极了，有时会对此前酷爱的画家发生歉意，好像背叛了他。

如今，越来越多的父母有钱供八〇后孩子出国学画。彼得堡列宾美院、巴黎和纽约的美术学院，中国留学生成群结队。2013年我在佛罗伦萨停留，意外见到几位清华美院留学生，他们带我到佛罗伦萨“重庆火锅城”，老天爷！

满座都是学画的中国孩子，我以为仍在北京。他们说，单是佛罗伦萨艺术学院，就有十几位中国留学生。

在这所学院的隔壁大厅，站着米开朗基罗的《大卫》，每天一大早，游客们排着队，等候观瞻那一身著名的大理石肌肉——我要说什么呢？现在出国不很难了，请大家去佛罗伦萨。除了美术馆重镇乌菲兹宫和碧蒂宫，这座城至少有二十余座教堂塞满了壁画。如果你只有一天时间，哪里都别去，请越过艺术学院大门口，再走几分钟，转个弯，拜访圣马可教堂。

为什么呢？现在我要在克莱门特那番话之外，追加另一个经验：很少几位画家——很少，目前我想不出第二位——你迎面看到他，好像头一次看到绘画。

十五世纪的佛罗伦萨修士，安吉利科，就是这样一位神仙。我初次撞见他的真迹，脑子登时抽空，我的知识，我看画的记忆，立刻退远、消失，不起作用了……等一等，我应该说，使我犯傻的并不全是因为画，而是，在圣马可教堂二楼，通常看画的方式，忽然陌生了：我从未这样面对一幅幅画。

美国、英国、德国、荷兰、法国、俄罗斯，美术馆都藏有安吉利科的画。他和那时的宗教画家一样，在木板上画三联画、神龛画，又天真，又虔诚。前几集我说过，一幅古代的画，最好挂在它原先属于的建筑和位置。安吉利科顶顶重要的《圣经》画，全部在圣马可教堂二楼。那里没有展厅，而是当年小和尚修道的原址，长长的甬道两侧，全是小经房，每间几平方米，就像中国单位的保安门房那么小，里面空空如也，靠窗的那面

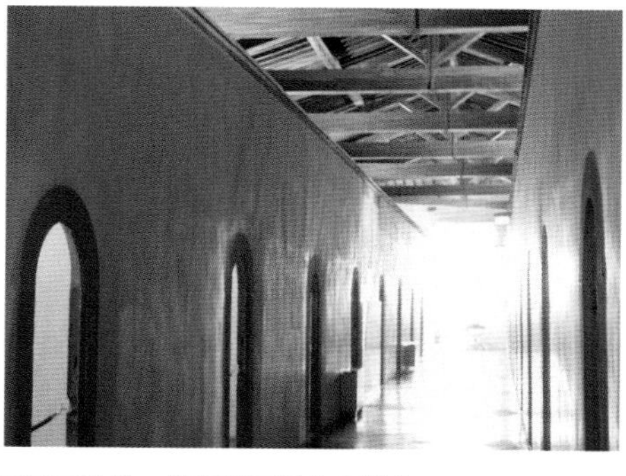
圣马可教堂二楼甬道两侧的小禅房。

墙，有一幅安吉利科的湿壁画。

我也说过自己的偏爱：欧洲顶好看的画，不是布面油画，而是湿壁画。为什么呢？没法子形容，除非你去看。油画要配镜框，湿壁画直接画在墙上，墙面连接教堂各个部位，教堂结构多么宏伟，湿壁画就有多么宏伟，独幅油画，不可能显示这等壮观。最著名的，当然是米开朗基罗画西斯廷教堂的天顶画《创世记》。圣马可教堂的二楼壁画，全是安吉利科所画，在每间房间——我们姑且称之为小禅房吧——每幅画好像原先就长在墙上。

欧洲的教堂和修道院，太多太多，我不知道有没有同样的格局。我相信有，但是，安吉利科只有一个，所以，请去圣马可教堂。

据说圣马可教堂属于道明会一派，但在小禅房画上一幅画，给关在里面的修士看，据说唯独圣马可教堂才有，当年不对外开放的。1989 年我初次造访，上了二楼，在楼梯口迎面撞见安吉利科的《受胎告知》(*Annunciation*)，这幅画太有名，小时候看过画册，没料到搁在楼梯口。进了小禅房，人顿时静下来。那时，我已看过不少博物馆或教堂的名画，但头一次看到每间小房间只有一幅画。十九年后再去意大利，又去一间接一间小禅房梦游似的徘徊，仍像初次到来，在四壁的僻静空无中，魂灵出窍。

这是绝无仅有的经验，很难描述。美术馆大厅，挂满画，人群拥挤着，你也会被某幅画震撼，暗自惊动，但在小小的禅房，你当场变成经院的新生，被领进来，预备闭关修道了——隔绝、孤立、背静，这里像是牢房，一间带壁画的牢房。

很有意思：据说在英语中，牢房、禅房，是同一个词。

和所有宗教画一样，安吉利科只是图解《圣经》，所以不必描述他的画——你进到这里，不单沉静下来，而是，一切仿佛到此为止：你的家、国、过去，你看过的许多许多画，都远去了，记忆停顿，有点像电脑死机那样。同时，一切开始了：你面对空荡荡的四壁，如被囚禁，只有耶稣和圣徒陪伴你，准确地说，你独自和安吉利科面对面，此外什么都没有了。

我不知道五百年前的小和尚怎样分配房间，怎样每天修习，度过四季。但一进禅房，这类知识似乎不必：你被关起来了，自动浮现万事罢休，专心修行的一念，哪怕只是片刻，只是幻觉——下楼出馆，你就变回旅游者，照中国的说法，变回俗人。

我不是教徒。看遍欧洲各时期绘画，我确认，你无可奈何的画，你休想企及的画，总之，最最耐看的画，是宗教画——注意，我不是在谈宗教，而是，宗教画。宗教会没落，宗教画不会。如今圣马可教堂的二楼只剩安吉利科，不再有修行的和尚。

从中世纪到巴洛克尾端，欧洲宗教艺术史，准确地说，天主教艺术史，长达上千年。我们说起宗教画的好，都会说，因为虔诚。那是一定的，没错。但是单论虔诚，文艺复兴不及中世纪。诸位要是看过拜占庭的镶嵌画，看过遍布欧洲的中世纪雕刻，你会同意：太虔诚了，所有工匠百分之百相信天国和地狱——到了佛罗伦萨的天才手里，那份无条件的虔诚、憨傻、忠信，悄悄变质了。

这是一场漫长的变质，渐渐地，出现微妙的质变。简单说，十三世纪之前的中世纪艺术，实在好透了，只是以今天的意识去看，神性太多，人性太少，中世纪艺术，好也好在这一层；到了十五世纪中叶，文艺复兴的艺术，人性太多，神性稀薄了，固然，以今天的眼光看，那时的画，处处闪烁神性。

我渐渐不那么迷恋达芬奇、拉斐尔、米开朗基罗，原因就在这里。后来的卡拉瓦乔、伦勃朗、丢勒（Albrecht Dürer）、凡·艾克（Jan Van Eyck）、梅姆林（Hans Memling），也都好，好透了，但我不太看作宗教画。为什么呢，因为到了十五世纪中叶，用理论的话说，“人”彻底觉醒了。觉醒的人起床后，精力旺盛，到处跑，于是有十六七世纪的绘画。

好了，一前一后，去掉两个阶段，唯独十三世纪下半、整个十四世纪，加上十五世纪前半，事情有意思了：那两百年的宗教画，人性、神性，你不必分，也分不开。你瞧见神性处，便瞧见人性，你被人性感动了，发现那是神性——你看安吉利科，中世纪战战兢兢的愚忠，是画面基调，人的欢欣和自信，是画面的神情。都说文艺复兴是欧洲人文的黎明，在佛罗伦萨，在圣马可教堂的二楼，在一间间小禅房窗户边，在安吉利科孤单单的小画中，你会看见，什么叫做黎明的曙光。

后来的欧洲，天色大亮，但如果有一种艺术，一种绘画，可以叫做“曙光”，我会说，请走进圣马可教堂的小禅房。

安吉利科，1395年前后生于佛罗伦萨附近，卒于1455年。本名圭多，教名乔万尼，“安吉利科”近乎绰号，意即“天使般的”。当时这座教堂连同修道院，统称“圣马可”，1436年后，这位天使搬进来住了将近九年，画了这批画，赞助者，正是大名鼎鼎的科西莫·德·美第奇（Cosimo de’ Medici）。晚年的安吉利科调去罗马画画，长达十年，因为德高望重吧，教皇任命他回佛罗伦萨当主教，他不就任，推荐了别人。

安吉利科画画，简朴而刚正，平整的湿壁画就像他的天性。湿壁画颜料接近今天的亚克力，一边画，一边干，据说得划定一块刚刚涂湿的墙面，当天画完。湿壁画颜料，色种有限，不能像油画颜料那样调抹，全看画家怎样配置红黄蓝绿白。在十四、十五世纪的同行中，弗朗切斯卡、曼特尼亚（Andrea Mantegna）、格佐里、利皮，用色浓重绚丽，安吉利科天生懂得浅淡本色之美，从不用几种原色做太多效果，他的画让我想起北宋人的敷色，想起钱选的清雅。圣马可教堂的《圣经》画，是安吉利科最高贵、最成熟的作品，此外，我愿意说，我没见过更美丽更朴素的湿壁画。

佛罗伦萨南岸还有一座卡尔米雷教堂，主祭坛侧的洗礼堂壁画，是比安吉利科小几岁的马萨乔所画。据说他才华太盛，为人嫉妒，年轻轻就给暗杀了。他提早预示了人的觉醒，画作富戏剧性。他是和安吉利科旗鼓相当的同行，论简朴、静穆、神圣，还得看安吉利科的画。

走廊尽头有间小厅堂，在神龛和门楣上首，安吉利科画了一幅半圆形的画，有男子、有山脉，还有马，好看极了，简直唯美主义。这幅画似乎是他在《圣经》组画的恭谨虔敬之外，一次愉快的出轨，证明他既是个卓越的叙事画家，还是个不自觉的纯画家，甚至，前卫画家。即便在《圣经》叙述中，他也擅自作出了同类主题中未曾出现的处理。请看这个画面：手与头，头和身体，都被中断了，切割了，以便他的叙述更神奇，更有说服力——我很难确认，这是出于虔诚，还是智慧，正如很难区分神性与人性一样。

二十世纪超现实主义曾经大肆运用类似的手法，后现代“三 C”也曾试图仿效安吉利科的图式。但我的偏见又来了——单说画画，现代人的观念、自觉、小聪明，休想与古人争高下。安吉利科的画，和知识，和思想，毫无关系，没有比这种“前卫性”更迷人的事了。

瞧这个忠心耿耿的和尚。他画画，真的是在修行，不想到那是艺术。他没有手机、电脑、画册、汽车，他甚至没有画室。他的品德，可以当上十五世纪佛罗伦萨市委书记，可是他愿意把自己关起来，天天在小禅房里画画。

2015 年 7 月 29 日写在北京

右页：圣马可教堂连接湿壁画的穹顶和壁角——只有古昔绘画的订件，才会使画家整月、整年、一辈子，爬在高低不一的墙角落，孜孜矻矻地画，就像泥瓦工；也只有古昔的宗教画家，甘愿在这等辛苦而虔敬的工作中，怡然出神。今天，成功的艺术家个个坐拥画室，终日自赏。每次我瞧着宗教画，深自羞惭：我没有为人间做过任何事，却被尊为艺术家。这不是出于我所没有的宗教感，道德感，更无涉意识形态，而是，看着安吉利科他们的壁画，我好意思以为自己也是同行吗？

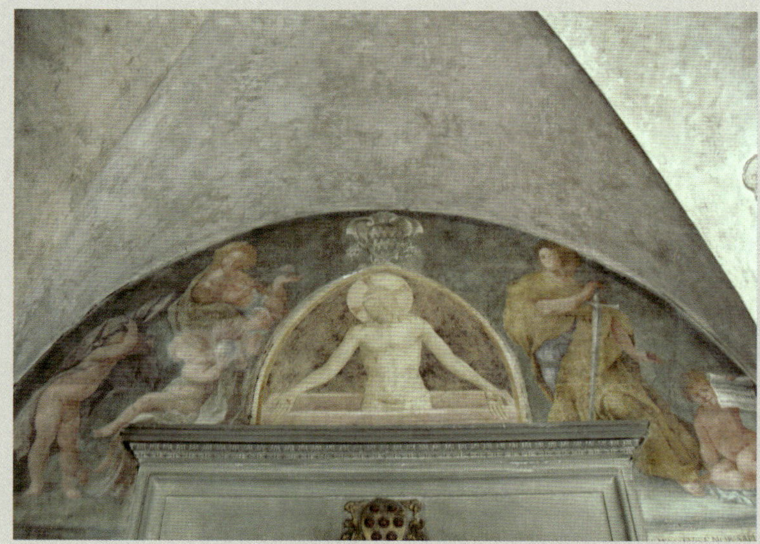

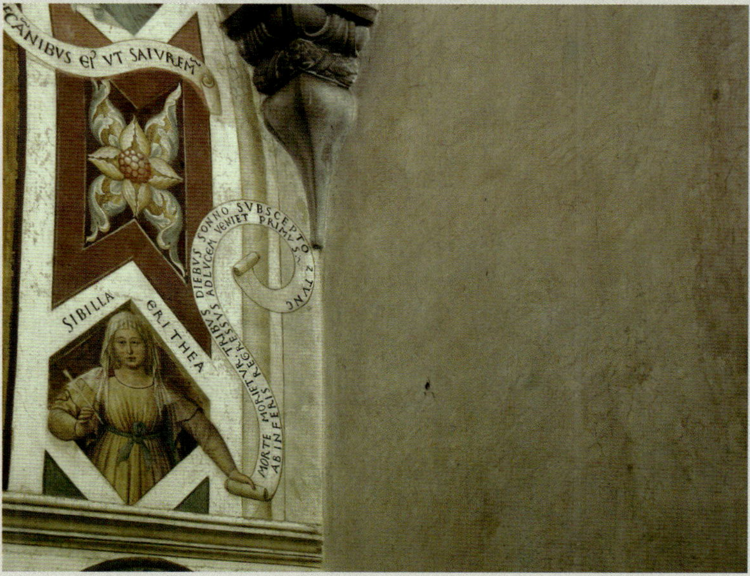
SIBILLA ERITHEA
MORTE MORIETVR TRIBVS DIEBVS SONNO SVBSCEPTO
AB INFERIS REGRESSVS ADLVCEM VENIET PRIMVS TVNC

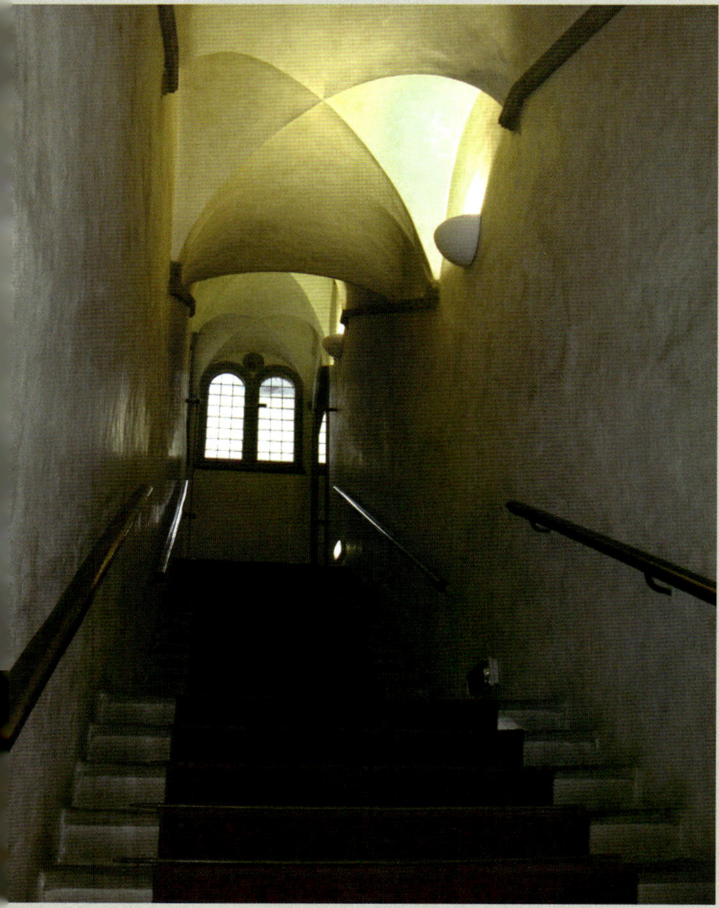

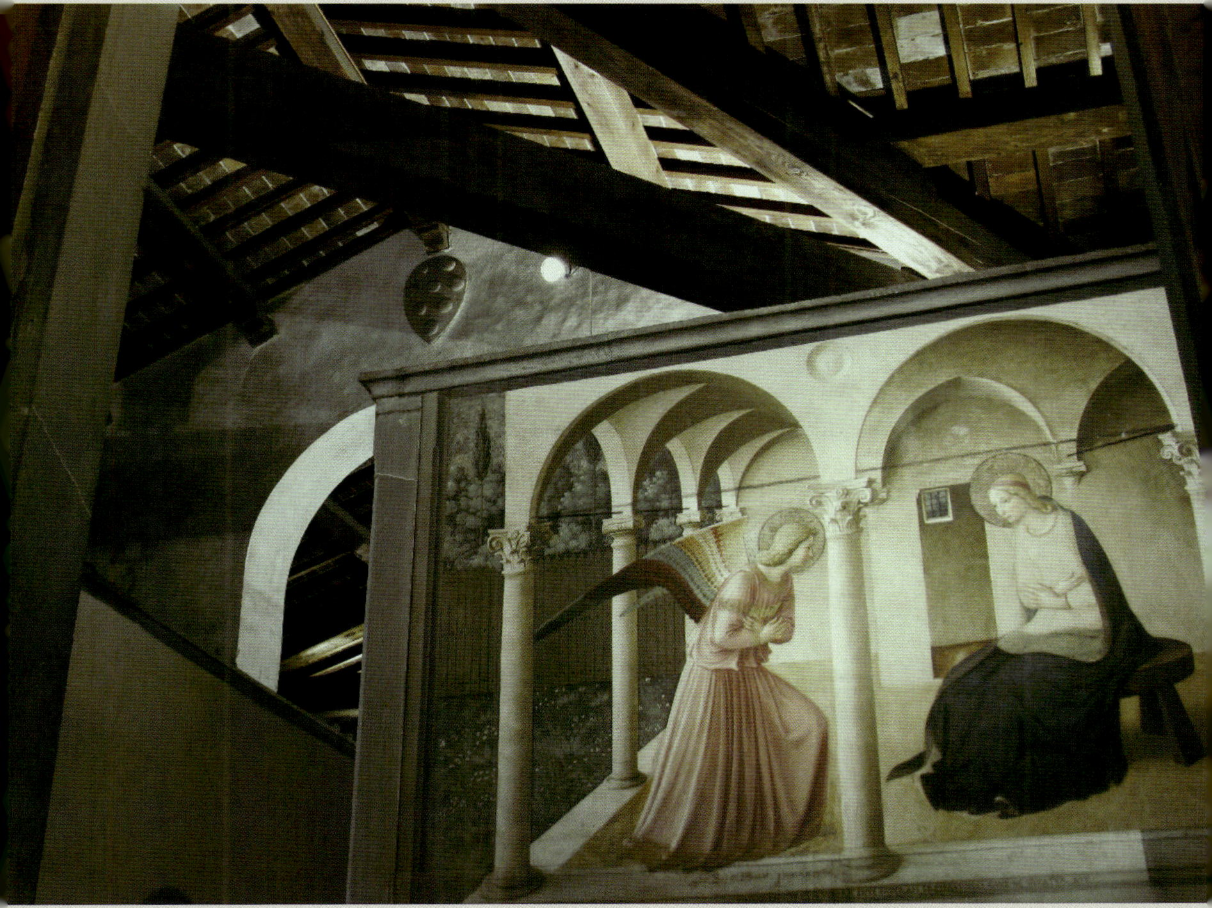

左图：圣马可教堂通向二楼的阶梯。右图：一转弯，望见二楼，迎面就是安利科的《受胎告知》。

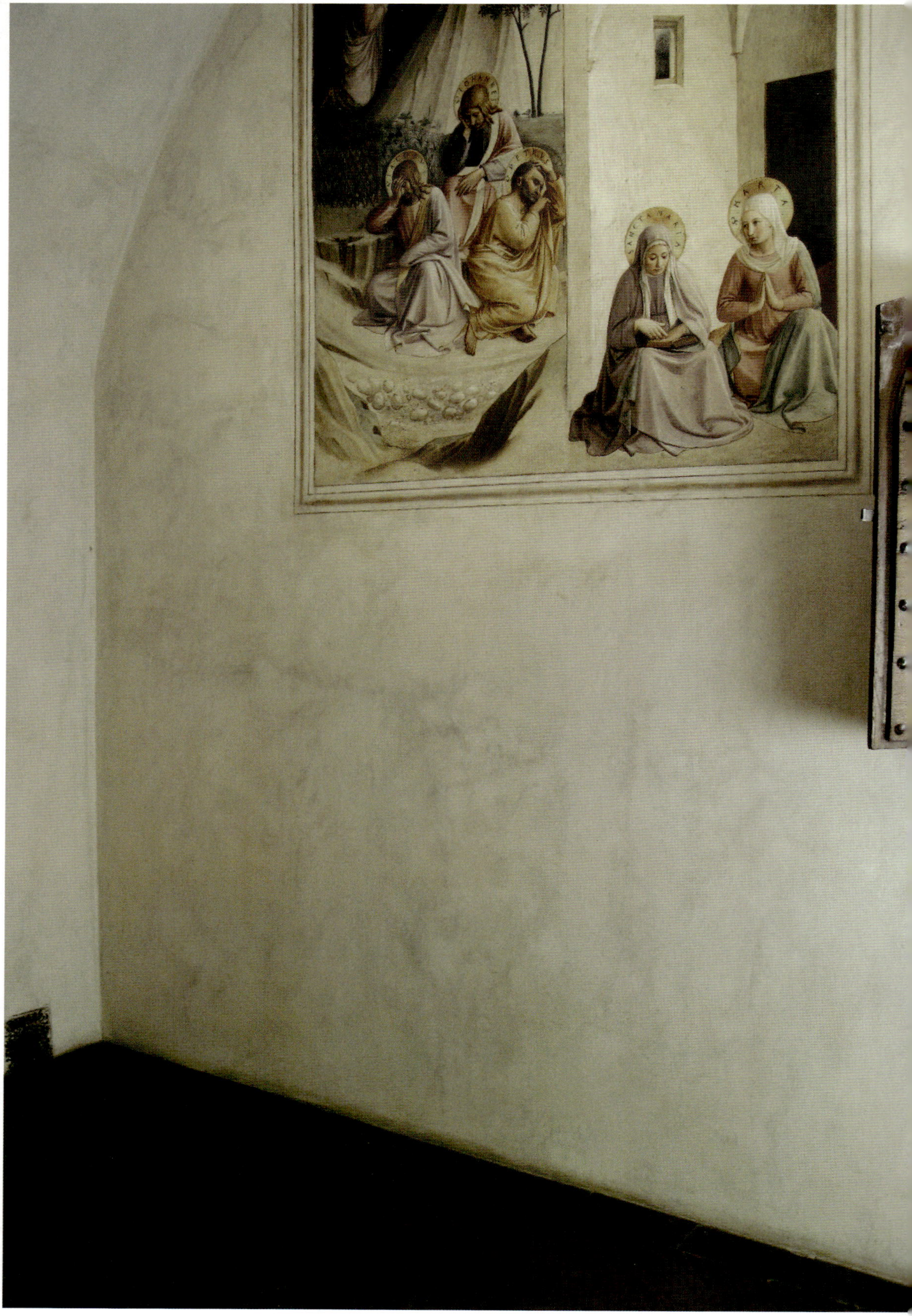

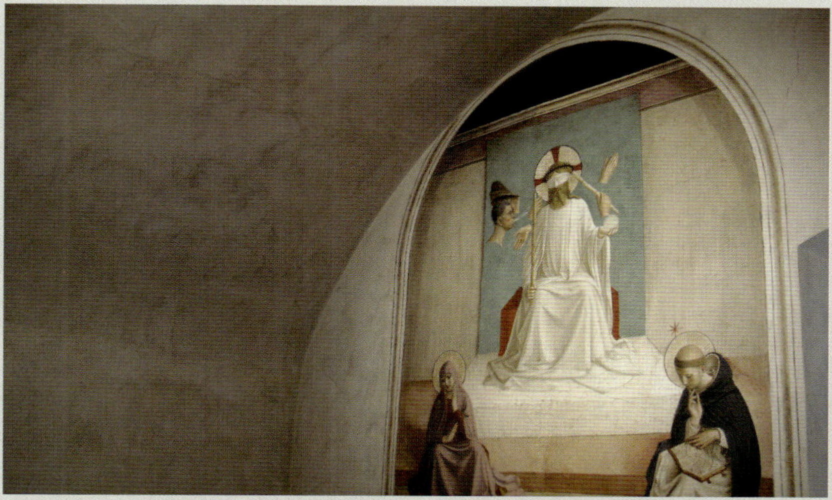

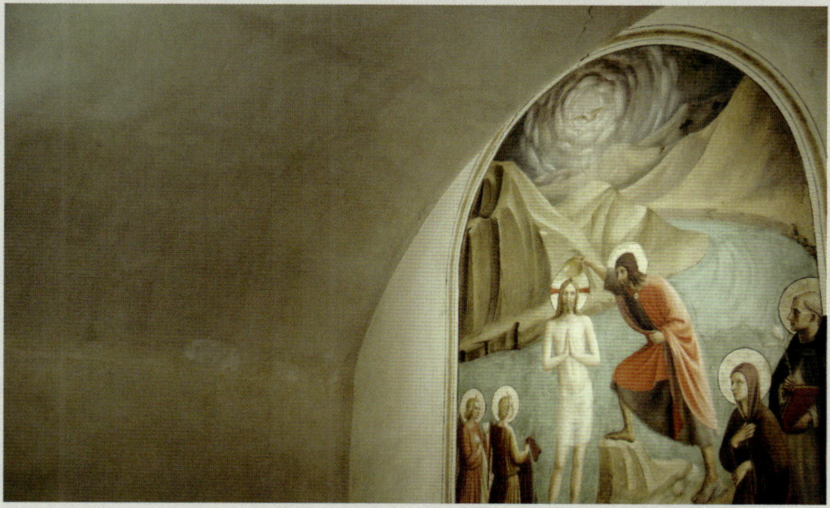

左图、上图、下图：三间不同的禅房与壁画。

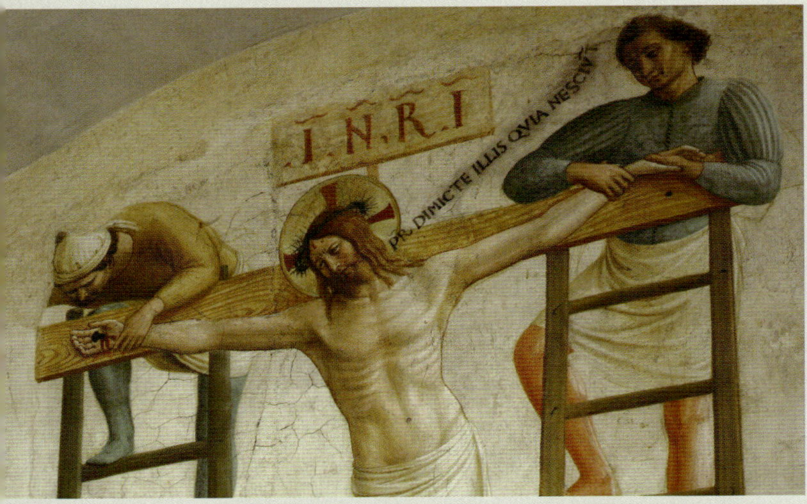

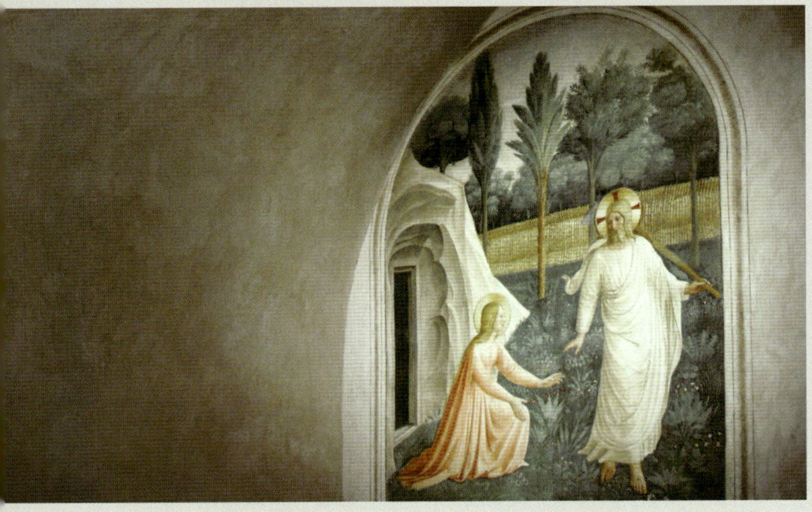

上图：《耶稣被钉上十字架》。下图：《耶稣复活》。右页：经由这间禅房的小门，走进去，就是甬道尽头的小房间，画着安吉利科的《博士来拜》。此前不知道这幅画的题目，经导演查询资料而得。

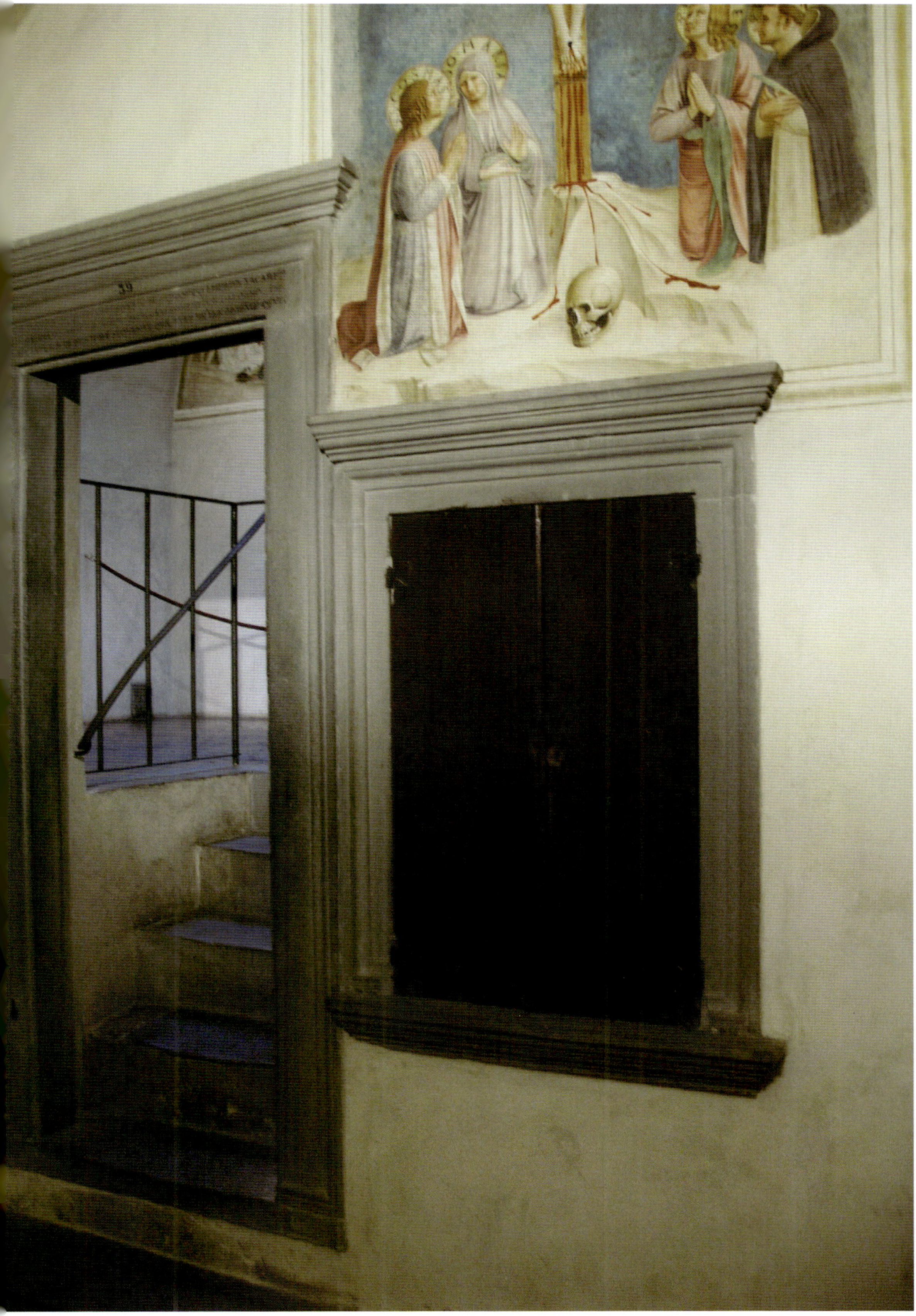

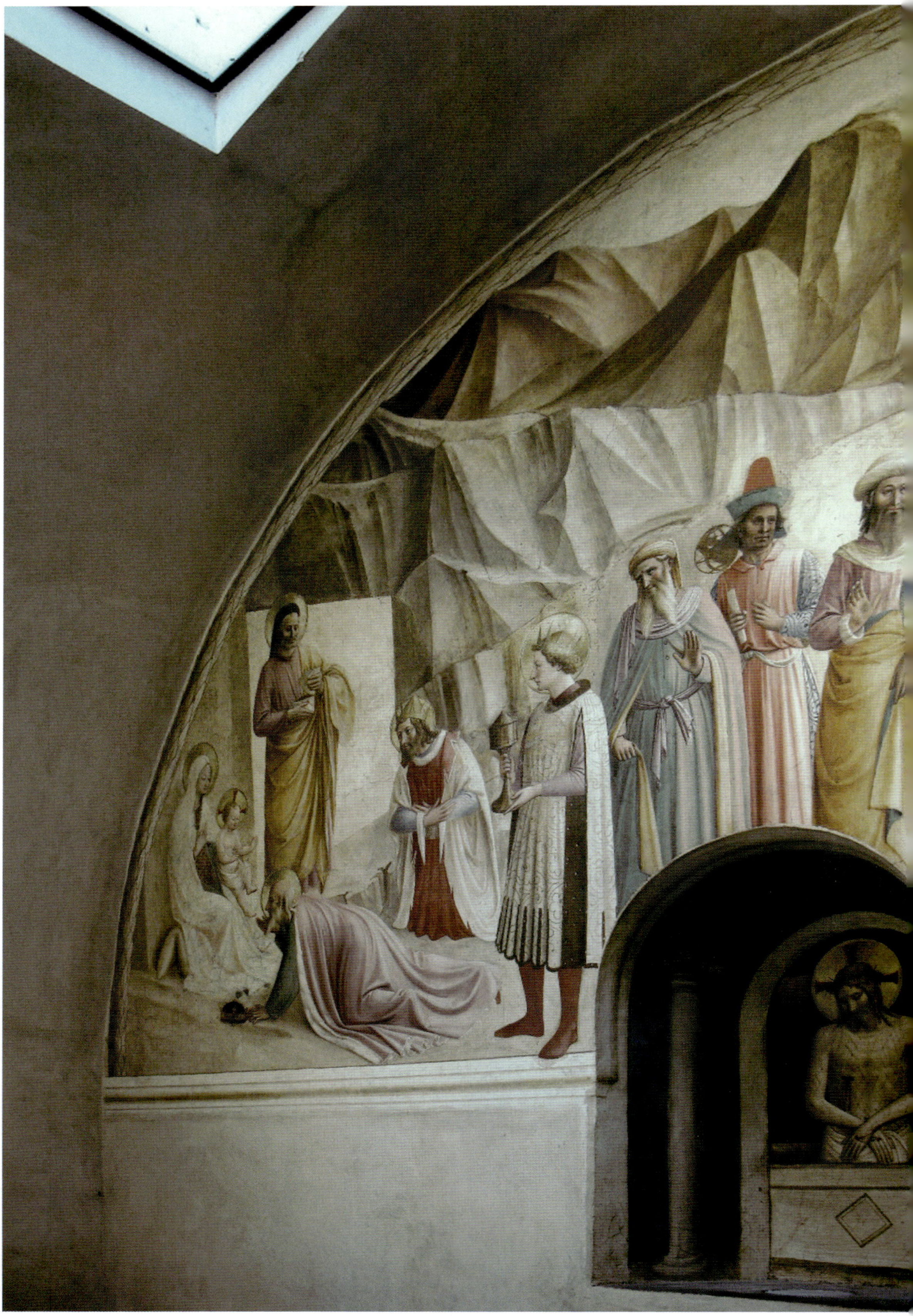

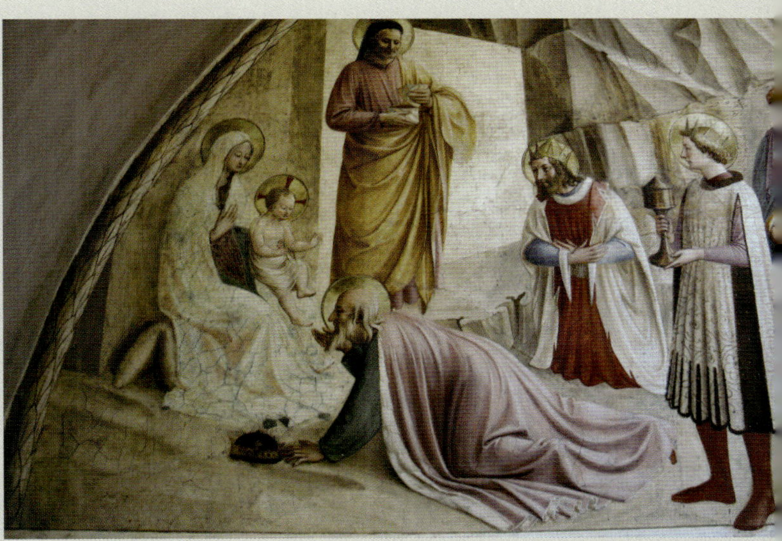

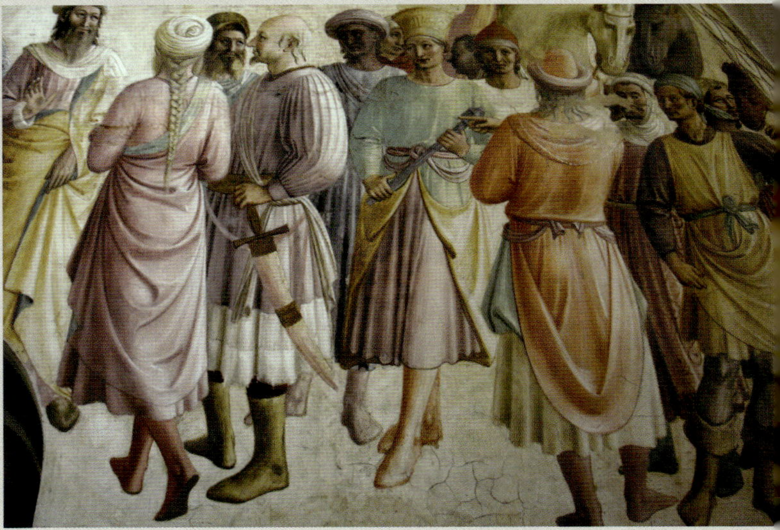

左图、上图、下图 :《博士来拜》局部。

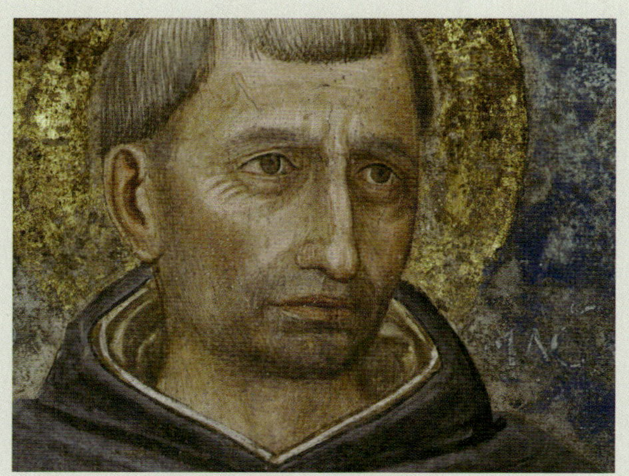

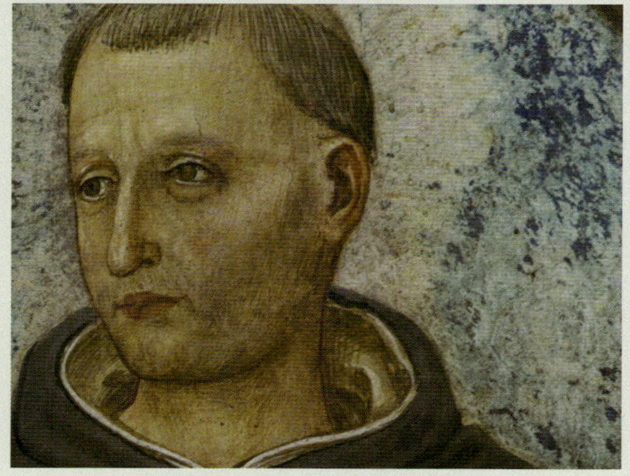

上下图：圣马可教堂一楼某殿堂，有另一幅安吉利科的大壁画，壁画下端，平行画着十来件肖像，想必是当年有名有姓的僧侣。安吉利科什么模样？我真希望其中有一位是他。右图：《博士来拜》局部与画面下方的小神龛。

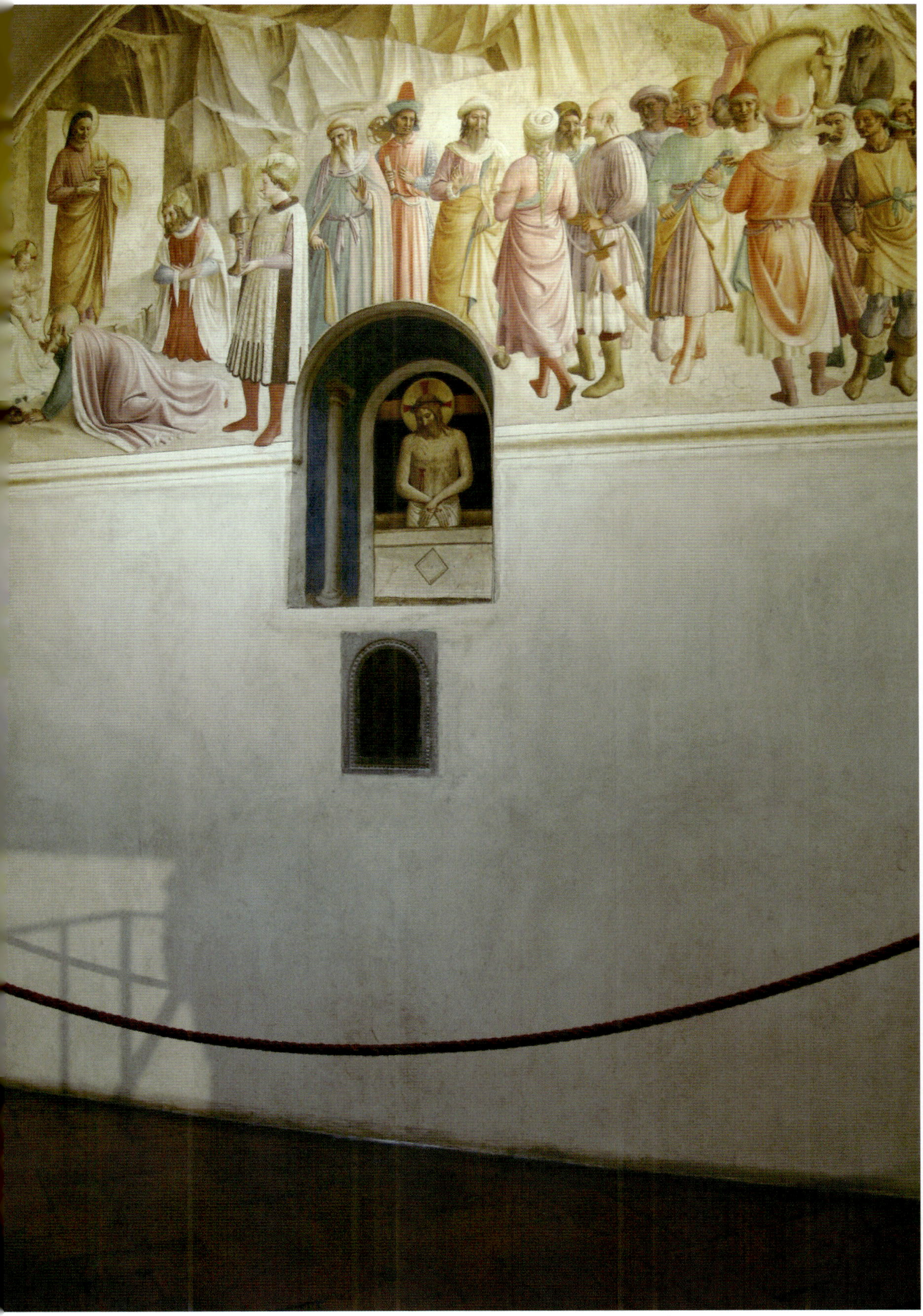

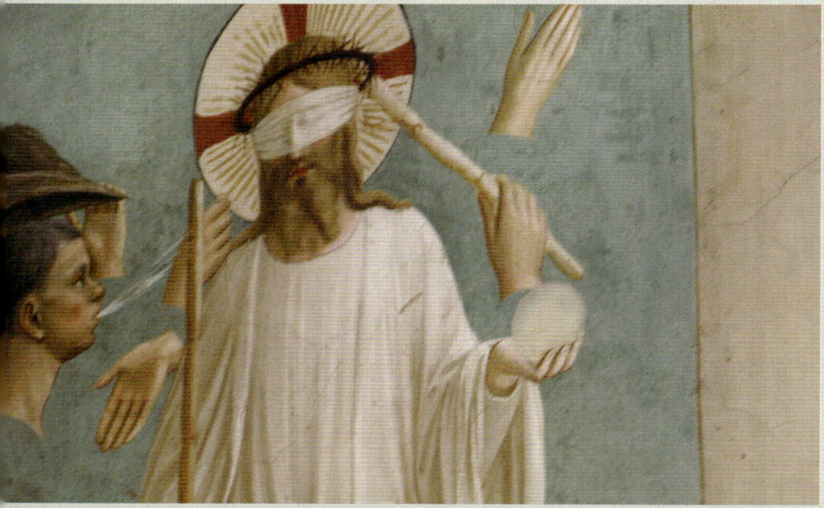

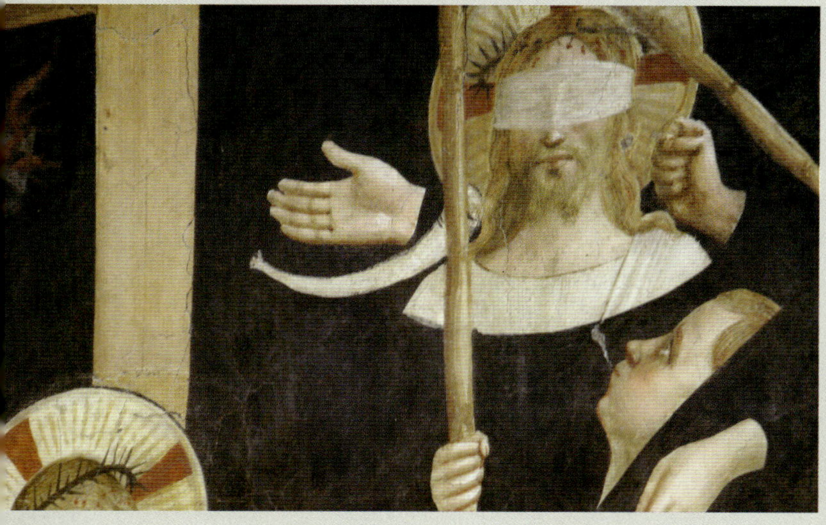

圣马可教堂二楼安吉利科壁画局部。请教研究《圣经》画的同行：被蒙住眼睛的耶稣，和被切割的脸与手——什么典故？什么意思？

马格利特《博西斯景观》（*Baucis Landscape*），1966年——我非常喜欢马格利特的作品。他的想象、观念、图式，影响了八十年代许多“新绘画”画家，包括意大利“三C”。但十五世纪的教徒看到安吉利科的分割图像，和二十世纪有文化的观众看到马格利特，出于完全不同的理由，发生完全不同的感受。问题是，现代人回看安吉利科的图式处理，还能想象十五世纪的感受吗？

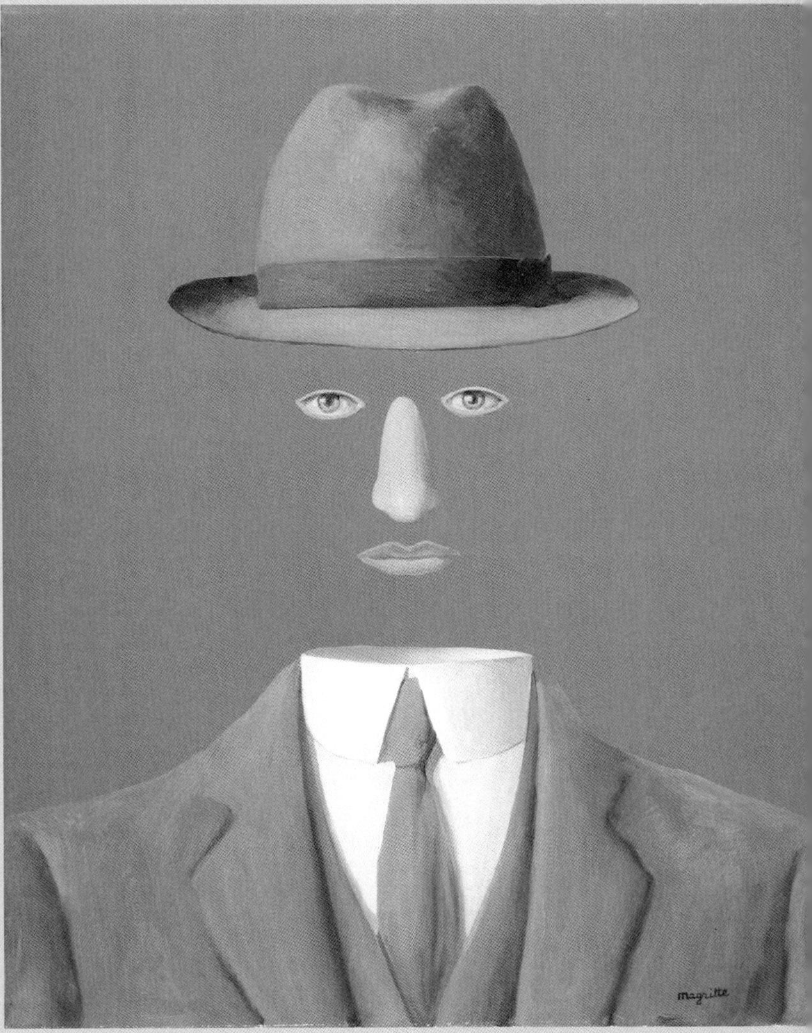

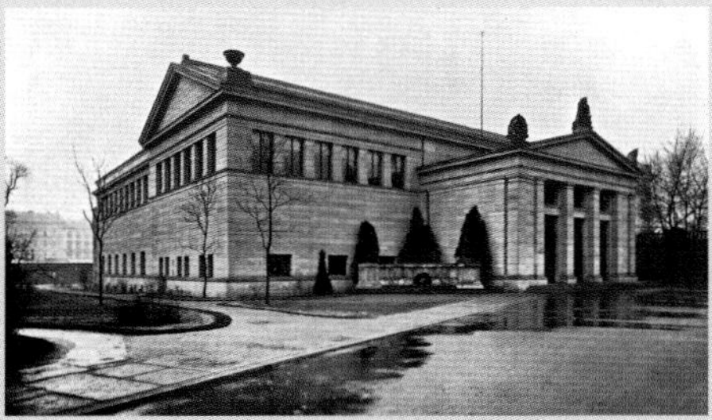

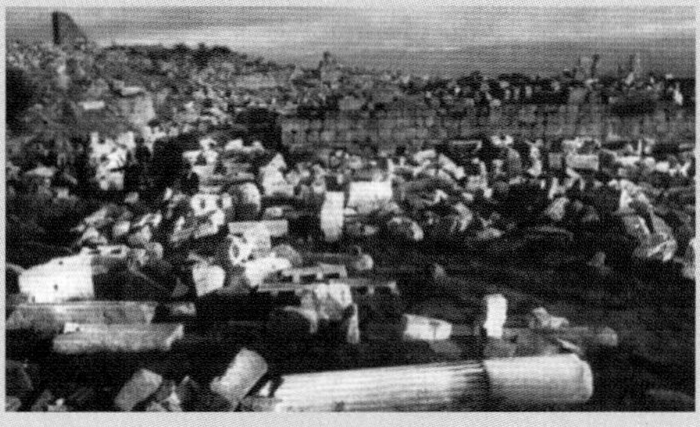

为木心美术馆开馆特展，上月出差三天，去德国商借尼采文物。早晨走去派格蒙博物馆一看，正在重修，全馆被工地支架包围了。据说新的设计是博物馆穹顶全部换成玻璃罩，使阳光直射群雕。这项工程须得为期四年，这期间，博物馆关闭。

巨人的战役

上回说到克莱门特关于看画的两个经验：一是耐看，一是不断地会有新的发现。我仔细想想，换个说法，也是两个经验——有些画，你看了震惊、感动，譬如布法马可《死亡的胜利》，还有我钟爱的苏里科夫；有些画，你看了发呆、出神，譬如《千里江山图》，还有安吉利科。我总记得走进圣马可教堂的小禅房，呆呆地看，变得像个聋子，什么都听不见了。

还有一种经验很难描述：不是感动，也不是出神。是什么呢？

我们返回两千多年前，看看古希腊雕刻——我没去过希腊。1994年陪木心去伦敦，看了大英博物馆古希腊帕特农神殿专馆，据说是菲狄亚斯（Phidias）做的。木心只是看，不说话。1984年，大都会博物馆从雅典和罗马借来一些雕刻，木心看了回来，一脸冤枉，好憋屈地说："没用的呀，你躺在地下赖着不走，没日没夜看，也看不完。"

木心，什么细微的感觉都要找个说法，想出一句，他就得意忘形，挂在嘴上玩，可是一听古典音乐，一看古希腊，他就瘟头瘟脑，不吱声了，任我怎么逗他、撩他，都没用。后来他讲文学课，讲到柏格森的直觉问题，说：看古希腊雕刻，听巴赫，听莫扎特，什么话也无法说的——你有什么好说？

可是人喜欢说话。形容古希腊雕刻的说法，现成有着，哪句话呢，就是美学家朱光潜先生的“静穆”二字。这句话，当然从西洋学来的，最早见于德国人温克尔曼（Johann Joachim Winckelmann）的说法。三十年代回国后，朱先生就写文章大谈“静穆”，说是古希腊雕刻好比“低眉默想的观音大士”，“泯化一切忧喜”，然后一笔拉到陶渊明，说陶渊明“浑身静穆，所以他伟大”。

鲁迅很讨厌，读了朱的文章，就出来煞风景。他举了古希腊与陶渊明的种种例子，说人家并非全然“静穆”，还有别的一面，然后提起有位北京土财主买了周朝的古鼎，擦得精光锃亮，供在客厅里给人看，使鲁迅“不禁由吃惊而失笑了”，说是从未见过这样的古鼎。但他接着就严肃起来，写了下面的话：

> 鼎在周朝，恰如碗之在现代，我们的碗，无终年不洗之理，所以鼎在当时，一定是干干净净，金光灿烂的，换了术语来说，就是他并不“静穆”，倒有些“热烈”。

再接着，鲁迅说这件事使他从此改变了衡量古美术的眼光：

> 例如希腊雕刻吧，我总以为它现在之见得“只剩一味醇朴”者，原因之一，是在曾埋土中，或久经风雨，失去了锋棱和光泽的缘故，雕造的当时，一定是崭新，雪白，而且发闪的，所以我们现在所见的希腊之美，其实并不准是当时希腊人之所谓美，我们应该悬想它是一件新东西。

我曾为了写毕业论文，通读朱光潜的《西方美学史》，结果统统忘了，但我一直记得鲁迅这篇《“题未定”草》。2009 年初访土耳其，我在伊斯坦布尔博物馆看到亚历山大石棺，白生生的，蒙着两千多年的包浆。石棺边上站着同等尺寸的仿制品，全部涂着当时的鲜红、大黄、锰蓝，告诉观众，那时的希腊雕刻是“一件新东西”：我一看，想起鲁迅那些话。

我们常见的古希腊雕刻，总是太有名的那几尊：维纳斯、阿波罗、胜利女神、掷铁饼的男子、在脚底拔刺的男孩，等等等等。怎么形容呢？朱先生倒也未必全错，就是：伟大的“静穆”——这些雕刻大约作于两千五百年前，正当孔夫子的时代——今天，请大家看看“静穆”之外的另一个古希腊，那是德国人从土耳其派格蒙古城邦运来的一组大型浮雕，叫做《巨人的战役》（*Gigantomachy*）。这组浮雕作于公元前二世纪，同期，是在我们的秦末与汉初。

说起土耳其，炎黄子孙很难理解欧洲和东亚的历史。中国统一太早了，不管怎样给外族侵占、并吞，也不管改朝换代多少回，中华帝国的版图没有大变迁，更没有成为另一个国家。可是去了土耳其，我才明白其实去了四个国家：这块国土的西部，三千多年来曾经是古希腊，曾经是古罗马，曾经是拜占庭，曾经是奥斯曼帝国，后来，到今天，叫做土耳其。

爱琴海东端，是土耳其，爱琴海西端，是希腊。孔子老子的时代，古希腊

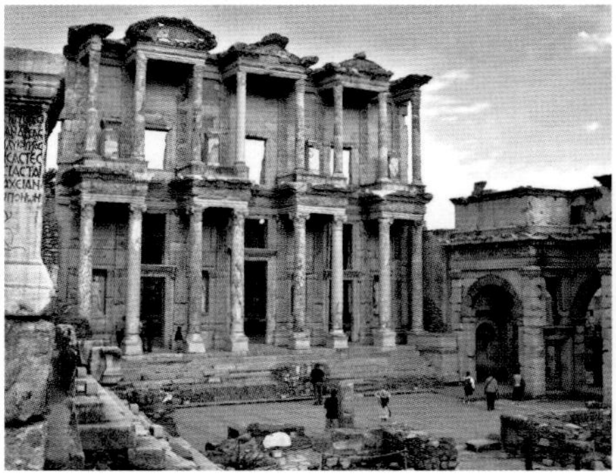

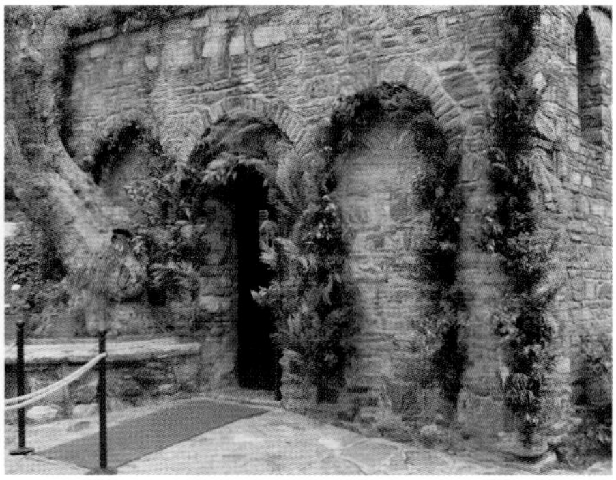

左图：土耳其以弗所城邦塞尔苏斯图书馆遗址；右图：以弗所圣玛丽亚故居。

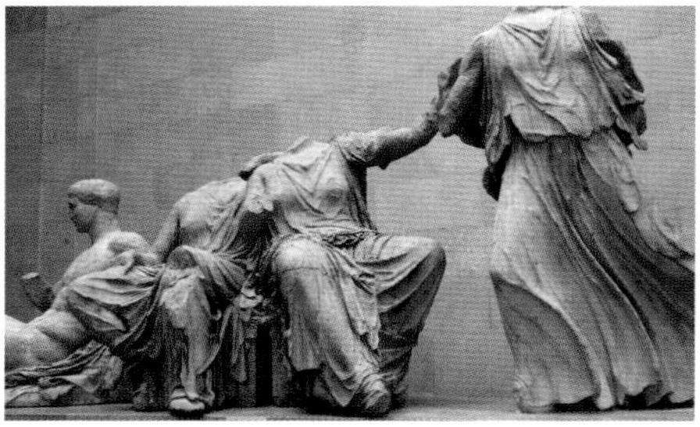

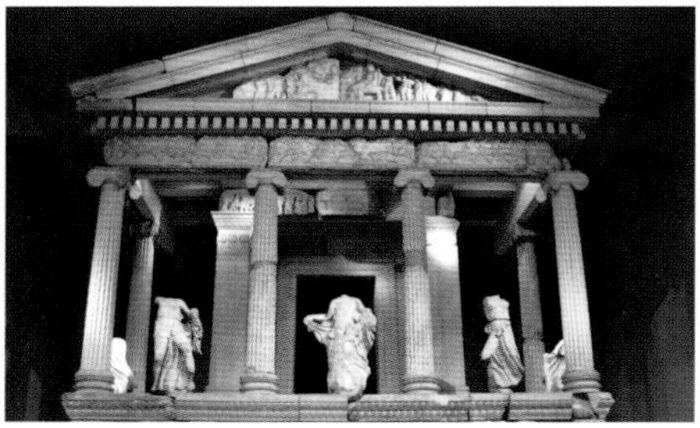

大英博物馆的帕特农石雕。

疆界很大，土耳其西海岸分布着希腊的城邦，那年我参观以弗所城邦的遗迹，到处是古希腊廊柱和废墟，还有仅次于雅典的大图书馆。耶稣的母亲圣玛丽亚，晚年迁居以弗所终老，古希腊哲学家、辩证法的奠基人赫拉特利克，也是当地人。“人不能两次踏入同一条河流”，即是他的名言。

这些城邦后来给罗马帝国灭了。十八、十九世纪，欧洲考古学兴盛，英国人、法国人跑到埃及，跑到敦煌，掳去不少文物，德国人则把土耳其废弃荒野的派格蒙群雕《巨人的战役》，全部运到柏林。大英博物馆的古希腊帕特农神殿专馆，建于十九世纪初，百年后，德国人仿效，在柏林建造了派格蒙美术馆，请来意大利人细细修复残破的石雕，1901 年开馆，九年后拆除，建了更大的馆，1930 年开放。

1945 年，柏林陷落，苏联红军运走了大批德国收藏的文物和艺术，包括派格蒙群雕，十四年后，1959 年，赫鲁晓夫当政的苏联将这批雕刻归还西德。几年前我在彼得堡工艺美院看到《巨人的战役》同等尺寸仿制品，到底和原件不能比了。

人类社会或许进步了，包括武器。艺术，没有进步这回事——第二次世界大战的酷烈程度，是古希腊战役的几万倍，可是古希腊雕刻家的胆魄，是此后欧洲雕刻的几万倍。真的艺术家，心里知道。有采访者把罗丹比作伦勃朗，罗丹立刻阻止道："啊，那是艺术的圆柱，我怎能和他比！"又有采访者称赞英国现代雕塑家亨利·摩尔，说他的作品具有古希腊雕刻的稳定感，摩尔立即阻止道："啊，无可企及，我怎能与古希腊比。"

罗丹，摩尔，我都不喜欢，但我尊敬这两句话。他们到底是欧洲的子孙，头脑清楚，没发昏。当我头一回走进派格蒙美术馆，忽然闪过一念：啊呀，米开朗基罗简直成了小弟弟，他要是看见《巨人的战役》，也会汗毛耸立，自叹弗如！

不消说，米卡朗琪罗是意大利雕刻的巨人。他二十五岁做的《大卫》，那种觉醒之感，那股英气，古希腊人不曾梦见，可是，没办法，古希腊没有天主教基督教，没有觉醒这回事。马克思说，古希腊艺术是人类的儿童时期。换句话说，古希腊人是作天作地的孩子。跟后来的人类比，古希腊的壮汉与老人，也像孩子——这几年我弟弟生下一儿一女，没完没了地叫啊跳啊，满屋子跑，直接往你身上爬，往你脸上抓呀！

上回说，看到安吉利科的湿壁画，我登时忘了其他绘画；初看《巨人的战役》，我完全忘了"静穆"的希腊——不是苏格拉底和柏拉图的希腊，不是

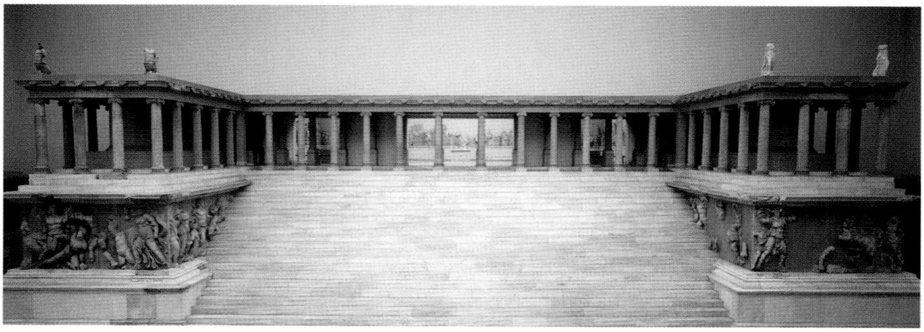

派格蒙祭坛群雕《巨人的战役》。

阿波罗和亚里士多德的希腊，《巨人的战役》倒让我想起从未读过的《荷马史诗》，而且，想起尼采——尼采死于1900年，此前疯了十年，失去意识。他死后一年，派格蒙美术馆才建成，才开放。他没看见《巨人的战役》，要是看了，他会怎么想？又会怎么写？

我们来看逾百米长的祭坛石墙，没有胜败，没有沉思，没有哲学，没有静穆，没有诗。《巨人的战役》全是人与人搏斗，人与兽搏斗，其实呢，是雕刻家与一块块大石头，奋勇搏斗——巨蟒的咽喉被裸体男子一把抓住，雄狮的背脊上骑着壮硕的女子，一位浑身肌肉的美男子正被女神牢牢揪住卷发，动弹不得，而手持盾牌的大胡子勇士，颓然倒下，气息奄奄……无可争辩的古希腊！此前的人类刚刚学会雕刻，此后的人类，再不像他们那样，把握肉体与筋骨的起伏搏动。在一组接一组猛烈的动作中，《巨人战役》的所有脑袋、脖子、手臂、腰、屁股、大腿，脚踵，统统停在最惊人、最优美的刹那。

我实在无法想象两千多年前希腊人如何做出这等事情。美术馆设有派格蒙城邦的模型：当年《巨人的战役》竖立在城邦广场，祭坛下，希腊公民走来走去，天天看见巨人和狮子、巨人和蟒蛇，没完没了地打。那时的派格蒙祭坛，背衬蓝天，给大太阳照耀着，正如鲁迅所想象："崭新，雪白，而且发闪"，鲁迅没去过西洋，不晓得古希腊雕刻是彩色的，可是，他有惊人的直觉。

而在秦末汉初，正当派格蒙城邦的鼎盛年代。美术馆内也有城邦废墟的照片，《巨人战役》的碎石残片像失事飞机的遗骸，散落在荒原上，大半已被草泥埋没。

古希腊神话、古希腊哲学的世界性影响，不必我多嘴。公元前五世纪的古希腊雕刻家，菲狄亚斯名气最大，由他数下来，据说，相继有七位雕刻家最杰出，而《巨人的战役》的领衔者、主创人，是七位豪杰中年代最晚的一位——这是惊人的事情，菲狄亚斯之后，希腊雕刻的气数居然贯穿三百多年，到了这位雕刻大将，还是元气淋漓，精力弥漫——《巨人的战役》全是他干的吗？如果是，太可怕了，如果有一帮助手共同雕造——肯定都是少年——为什么每尊浮雕，每个局部，每个碎片，完美统一，无分高下，有如神迹？

与《巨人的战役》制作于同时期的秦始皇兵马俑，可以比吗？要不要比？怎样比？我愿再次提醒自己：各文明、各民族的艺术，不可率尔比。先秦伟大，雅典伟大，古埃及伟大，就因为彼此“不知道”，彼此“没见过”。所有聚精会神，雄强而豪迈的艺术，从来不知道他方，不管他方。

现代人不免比较，现代的知识，是一种比较的知识，我们活在无所不知的时代，样样能看见，所以最后一个问题：古希腊雕刻与古埃及和巴比伦雕刻，又怎样比？木心说，他是“反方向的理想主义者”，所谓反方向，即是穿越时间，朝向古代——古埃及雕刻，巴比伦雕刻，比《巨人的战役》还要早一千好几百年啊。

但是暂停，且慢。古埃及，巴比伦，还有秦始皇兵马俑，是坟墓艺术，唯古希腊雕刻，是“人”的艺术。照木心的说法，神与人的比例，古希腊最好。问题又来了：当我站在派格蒙祭坛面前，看看两千多年前的《巨人的战役》，又看看全场仰望石雕的现代人，两相对照，不晓得二者之间的比例——无论是观看的、心理的，还是精神的——究竟是人与人的、还是人与神的比例？

2015年8月1日写在北京

高贵的单纯，静穆的伟大。——温克尔曼

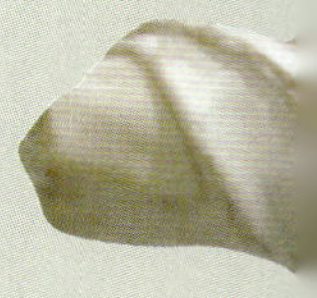

这里所谓“静穆”（serenity）自然只是一种最高理想，不是在一般诗里所能找得到的。古希腊——尤其是古希腊的造形艺术——常使我们觉到这种“静穆”的风味。“静穆”是一种豁然大悟，得到归依的心情。它好比低眉默想的观音大士，超一切忧喜，同时你也可说它泯化一切忧喜。这种境界在中国诗里不多见。屈原阮籍李白杜甫都不免有些像金刚怒目，愤愤不平的样子。陶潜浑身是“静穆”，所以他伟大。——朱光潜

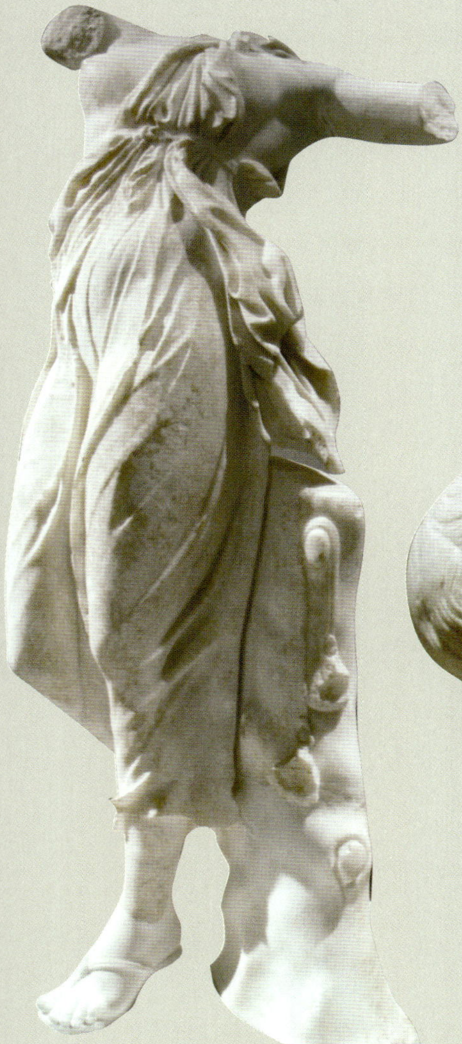

例如希腊雕刻吧，我总以为它现在之见得“只剩一味醇朴”者，原因之一，是在曾埋土中，或久经风雨，失去了锋棱和光泽的缘故，雕造的当时，一定是崭新，雪白，而且发闪的，所以我们现在所见的希腊之美，其实并不准是当时希腊人之所谓美，我们应该悬想它是一件新东西。——鲁迅

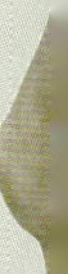

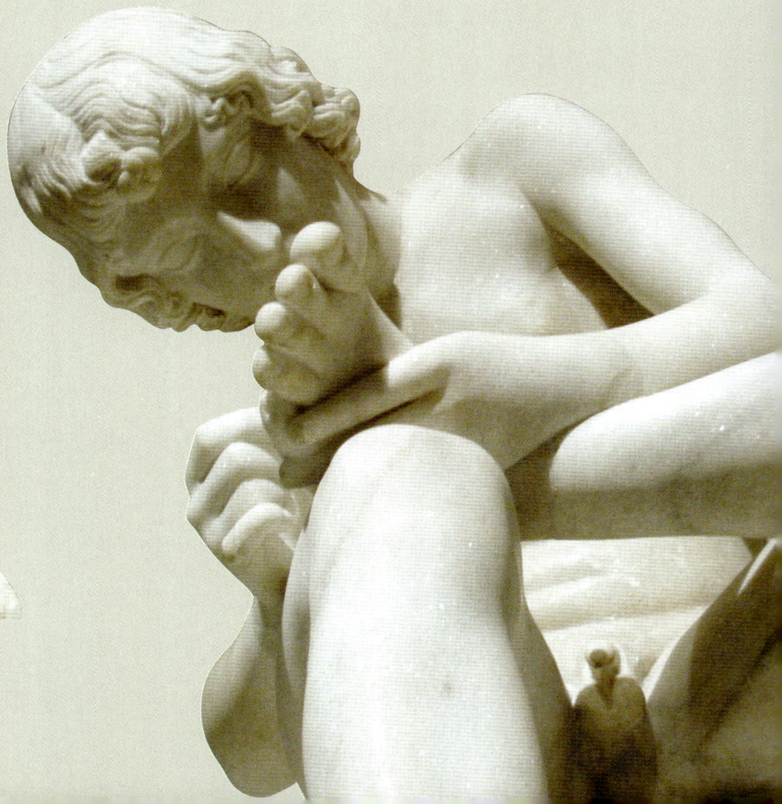

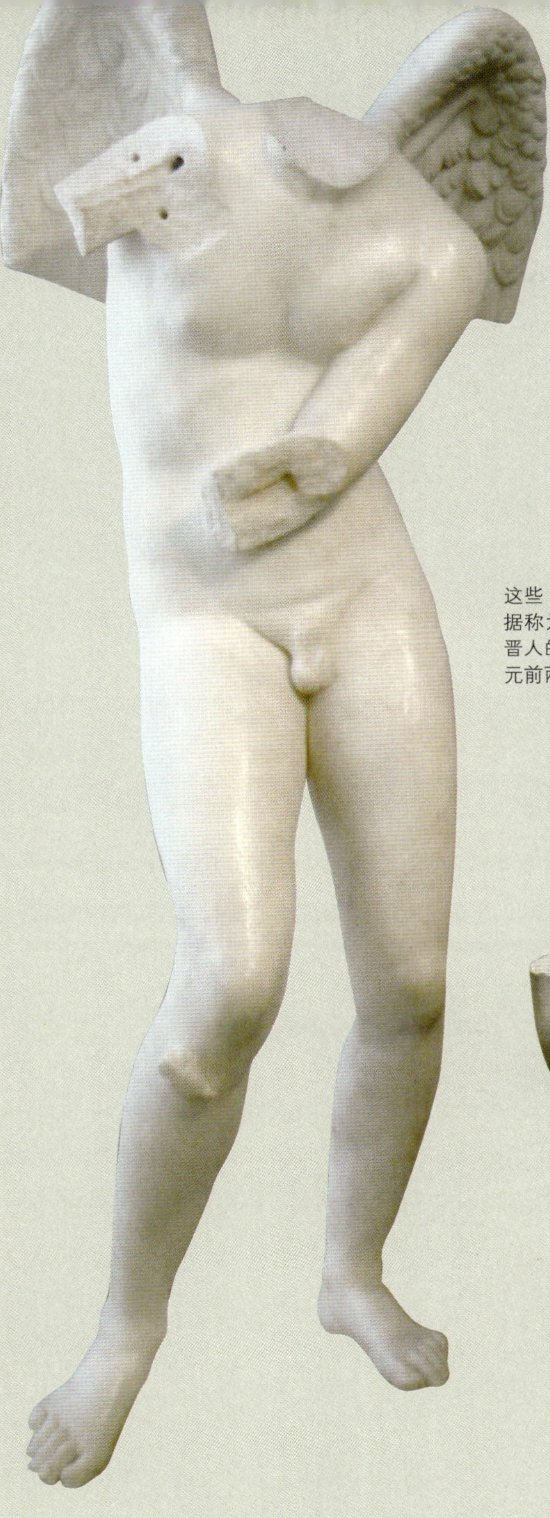

这些“静穆”的雕刻并非全是古希腊人所做，据称为罗马人所复制——类似唐人双钩复写晋人的书法——但《巨人的战役》，确凿是公元前两百年的真迹。

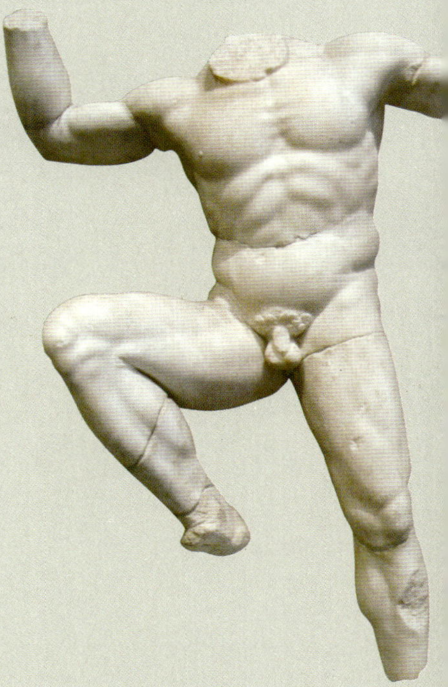

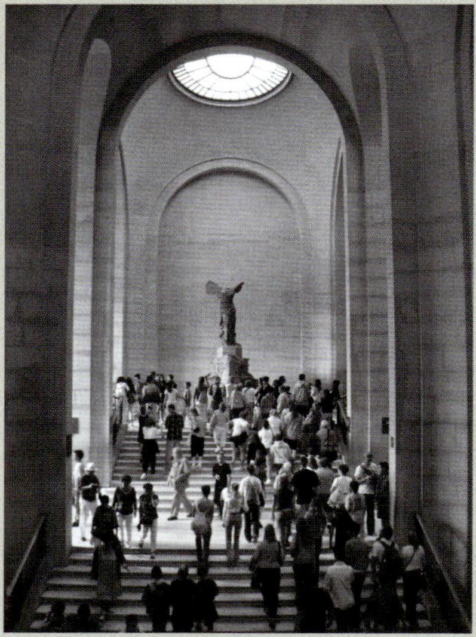

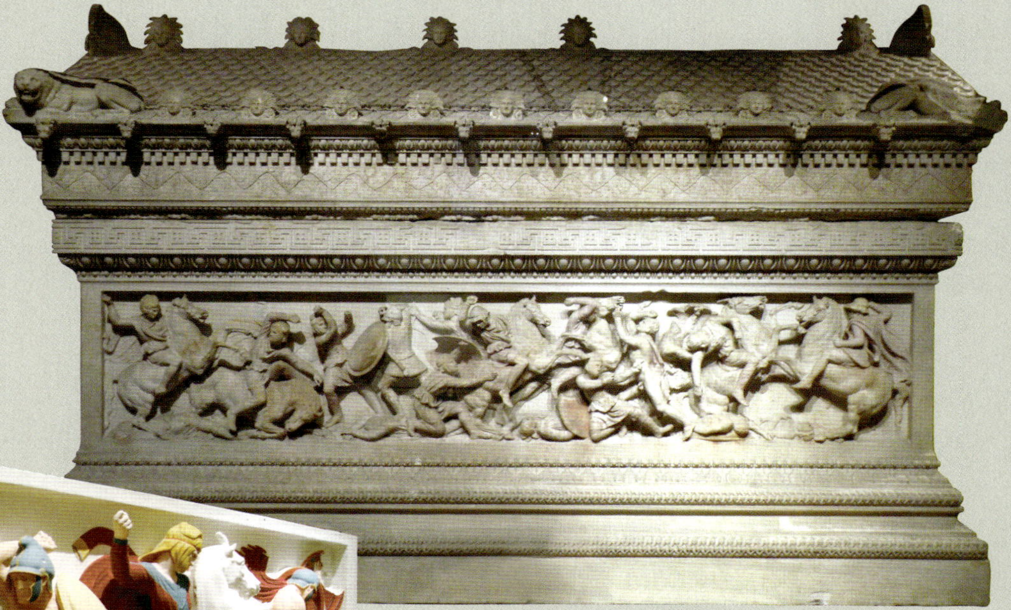

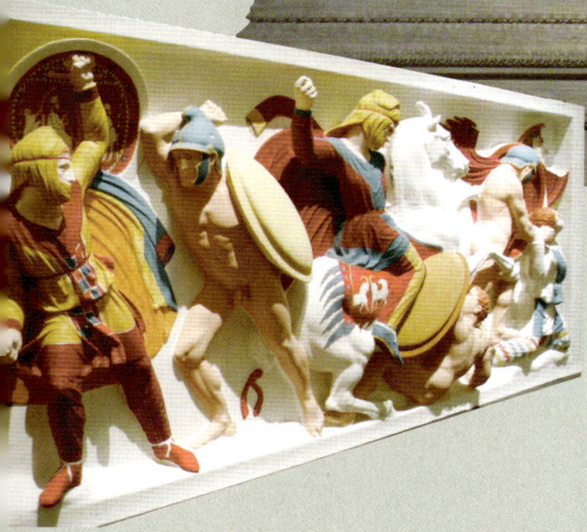

左页，上图：卢浮宫博物馆展出的《萨莫特拉斯的胜利女神》(*Winged Victory of Samothrace*)，约前 190 年；中图：《亚历山大石棺》(*Alexander Sarcophagus*)，公元前 4 世纪，现藏于土耳其伊斯坦布尔考古博物馆；下图：上色后的《亚历山大石棺》复制品。
右页：土耳其派格蒙城邦遗址。

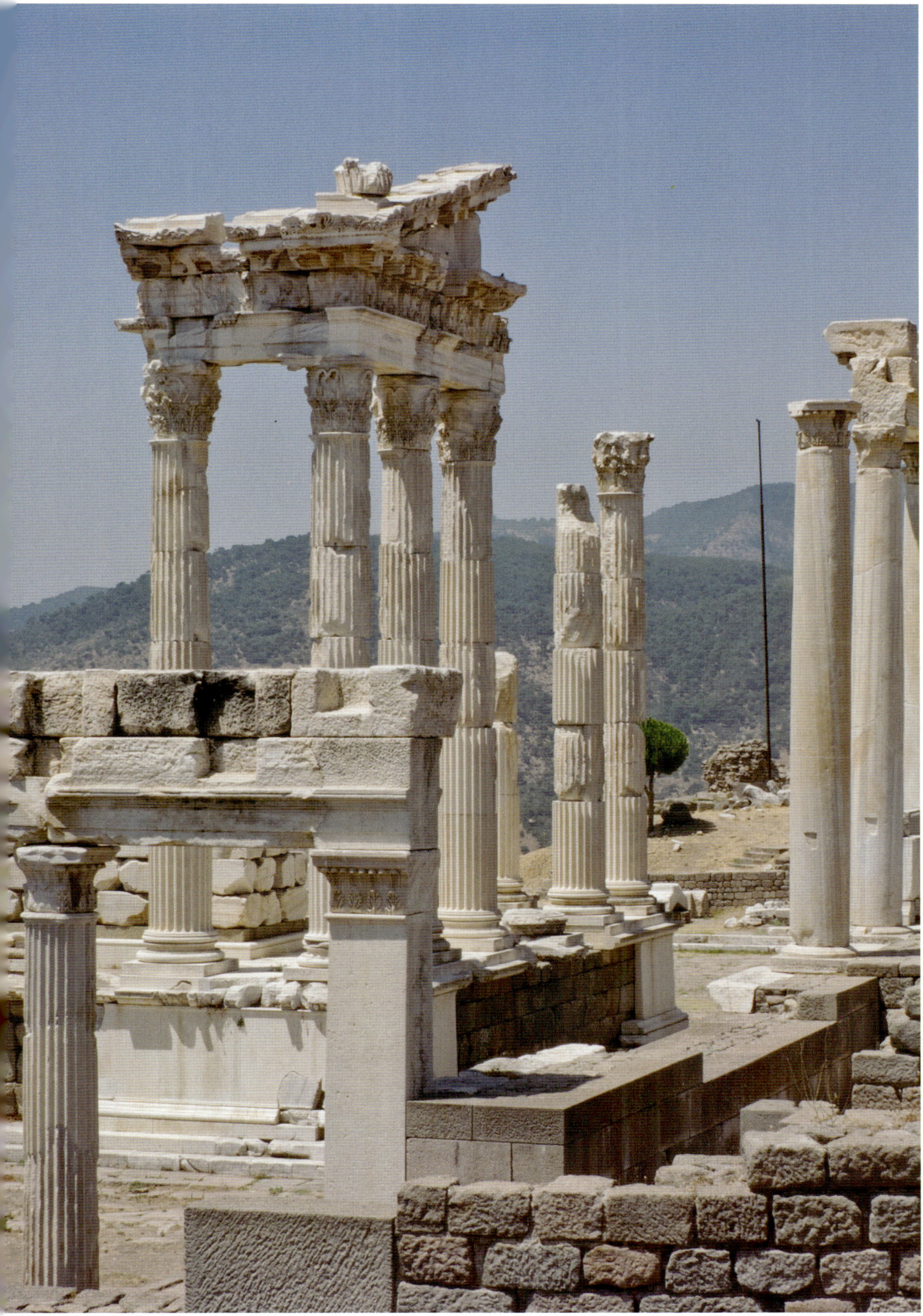

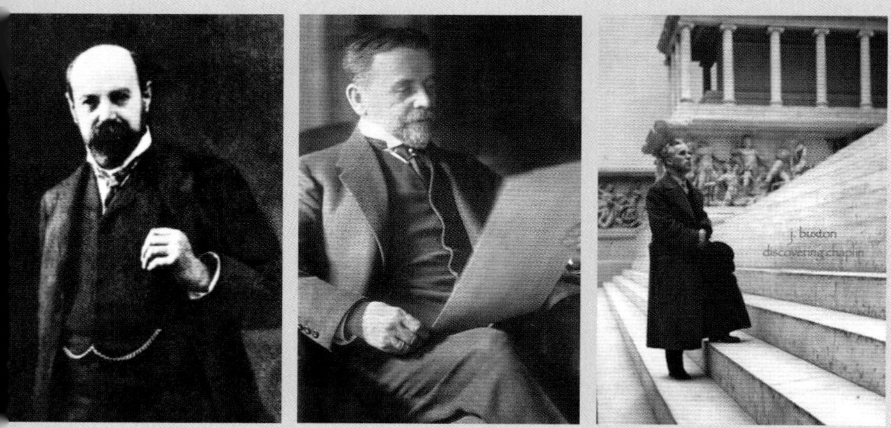

主持设计派格蒙博物馆的建筑师梅塞尔（Alfred Messel，左图）和霍夫曼（Ludwig Hoffmann，中图）；右图：卓别林（Charles Chaplin）在派格蒙博物馆。

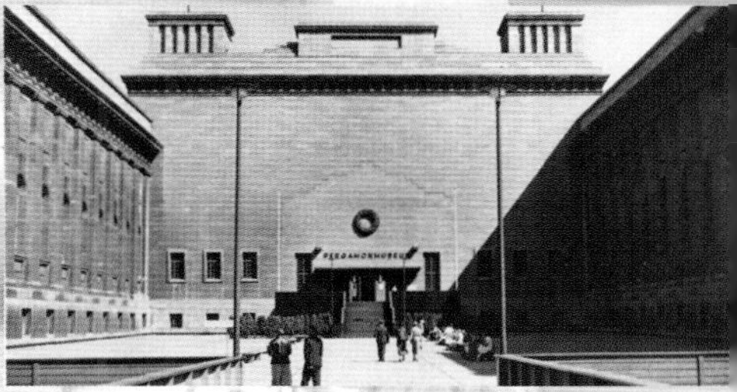

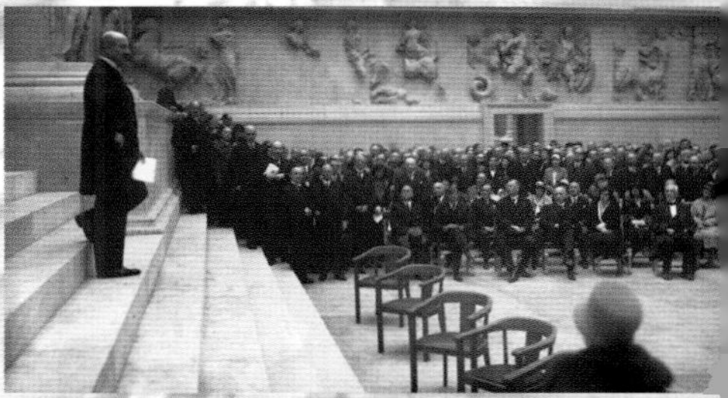

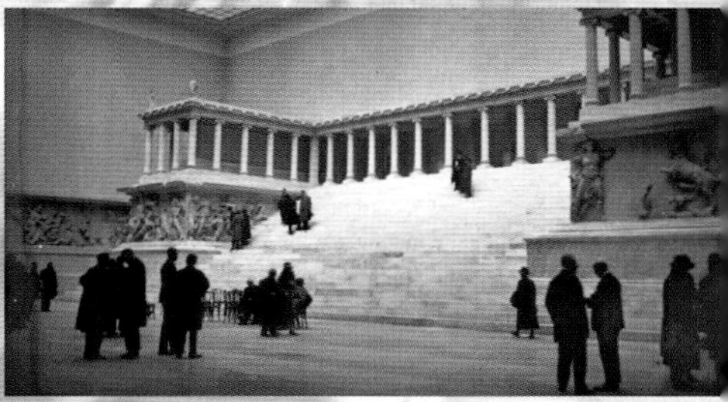

背景图为派格蒙祭坛；上图：1930 年代的派格蒙博物馆；中图：德国国家博物馆馆长在派格蒙博物馆开幕式上发表演讲，1930 年；下图：1932 年派格蒙博物馆内展出的派格蒙祭坛。

当这些德国人在派格蒙群雕前昂然聚会，不知再过若干年，德国再次战败，柏林几乎被苏军轰毁，我见过照片，全城废墟，状若平地，派格蒙群雕得以幸存无损，恐怕又是炸弹有眼。

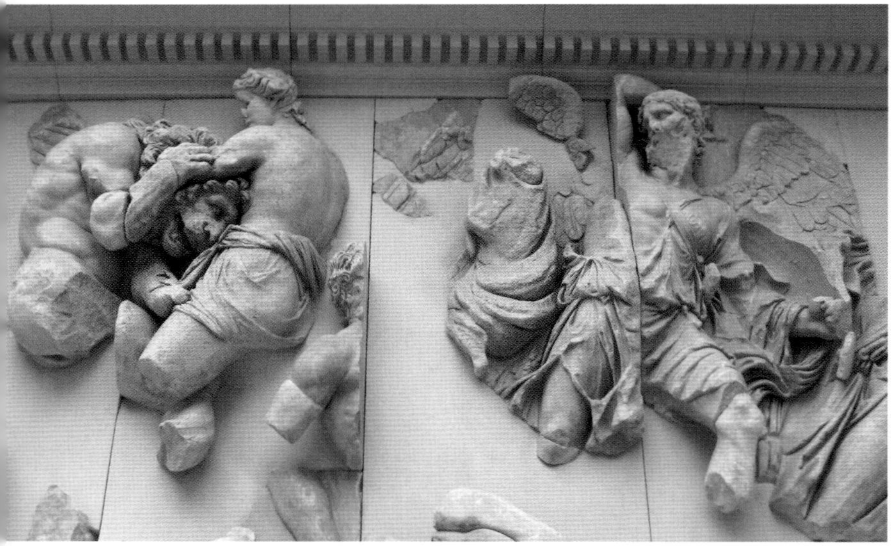

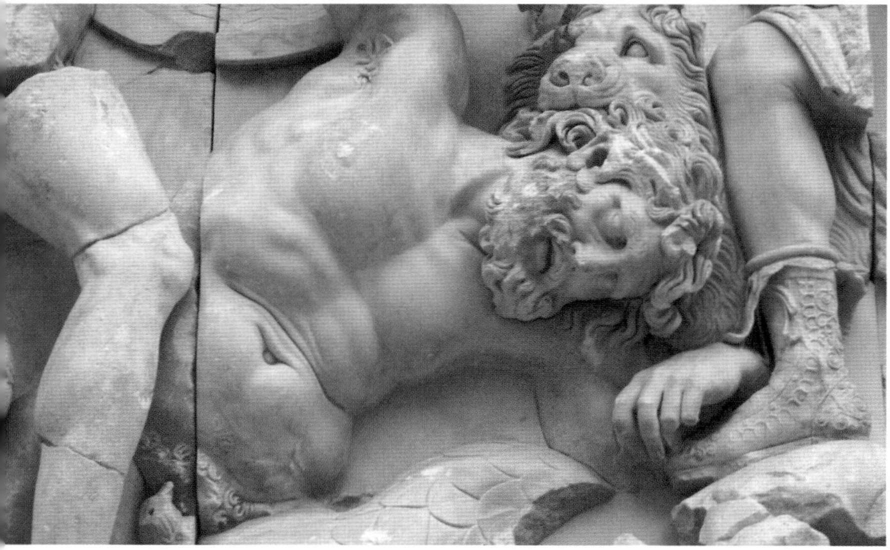

派格蒙祭坛局部。

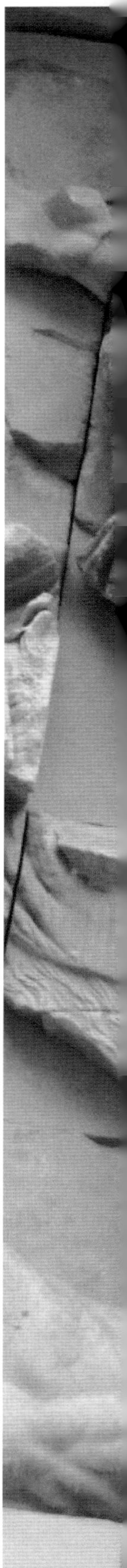

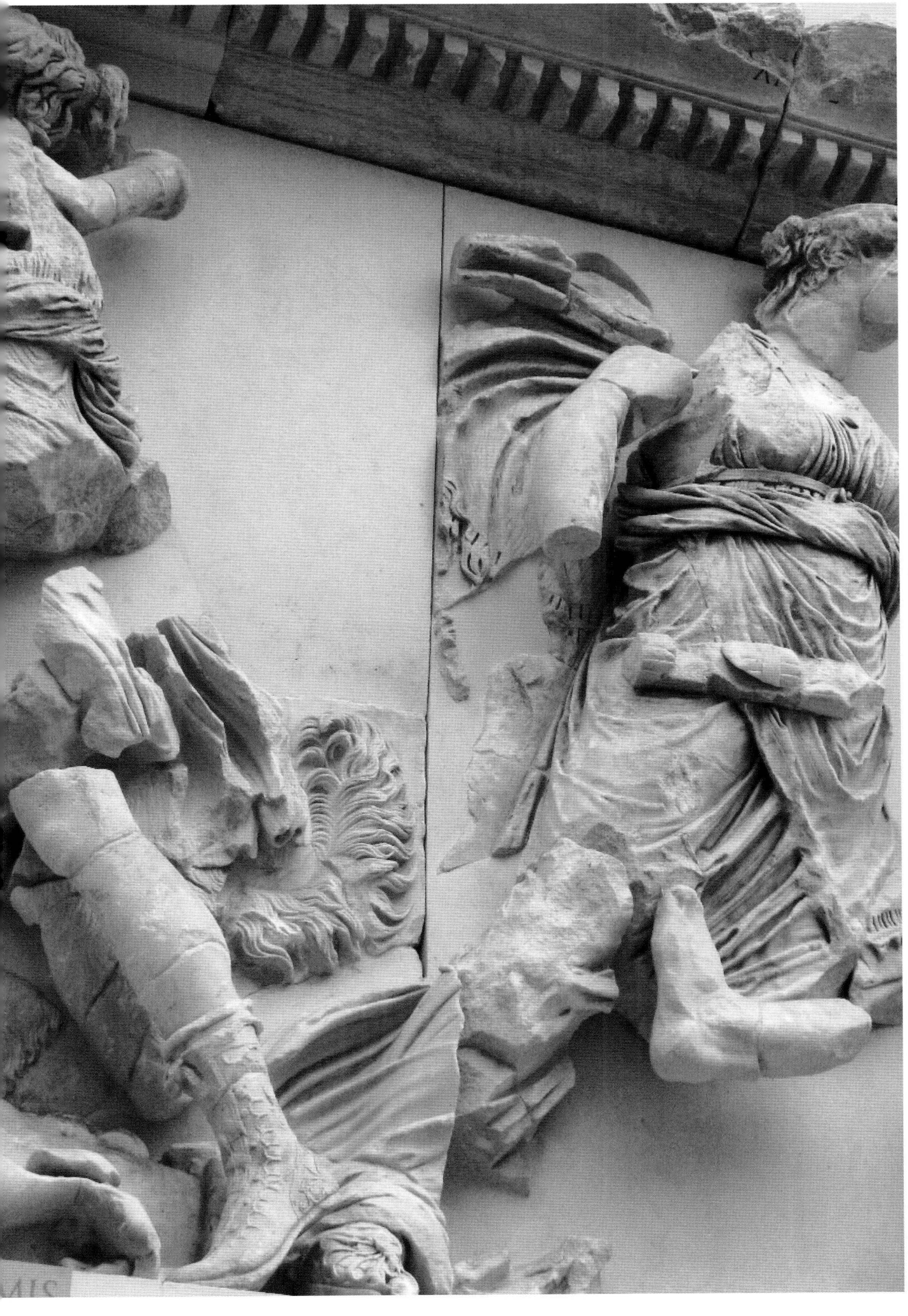

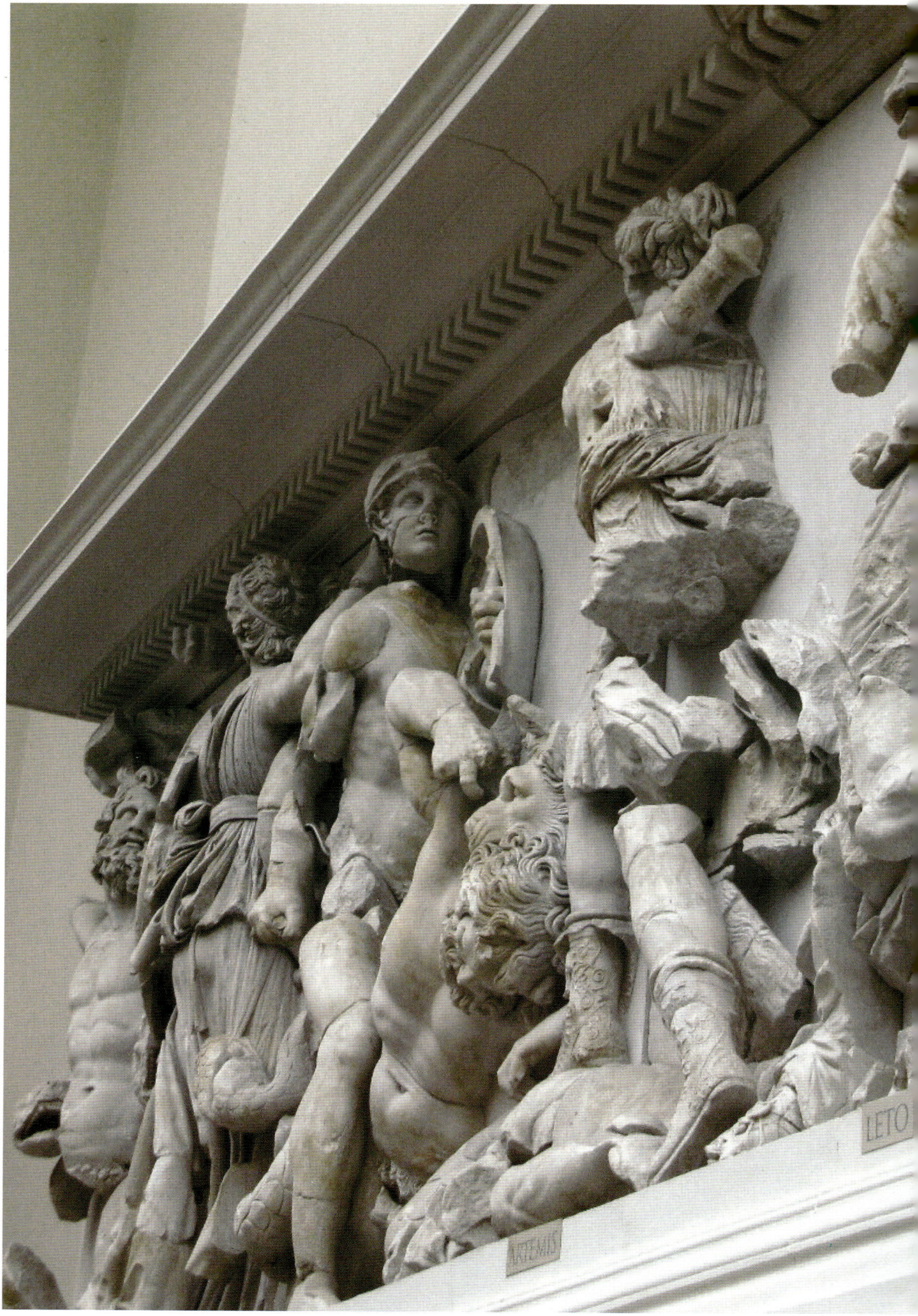
LETO
ARTEMIS

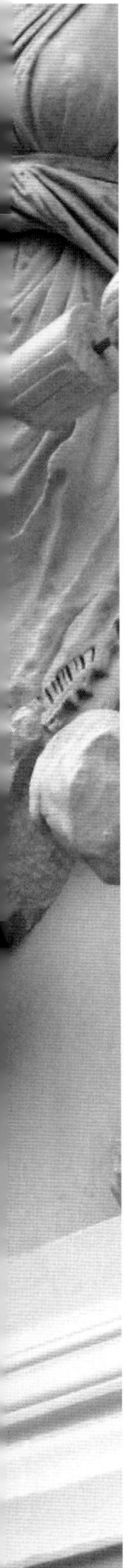

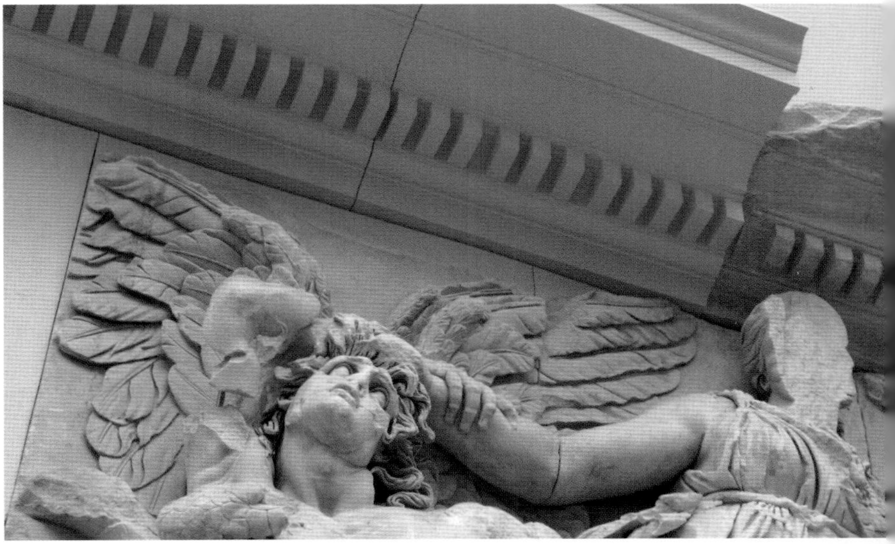

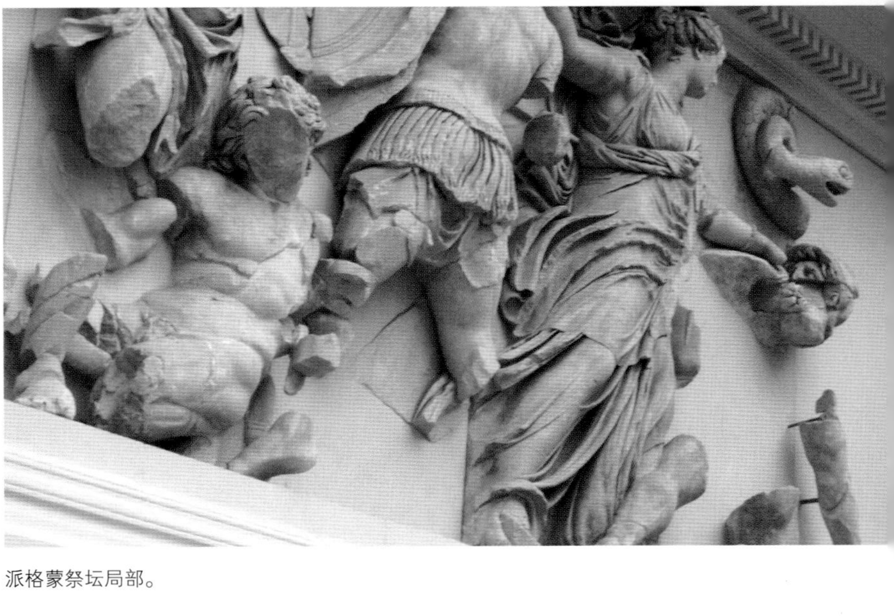

派格蒙祭坛局部。

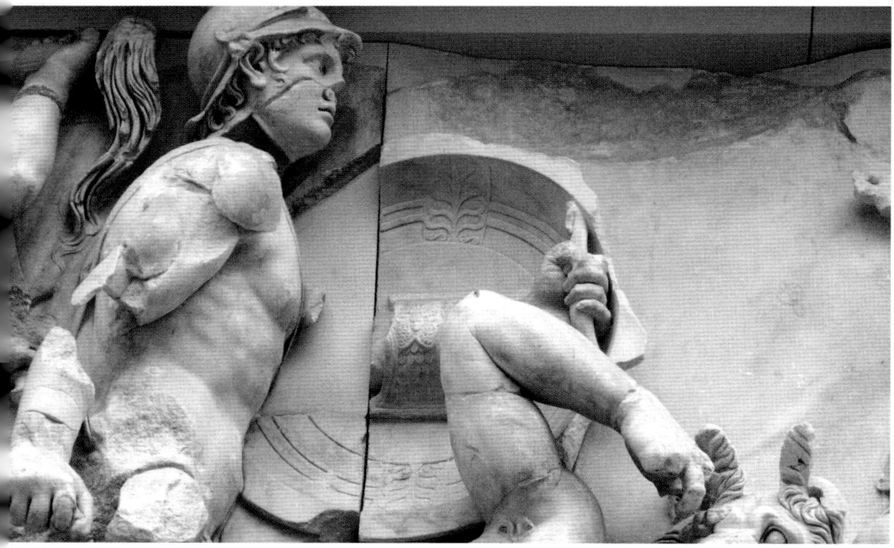

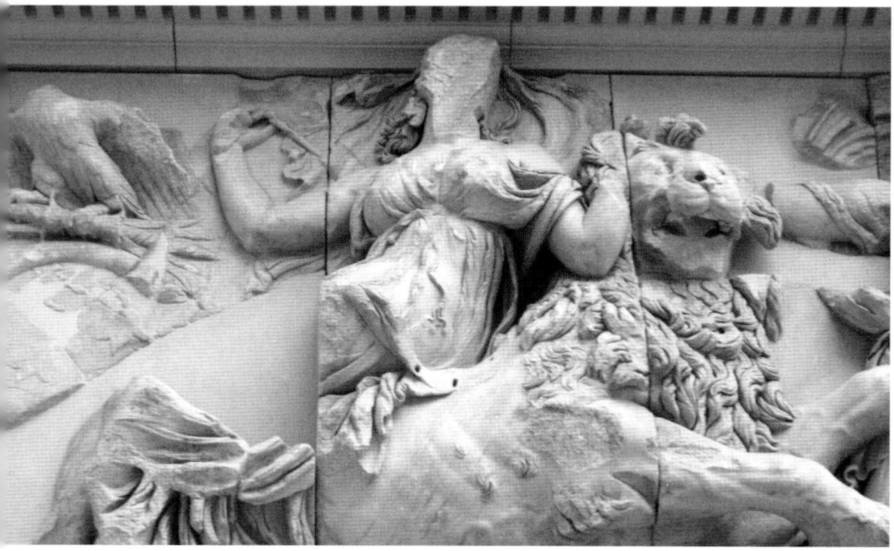

派格蒙祭坛局部。

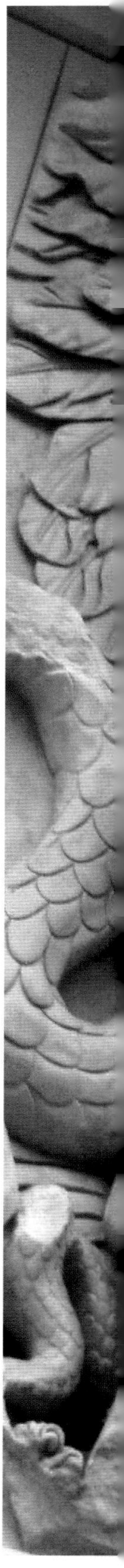

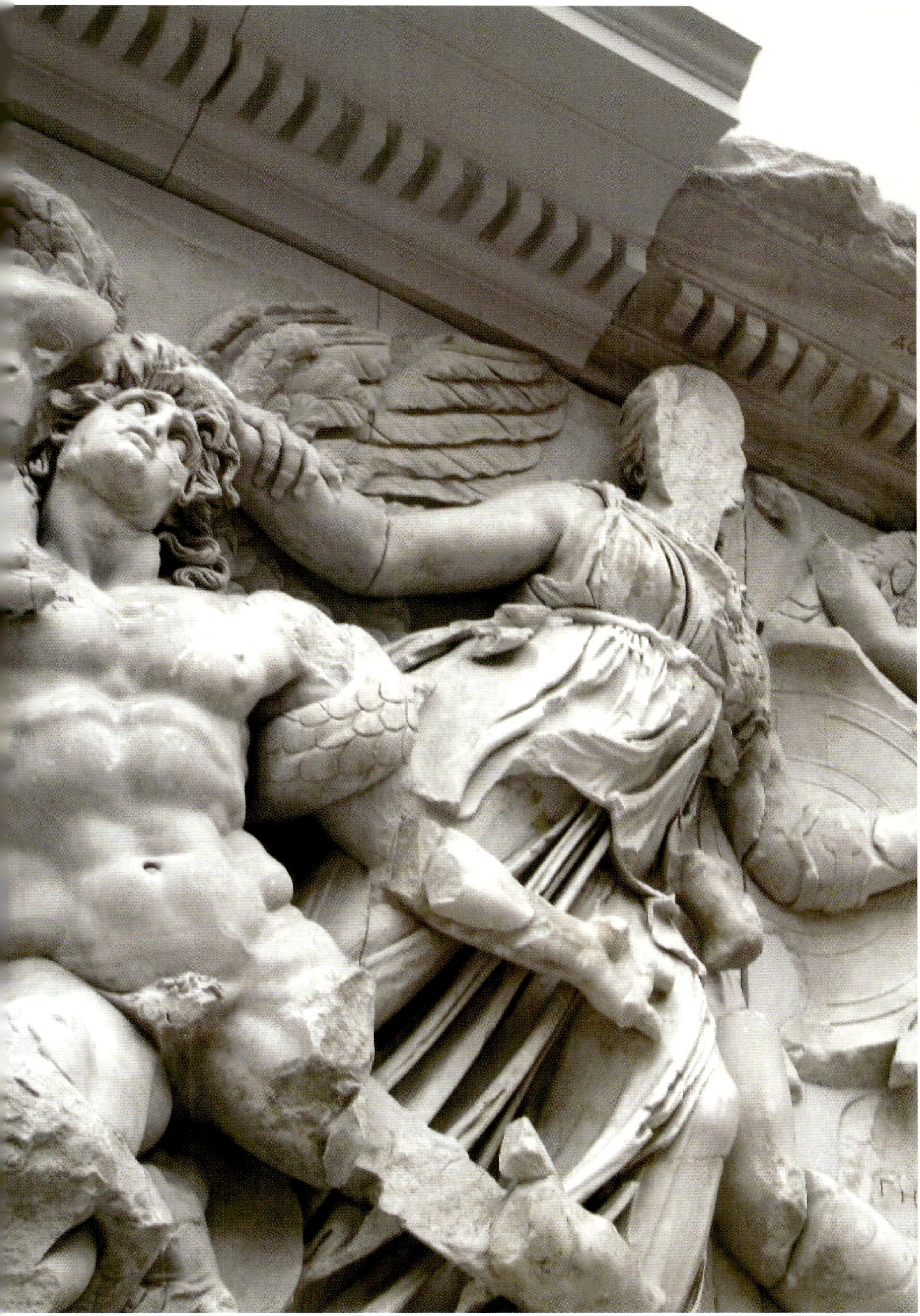

1

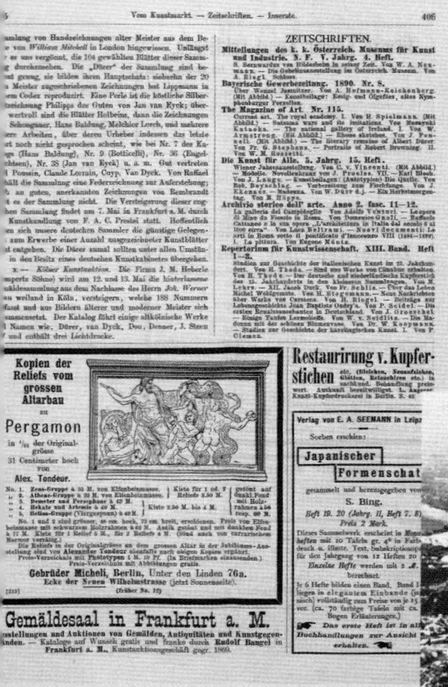

…mlung von Handzeichnungen alter Meister aus dem Be… von *William Mitchell* in London hingewiesen. Unlängst … es uns vergönnt, die 104 gewählten Blätter dieser Samm… durchzusehen. Die „Dürer" der Sammlung sind be… genug, sie bilden ihren Hauptschatz: siebzehn der 20 … Meister zugeschriebenen Zeichnungen hat Lippmann in … Codex reproduzirt. Eine Perle ist die köstliche Silber…zeichnung Philipps des Guten von Jan van Eyck; über… wertvoll sind die Blätter Holbeins, dann die Zeichnungen … Schongauer, Hans Baldung, Melchior Lorch, und mehrere … Arbeiten, über deren Urheber indessen das letzte … noch nicht gesprochen scheint, wie bei Nr. 7 des Ka… (Hans Baldung), Nr. 9 (Botticelli), Nr. 36 (Engel…chtsen), Nr. 38 (Jan van Eyck) u. a. m. Gut vertreten … Poussin, Claude Lorrain, Cuyp, Van Dyck. Von Raffael …hält die Sammlung eine Federzeichnung zur Auferstehung; … an guten, anerkannten Zeichnungen von Rembrandt … es der Sammlung nicht. Die Versteigerung dieser eng…hen Sammlung findet am 7. Mai in Frankfurt a. M. durch … Kunsthandlung von F. A. C. Prestel statt. Hoffentlich …en sich unsere deutschen Sammler die günstige Gelegen… zum Erwerbe einer Anzahl ausgezeichneter Kunstblätter … entgehen. Die Dürer zumal sollten unter allen Umstän… in den Besitz eines deutschen Kunstkabinetes übergehen.

x. — *Kölner Kunstauktion.* Die Firma J. M. Heberle …perts Söhne) wird am 12. und 13. Mai die hinterlassene …äldesammlung aus dem Nachlasse des Herrn *Joh. Werner* … weiland in Köln, versteigern, welche 188 Nummern …fasst und aus Bildern älterer und moderner Meister sich …mmensetzt. Der Katalog führt einige altkölnische Werke … Namen wie, Dürer, van Dyck, Dou, Denner, J. Steen … und enthält drei Lichtdrucke.

ZEITSCHRIFTEN.

Mitteilungen des k. k. Österreich. Museums für Kunst und Industrie. N. F. V. Jahrg. 4. Heft.
S. Bernwardus von Hildesheim in seiner Zeit. Von W. A. Neumann. — Die Gobelinsausstellung im Österreich. Museum. Von A. Riegl. Schluss.

Bayerische Gewerbezeitung. 1890. Nr. 8.
Über Wenzel Jamnitzer. Von A. Hofmann-Reichenberg. (Mit Abbild.) — Kunstbeilage: Essig- und Ölgefäss, altes Nymphenburger Porzellan.

The Magazine of Art. Nr. 115.
Current art. The royal academy. I. Von H. Spielmann. (Mit Abbild.) — Satsuma ware and its imitations. Von Masayuki Kataoka. — The national gallery of Ireland. I. Von W. Armstrong. (Mit Abbild.) — Rhone sketches. Von J. Pennell. (Mit Abbild.) — The literary remains of Albert Dürer. Von Fr. G. Stephens. — Portraits of Robert Browning. II. Von W. M. Rossetti.

Die Kunst für Alle. 5. Jahrg. 15. Heft.
Wiener Jahresausstellung. Von C. v. Vincenti. (Mit Abbild.) — Modelle. Novellenkranz von J. Proelss. VII. — Karl Bloch. Von J. Lange. — Kunstbeilagen: (Autotypien) Die Quelle. Von Rob. Beyschlag. — Vorbereitung zum Fischfange. Von J. Ekenaes. — Madonna. Von W. Dürr d. j. — Ein Herbstmorgentag. Von B. Höppe.

Archivio storico dell' arte. Anno 2. fasc. 11—12.
La galleria del Campidoglio. Von Adolfo Venturi. — Le opere di Mino da Fiesole in Roma. Von Domenico Gnoli. — Raffaele Cattaneo e la sua opera „L'architettura in Italia dal secolo 6 al 1000 circa". Von Luca Beltrami. — Nuovi documenti: Le arti in Roma sotto il pontificato d'Innocenzo VIII (1484—1492). I. La pittura. Von Eugene Müntz.

Repertorium für Kunstwissenschaft. XIII. Band. Heft 1—3.
Studien zur Geschichte der italienischen Kunst im 15. Jahrhundert. Von H. Thode. — Sind uns Werke von Cimabue erhalten. Von H. Thode. — Der deutsche und niederländische Kupferstich des 15. Jahrhunderts in den kleineren Sammlungen. Von M. Lehrs. — XII. Jacob Duck. Von Fr. Schlie. — Über das Leben Michel Wohlgemuts. Von H. Stegemann. — Neue Nachrichten über Werke von Carstens. Von H. Riegel. — Beiträge zur Lebensgeschichte Jean Baptiste Oudry's. Von P. Seidel. — Die ersten Renaissancebauten in Deutschland. Von J. Groeschel. — Einige Tanten Lermolieffs. Von W. v. Seidlitz. — Die Madonna mit der schönen Blumenvase. Von Dr. W. Koopmann. — Studien zur Geschichte der karolingischen Kunst. I. Von P. Clemen.

Kopien der Reliefs vom grossen Altarbau zu Pergamon
in 1/10 der Originalgrösse
31 Centimeter hoch
von
Alex. Tondeur.

No. 1. Zeus-Gruppe à 33 M. von Elfenbeinmasse. | Kiste für 1 od. 2 Reliefs 2.50 M.
" 2. Athene-Gruppe à 33 M. von Elfenbeinmasse.
" 3. Demeter und Persephone à 43 M.
" 4. Hekate und Artemis à 40 M. | Kiste 2.50 M. bis 4 M.
" 5. Helios-Gruppe (Viergespann) à 40 M.
getönt auf dunkl. Fond mit Holzrahmen à 50 resp. 60 M.

No. 1 und 2 sind grösser, 48 cm. hoch, 73 cm. breit, erschienen. Preis von Elfenbeinmasse mit schwarzem Holzrahmen à 62 M. Antik getönt und mit dunklem Fond à 77 M. Kiste für 1 Relief 5 M., für 2 Reliefs 4 M. (Sind auch von carrarischem Marmor vorrätig.)
Die Reliefs in der Originalgrösse an dem grossen Altar in der Jubiläums-Ausstellung sind von **Alexander Tondeur** ebenfalls nach eigenen Kopien ergänzt.
Preis-Verzeichnis mit **Phototypen** 1 M. 10 Pf. (In Briefmarken einzusenden.)
Preis-Verzeichnis mit Abbildungen gratis.
Gebrüder Micheli, Berlin, Unter den Linden **76a.**
Ecke der Neuen Wilhelmstrasse (jetzt Sonnenseite).
[213] (früher No. 12)

Restaurirung v. Kupferstichen etc. (Bleichen, Neuanfaiehen, Glätten, Retouchiren etc.) in sachkund. Behandlung preiswert. Auskunft bereitwilligst. L. Angerer, Kunst-Kupferdruckerei in Berlin. S. 42

Verlag von E. A. SEEMANN in Leipz…
Soeben erschien:
Japanischer Formenschat…
gesammelt und herausgegeben vo…
S. Bing.
Heft 19. 20 (Jahrg. II, Heft 7. 8)
Preis 2 Mark.
Dieses Sammelwerk erscheint in Mona… heften mit 10 Tafeln gr. 4° in Farb… druck u. illustr. Text. Subskriptionsp… für den Jahrgang von 12 Heften 20 …
Einzelne Hefte werden mit 2 M. … berechnet.
Je 6 Hefte bilden einen Band. Band I … liegen in eleganten Einbande (ja… nisch) vollständig zum Preise von je 15 … vor. (ca. 70 farbige Tafeln mit ca. … Bogen Erläuterungen.)
Das erste Heft ist in all… Buchhandlungen zur Ansicht … erhalten.

Gemäldesaal in Frankfurt a. M.
…stellungen und Auktionen von Gemälden, Antiquitäten und Kunstgegen…nden. — Kataloge auf Wunsch gratis und franko durch **Rudolf Bangel** in **Frankfurt a. M.,** Kunstauktionsgeschäft gegr. 1869.

3

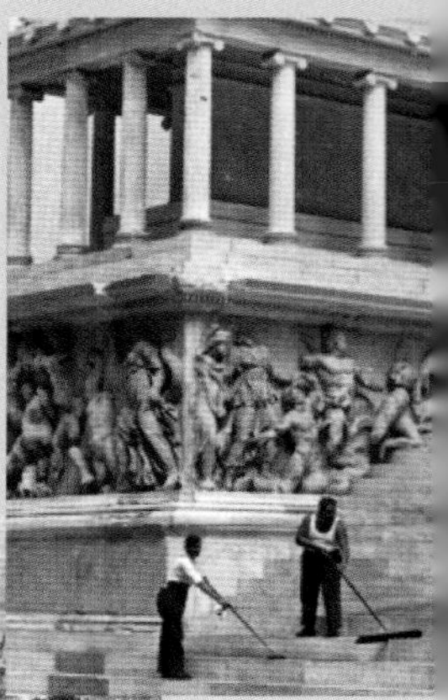

2

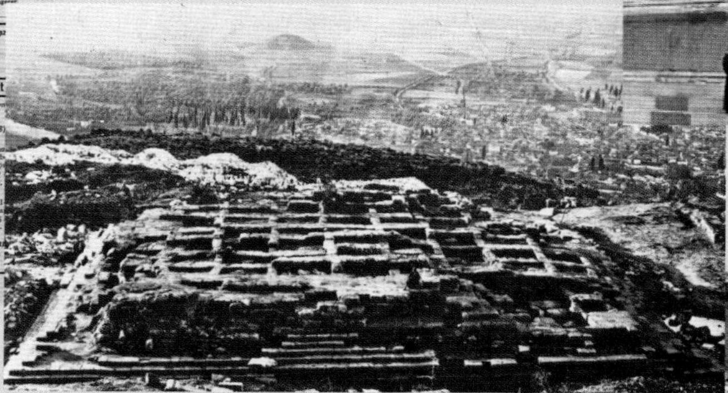

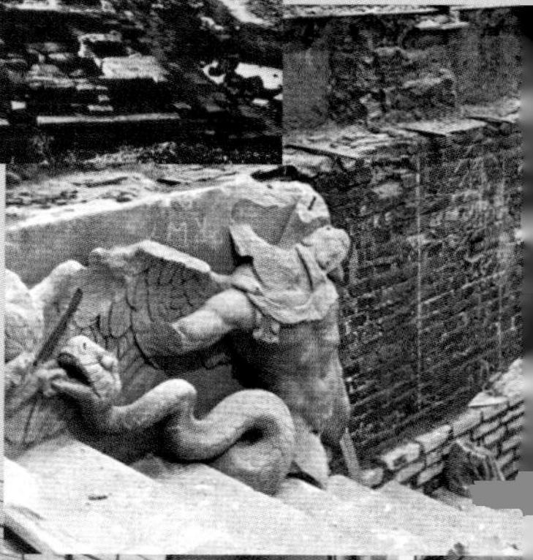

5

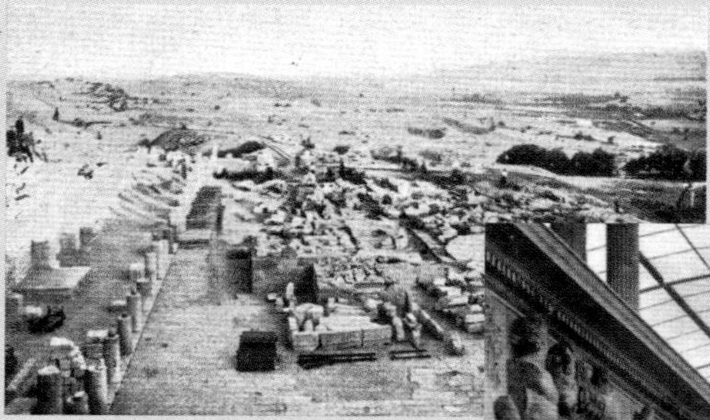

6

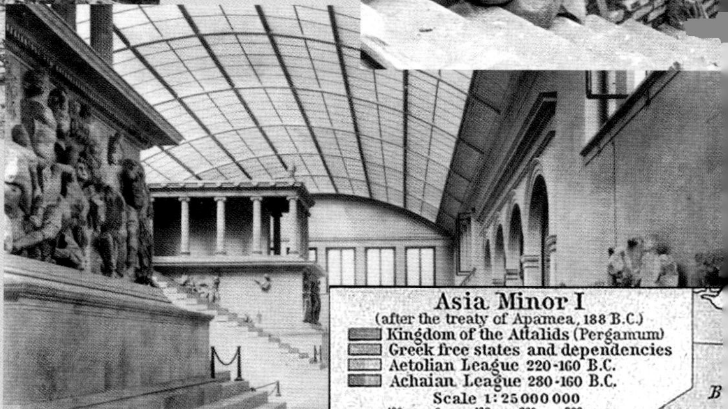

10

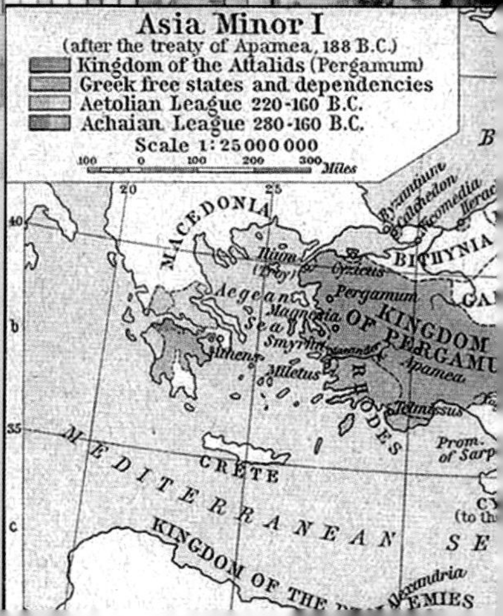

1. 1890 年德国出版物对于派格蒙祭坛的介绍；
2. 派格蒙雕刻的地基部分，1880 年；
3. 1945 年，清洁工在打扫派格蒙祭坛的台阶；
4. 1879 年，德国人卡尔 · 休曼为重建派格蒙祭坛所画的草稿；
5. 1902 年，伊什塔尔城门发掘现场；
6. 1908 年前，在临时建筑内重建派格蒙祭坛；
7. 1958 年，苏联归还派格蒙祭坛雕刻给德国；
8. 柏林博物馆岛上的派格蒙博物馆和博德博物馆，1951 年；
9. 派格蒙城模型；
10. 小亚细亚地图，深色阴影部分为派格蒙城邦。

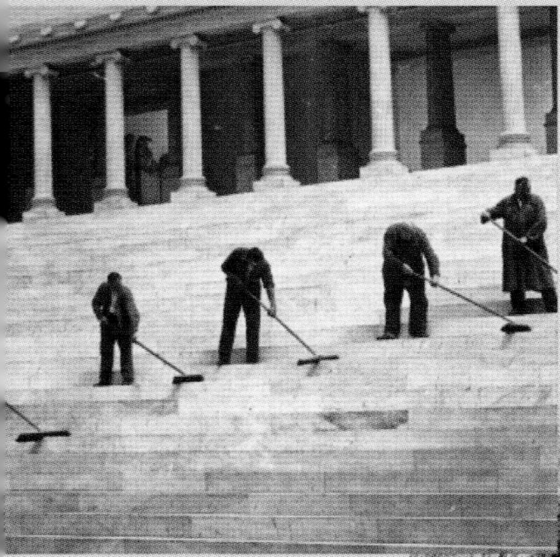

4

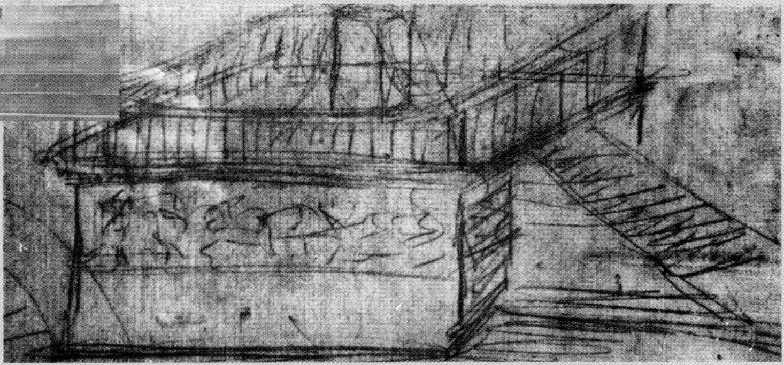

7

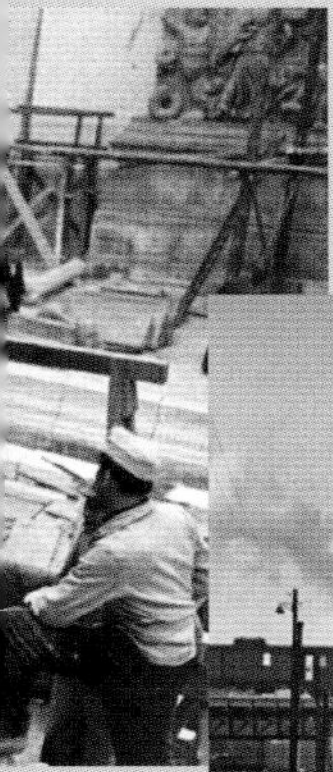

8

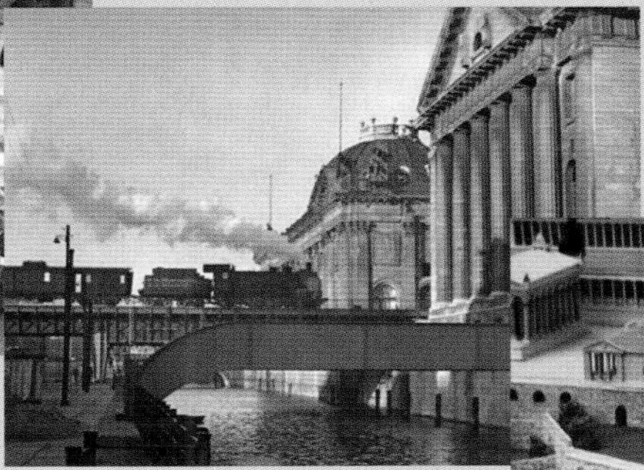

9

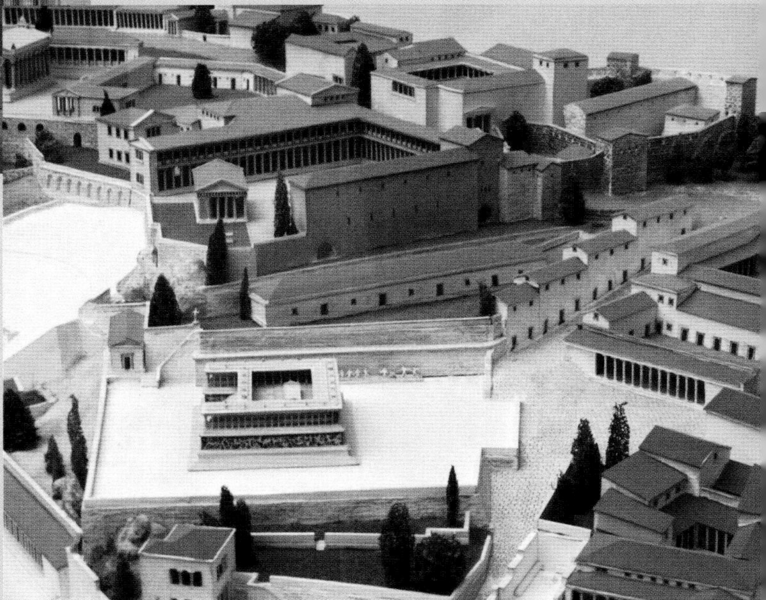

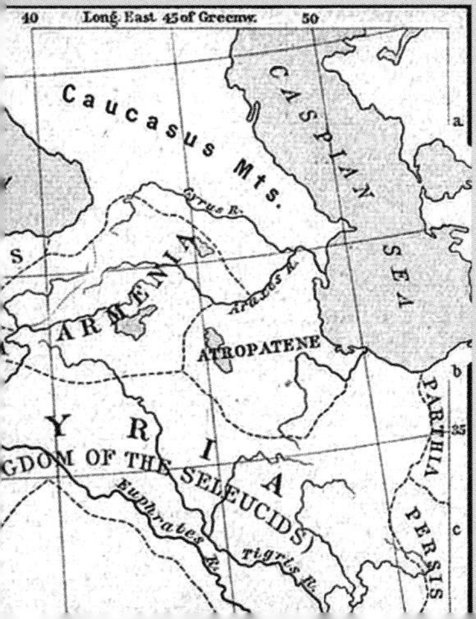

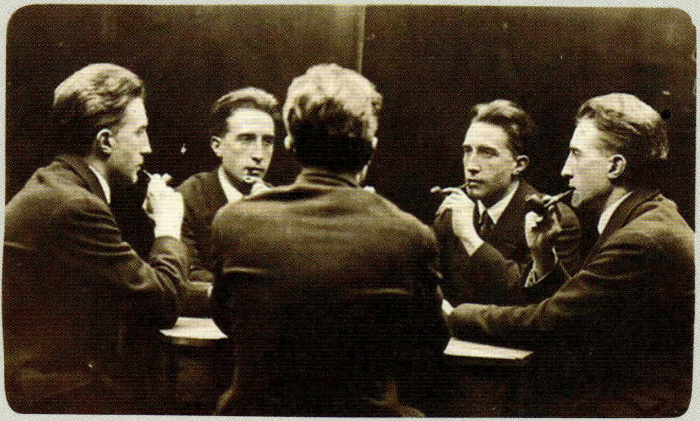

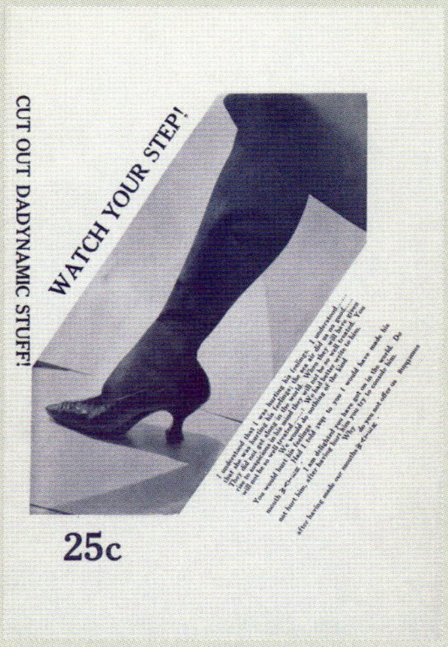

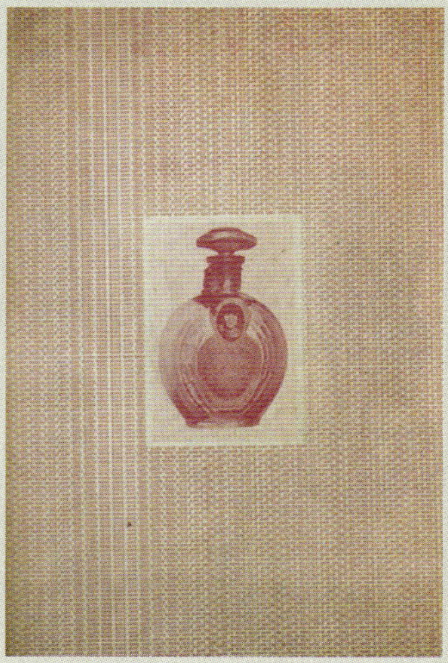

上图：杜尚；下图：杜尚设计的《纽约达达》封面。

杜尚的决定

今天的特邀嘉宾，是马塞尔·杜尚（Marcel Duchamp）。为什么请他？因为此前十五集谈的都是绘画、绘画、绘画，一百零三年前，1912年，杜尚断然放弃了画画。

不画画也算艺术吗？这要兜远了谈，长话难以短说。好在如今中国建立了不少当代美术馆，还有北京798之类，年轻人早已知道，弄艺术的花样多极了，不单是画画。

大家知道，二十世纪的西洋艺术，翻天覆地。今天看回去，杜尚的潜在影响，远远超过毕加索那伙人。理由千万条，其中一条，至关重要：毕加索还是画画，杜尚不画画。

绘画和雕刻延绵数千年，岁数实在太老了。直到上世纪五六十年代，说起"艺术"，仍然指的是绘画与雕刻。杜尚机警，一百多年前就想：除了绘画和雕刻，他试着重新看待"艺术"，重新定义这个词。

杜尚做到了。他死于1968年，之后，西方世界逐步回应了他：欧美各国的绘画教育，逐年递减，"艺术"的概念，大幅度改写，非绘画创作，越来越多，种类之杂，几乎淹没绘画。大约是2000年吧，巴黎美术学院正式关闭了最后一间绘画教室。事情到这一步，当然，并非只因为杜尚，但他可能是最早的一个人，在现代主义绘画最猖狂的发飙时刻，停止画画。

相反的例子是，当巴黎美院关闭最后一所画室，新世纪初，中国，以世界美术史从未有过的超级规模，扩增美术学院，成为学画人口比例最高的国家。

但是绘画（Panting）和雕刻（Sculpture）这两个词，早已和艺术（Art）分离。这一分，艺术的所指、能指，无限扩大。上次播放玛瑞娜坐在现代美术馆和一个个观众默默对视，分手多年的老男友乌雷忽然混进展厅，坐到她跟前，两人又哭又笑，还拉拉手，围观的家伙起劲鼓掌，好几架录像机早就全程窥视，然后，满世界播放——这类勾当也算艺术吗？如果大家同意，对，也算艺术，那么，即便玛瑞娜和乌雷根本没想到杜尚，他俩的观念和当初杜尚的意思完全不相干，可是，在我们时代许许多多观念艺术和行为艺术之前，不能想象没有当年的达达运动，更不能想象没有一个杜尚。

杜尚生于1887年，小毕加索六岁，属于同代人。杜尚的哥哥画画，他也画画。美国费城博物馆藏有他不少早期油画，画得好极了。1912年，他用立体主义手法画了《走下楼梯的裸女》（*Nude Descending a Staircase*），被他超现实主义的同行拒绝了。他说，这件事打醒了他，决定从此不再画画。1917年，他提个小便器送去展览，取名《泉》（*Fountain*），1919年，又在明信片的蒙娜丽莎脸上画了一道胡须。这是他在纽约干的事，半世纪后，这两件“作品”成了杜尚的标志。

最新研究发现，杜尚的《泉》抄袭一位女艺术家。大概是吧——历史又追认了一位被遗忘的叛逆者，而且是女性——但我不很关心这件事。杜尚一生的作品不多，他用大玻璃、小盒子、自行车轮胎、门板，还有其他材料，继续做他的事，晚年还偷偷弄了一件大型装置作品，他死后，也被费城博物馆收藏，锁在一道大木门里，挖个小洞，让你用一只眼往里面窥看。

上次说到，所谓前卫，是事情做得太早，历史看不懂，看不见。当年印象派小子好比上前线，直接和沙龙斗。杜尚的前卫，总是笑眯眯躲着，稍微弄几下子，冷眼热肠，不声张。他一辈子办的展览不过两三回，远不及眼下中国的当代艺术家。最正式的一次是1966年在伦敦泰特美术馆——那年，中国爆发了“文革”——杜尚的作品很少有人买，就算买，不过几百几千法郎。我在纽约时经过他曾居住的下城区十三、十四街一带，据说他常在楼下餐馆叫杯酒，吃一盘意大利素面。他晚年瞧着安迪·沃霍尔他们蹿红，人家问起，他也笑眯眯的，轻描淡写，总之，他老是置身事外，做独行侠。

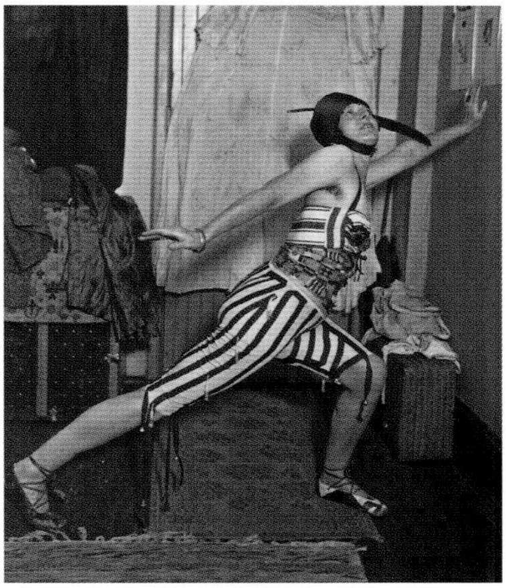

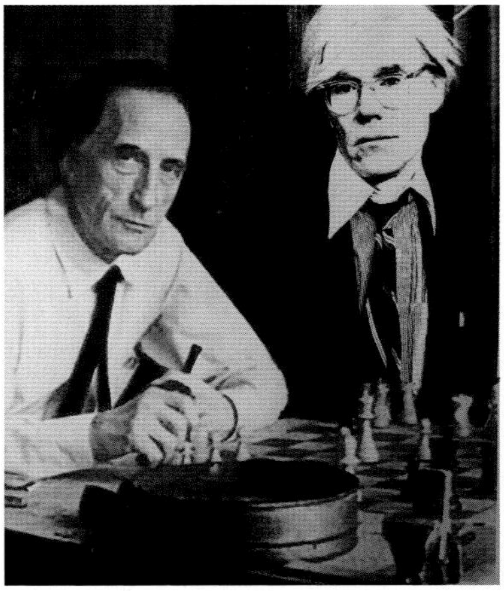

上图：弗雷坦戈—罗林霍文（Elsa von Freytag-Loringhoven），据说杜尚的《泉》抄袭自她的作品；下图：安迪·沃霍尔与杜尚。

和他一度有关的土匪，是起于瑞士，后来流窜到柏林和纽约的达达运动。这帮家伙叫嚣“反艺术”，比杜尚还要极端。他们用各种材料，包括发出巨大噪音的战争警报器，举办展览。当杜尚在纽约入美国籍的时代，美国主流艺术还是绘画，所以杜尚的姿态老是不远不近地退开，偶尔入伙，帮着朋友弄些小活动。他不在乎是否被接受、被理解，凡事笑眯眯的，一张聪明透顶的脸，对什么都无所谓：不强调，不反对，不赞同，也不太解释。他说，他重视呼吸，甚于一切。

二战后形形色色的现当代艺术，各有脉络，我不会说全是受了杜尚的影响。可是追溯源头，他是先觉者、先行者。到了晚年，他只顾自己下棋。人问他还画画吗，他说不会。“你又不欠社会一幅画。”他随口说道——这句话既是反讽，也是大实话，往大处看，道出了绘画的功能，已告终结。

是啊，除了人口万万分之一的收藏家、有钱人，当今世界，谁要你画画？谁等你这幅画？过去千万年，帝王、百姓，都需要绘画。中国人拜菩萨，西洋人画十字，你不能想象古代的庙堂不需要艺术家。北宋末年，金人打进洛阳，宋徽宗和皇亲国戚，还有一大群妃子，全给押送东北，浩浩荡荡的俘虏队伍中，包括几百位朝廷的高级工匠：那时王希孟已经夭折，张择端不知道在不在里面。

“谁养艺术家”那一集，点明古代绘画全是订件，例举了画家的巫师时代、奴隶时代、工匠时代、同业公会时代……进入自由职业时代，画家们自以为解放了，绘画终告自由。一战到二战期间，毕加索的立体主义、马蒂斯的野兽派、巴黎画派、纳比画派、超现实主义、意大利未来主义、德国表现主义，等等等等，活蹦乱跳，风靡全欧，可是很少有人想到：不再需要绘画的时代，同时开始了。

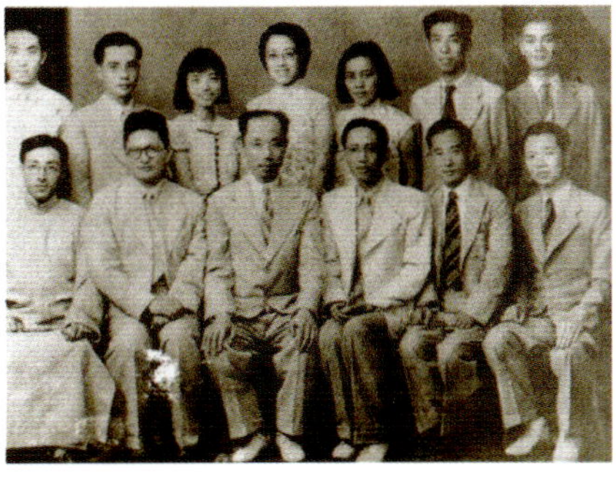

1935 年颜文樑（前排右二）与胡粹中（前排右三）、黄觉寺（前排右一）及部分苏州美术专科学校的同学在一起。

中国总是例外。1912 年杜尚告别画画，1919 年，我们的徐悲鸿林风眠束装出国，学习洋画，又过将近十年，颜文樑刘海粟也出去了。他们回国后，建立了西式的美术学院。

然而西洋影响不绝如缕。过去

三十年，影响中国的艺术观，终于轮到上百年前放弃绘画的杜尚了。旅美中国学者王瑞芸女士长期研究杜尚。她翻译了《杜尚访谈录》（*Dialogues with Marcel Duchamp*），在我读过的艺术家访谈中，没人能像杜尚那样，透彻而洒脱，每次拿起来读，就放不下。王女士有时以禅宗诠释杜尚，我不懂禅宗，但她说，杜尚留给世界的不是作品，而是态度。什么态度呢，不好说，也说不好。以我现在的年纪，杜尚使我明白：你弄艺术，是一件事，你用什么态度弄，是另一件事。说来奇怪，我现在有一搭没一搭地画画，简直没态度，其实是杜尚教我的。他有句话，我很喜欢，他说：

“你拒绝，或者接受，其实是一回事。”

“现代艺术”的定义有好几种，所以现代艺术的起点，好多说法。以绘画为立场，自然是从塞尚逝世的 1906 年起算——顺便一提，塞尚去世的上一年，1905 年，慈禧太后刚刚下令废除科举考试——以非绘画的立场，好像应该从杜尚放弃画画那年起算。最近十几年，杜尚的研究专著仍在持续出版，我一个字也读不懂。我从未弄懂我喜欢的艺术家，更何况杜尚。我只抓住一条：他放弃了画画。

我知道，好多人讨厌现代艺术，他们说：艺术总要让人懂，让多数人接受——多数人，是指多少呢？我记得“文革”结束后，一个美院小子玩点变形，就被领导找去谈话，三十年过去，老百姓在奥运会和世博会看到蔡国强的焰火，没人说看不懂，都能接受。几年前，徐冰用废钢铁做了一只巨大的凤凰，在我画室楼下的广场上吊了好几天，民工和路人停下来看，很好奇，很开心——世界真是变了。

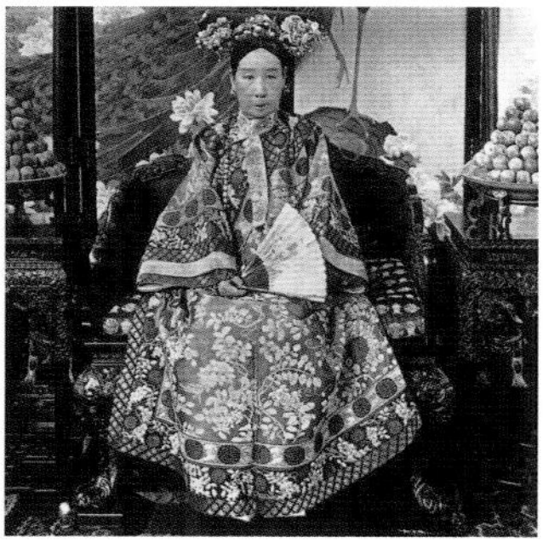

慈禧，1903 年。

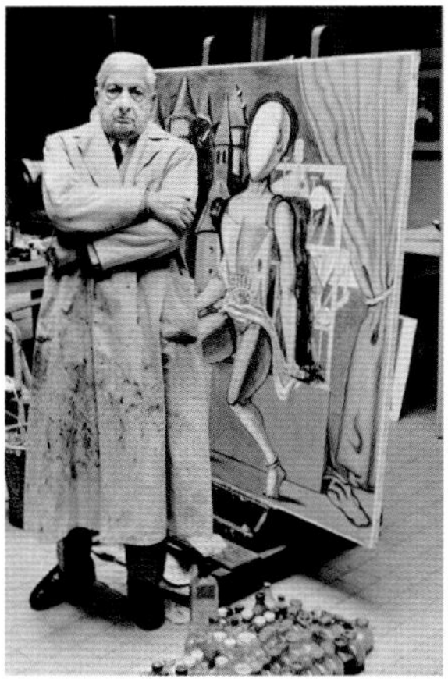

契里柯。

但我胡扯半天，不谈现当代艺术。原因呢，一是总共十六集，谈不过来，一是现当代艺术花样太多，不好谈。所以想了半天，请来杜尚——观众会扫兴吗？我是要提醒大家：如今并不是绘画的时代。罗兰·巴特在《写作的零度》（*Writing Degree Zero*）中说过一句话：

“文学已经不受保护了，所以现在是走向文学的时候。”

我来改一改：绘画已经不再光荣，所以现在是闲聊绘画的时候——包括闲聊杜尚不画画。

做完这个节目，我要回去画画了。我蛮想给杜尚看看我的画：以我对他的想象，他不会说：小子，别画啦。他有几个朋友一直画画，譬如毕卡比亚（Francis Picabia），比如契里柯（Giorgio de Chirico），他还为他们认真辩护过——我喜欢哪个艺术家，部分因为他的性格。譬如安吉利科的清贞，譬如苏里科夫的牛脾气……杜尚把庞大悠久的事物，譬如绘画，一页就给翻过去了，可是他性格好，好在他不强求自己，也不强求人家。

剩下几分钟，说点闲话：

回顾我的讲述，难免带有文化沙文主义——如果可以用这个词的话——我有幸是中国人，中国绘画源远流长；我学西洋画，西洋的美术文化，至今占据话语权。可是中国和欧洲之外，各国、各文明区域的好画，不晓得有多少。

譬如波斯人的细密画，妙不可言；我们庞大的邻居，印度人，也很会画画。印度的雕刻和舞蹈，好看极了，可是谁关心印度的绘画？我记得有幅画画满了树林，仔细看，树叶里藏着好几只老虎，中国人、西洋人，想不出那种观看和描绘的办法。

日本的浮世绘，也该谈谈。浮世绘学的是中国木版年画，可是你看了浮世绘原作，会明白法国人为什么要学，而且能学。中国古人用原色，固然好看，可是到日本人手里，每块原色有了迷人的灰度，正好提亮了欧洲人的色彩，中国的大红大绿，西洋人就不好学了。

古埃及和巴比伦的雕刻，阿富汗和中国的佛教艺术，更是大题目。宋元明清的文人画，独步世界，但我不谈。那是被说滥的话题，要说得干净，有趣，出新意，我可能需要重新投胎。

好了，讲完了，谢谢大家一路原谅我念稿子，再见。

2015 年 8 月 2 日写在北京

1. 毕加索《亚威农少女》(*Les Demoiselles d'Avignon*),1907 年,现藏于美国纽约现代艺术博物馆;
2. 杜尚;
3. 杜尚与他的画作《裸体与黑色丝袜》,1950 年代;
4. 杜尚早期素描;
5. 杜尚《下楼的裸女》(Nude Descending a Staircase),1912 年,现藏于美国费城艺术博物馆;
6. 艾略特·艾里索芬(Eliot Elisofon)《下楼的杜尚》;
7. 杜尚《泉》(Fountain),1917 年;
8. 杜尚《L.H.O.O.Q.》,1919 年;
9. 杜尚《瓶架》,1914 年;
10. 玛丽·雷诺兹(Mary Reynolds)与杜尚,1937 年。"那是一段真正的恋情,持续了很多年,非常令人愉快。"(《杜尚访谈录》)。

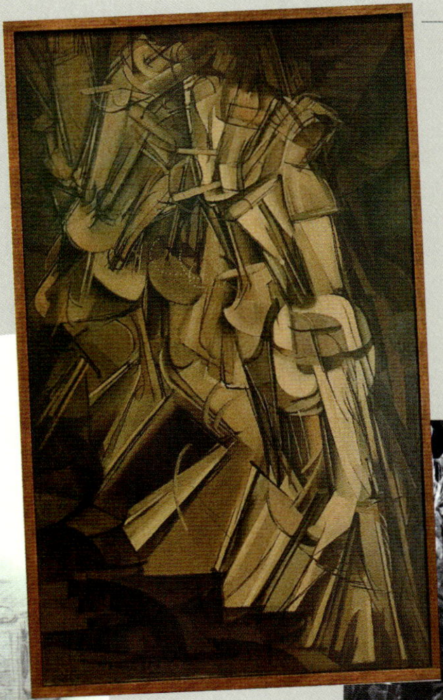
5

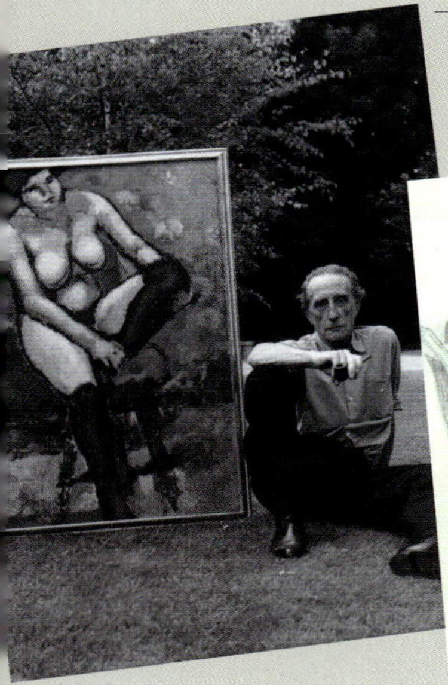
3

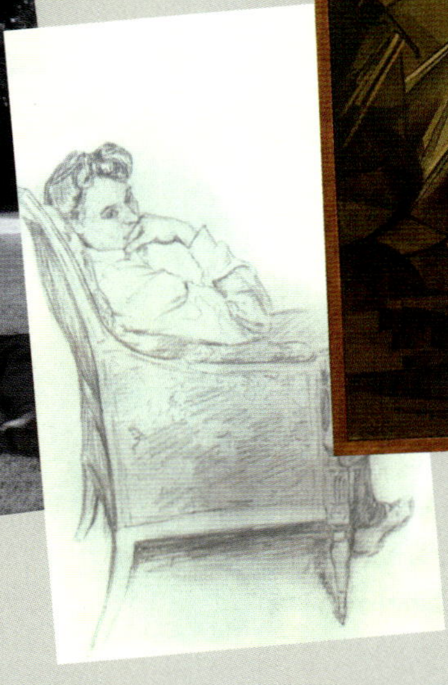
4

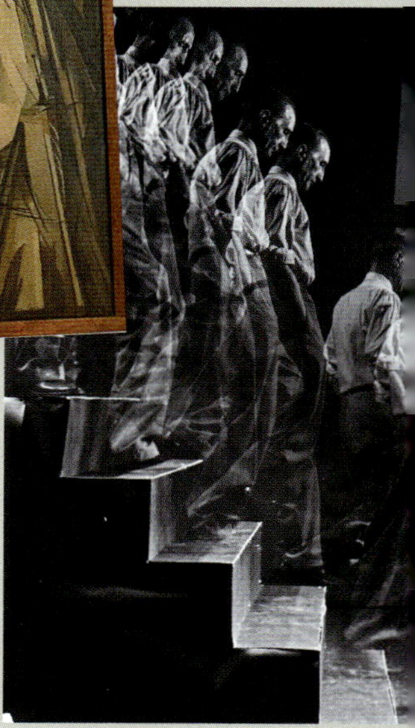
6

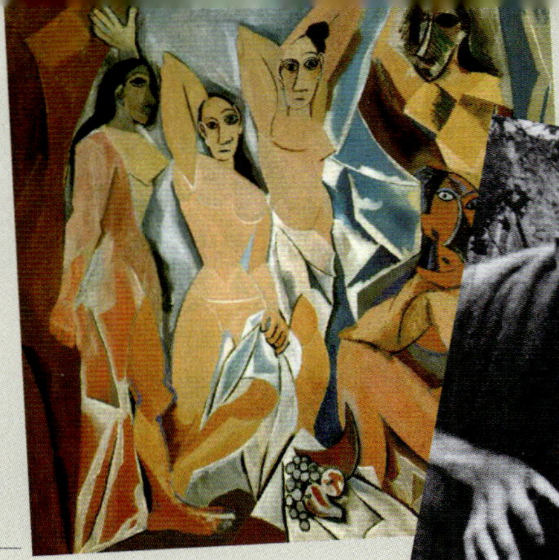

1

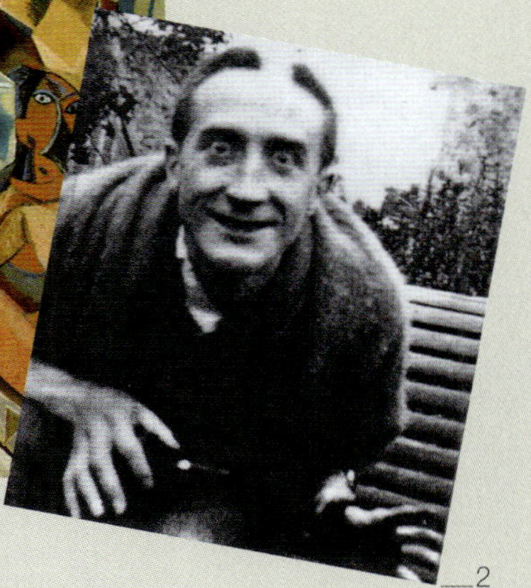

2

感谢梦茜。她为本集找到一句话，求之不得：当 1968 年毕加索得知杜尚去世，说："他做得不对。"妙啊！我甚至看见了毕加索的神情。他是二十世纪现代艺术的头号叛徒，但与比他小几岁的杜尚，活在完全不同的频道。这句话，道尽他对世纪性文化异变的困扰与不甘……1968 年，安迪·沃霍尔正当盛年，欧美观念艺术行为艺术亦在方兴未艾之际。其时毕加索八十七岁，五年后，他死在九十二岁高龄。

我留心毕加索说过的每句话，生猛、醒辟、直指真相。就超越智慧而言，他的言说和杜尚是在同一层面。"他做得不对。"可爱的毕加索！当他脱口而出，忽而土了，一脸无知与偏见，变为上一世代的幽灵，而仍然满怀他的动物般的诚实。

什么是对的？怎样才对？杜尚听不到这句话了，便是听到，谅必一笑。在整本《杜尚访谈录》中，就我的记忆，他从未提及毕加索。

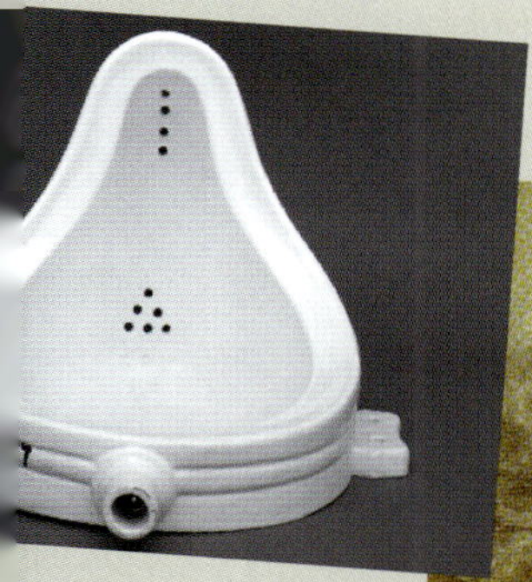

7

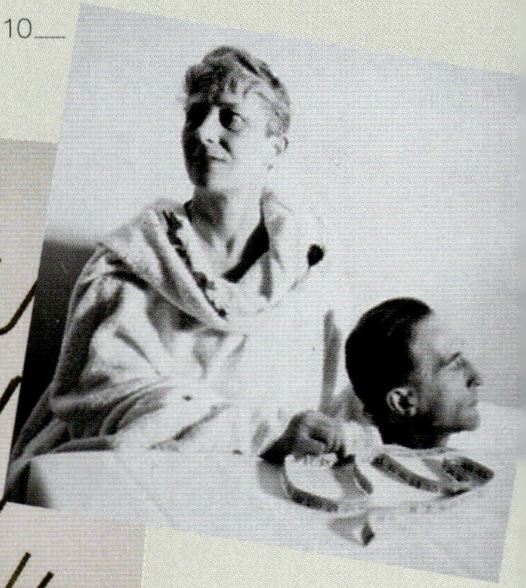

10

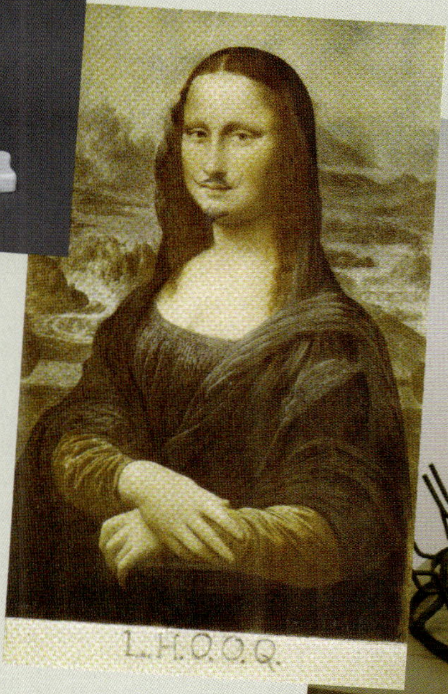

8

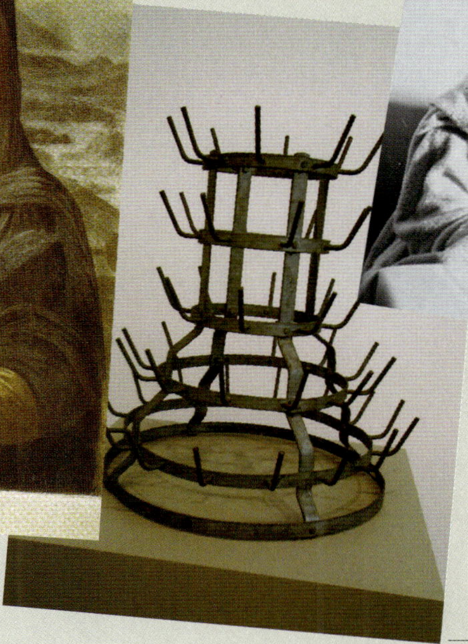

9

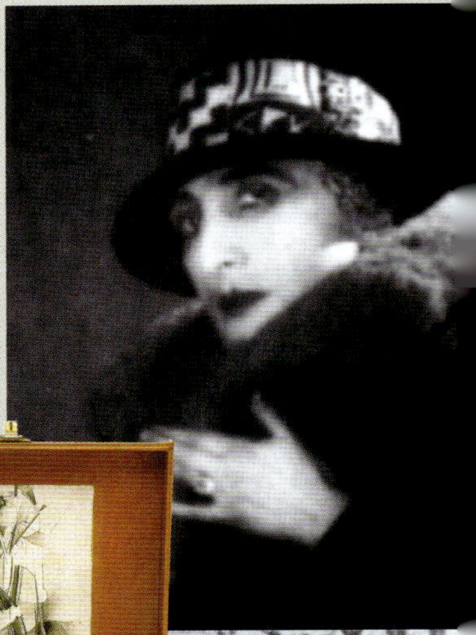

5

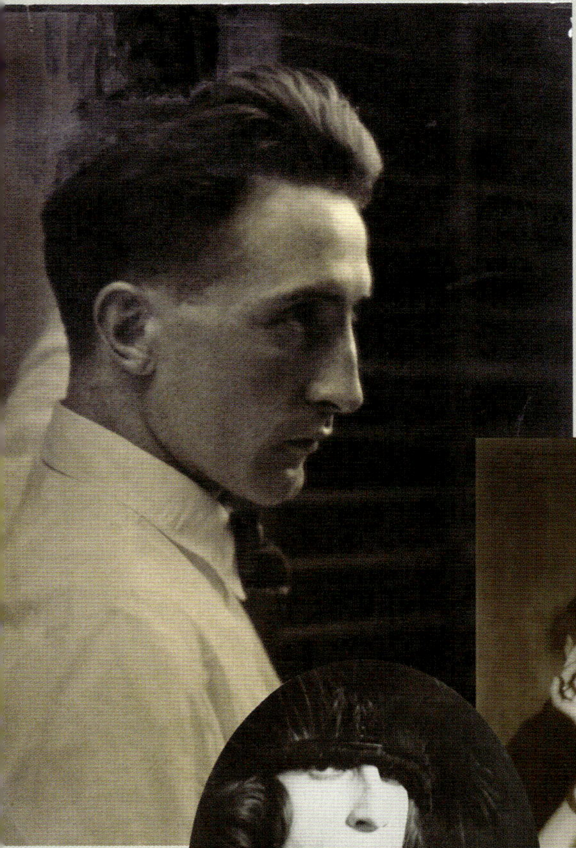

1

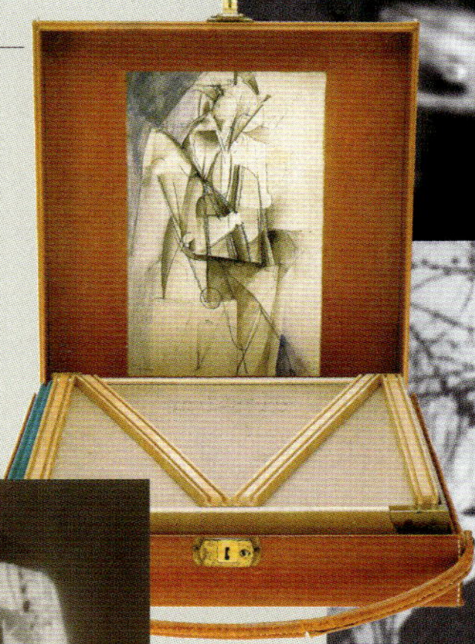

4

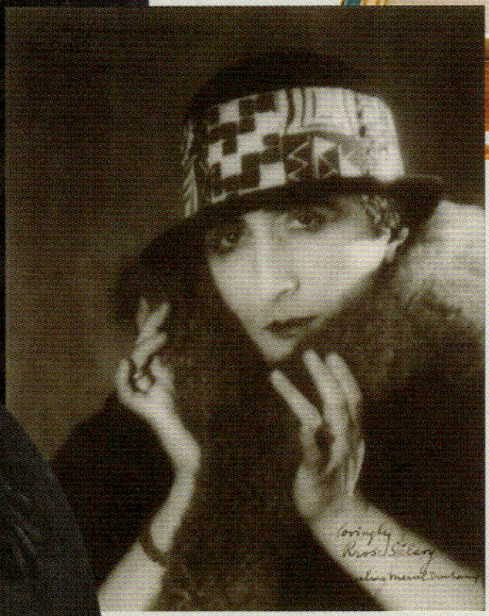

3

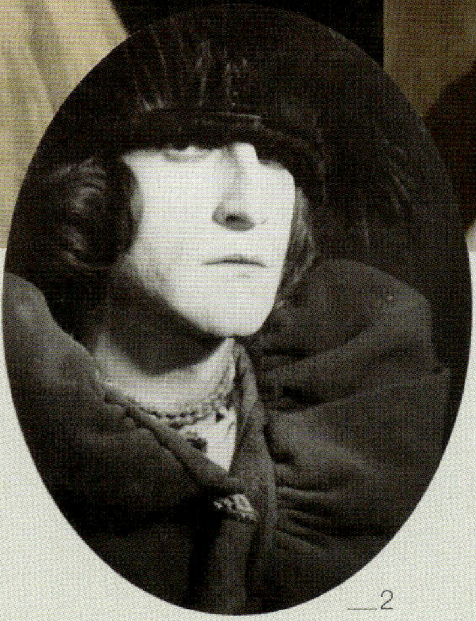

2

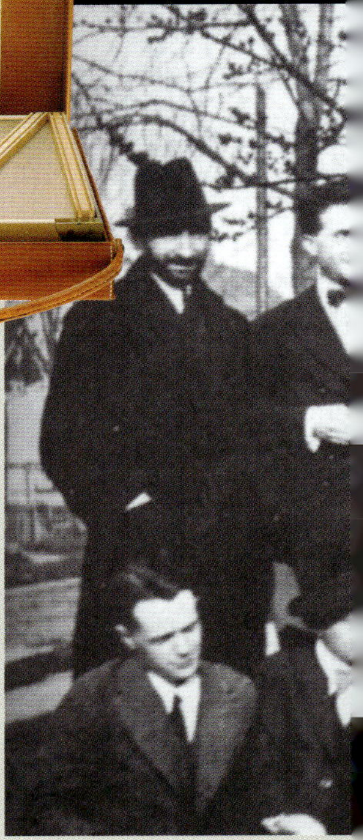

6

1. 杜尚，1917 年；
2. 杜尚扮作女性，取名露茜·赛娜维（Rrose Sélavy），1921 年，曼·雷摄；
3. 同上；
4. 杜尚的盒子，1935—1941 年；
5. 同 2；
6. 杜尚（后排左二）与曼·雷（后排左四）等人合影，1916 年；
7. 杜尚《清新的窗户》（*Fresh Window*），1920 年；
8. 超现实主义团体核心成员；
9. 杜尚最后一件作品《给予：1. 瀑布，2. 照明气体……》（*Given: 1. The Waterfall, 2. The Illuminating Gas . . .* ），1946—1966 年，现藏于美国费城艺术博物馆。

8__

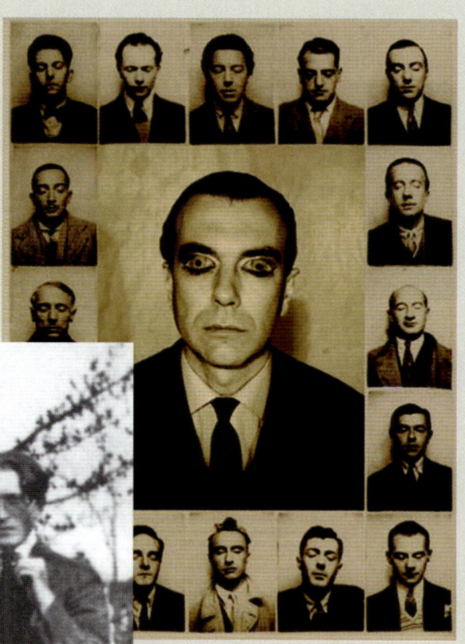

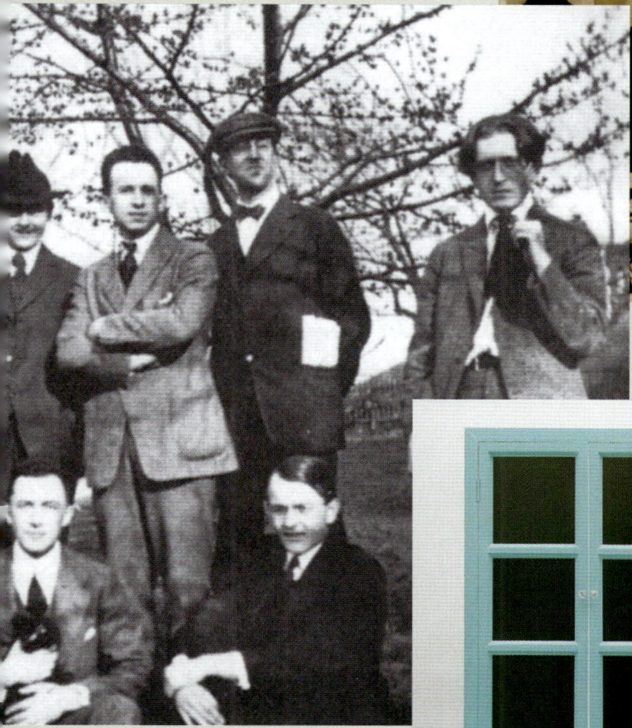

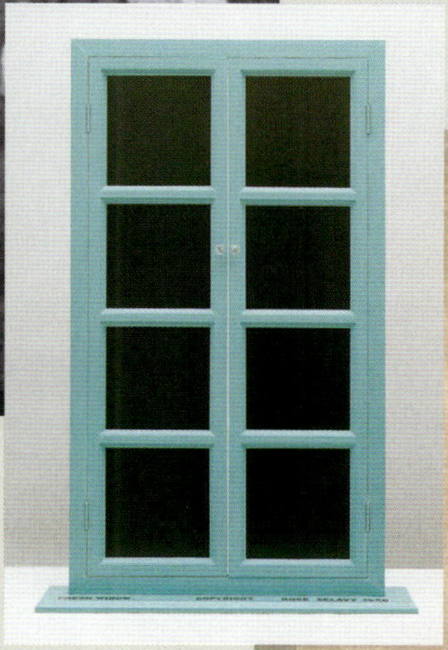

7__

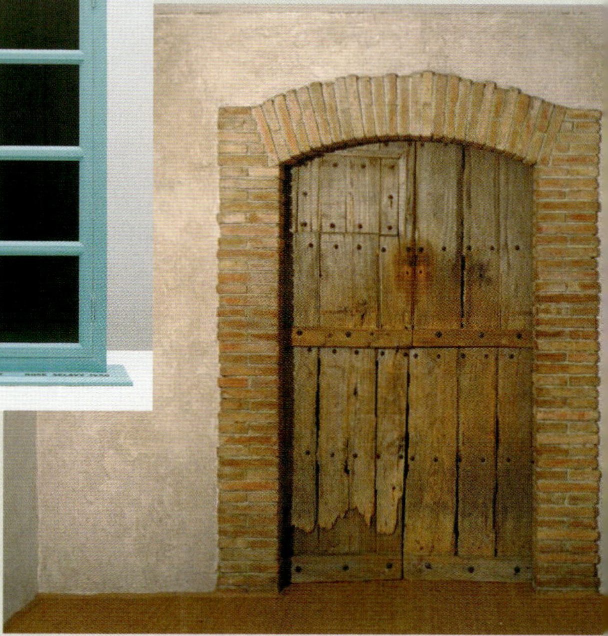

9__

经由梦茜，我从每集《局部》学到很多：她总能在我胡扯的范围内外，找到新资料补入节目，为之提神，譬如以下这段杜尚说在五十多年前的话：
“艺术界眼下急功近利，物质至上的局面，用教育来改变是不可能的，可以给予抵制的方式是：沉默、缓慢、独处。”
这是访谈录中的某段吗？我忽略了，还得再读。杜尚活着的时代，欧美已然如此，五十多年后，中国艺术界，尤其是奋勇牛逼的当代艺术家，听得进杜尚的意思吗——沉默。缓慢。独处。三个词的反面，是指什么呢？

1

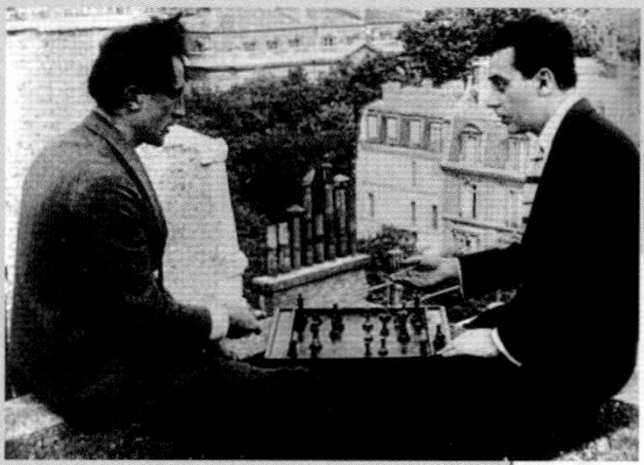

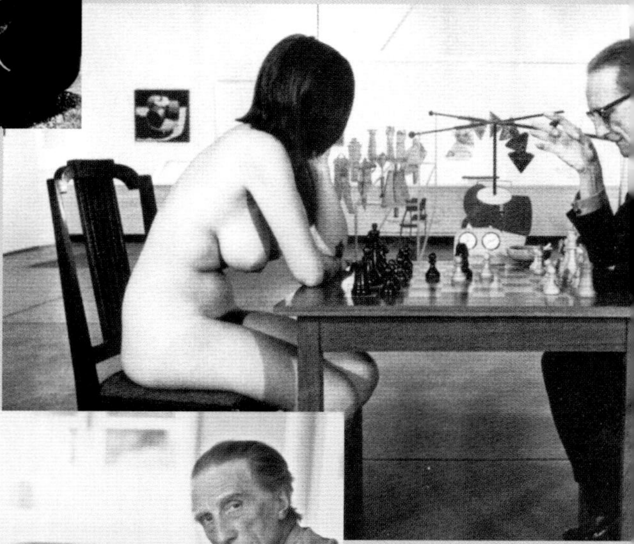

5

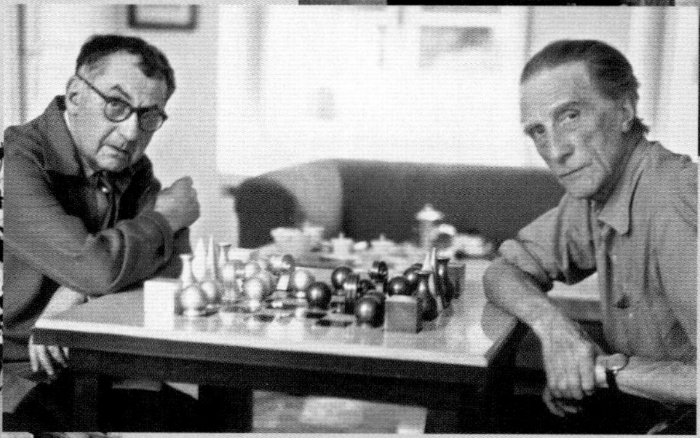

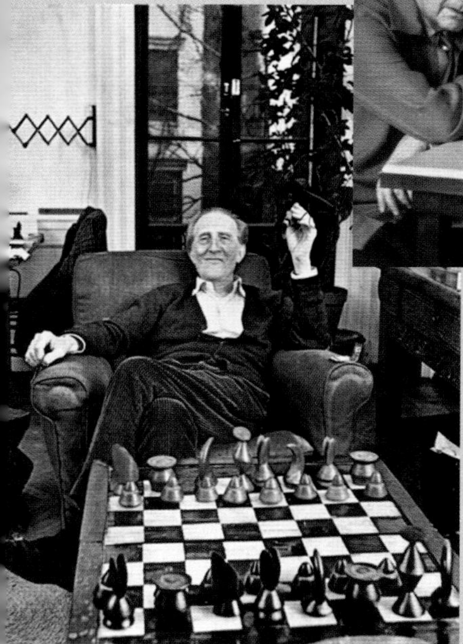

4

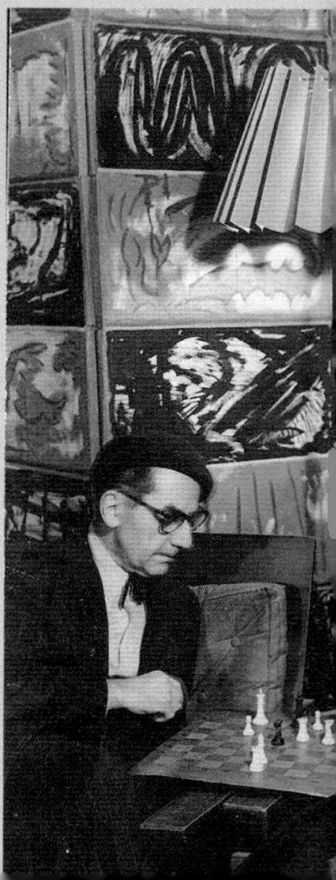

6

2

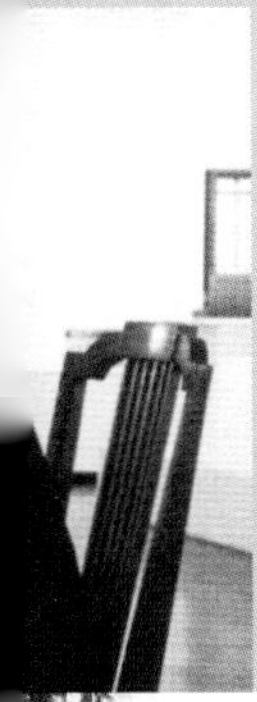

3

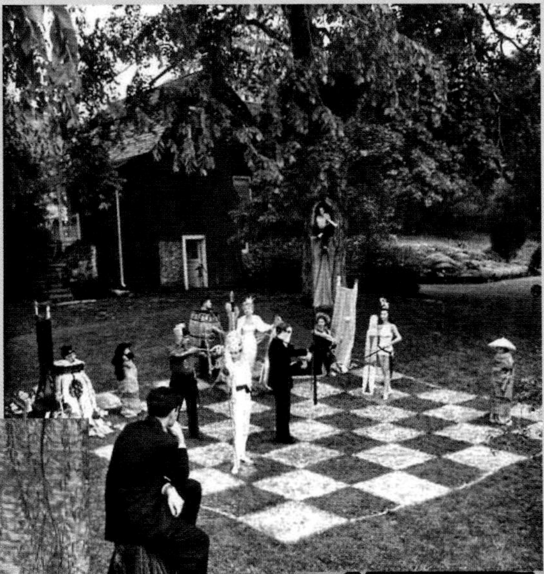

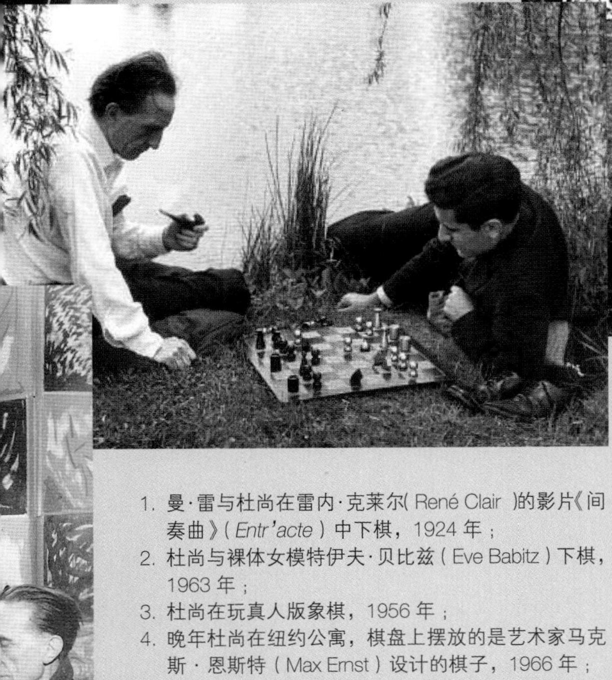

7

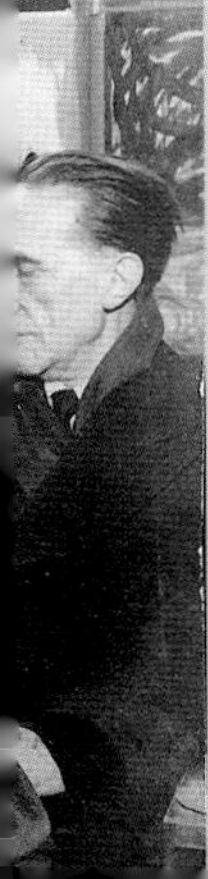

1. 曼·雷与杜尚在雷内·克莱尔(René Clair)的影片《间奏曲》(*Entr'acte*) 中下棋，1924 年；
2. 杜尚与裸体女模特伊夫·贝比兹 (Eve Babitz) 下棋，1963 年；
3. 杜尚在玩真人版象棋，1956 年；
4. 晚年杜尚在纽约公寓，棋盘上摆放的是艺术家马克斯 · 恩斯特 (Max Ernst) 设计的棋子，1966 年；
5. 曼 · 雷与杜尚使用几何形状的棋子下棋，1952 年；
6. 曼 · 雷与杜尚在曼 · 雷的工作室下棋，1960 年；
7. 杜尚与象棋大师拉里 · 伊文斯 (Larry Evans) 对弈，1956 年；
8. 晚年杜尚，1967 年。

8

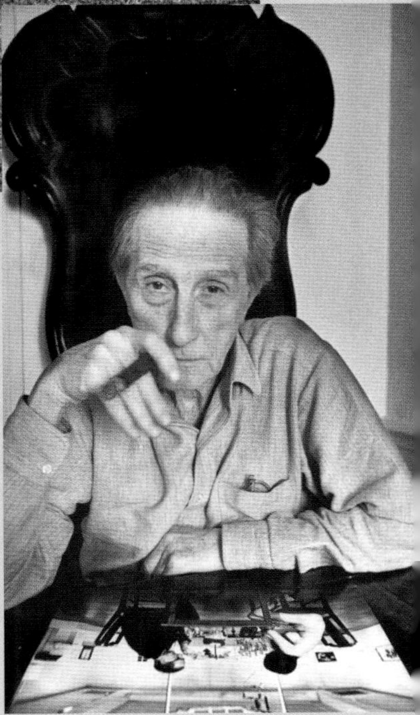

2

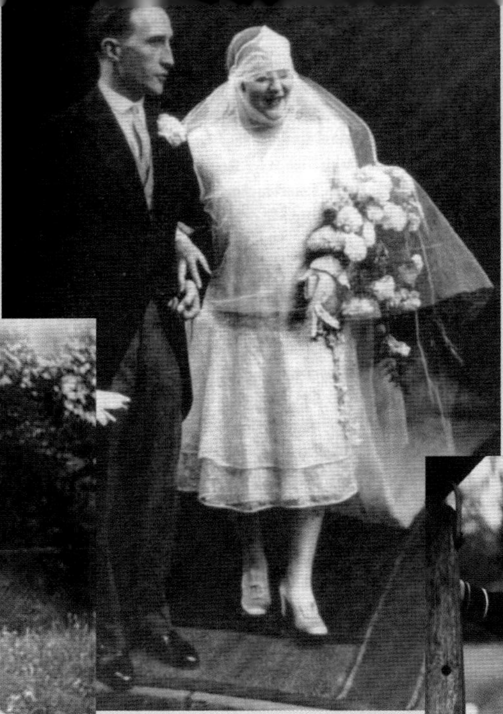

1

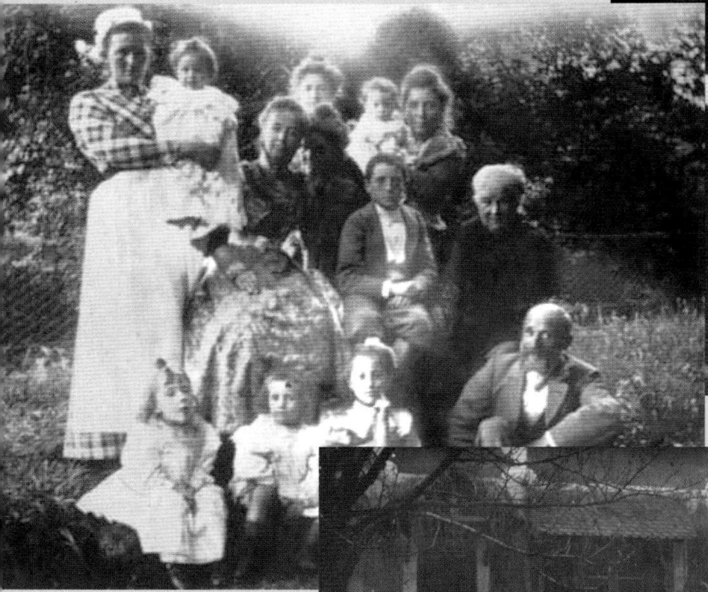

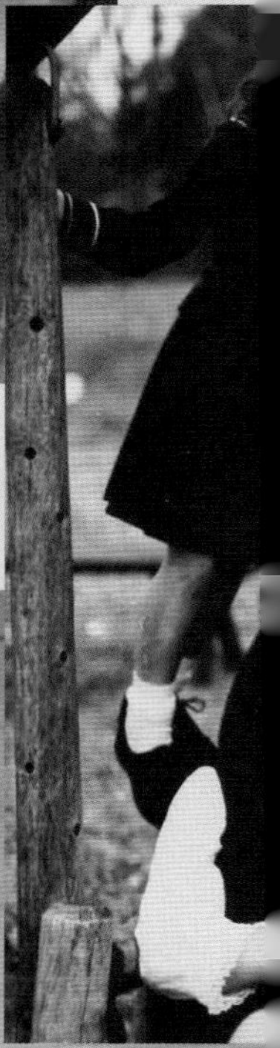

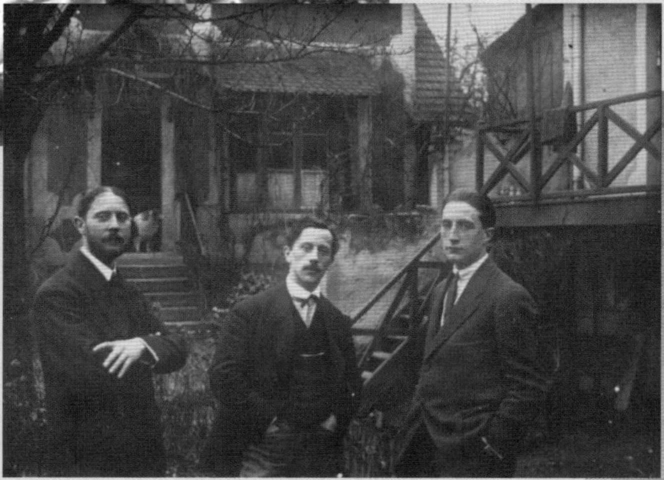

5

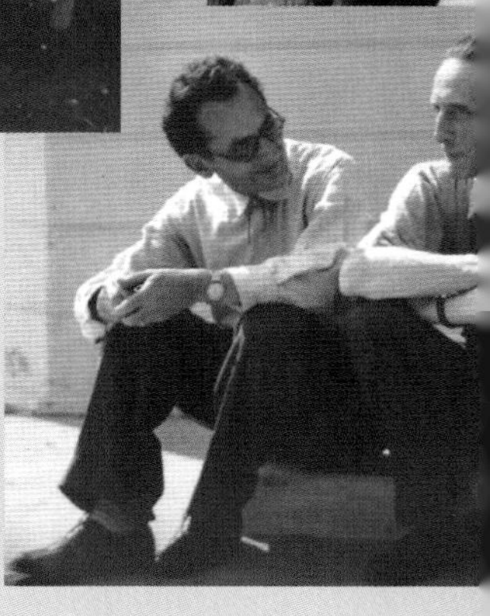

6

1. 杜尚一家，1899 年；
2. 杜尚和他的第一任妻子莉迪 · 萨拉赞—勒瓦索尔（Lydie Sarazin-Levassor），1927 年；
3. 曼 · 雷、杜尚和他们的妻子，1960 年；
4. 阿诺德 · 纽曼（Arnold Newman）拍摄的杜尚，1966 年；
5. 杜尚三兄弟，从左至右：雅克 · 维隆、雷蒙德 · 杜尚—维隆、杜尚，1913 年；
6. 曼 · 雷和杜尚在好莱坞，1949 年；
7. 杜尚和他的第二任妻子阿莱柯西娜 · 塞特勒（Alexina Sattler）；
8. 杜尚在沃克艺术中心，1965 年。

4

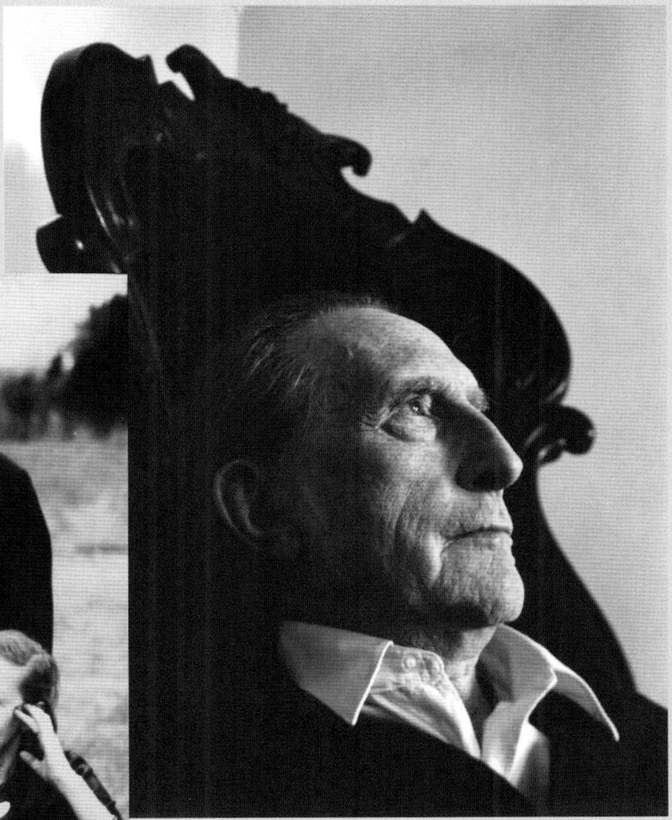

3

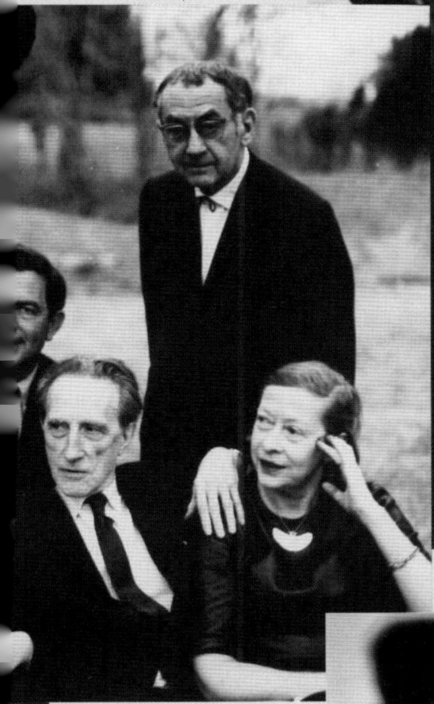

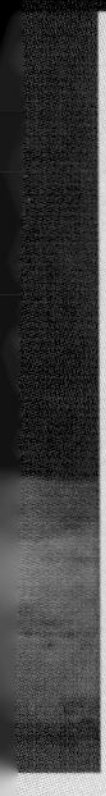

7

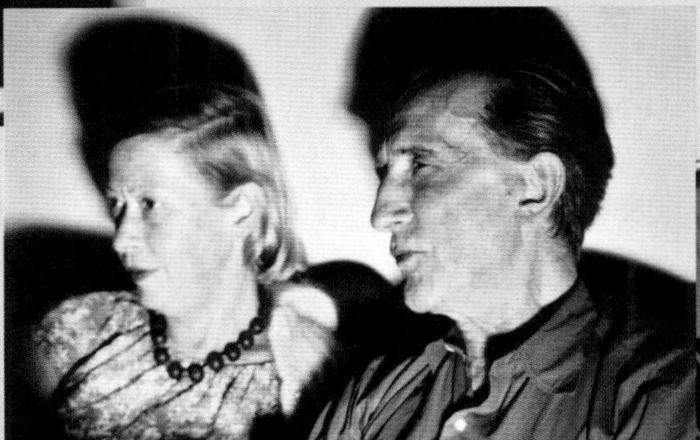

8

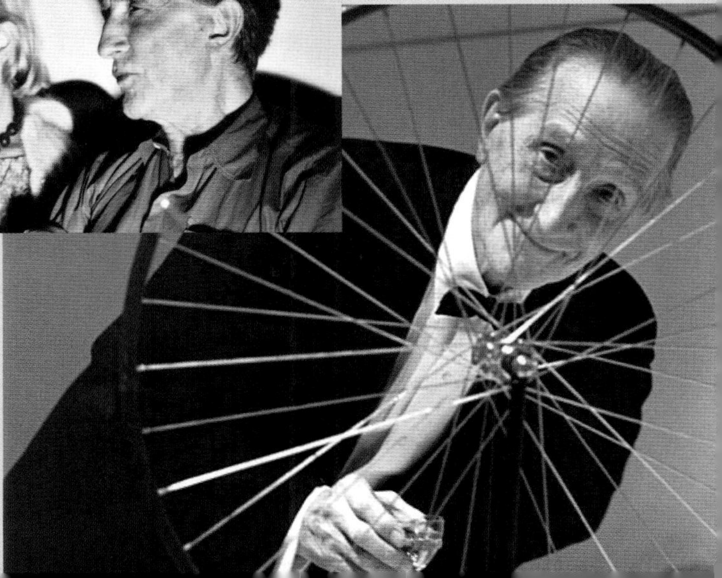

走，去看陈丹青

韦羲

谈画的文章，我喜欢张爱玲和陈丹青。一个好在不是画家，只管自顾自说下去，谈出人性和悲喜。一个好在是画家，语气温润，时而出神，带着思维的愉悦。

初读陈丹青文章，是二十年前在南方读美校时，午后独自待在空荡荡的画室，正对着窗外明灭的水光发呆，忽然阿波来了，甩出一本旧杂志，说：莫弹了，看这个。那是 1981 年《美术研究》杂志上陈丹青谈论《西藏组画》的文章，题为《我的七张画》。不等我读完，阿波在旁兀自讲起来："真诚啊，文笔老到，兄弟，这就是修养，你看这……"话给他说完了，我只有一问，谁是陈丹青？

阿波长我两岁，却关心我从未想到的事情，从他那里，我渐渐知道了伤痕美术，'85 新潮，西南群体，油画语言，精神性，实验性，传统，前卫，民族化，国际性，现代性，绘画终结论，当代艺术，文化断裂，冲突与融合……两

---

* 韦羲，画家、自由撰稿人。

年后来北京上学，这些遥远的词在我跟前打起架来，又成了学校西门大排档下酒的话题：我们来自边远小镇，心理和记忆中，大半是乡镇时间，小半是省会时间，此外便是身在其中却又遥不可及的“北京时间”，而当年在南方，我犹懵懂之际，阿波早已半只脚探入了陌生的文化时域。

转眼2001年，临近毕业，我在图书馆翻到几本隔年的美术杂志。平素翻阅，贪看图像，这次却是文字自行跳进眼里，拉我一句句读下去。读完，暗自惊讶，哦，天下也有这么一个人，这样地看画，我喜欢的他也喜欢，我感觉到的，他说了出来，我没感觉到的，也被他说出来了。于是返回开头，且看作者谁人，原来正是陈丹青。

毕业后的一天，同乡阿华来电话，约我周末去听清华美院的讲座。如期赶到，只见阿华和他的同学迎上来说：走，去看陈丹青。

大家坐定后，陈丹青走出来，斯文，英气，目光炯炯，坐在后排也能感到那目光，想必每位同学都感到他的逼视。中场休息，他大步出场了，全场片刻的那种静，好似猛兽走过山谷，令我暗暗惊奇。随后看见陈丹青与人在门外站着抽烟，朗声大笑。因我多年前读过他的创作谈，最近又读到《回顾展的回顾》，阿华劝道：既然神交已久，那就过去说说话。我摇头，并非出于腼腆，而是，我总以为陈丹青是画了《泪水洒满丰收田》的那位二十三岁青年，画《西藏组画》、并写了《我的七张画》的二十七岁青年，结果面见本人，却是不然。他好似与我辈不在同代，不是五〇后与七〇后的不同代，而是另一种难以形容的时差，与年龄和辈分无关。

2002年冬，我读到《纽约琐记》，书中处处谈到“时差”、“误读”、“文化错位”，这些词谁都知道，但有几人的剖析如此鞭辟入里，使问题纷纷脱落。我恍然省悟，过去敏感于外乡与城市、地方与中心的“时差”，却不知“文化错位”与“误读”相涉相连的诸多问题。此后我所面对的信息，纷扰依旧，既当领悟了时差与错位，也就有了面对绘画和前卫艺术的新态度，这种态度的归根结底，是如何自处。

又过了四年，终于和陈丹青说话了。有一次他说，将来要写本《次要的作品》。我一听，岂非另一份美术史？！问他几时开写，陈丹青说不知道。交往久了，我发现他说的是实话：他真的不知道——终于，陈丹青接了理想国的视频节目，一场接一场，给大家聊起绘画来，节目的名称据说是梁文道起的，叫做《局部》。

《局部》的讲述，陈丹青每期都事先写成稿子，而我也有幸提前读到。他这样子公开谈绘画，在我记忆中，是第三次吧，和自述西藏组画相隔三十四年，和《回顾展的回顾》隔了十八年，其间的文风，随之一变又变：早年的创作谈，恳切，接地气，多少还是出于中国大陆的本土性；中年写成《回顾展的回顾》，始有海水的透明与回波，虽则思辨百转，而又寸步不离画事；到了这次的《局部》，更像是谈天，处处闲笔，题外则大有深意，看着远兜远转，其实是圈地运动，又像画棋盘，格子分得越多，棋子越多，节目中有看不完的细节和话题。每次读他发来的讲稿，我都喜出望外，好比准备参观私家小后院，结果来到大观园。

陈丹青有好多双眼睛，他看绘画，同时东张西望，看见众多"景别"，就像他钟爱的卡帕齐奥，服从于"观看的意志"，景别延伸到电影、文学，乃至观看本身，引出绘画的个人史观与面对绘画的态度。这至关重要，相当于绘画的"宇宙观"与"世界观"。而热爱绘画，选择绘画，则好比是画家的"人生观"。

画家看画，本能要比较，古今中外比一比，得出私人的见解。《局部》处处对照，而陈丹青总能找到适度的表达。他的谈画，起于观看，从直觉与观想展开，而能加以理知的约束，在慎重与放言之间取得平衡，因为他不预设立场的观看其实得益于多重立场：中国与他者；在体贴入微的感受中有大的角度：以古观今，以今观古，以古观古，以今观今。

他写自己脑袋贴在展柜玻璃上，像个傻子，呆看《千里江山图》，谈到王希孟的十八岁，联想委拉斯凯兹的十八岁，还想起唱诗班的童声、画坊里的学徒，甚至被杀头前谈笑吃喝不知死的太平天国少年头领……然后一步步谈出古代成人和孩子的关系。我读完，想起不擅考试的阿波，念及自己荒废的青春，竟起伤感。

他借女画家瓦拉东拨弄女权主义话头，既指出绘画的非女权，又从野性的创造力忽然拉到瓦拉东的“家庭妇女性”；说起民国女画家，他甚至坦言羡慕女性：

> 说真的，当我佩服一个女艺术家，有时恨不得变成女子，为什么呢，因为有种念头、气质，唯女子才有。

《局部》的闲谈，看得出陈丹青确实尽可能为广泛的听众群所讲，但每集的话题，话题的内涵，他不降格，而且很严肃。第四集《初习的作品》，完全是写给画家看的，且留着话头，隔开《巴黎的青年》那集，又接续前篇，层层推进，展开更内行的视野：《谁养艺术家》、《绘画的放纵》、《非正式魅力》，看似小话题，其实指向欧洲绘画的大变局，从艺术家自主后的被动，到绘画放纵后的急速演变，这后面，是绘画的光荣时代已悄然落幕——最后两集，忽然拉回两千多年前的古希腊雕刻，再请出“终结绘画”的“嘉宾”杜尚先生，戛然结束了他与观众相偕的“绘画之旅”。前后总共十六讲，各篇独立，时而回应前篇，时而新起话头。东拉西扯之际，有意无意之间，隐然有了整体的布局感。当他谈到杜尚的影响时，妙在添了这几笔，指向我们的文化“国情”，又似乎指向他自己的节目：

> 我是要提醒大家：如今并不是绘画的时代。罗兰·巴特在《写作的零度》中说过一句话：
>
> “文学已经不受保护了，所以现在是走向文学的时候。”我来改一改：绘画已经不再光荣，所以现在是闲聊绘画的时候——包括闲聊杜尚不画画。

绘画的“光荣”已经过去了，怎么办？别担心，第十二集《讯息与景别》已经事先提醒了：媒介会变，然而人人有眼，观看的欲望，不会变。

陈丹青谈各国绘画，生动而入理，说到俄罗斯绘画，不禁动了感情：

> 以下的故事转向另一对永恒的矛盾、永恒的诱惑——有一次，列宾看到一幅意大利绘画，赞不绝口，说：艺术之所以是艺术，最最重要的是“美”。不久，他看到一幅俄罗斯无名小画，画着贫苦的女孩，老头子哭了，喃喃地说，哎呀，艺术最最重要的是善良和同情。

接引列宾的这段话，影射了他每当谈论艺术时，内心的两极、观点的两极：“美”，大致对应“纯艺术”、“纯绘画”，“善良”与“同情”，则对应艺术的教化与功能。以下这段话，坦率而复杂：

> 此刻我仍然不确定如何回应列宾和我自己的苦恼——我喜欢不确定，喜欢这种苦恼——如今我很少想起俄罗斯绘画，就算想起来，其实在怀念我愚蠢的青春。但我比以前更爱苏里科夫。我不会走向他那样的

民族主义，在所谓世界主义艺术观对面，他是一个可敬的麻烦。他根本不在乎西方怎样看他，这种固执的骄傲，过时了，但我有选择地尊敬过时的品德。

这是一段五味杂陈的话，能指和所指，连番互动，有清醒，有执念，有青春记忆，有晚来的成熟，他的“苦恼”，一半为了俄罗斯，一半来自中国。姑不论彼得大帝的西化雄图，帝俄的首都原本就在欧洲，他们的“油画民族化”有幸完成，天才相继诞生；而我们的“油画民族化”，化犹未化，世界美术已进入后现代，将来，终有大而化之的那一天。我们的现代化如此短促、急就，每一阶段尚未完成，就匆匆过去，不了了之。

两周前陈丹青告知《徐扬的功德》（即介绍康熙乾隆南巡图长卷）剪好了：“他妈的，我一看就眼泪掉下来。”原来，在无为的观看意志下，他也因苏里科夫那饱含民族性的历史画而念及今日中国，因徐扬《乾隆南巡图》的古代中国而百感交集，念念不忘国族历史文脉的延续性。这周二，该片开播，上来就是《南巡图》的一幅幅局部：城郭，田庄，戏台，杨柳岸，行舟，街坊，皇家威仪，小桥流水，好一个繁华而清明的盛世，在鼓乐的击节中历历浮现，令人神旺，竟至于涕下。

这是西化前的中国，距鸦片战争还有半个世纪。在徐扬的画面中，历史未被切割，虽然秦汉以来，蒙元换南宋，满清替明朝，但汉文明并没有大断裂，至辛亥革命，西化也不等于断裂，正如明治维新，日本的传统并未因西化而顿然消灭，反而助他们的现代化一臂之力。何以都在东亚，同为儒家文化圈，日本并未因西化而失去“日本”，而在中国，几乎看不到古昔的中国，思之令人怅然。

这些年，在访谈里，陈丹青俨然是个会说妙语的“怒目金刚”，现在，梁文道策划的《局部》又带来另一个陈丹青，他刚从美术馆和画册中出来，又招呼我们一起进去，流连忘返。整个夏秋，每到周二，《局部》播出新的一集，朋友圈就会互相问道：看陈丹青了没有？我又想起十多年前的晚秋，穿过半个北京去听讲座，阿华和同学迎来，见面就说：

走，去看陈丹青。

2015年8月30日初稿，9月26日定稿，于北京

局部的远意

青原

一

我喜爱孩子，喜爱人之新鲜。波兹曼《童年的消逝》，其实是人的消失。当然此话亦太夸衅，因此消失不过是人性迁易。人生识字糊涂始，文明接来，人性就不复清明。但这其中又有辩证，即人性是第一种力，文明是第二种力，文明汲引人性，自然亦芾蔽之。但究底是芾蔽之重于汲引，抑或相反，这得看个人。这个个人，即是天才。

王希孟能画《千里江山图》，即在其童年之在，在其天才之在。现代意义上童年概念的提出，恰恰是童年的消逝，孩童尚来不及发挥这股子元气神力，就已在大教室码好，学习怎样成为一个成人。此种人性之迁易，是文明的必途，但我无法想象被驯化后的千里江山。总之青绿之色，很容易即能被抹去的。一切艺术，都自此人之新鲜中来。木心说元气即孩子气，这元气就是人初

* 青原，九〇后、自由撰稿人。

始的味道。文明非不鲜，但此鲜未必新，新而鲜，那么即是人的最好味道。

王希孟好，好在他的新鲜。后来的山水图卷，“老人符号”，成熟得很快，青绿说擦即擦去了。我不知有无“少年山水”这种说法，中国文化的性格，不止是爱成熟，它爱老迈。西方艺术对童年兴趣亦不大，急于成熟、圆润、丰满，并在到达之后，急遽衰落为一个伟大范式，然后死去。木心有首《小神殿》的诗，讲被搬入大英博物馆的小神殿，“你落得这样永恒 / 还不如我这样不永恒的好”，这是一直要做孩子的意思。天才，是高深的孩子。

敦煌壁画，陈丹青讲他最爱魏晋，最初的作品。我看魏晋壁画，亦以为童手神心。而我的脾气，是虽知它的好，但不取它。艺术始于孩童，当然亦可一辈子都是孩童，这样纯粹感人，可持可立可传。但艺术家应追求成熟，与其说成熟，倒不如说是风格的圆融，不入风格自然是极大聪明，但艺术形成风格是为离开它，这是在个人生命上不断实现着风格的往返。第四话里陈丹青说梵高之憨，梵高是憨，而且从头憨到底，但梵高不止于憨，那憨是一粒雪，他滚得大起来聪明起来，反而圆融。

后德国人以珂勒惠支为早期表现主义，这实在不是吉兆，这表现出人生命力的衰颓，岩画是怎样的表现主义呢？普鲁斯特不无遗憾地说，“我们在一个世界里感受，在另一个世界里命名”。这是文明的悲观。艺术是生命的，其次艺术才是文明的。因此艺术家不必成为哲学家，但强力的艺术家成为哲学家后，反而两不亏损，即文明总而来说是人性之丰富与周全，但这要看人，要看此天才能在多大程度上担当人性的可能。或者用我的话来说，是要看他能在人的道路上走多远。

二

《流民图》与《格尔尼卡》之遭遇，所谓艺术的命运，实为文化的命运。文化即一种命运。命运是股份制结构，有时我成为命运的最大股东，那么我即命运。这种情况极少。为了能控命运之股，人类选择去改造命运，不管是对自然抑或对社会的改造，其实都是一种命运管制。但往往，我们对命运所做的却加剧了命运对我们的反感。我相信存在这样一种人与命运的交谊，但此交谊是私交，至于人与命运的政治，我则不敢想。看看《流民图》即知道了。一切群体性对命运的辖制最后都只会引发神的报复，因此人与命运，只宜作私交。不然，即学木心移换另一命运情境，说不定会被命运推举上来。

人对他人命运的天然感知，同自知一样，是不隔膜的。人之所以为人，并不在其独为，哪怕此独为是伟大的。人之所以为人，更在其与人。人文主义流溢出来，就是人道主义。人文而人道，即没有闭塞的泉水这种说法。"人在苦难中才更像一个人"，大抵是人在苦难中很有人之样子的缘故。很好，人有苦难，且会想象苦难，苦难是不同种类的死，西人谓，哲学之立在死。人在苦难中，即人在种种死处，这样，人即可以死自致自反。大哲德布雷言："也许正是目睹死亡，才使工匠人（faber）有朝一日变成了理性人（sapiens）"。《死亡的胜利》《地狱》《格尔尼卡》《流民图》，这些苦难让人肃立鹄立，大抵即是因为此种自致自反的可能罢。

绘画亦从死亡中来。《图像的生与死》有一词，叫"濒死的死亡"。德布雷以为图像在远离它的期初，即死。这反而导致了图像之死。"死亡之死"其实是"上帝之死"、"人之死"的局部余震，即人再也无法察觉死亡的图像与意义。人对死亡，失去了想象力。"尸体作为尸体，是活生生的"，但现在，这尸体自己烂掉了。先是死死去了，接着生也跟着死去。又且现代社会已很懂得处理尸体了，世界被祛魅，恰恰是世界被祛除了魅力。

三

有地理大发现，亦有艺术大发明。文艺复兴的一个事实，即提出了艺术一词，以致其成为一个内核（本体），在这个核上，后来的人类开始添附其总结与想象。我们发明了“艺术”，在文明体系中予其以位，并用它重新来观察、判断历史，一些之前并非艺术之物现在被延进殿来，成为新的义项，但重要的不是“艺术”这种上帝般词语的种种义项，而是“艺术”所提供的人类眼光。这种眼光，直接决定着人之为人。

艺术的眼光，既是神之目光的贻赠，又是人之目光的觉醒。正如观画，这其中一个自觉或不自觉的目的，即“格物致人”。不仅观画若此，一切艺术亦未尝不可说是“格物致人”。因此陈丹青每讲一画一人，都是一个格致的过程，他讲的对不对还在其次，最重要的是人在这样的格致中所经历的、所成为的。跟神一样，艺术是人类新立的君主，一种参照，我们看祂，其实是看己。

同艺术被发现所对应是艺术家之自觉。艺术的自觉尚为人文主义者好心的搬运，但艺术家的自觉则是当事人的直接起义。这归功于印象派革命。“上帝之死”里，“人”纷纷建立。对艺术家来说，其立法者不再是艺术，而是艺术家自己。艺术家在发现自己的同时重新发现艺术，这样，他在其中试图找到不同立法者的同一。这是神的陨落么？我倒以为这陨落其实是一种吻。但自觉过度者面颊无有唇痕。

一幅画永不可能完成，世界会被完成么？世界不会被完成，上帝永远无法毕其功于一役。事实上，上帝也不会傻到毕其功于一役。一幅画被冒冒失失地创生，简直它自己都没有头脑，这样一幅画，它要发脾气的，它要向画家诘问它的生存。我们应感谢自己的意志，因为我们可以自行完成。但对一幅画来说，它只有画者的意志，只有上帝的意志。上帝会完成它么？回到期初，上帝不会蠢到完成一幅画，祂等它自行完成。弗洛伊德说，“每幅画接近完成时，我都不确定，是否该罢手”，这话真让我感动，因他解释了神的 mercy。同理，上帝也不会完成人，祂等他自行完成，虽然是不会，虽然不可能。但一幅画无限地画下去，这就是生命的意思了。

四

而观看无所不在，绘画有变，电影有变，但观看是永恒的，作为一种观看欲望与观看意志，任何视觉艺术之根本都在观看。此故霍克尼说：“我们当回到眼睛。”这像是一个人努力忆起童年，像面包思索着成为麦子。面包不可能成为麦子，但麦子不必成为麦子。这是自然。如木心言，“能做的只有长途跋涉后的返璞归真”。而我们用眼睛看到了眼睛之外的一切，这不能不说是一种遗憾。

艺术之话语权太巨，以至形成艺术上的政治正确。现代人看艺术，很单一的艺术视角，这说来是一种残忍，是在降低事物的生命维度。正如一旦抹去安吉利科绘画的宗教用途，就其实是在屠神。安吉利科眼中未必有艺术，但一定有神。陈丹青说他仿佛“第一次看见绘画”，这其中缘故，大概就在于他第一次看到艺术之外的艺术。不在艺术之内的艺术，是人尚未察觉到自身之美的这种美，它本质上仍是一种新鲜。世界都在称赞艺术的自觉，我反倒觉得，人在糊里糊涂之际，才有真正的虔诚。

最后，让我们回到孩子，回到古希腊这“作天作地的孩子”。《巨人的战役》怎么做到的呢？对于不知怎样做到的事，古人总推说是神让他做成了这事。在我看，这并非一个笼统，这恰应了中国人“绝顶聪明的语焉不详”。神，人之始人之终，全人之新全人之鲜。“艺术没有进步”，艺术不必进步，人的顶点，不是终点。这样一条人的河流中，时间是向前的力，但人是向上的，正因向上，极致者才能摆脱历史，实现人的顶点。至此，我们不得不说天才，天才，即神与孩童的合一。

陌生的经验

（代后记）

陈丹青

我的视频节目，梦一般做完了。去年几经踌躇，接了，当真做起来，实在是既难且烦。

早在 2005 年，刘瑞琳几次要我写写美术的普及读物。其时刚递了辞职书，一提美术教育，如避瘟疫：校园里、市面上，教唆画画的垃圾书还嫌少么？转眼十年。去岁梁文道领衔策划“看理想”系列，一群人团团围住，好说歹说，题目也先给圈定了，就是《局部》。我作状敷衍着，心里想，不得安宁的日子又要来了。

头集拍摄，眼看十几位剧组人员闯进画室，连楼道也摊放着器具：幡悔吗，来不及了。头一着是拉起窗帘，关灭所有灯盏，昏暗中至少折腾五小时，专用灯竖了起来，灼灼白光，满地电线……终于，我被命令走向强光照射的位置，被三架摄像机呈环形包围。众人收声了，这时，总有个小伙子手持摄影场的专用夹板，快步走近，照我脑门子跟前啪地一记，随即闪开。完了。人给逼到这种地步而须从容说话，好苦啊——我打起精神，独自开腔，勉力装作娓娓清谈的样子，正说到略微入趣而稍有介事，录音师叫停：由远及近，楼下那条铁路又有时代列车隆隆开来。

几分钟后，车声远去，我得装得若无其事，接着聊。七月，《局部》团队移师乌镇，换成室外的景别，可是满树蝉鸣，录音师几度放弃，众人于是拎着大堆器具，更换好几个地点。

近日将《局部》系列配图成书，排版、校对、做封面，我又回到熟悉的勾当：异哉！编了十年的集册，每弄一回，多少以为给市面添本新书，唯独这次，显得多余：全书内容先已变成活动的影像、有声的画面、网络的视频，自夏入秋，全程播出了，眼前的书稿岂不是节目的渣？我恍然明白：过去大半年，自己参与了一件全然陌生的事。

脱口秀，时兴的专业，我学不会。会者，必具天生的口才。开初就对摄制组坚持：我只会念稿。他们同意了，于是开写。写稿，总算擅长吧，才弄第一篇，却也不然。二十分钟的播出时限，不可逾越，每篇三四千字，则难以顺理也得成章。平时作文，固然是小众范围的自欺，一旦卷入网络漩涡，就得巴结所有人。“所有人”是谁呢，我的写作失去了焦点——失去焦点，也得硬写，所幸，一集挨一集，临时起念，选定某人，我的茫然渐渐转为专注而归顺了：少年早夭的王希孟、委屈一世的蒋兆和、出师阵亡的巴齐耶、乏人知晓的瓦拉东、画史无名的苏州师傅、被遗忘的上海美人……是的。隐没的天才、次要的作品，理应反顾，我调转目标，朝向我所爱敬的良人，很快，再度被他们感动了。

“公众”怎么办呢？其实我早知道：除非自作多情，哪有“公众”这回事。

但我也就头一回觉知：写作不足道，倘若只为出书。由讲稿而视频，由视频而变回书，我领教了怎样才是视频，怎样地才能做成视频。实在说，《局部》十六集的真作者，并不是我，而是导演谢梦茜。本书内页随处记述了她的慧心与功劳。我从未梦想过自己的文稿配上音画，而配上音画的念稿，不至于太过讨厌。现在我承认，此事蛮好玩：不怕电影家见笑，过去一年，我竟傍着这位小导演而浅尝了弄电影的愉悦。

然而每集片尾的人名缓缓滚动着，快要滚完，这才闪过梦茜的名字，不行，我要谢谢她！此外如理想国刘瑞琳，总策划梁文道，制作头目杨亮，“土豆”当家的杨卫东一干人等，这里就不客套了——团队中有位机灵的男孩总会蹿过来，悄声提醒：陈老师：背心穿反了！裤链拉上——今次把戏耍过，我要听真话，是故以下批语弥足珍贵，全文引述，聊表感佩，可惜，不知道说话人的名与姓：

“看理想”点击量最好也不过一期逾百万，照网络视频点击量指标，广告商绝不会青睐。看节目的“弹幕”就知道，受众有多少，以及大家抱什么样的心态看。除了少数文学、艺术爱好者以及想装逼找素材的人，有耐心看的年轻人实在太少。网络视频主要受众是九〇后，节目方说不要低估观众，其实太高估九〇后的胃口了。

现在生活够苦逼了，他妈的挤了一天地铁，累得和狗一样，你却给我在这不咸不淡地谈诗和远方。为毛搞笑类节目这么火，大家需要放松啊。从节目功能性讲，受众实在太窄，在豆瓣用户都得挑半天。如果你教大家如何泡妞，肯定看的人多。《晓松奇谈》明显胜出，因为在讲历史八卦，可以作很多人的装逼谈资。节目起码要和当下社会热点链接——还可以再猛一点。比如从最近很火的“优衣库”事件扯到艺术上去，就有人看，就牛逼了。

当然，理想国是业界良心，但良心当不了饭吃。不要以你们所谓知识分子价值观去意淫大众，尤其那些“老逼梆子”，就更是自嗨！

发这段话的小友，是与某位九〇后资方磋谈同类项目时，得此妙谈。我一读而过，句句实话：现实感、方法论、文化把脉、业界出路等等等等，俱皆顾到；出语之醒辟，令我豁然省察当今的大环境与大趋势，立论之熟悉，则与我辈从小就被耳提面命的文艺信条，处处咬合。我虽非“知识分子”，亦如挨批，顿起有罪之感。

而“优衣库”与“艺术”，好话题啊，怎就没想到？

且我也喜好粗口，以为爽快：原来，《局部》点击量背后是一小群“装逼”的青年——幸甚至哉！照实说：本人少小装逼，如今修到“老逼梆子”的境界，得此昵称，与有荣焉。是故还得郑重谢谢《局部》栏目下敲字捧场的小装逼们：入夏以来，友人举着手机给我看过几回观众留言，最使我陶然“自嗨”者，是说看了《局部》，人会“安静”下来——这可是意外的回应、上佳的褒奖啊，如若果然，岂不反证了法国人蒙田所言：

> 人类的所有不安，就是回到家里也静不下来。

好了。最后，容我起立感谢自王希孟到马塞尔·杜尚等十余位天外的嘉宾，是他们为这档节目赋予真的价值。编书时，利用页面空档，我增补了不少掌故兼以新的感触，一路絮叨着，再次惊觉：他们的伟大，他们的好，远远超过我的讲述。

2015年9月30日写在乌镇

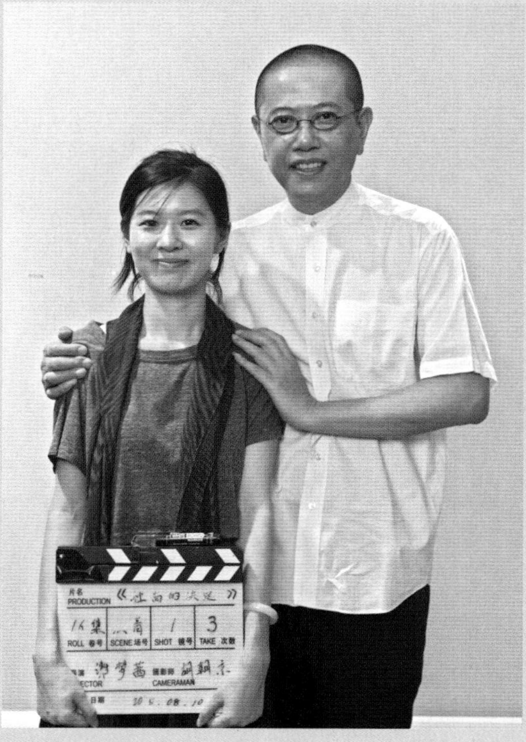

2015 年 8 月 10 日《局部》最后一集拍完，与导演合影。